国家出版基金项目
NATIONAL PUBLICATION FOUNDATION

「十四五」时期国家重点出版物出版专项规划项目

唐凯麟　张怀承　著

中国传统伦理道德文化丛书

儒家伦理道德精粹

—修订版—

湖南大学出版社·长沙

图书在版编目（CIP）数据

儒家伦理道德精粹／唐凯麟，张怀承著. -- 修订版.
长沙：湖南大学出版社，2025. 3. --（中国传统伦理道
德文化丛书）. -- ISBN 978-7-5667-4055-7

Ⅰ. B222. 05
中国国家版本馆 CIP 数据核字第 2025KH0791 号

儒家伦理道德精粹（修订版）

RUJIA LUNLI DAODE JINGCUI（XIUDINGBAN）

著　　者	唐凯麟　张怀承
策划编辑	王和君　全　健
责任编辑	刘　锋　贾志萍　向彩霞
责任校对	王宇翰　张　宪
印　　装	湖南天闻新华印务有限公司
开　　本	710 mm×1000 mm　1/16
印　　张	32
字　　数	442 千字
版　　次	2025 年 3 月第 1 版
印　　次	2025 年 3 月第 1 次印刷
书　　号	ISBN 978-7-5667-4055-7
定　　价	112. 00 元

出 版 人：李文邦
出版发行：湖南大学出版社
社　　址：湖南·长沙·岳麓山
邮　　编：410082
电　　话：0731-88822559（营销部），88820008（编辑室），88821006（出版部）
传　　真：0731-88822264（总编室）
网　　址：http://press.hnu.edu.cn
电子邮箱：437291590@qq.com

序：传统文化三题[①]

在我国，自 1840 年鸦片战争爆发至今前后 180 多年间，所谓古今、中西、体用、传统与现代之争一直不绝于耳，从未间断，其核心就是如何正确认识传统与传统文化，如何处理和对待传统和现代化的关系问题。近年来，习近平总书记从新时代实现中华民族伟大复兴中国梦的高度，又一次把以上问题提到了全党和全国人民的面前。他指出："培育和弘扬社会主义核心价值观必须立足中华优秀传统文化。牢固的核心价值观，都有其固有的根本。"[②] 习近平总书记多次强调，我们要加强对中华优秀传统文化的挖掘和阐发。习近平新时代中国特色社会主义思想也融入了大量传统文化精髓，体现了对中华优秀传统文化的继承和发扬。因此，认清什么是传统与传统文化，把握传统文化和现代人的真实关系，处理好传统文化与现代化的联系等问题，具有重大的理论意义和实践意义。

一、什么是传统与传统文化

"传统"一词在拉丁文中，是指从过去延传到现在的事物，在英语中也基本上是这个含义。有学者认为，凡延传三代以上，被人类赋予某

[①] 本文曾发表于《求索》2018 年第 3 期，作为《中国传统伦理道德文化丛书》（修订版）的序，有改动。

[②] 习近平著. 习近平谈治国理政［G］. 北京：外文出版社，2014：163-164.

种价值和意义的事物，都可以看作传统。一般来说，传统包含三个构成部分。一是器物层面，即历史上延传下来的典章制度、文化经典、古迹文物等。二是行为层面，即历史上延传至今的风俗习惯等。事实上，风俗习惯乃是一种相对固化的行为模式，是一个民族群体认知和智慧的积淀。这两个构成部分可以说是传统的"显性的方面"。三是精神层面，即历史上延传至今的社会理想、生活信念、伦理道德观念、民族性格和心理特征等，具体说就是历史上形成而延传至今的人们的价值观念、思维方式、审美情趣和宗教信念等。这可以说是传统的"内在隐性的方面"。传统的这三个构成部分、两个方面的关系是怎样的呢？前两者，即"显性的方面"，是传统得以呈现和延传的载体和媒介，是观念意向的表意象征。而后者，即"内在隐性的方面"，则是传统得以延传的血脉和灵魂。没有前两者，传统就无法得以延传和呈现；没有后者，传统就会枯萎坏死，也无法鲜活地存在和延传。从这两者的关系来讲，我们又可以把传统划分为广义的和狭义的两个方面。广义的传统就是我们前面讲的器物层面、行为层面和精神层面三个方面的统一。从这个意义上说，传统的概念与人类文化学所使用的"大文化"概念是一致的，它是历史上人类创造的、赋予象征意义并延传至今的所有事物的复合整体，我们可以把它叫作"传统文化"。狭义的传统则是指世代相传、延续至今的社会理想、宗教信念、价值观念、思维方式、行为方式和审美情趣等，属于精神层面。在我国典籍中关于传统的概念，主要是就这个方面而言。故古人有"道统""政统""学统"之类的讲法。我们今天讲要继承与弘扬中华优秀传统文化，也主要是就这个方面而言。据此我们又可以把传统叫作"文化传统"，即文化的传统。它体现着一个民族特有的民族精神、价值理想、民族性格、民族气质和民族心理。

传统或传统文化具有两个显著的特征。一是世代相传事物的同一性。无疑，由于传统或传统文化是世代相传、从过去延传到现在的事物，它本身就是一个变化着的文化链条；但它的这种变化总是围绕一个或几个被接受和延传的主题展开，进而形成了有着不同变体的时间的链条。这样，它虽然在世代相传中发生了种种变异，始终处于流动状态，但其中又有着某种共同的渊源、共同的主题以及相近的表现形式和出发点。也就是说，它的各种变体之间由于存在着某种共同的脉络，又表现出某种变中不变的同一性。这种同一性在观念上具体表现为某种相对稳定的问题意识、解题路径、解题方式和相近的价值取向与价值目标。二是世代相传事物的持续性。这种持续性首先表现在它是世代相传、相承相因的；其次表现在它现在还存活着，还在这样或那样地影响与制约着人们的思想和行为，从这个意义上可以说它是"存在于现在的过去"。正因如此，它作为过去人们所创造的事物的表意象征，同时又是现今社会的文化遗产。这种文化遗产使得一个国家、一个民族的代与代之间、不同历史阶段之间，始终保持着某种连贯一致的持续性。

那么，传统或传统文化是怎样形成的呢？这也是一个常常容易被人们误解甚至扭曲的问题。事实上，传统或传统文化的形成并不是某种外在力量强制或法律规定、行政命令的结果，也不能简单地把它理解为只是少数圣贤明哲的主观设计或纯粹外在灌输的产物，而是一个民族群体在长期共同生活和社会实践中形成的价值共识和道德认同的产物。确切地说，它是一个国家、一个民族主流社会意识的价值倡导和引领，及广大社会成员基于社会生活实践的需要而形成的价值共识和道德认同相统一的结果，是合规律性与合目的性的统一。正是这种价值共识和道德认同，经过时空的过滤和筛选，世代相传，最终才积淀形成了一个国家与民族的传统或传统文化。

二、传统或传统文化和现代人

传统或传统文化和现代人到底是什么样的关系？这是一个长期被一

些人忽略甚至误读的问题。有的人常常自以为很现代、很时尚，把自己民族的传统或传统文化视为"敝帚"，认为传统就是落后、保守，甚至给讲传统的人戴上"食古不化""抱残守缺"的帽子。他们极端反传统，认为中国近现代之所以落后于西方国家，就是我们国家的传统造成的。他们宣扬中国的这种黄土地的"黄色文明"已经没有了存在的理由，必须用西方的"蓝色文明"取而代之，"黄色文明"只有自觉地接受"蓝色文明"的阳光雨露的滋润，才能继续生存与发展下去。为此，他们对中华民族几千年的文明发展历史进行大肆歪曲和轻率贬斥。这种思想以极端的形式延续了我国自 1840 年鸦片战争爆发以来，由于西方列强侵略，我们国家长期处于落后挨打局面，而在一部分人中慢慢滋生的一种文化自虐、文化自残的病态心理。"外国的月亮才是圆的"，西方一切都好，成为某些人宣扬、标榜"现代"与"时尚"的理由。

为了澄清这个问题，很有必要反思一个基本的问题。那就是，一个国家、一个民族的传统或传统文化，同现代人的真实关系到底是怎样的。理论和实践告诉我们，对于现代人来说，一个国家、一个民族的传统或传统文化是不能被简单地否定和抛弃的，而应该理性地对待和科学地选择。这里讲的理性地对待，就是要在重视、尊重自己民族的传统或传统文化的前提下，对其进行分析、鉴别，站在现代社会发展需要的立场上，区分其精华与糟粕，吸其精华，弃其糟粕。用习近平总书记的话来说，就是要处理好继承和创造性发展的关系，重点做好创造性转化和创新性发展。为什么必须如此呢？

首先，从一定意义上说，任何一个现代人不管其自觉与否，在其原初意义上都是一个传统人。

关于这一点，美国著名的社会学家爱德华·希尔斯（1910—1995）在其专著《论传统》中就作出了专门论述。这本书的第一章的标题就是

"在过去的掌心中"①。

一个基本的事实是，人是用语言来进行思维的。"语言是思维的物质外壳"，语言也"是一个民族存在的家园"。瑞士著名语言学家索绪尔就提出，语言是人类的共性，它有其共时性的结构性质。各个民族都有自己的语言。语言作为一个民族认识外部事物，对外部事物作出判断、进行思考，实现人际交流的工具，仔细分析就会发现，它本身就积淀了一个民族群体由于长期共同生活和社会实践而形成并传承的价值观念、思维方式、审美情趣和宗教信仰等的内涵，可以说它是一个民族群体传统的价值观念、思维方式、审美情趣和宗教信念等固化和形式化了的一种文化符号。这就是为什么在日常生活中，同是赞美人、贬斥人，或者同是表示喜悦、悲恸等意念层面的内容，各民族的语言表达方式有着截然不同的深刻根源。现代语言学对此可以作出充分的证明。

其次，人是一种文化的存在物。一个国家与民族的传统或传统文化乃是这个国家、民族成员认识和处理同外部事物的关系，实现其作为文化的存在物的价值和进行文化创造的文化基因。

"基因"一词源于古希腊语，意思是"生"。在古希腊时期原本是一个哲学概念，后来成为现代生物遗传学上的一个基本概念，指一个生命体的内部组织结构的特殊方式。正是这种特殊的组织结构方式作为在上下代之间传递遗传信息的基本单位，决定着一个生命体的生命性状和发展轨迹，"种瓜得瓜，种豆得豆"正是因为此。那么在文化上有没有基因呢？也有。这种基因和生物学上的基因性质一样，正是有了它才能够解释，一种特殊的文化类型其何以如此，将来大致可能的走向如何，及为什么它不同于别的文化类型。

讲到这里，有必要了解一下皮亚杰的发生认识论的基本思想。皮亚

---

① （美）希尔斯（Shils, E.）著；傅铿，吕乐译. 论传统 [M]. 上海：上海人民出版社，2009：37.

V

杰是瑞士杰出的心理学家、生物学家和哲学家，他通过对儿童心理和儿童道德判断的研究发现，人的认识并不是像照镜子一样是对客体对象的消极反映和模写，而是对主体与客体关系的一种把握，是主体意识的一种建构过程。这种建构是主体为了适应外界对象及其变化而对自身意识中原有的"文化图式"进行的某种调适，皮亚杰把这种调适叫作"顺化"或"顺应"。与"顺化"或"顺应"相对的是"同化"。具体来说，本来作为主体的人在接触外部对象时，总是试图以自己原有的相关的"文化图式"去同化客体对象，然而在同化过程中主体就可能发现，自己原有的"文化图式"与客观对象并不完全一致。于是主体只好对自己原有的相关的"文化图式"作出调整，以顺应客体而形成关于客体的观念。所以，人的认识过程就是一个主体对客体对象进行同化或顺应的过程。这一过程实质上就是主体在意识层面的一种观念建构过程。那么，主体意识中原有的"文化图式"是从哪里来的？当然是主体出生后在后天生活中习得的，这和主体后天的生活环境、行为活动、学习教养等都密切相关，但这一切都以主体后天习得的语言为中介。无论是皮亚杰所说的"文化图式"还是现代社会心理学家所讲的"文化心理结构"，都是以一个国家、一个民族的语言为中介的。既然语言乃是一个国家、一个民族的成员所特有的价值观念、思维方式、审美情趣和宗教信念等的一种固化、形式化了的文化符号，这就不难理解为什么传统或传统文化乃是一个国家与民族的成员认识和处理同外部事物的关系，实现其作为文化存在物的价值和进行文化创造的文化基因了。

从这个方面说，人们能够摆脱和抛弃传统或传统文化吗？不能。任何一个现代人都只能面对，只能对其进行理性的选择。这一点，现代信息科学也作出了进一步的诠释。实际上一个人所具有的"文化图式"或"文化心理结构"，乃是一个信息处理系统。外部对象对主体的刺激，其信息是要通过主体这个信息处理系统进行处理的。人们接收到的任何信息，都要经过这个信息处理系统的筛选、加工和改造，才能为主体所认同和接受。这也是对于同一事物会"仁者见仁，智者见智"的缘故。同样，对于不同的国家和民族也是如此。

再次，传统或传统文化也是人们生存和处理同外部世界的矛盾的一种特殊的文化力量和文化途径。它赋予人们的生活某种秩序和意义，不仅是人们民族身份认同感和归属感的重要形成机制，且已成为人们的一种内在的心理需要。

"每逢佳节倍思亲"，这是中国人植根于传统的一种特有的心理需求，它也表征着中国人对生命意义和生活秩序的独特理解。在现实生活中，亲情常常成为中国人解决特定范围人际矛盾的特殊文化力量。那么，为什么传统或传统文化能够在现代人的生活中起到这样一种特殊的作用呢？究其根本，就在于一个国家、一个民族的传统或传统文化，乃是这个国家、这个民族群体在长期的共同生活和社会实践中所形成的价值共识和道德认同的产物。这种价值共识和道德认同经过时空的过滤和筛选，世代相传，最终积淀为历史经验和生存智慧。它们在传承和发展中不仅赢得了人们的广泛支持，深入人心，而且逐渐上升为历史理性而获得某种特殊的权威性、神圣性，甚至被赋予某种传奇的存在形式。

爱德华·希尔斯在《论传统》一书中提出了"实质性传统"的观念。他所讲的"实质性传统"，是指那些能够长期受到人们的敬重、为人们所依恋，并对人们的行为具有强大的道德规范作用和感召力的传统。他认为这些传统之所以能够发挥如此巨大的作用，是因为它们往往具有一种神圣的"克里斯玛"特性。"克里斯玛"一词最初出现在《新约·哥林多后书》中，原指受神恩而被赋予的天赋。19世纪法国哲学家用它来指称基督教的超世俗性质，后来著名社会学家马克斯·韦伯全面扩展和延伸了克里斯玛的含义，既用它来指称某种具有神圣感召力的人物和事件的非凡精神特质，也用来指称一切与日常生活或世俗生活中的事物相对、被认为是超自然的神圣事物。爱德华·希尔斯认为，许多实质性传统都是人类原始心理倾向的表露，如敬重权威和道德规范，思念过去，依恋家乡，渴求家庭的温情，等等。爱德华·希尔斯写道："实质性传统还继续存在，这倒不是因为它们是仍未绝灭的习惯和迷信的外部表现，而是因为，大多数人天生就需要它们，缺少了它们便不能生存下去。"① 正因为如此，他认为不仅创建一种传统需要克里斯玛的想象力，破除一种传统同样离不开克里斯玛特质，甚至需要有双倍的克里斯玛特质。因为破除一种传统必须同时创建一种更适合时宜和环境也更具有想象力的新传统。只有新传统的克里斯玛力量压倒了旧传统的习惯势力之后，旧传统才会退出历史舞台，新传统才会赢得人们的广泛支持，才能深入人心，否则是不可能凭空破除旧传统的。传统是既有的解决各类人类问题的文化力量和途径，如果没有更好的、更具有克里斯玛力量的传统出现，旧传统即使表面上被破除了，也仍然会死灰复燃。在这里，不是不破不立，而是"不立不破"。

应该指出的是，爱德华·希尔斯是站在文化保守主义立场上来研究传统或传统文化的，他对问题的分析和论述不无可以质疑之处；但是他强调传统或传统文化是人们既有的解决各种人类问题的文化力量和途径，是一种对人们的行为具有规范作用和道德感召力的文化力量，则是值得重视的。因为传统或传统文化毕竟包含着一定国家和民族群体在长期的共同生活和社会实践中，世代相传、不断积淀而形成的历史经验和生存智慧，任何社会、任何人都不可能完全破除或抛弃其传统的影响。很显然，人们不可能一切都从头开始或简单地完全代之以新传统。如果是这样，人们就会失去对其文化的认同感和归属感。一个失去文化认同感和归属感的人，就会变得如同没有根的浮萍，随波逐流，无所依归；就会如同没有母亲的孤儿，感到身世飘零，无家可归。这是不可想象的。人类文明发展的历史证明，人们只有在已有的传统的基础上对其进

---

① （美）希尔斯（Shils, E.）著；傅铿，吕乐译. 论传统 [M]. 上海：上海人民出版社，2009：327.

行创造性转化、创新性发展，传统或传统文化才能相承相因、继往开来，与时俱进、发扬光大。现代人应该自觉地具有这样的文化品格和文化自觉。

三、传统或传统文化和现代化

所谓现代化，是指人类走出传统的农业社会，逐步走进工业化、信息化时代，实现现代社会工业化、信息化的历史过程，简单地说，就是用现代的"工业—信息"文明代替传统的以小生产为基础的农业文明的历史过程。这无疑是一个社会结构急剧变化和转型的变革过程。那么走出传统社会是否意味着要抛弃或者简单地否定传统文化呢？显然不是。正如现代化和现代性是两个有联系但又不同的概念一样，传统社会和传统文化也是两个有联系但又不同的概念。传统社会主要是就社会结构、社会形态而言，而传统或传统文化则是一个更为广泛的具有总体性的文化概念。应该看到，无论是走出传统社会还是走向现代社会，它的主体还是人，人的现代化才是社会现代化的最重要、最根本的问题。"走出"传统社会、"走向"现代社会，本质上是人的生产方式和生活方式的一种变革。无疑，对于承受和担当这种变革的人来说，为了适应现代社会的要求，就必须站在现代的立场上去面对自己原来所浸淫的传统或传统文化，反思自己所承受的传统或传统文化。在这里理性地对待传统或传统文化，对其进行认真的价值评估，是十分必要和非常重要的。为此，对传统或传统文化进行创造性转化和创新性发展就成为现代人的一种重要的社会责任和历史使命。这本身就是对传统或传统文化同社会现代化的相互关系的选择问题，而不是简单的二律背反式的相互否定的问题。

世界历史发展证明，世界上每个民族和国家在面临社会急剧变化和转型的关头，在迎接新的历史挑战、走向新的历史阶段的过程中，都曾经遇到过如何认识和对待自己民族和国家的传统或传统文化的问题。中国从奴隶社会向封建社会过渡的春秋战国时期，就有百家争鸣特别是儒法之争，其中的焦点之一就是"法先王"还是"法后王"，即如何对待已有的传统或传统文化的问题。这一争论前后延续了上百年，直到汉武帝尊崇儒术才算收官，才奠定了往后中国封建社会的基本思想政治格局。西方社会在走出中世纪、走向近现代社会的历史过程中，也曾经重新审视它们民族和国家的传统或传统文化，并通过对其作出新的评估、进行新的诠释，才最终建构了西方近现代的工业文明。这一过程始于14—16世纪的欧洲文艺复兴运动，直到18世纪法国资产阶级革命才算告一段落，前后经历了几百年的时间。

在当代，伴随着西方的所谓新、旧现代化理论之争，我们清楚地看到，一些地方例如拉丁美洲国家，就曾经试图拒绝自己国家的本土文化资源，抛弃自己民族的传统，简单地移植和嫁接已经实现现代化的西方发达国家的价值观念、文化模式和制度规范，以期实现本国的现代化。其结果如何呢？不仅没有实现现代化，反而导致国家发展长期停滞、社会动乱和人民生活贫困。这正是拉丁美洲一些国家反美情绪长期高涨的深刻根源。同样，某些西方国家进行的"价值观战争"，也造成了中东地区的长期乱局、难民危机，并导致恐怖主义滋生。对此尽管人们可以作出各种各样的解释，但它们证明了西方旧现代化理论的破产却是一个不争的事实。它们也证明，对于任何一个国家或民族来说，社会的现代化都不可能通过抛弃本土的文化资源，割断自己国家、民族的传统文化的血脉和纽带，简单地从外部嫁接和移植而来。现代化必须立足于自己国家和民族的文化根基，尊重文化自身发展的规律，正确处理好本来和外来、民族化和国际化的辩证关系，且这只能是一个依据时代发展的需要，吸收外来先进成果，对自己国家和民族的传统文化进行创造性转化和创新性发展的历史过程。

为什么必然如此呢？因为如前所述，所谓现代化归根到底还是人的现代化。一个国家、一个民族的传统或传统文化，本质上就是这个国家、这个民族群体的自我意识。就个体而言，每个人之所以是他自己而不是别人，是因为这个"自我"就是由他所特有的自我意识系统构成的。那么，一个国家、一个民族群体有没有"自我"呢？有。这个"自我"就是这个国家、这个民族群体在长期的共同生活和共同社会实践中所形成的，世代相传的传统或传统文化。古人云："人贵有自知之明。"对于一个国家、一个民族群体来说，只有认识"自我"才能走向"新我"。因为这个"自我"中蕴含着其特有的文化基因，是其处理同外部世界关系的独特的文化力量和途径，也是其对生活秩序与意义的一种特殊把握，并形成了其所特有的问题意识、解题路径、解题方式和价值目标。但是这些又毕竟是在过去的特定生存境遇和历史条件下形成和发展起来的，必然会打上深刻的历史烙印，存在这样或那样的同现代社会发展不相适应的局限。因此，面对新的历史条件和新的生存境遇，一个国家或民族群体首先必须继续保持"自我"，因为是它自己而不是别人走向新的历史时期和社会形态；其次，一个国家或民族群体又不可能完全保持原来的"自我"，因为它不可能以不变应万变，而必须在应变中、在迎接各种新的挑战中去保持"自我"、创造"新我"。这是一个社会历史的发展和作为这一发展主体的人之间双向互动、相互促进的文明发展过程，也是人们常说的"人创造了历史，历史又创造了人"的辩证过程。

在如何认识和对待传统或传统文化与现代化的关系问题上，澄清所谓西化论的理论是非，对于我们来说仍然十分重要。西化论在我国自近代以来一直不绝于耳，至今仍为一些人所信奉和宣扬。这种理论认为，在当今世界上任何国家或民族要实现现代化就必须走西方化的道路。美国著名学者费正清教授把它概括为一个模式——"冲击-反应"。按照这个模式，任何发展中国家要实现现代化，就必须接受西方发达国家的先进文化的冲击，并对此做出单向的反应。这就是说，对于已经实现现代化的西方国家来说，现代化就是进行积极的自我扩张和发展，是不断地甚至强行地推销和输出其价值观念、文化模式和制度规范的过程。而对于发展中国家而言，似乎出路只有一条，那就是放弃自己国家、民族的文化传统，否认自己能够遵循社会发展的内在规律自主地走上现代化道路，抛弃本土资源，去被动地接受西方发达国家文化的冲击，似乎只有这样才能实现国家的改造和转化，才能走向现代化。不难看出，这种西化论的基本立足点是"西方中心主义"。其理论基础是社会达尔文主义，其思维模式则是西方特有的二分法。这种理论人为地把整个世界划分为西方和非西方、现代和非现代或者说是传统和现代化两个部分。显然，这种人为的二分法实际上一开始就预设了一个前提或者说一种价值取向，即西方"优于""高于"非西方。在这种理论看来，历史是进化的，是一种由低级向高级的线性发展过程，既然西方已经处于进化的高端阶段，而非西方还处于进化的低端阶段，那么，西方当然就要优于、高于非西方。而非西方要进化就必须接受西方的冲击和改造，也即"适者生存，优胜劣汰"。这就是西化论的理论逻辑。显然，这种理论是十分错误的。

首先，这种理论的前提是虚假的。正如印度著名学者德赛所指出的，西方学者这种西化论是以两个假设为前提的。一是将美国和欧洲发达国家的资本主义社会看作典型的现代化社会，并将其作为现代化的唯一模式。二是这种理论所使用的"现代化"概念实质是对资本主义生产方式框架内社会转变过程和转变方式的描述。也就是说，这种理论将资本主义生产方式发生学上的一个概念，偷换成了一个具有普遍意义的实质性概念。这就把特殊夸大为普遍、把个别夸大为一般，从而使西方资本主义生产方式成了唯一的现代化模式。正是基于这种错误的逻辑，才得出了只有西方化才能实现现代化的荒谬结论。

其次，这种理论否认和拒斥人类文化发展的多样性、多元性。有句谚语说，"条条大路通罗马"。世界各国各民族由于国情不同、文化传统有异，其走向现代化的道路必然是多样的。历史地说，人类走出原始的野蛮状况、走向文明社会的历史道路本就各不相同。古希腊、古罗马走的是"家庭—私有制—国家"的道路，而亚洲的许多国家则走的是"家庭—国家—私有制"的道路。关于这一点，在马克思主义经典著作中有过充分论述。马克思把这两种不同的道路分别概括为"古典古代"和"亚细亚古代"。同样，人类走出中世纪、走向现代化的道路也必然是多样的、多元的。这是人类文化和文明发展的规律。实践证明，所谓现代化就是西方化的说教，不过是以美国为首的西方国家为其推行殖民主义、霸权主义而张目罢了。

再次，这种理论违背了社会发展和文化交流的客观规律，否认并拒斥非西方国家走向现代化的内在动因和本土资源。历史发展表明，在中国，早在明代中期就出现了资本主义萌芽，明清之际这种萌芽更是得到了进一步的发展。正如毛泽东所指出的，"如果没有外国资本主义的影响，中国也将缓慢地发展到资本主义社会"①。20 世纪 60 年代以来东南亚经济奇迹的出现，更是有力地证明，传统或传统文化并不是一个国家、一个民族走向现代社会的历史包袱和障碍；相反，只有充分重视本土文化资源，发挥其在现代化中的积极作用，真正做到不忘本来、吸收外来、面向未来，对本国本民族的优良传统文化进行创造性转化、创新性发展，才是走向现代化的必由之路。在当代，我国人民在中国共产党的领导下，通过不断增强文化自信、文化自强和文化创新，创造了举世瞩目的中国经验、中国道路和中国模式，更是有力地宣告了西化论的破产。

习近平总书记指出："中华文明绵延数千年，有其独特的价值体系。中华优秀传统文化已经成为中华民族的基因，植根在中国人内心，潜移默化影响着中国人的思想方式和行为方式。今天，我们提倡和弘扬社会

---

① 毛泽东著.毛泽东选集：第 2 卷［G］.北京：人民出版社，1991：626.

主义核心价值观，必须从中汲取丰富营养，否则就不会有生命力和影响力。"① 正因为我们的血液中流淌着这样的文化基因，我们才能形成民族世代相传的世界观、人生观、价值观和审美观，也才能在新时代以"富强、民主、文明、和谐，自由、平等、公正、法治，爱国、敬业、诚信、友善"等新形式，实现对中华优秀传统文化的传承和升华。中华优秀传统文化既有着自身的连续性和稳定性，又与时俱进；既传承了民族特色，又彰显着时代价值。认清什么是传统与传统文化，把握传统文化和现代人的真实关系，处理好传统文化与现代化的联系等问题，对于我们培育和践行社会主义核心价值观具有重要的理论意义和实践意义。

唐凯麟

2022 年 6 月

---

① 习近平著. 习近平谈治国理政［G］. 北京：外文出版社，2014：170.

总　论
正确对待中国传统伦理道德文化

　　要实现现代化，走向世界，从文化学的意义上说，首先就意味着一种新的民族文化和现代伦理道德的营造和建构，意味着一代新生文化主体的培育和塑造。因此，从时代的课题出发，立足现实、面向未来，应该成为我们总的出发点和基本的价值取向。也唯其如此，如何对待我们的传统文化包括传统伦理道德文化的问题就变得不可回避，因为任何一种新的民族文化和现代伦理道德的营造和建构，都必须解决好当代人的价值观念的形成、确立和发展同本民族文化传统包括伦理道德传统的联系问题；任何一代新生文化主体的培育和塑造，都离不开这一文化主体同本民族整体的代际传承和历史延续。因此，正确地对待传统文化包括传统伦理道德文化，坚持把批判继承和超越创新统一起来，以加速现代化建设的步伐，努力建设有中国特色的社会主义新型文明，才是我们应有的理性精神和科学态度。

一

　　在当代中国，如何对待传统文化包括传统伦理道德文化，从根本上讲是一个如何认识和处理现代化和民族化的关系的问题，而问题的实质则是走什么样的现代化的道路。现代化建设要坚持走有中国特色社会主义的道路，正确对待传统文化包括传统伦理道德文化，就是一个十分重要、十分现实的问题。

传统文化的突出特点和功能就在于，它具有极大的相对稳定性。这就使它成为一个影响和调节社会生活的稳定系统，表现为一种内控自制的历史惯性运动；它不是少数圣哲贤人的观点或一部分人的思想倾向，而是反映和代表了一个民族的社会整体意识和行为的总的倾向。这也使它成为一种特殊的社会文化信息系统，成为一定的社会经验得以传播和积累的中介。当然，在不同的社会历史条件下，传统文化的这些功能得以发挥的程度和所产生的社会效用是极不相同的，但它已成为一个民族面临新的时代挑战、进行新的历史创造活动的文化环境和心理背景。因此，每一个民族在走向新的社会时，都有一个如何对待传统文化包括传统伦理道德文化的问题。西方走向近代的开端，就是以古希腊、古罗马文化的复兴为旗帜的。在这一旗帜下，西方通过对其传统文化包括传统伦理道德文化作出新的认识和诠释，创建了近代资产阶级的工业文明。我国"五四"前后也曾出现过所谓中西文化之争。这些都历史地表明，传统文化包括传统伦理道德文化作为一个民族历史经验的积淀，是回避不了的，只不过不同的阶级对它所采取的态度不同罢了。

坚持现代化和民族化的统一，这是我们对待传统文化包括传统伦理道德文化的基本出发点。因此，我们既坚决反对民族虚无主义、"全盘西化论"，又坚决反对传统保守主义、复古主义。对于这两种错误的思潮，早在新民主主义革命时期，毛泽东就作出了深刻的批判，指出"'全盘西化'的主张，乃是一种错误的观点"①。同时，毛泽东又强调不能搞复古主义。他说，我们继承历史文化遗产，"是给历史以一定的科学的地位，是尊重历史的辩证法的发展，而不是颂古

---

① 毛泽东著. 毛泽东选集：第 2 卷 [G]. 北京：人民出版社，1991：707.

非今，不是赞扬任何封建的毒素"①。毛泽东对上述两种错误观点的批判，为我们继承和发扬中华民族的优良文化传统和伦理道德传统，创造科学的、民族的、大众的新文化、新传统，奠定了理论基础，指明了正确的方向。

在我国社会主义建设的新时期，邓小平创造性地继承和发展了毛泽东思想，总结了新中国成立以来正面的经验和反面的教训，提出了建设有中国特色社会主义理论，科学地解决了社会主义建设中现代化和民族化统一的问题。

"有中国特色社会主义"是一个科学的概念。它强调必须坚持社会主义的基本原则，体现社会主义的共同的性质、方向和道路，但在内容和形式上又必须反映中国历史发展的特殊性，带有中国化、民族化的特色，凝结着中国人民的独特创造，从而使中国的社会主义不仅在形式上而且在内容上都具有自己的特殊规定性。因此，以马列主义、毛泽东思想为指导，从国情出发，正确地对待传统文化包括传统伦理道德文化，继承和发扬中华民族的优良传统，既是有中国特色社会主义的一个重要的构成因素，又是建设有中国特色社会主义的必然的客观要求。

民族传统是一个民族世代积累、相对稳定的群体的历史经验，虽然就其整体而言，不可避免会被打上深刻的历史烙印，但其中所包含的精华部分，却往往能够超越历史时空的界限，成为一种文明的积累。它凝结着一个民族的智慧和力量，是一个民族迎接新的时代挑战的历史前提和内在动力。它能够唤起全体人民的历史责任感和民族使命感，激励全民族在新的历史条件下不断前进。社会主义如果忽视了对中华民族优良传统的继承和发扬，就会失去历史的根据，脱离民

---

① 毛泽东著. 毛泽东选集：第2卷［G］. 北京：人民出版社，1991：708.

族精神的依托，最终变成一种外在的强加。只有把中华民族的优良传统作为一个必要因素，本质地包含在社会主义之中，这样的社会主义才是有中国特色的，才能更好地释放民族的潜能，成为人民群众进行新的历史创造活动的旗帜。

建设有中国特色社会主义离不开建设有中国特色的社会主义精神文明。正确对待传统文化包括传统伦理道德文化，继承和发扬中华民族的优良传统，乃是建设有中国特色的社会主义精神文明的重要内容和重要任务。任何时代的精神文明都是对前代精神文明的继承和发展，把前代人的终点作为起点，继往开来，推动精神文明从低级向高级不断前进，这是人类精神文明发展的一般过程。"中国的长期封建社会中，创造了灿烂的古代文化。"① 它为我们的社会主义精神文明建设提供了丰富的营养。

正确地对待传统文化包括传统伦理道德文化，继承和发扬中华民族的优良传统，还是保证改革开放顺利发展的必要条件。我们的改革是社会主义制度的自我完善和发展，它是在当代中国和世界的交叉点上进行的，也是在中国的历史和现实的交叉点上进行的。这就要求我们的改革必须从我国的国情出发，充分考虑人民群众的心理承受能力，因势利导，努力寻找传统和现实的结合点。只有这样才能认清改革的实际步骤，找到改革的具体形式，把握改革的驱动机制。而要做到这一点，一刻也离不开正确地对待传统文化包括传统伦理道德文化。同样，实行对外开放，也始终有一个扬长避短、趋利避害的问题。在这种情况下，只有正确地对待传统文化包括传统伦理道德文化，继承和发扬中华民族的优良传统，才能保持和增强我们民族的自尊心和自信心，提高对外来文化的消化功能，增强对西方腐朽生活方

① 毛泽东著. 毛泽东选集：第 2 卷 [G]. 北京：人民出版社，1991：707.

式、价值观念侵袭的免疫力。否则，我们就可能对一切外来的东西都失去理性的态度，忘记民族的"自我"，丧失民族的主体性，丢掉自己的立足点，陷入迷茫之中，从而背离社会主义方向。前些年在这方面的教训，就是这样启示我们的。

<h1 style="text-align:center">二</h1>

传统文化包括传统伦理道德文化是人创造的，它既是前代人和后代人在文化联系上的纽带，又要靠后代人的自觉选择和创造才能传承和发展。它并没有超越历史的绝对的合理性，它的合理性存在于人类不断选择、不断创造历史的发展过程之中。因此，正确地对待传统文化包括传统伦理道德文化，还必须坚持马克思主义的批判继承的方针，这也是关系到我们能否真正继承和弘扬中华民族的优良传统、建设有中国特色社会主义的重大问题。

人类文化的传承是一种文化自身的客观延续性和文化主体（一定阶级、社会集团和民族、国家）的主观选择性相统一的辩证过程。前者决定了对待传统文化的继承性，后者则必然表现为对待传统文化的批判性。批判和继承是同一过程的两个不可分割的方面。否定继承的批判，是民族虚无主义的做法；没有批判地继承，则会犯传统保守主义的错误。这两者割裂批判和继承的统一，都违背了人类文化传承的客观规律，都是片面的、错误的。批判和继承之间并没有不可逾越的鸿沟，我国近现代史上这两者的相互转化是不乏其例的。所以，毛泽东和邓小平都反复强调坚持批判继承方针的重要性，认为继承只能是批判地继承，批判是继承的前提和基础，继承是批判的结果。所谓批判地继承，就是分析、鉴别、取舍和改造。

分析是揭示事物的特点、弄清事物的本来面貌的一种基本的认识方法。在分析的基础上还必须进行鉴别，因为中国传统文化包括传统伦理道德文化本身的特点和面貌，是历史的事实存在，并不等于就是优点和缺点、精华和糟粕。鉴别就是评价，作出价值判断，这是与认识事物的特点、作出事实判断有着紧密联系但又不同的一种重要的认识方法。要评价，首先就必须正确地认清评价的主体。这个主体不是指个人，而是指建设有中国特色社会主义的当代中国社会群体。而作为评价者，这个主体则应严格从社会主义现代化建设需要出发，来评价中国传统文化包括传统伦理道德文化。其次还必须有正确的标准。这个标准不能是什么"西方的异质文化"，也不能是别的什么东西，而应该是中国社会发展本身的客观需要。具体说来，对于中国传统文化包括传统伦理道德文化的价值鉴别，一是要看其在历史上是否曾经有利于社会的发展；二是要看其是否有利于当代中国的社会主义现代化建设，这一点尤为重要。再次，明确评价的对象也是十分重要的。评价的事物，可以是事物的整体，也可以是组成事物整体的内部构件，还可以是事物的内容或形式。中国传统文化包括传统伦理道德文化，除了其特定的历史形态，还包括其在历史演变过程中所积淀下来的行为方式、心理模式、价值观念、伦理精神等。它作为一种文化定式，常常具有超越时空的意义，是评价中应该特别注意的。只有明确上述三个问题，才能科学地区分哪些是优点和精华、哪些是缺点和糟粕，慎重地进行选择和取舍，取其精华，去其糟粕。应该肯定，在中国传统文化包括传统伦理道德文化中，那些优良道德传统，一般说来代表了进步势力和人民利益，反映了反压迫斗争和革新需要，并且在长期的历史积淀中已经内化为中华民族优秀的民族精神，是传统伦理道德文化中的精华，能够成为我们建设有中国特色社会主义的丰富养料，值得我们认真地总结。

那么，精华是不是就意味着可以直接沿用、"无批判地兼收并容"呢？如果作出这样的理解，显然也是不正确的。因为即使是传统文化包括传统伦理道德文化中的精华，也必须进行改造。这里讲的改造，就是根据无产阶级和人民群众的利益及社会主义现代化的需要，通过社会主义建设的实践，将其有用的部分重新熔铸，使其升华为社会主义新文化的构成因素。这也就是毛泽东讲的要"经过自己的口腔咀嚼"，"决不能生吞活剥地毫无批判地吸收"。① 要达到这个目的，就一刻也离不开我们的社会主义现代化建设的实践。实践是认识的基础，也是正确地对待传统文化包括传统伦理道德文化、继承和发扬中华民族优良传统的基础，而改造的过程本身就是一个社会主义现代化建设实践的过程。

总之，我们必须在社会主义现代化实践的基础上，把对传统文化包括传统伦理道德文化的批判和继承统一起来。这种统一就是辩证的否定，即"扬弃"，它是否定和肯定、中断和连续的统一。正因为这样，它才能成为发展的环节、联系的环节。这就是马克思主义的批判和继承的统一观。

三

马克思主义认为，无论是坚持现代化和民族化的统一，还是坚持批判和继承的统一，其根本的目的就是继承优良传统、超越旧传统、创造社会主义新的文化道德传统，这也是检验我们能否真正正确地对待传统文化包括传统伦理道德文化的实践尺度。19 世纪以来，所有国家的现代化历程均表明，现代化不能简单从一个社会外部向内部作直接的嫁接和移植。西方现代先进的技术、实业、科学、社会形

---

① 毛泽东著. 毛泽东选集：第 2 卷 ［G］. 北京：人民出版社，1991：707.

态自有其深刻的历史渊源，它是在西方传统文化背景上自然而且必然地生长出来的。中国的社会主义现代化也应当从中国自身文化传统背景的创造性转化中有机地、合乎逻辑地生长出来。社会主义的新的文化道德建设也是如此，这本身只能是一个继承优良传统，超越旧传统，创造新文明、新传统的过程。

超越创新，就意味着突破，意味着创造一种既适应时代前进步伐又不失民族文化特质和民族精神的，既优于和高于资本主义文明又适应当代科技、工业、市场经济要求的新文明、新传统。所以在这里，超越创新和批判继承是相辅相成的。批判继承是超越创新的基础性步骤，没有批判继承，所谓超越创新就是一句空话；反过来说，超越创新构成批判继承的目标指向，不能实现超越创新，所谓批判继承就毫无意义。这两者的辩证统一，对我们来说，就是要立足于现代和未来，既批判地继承传统伦理道德文化中的精华，使之内化为我们民族的主体意识，又从时代的课题出发，赋予它现代意义，使之同时代精神相融合，努力建设有中国特色社会主义的新型文明。

建设有中国特色社会主义的新型文明，这是一个复杂而艰巨的任务，也是历史赋予我们的使命。完成这一使命，也许需要上百年甚至更多的时间，我们生逢其时，理当为之努力奋斗。为此，做到如下几点是至关重要的。

第一，要正确认识和处理好伦理文化、思想道德建设中的"软"和"硬"、"虚"和"实"的关系。作为观念形态的伦理文化、思想道德，相对于社会政治、法律等制度因素来讲，乃是一种"软件"。一定社会的伦理文化、思想道德总是一定社会的经济、政治制度的反映，并反作用于这一社会的经济、政治制度。因此，它们之间既是一种被决定和决定的关系，又是一种互动、互补、互促的关系。这就要求我们把加强社会主义的伦理文化、思想道德建设同加速社会主义政治、经济体制的民主化、法制化的"硬件"建设有机地结合起来。事实上，思想文化作为一种"软件"，只有在一定制度的"硬件"中才能正常地生长，有效地发挥作用。制度是思想文化作用于经济的一个重要的中介，在不同的制度条件下，即使是同一思想文化，其发挥作用的性质、功能及方式也是不一样的。只有在民主化的政治和完善化的法律制度的条件下，民族传统文化的优良成分才能得到有效的继承、改造和升华，并充分地发挥积极作用。同时，就伦理文化、思想道德建设本身而言，使其由"虚"变"实"，做到真抓实干，努力在实际、实事、实行、实功上花功夫，在强化其实际操作性上下力气，也是十分重要的。只有这样，才能坚持批判继承和超越创新的辩证统一，使建设社会主义的新文化、新文明落到实处，收到实功。

第二，要正确认识和处理好伦理文化、思想道德建设中的民族性和世界性的关系。人类文化发展的历史表明，不同民族和国家的异质文化的碰撞和交流、冲突和融合，乃是文化发展的一条重要规律，这在当代更是成为一种世界性的文化现象。因此可以说，在当代，一个民族文化的生命力就在于它既能保持本民族文化的优良传统，又能充分地吸收其他民族文化中适应时代发展要求的积极成分和合理因素。所以，当代文化发展和文化建设只能是也应当是"民族意识"和"全球意识"的有机结合，是民族性和世界性的统一。不能坚持这种统一，我们就不可能站在世界发展的高度来看待文化问题，就不可能反映当代历史发展的要求，相反还可能使我们的文化建设脱离当代人类文化发展的轨道。这样的文化是不可能有生命力的，更不是我们要努力建设的社会主义的新文化、新文明。因此，只有坚持民族性和世界性的统一，具备面向世界的广阔的文化胸怀和着眼于未来的深邃的文化视域，把对民族传统文化的批判继承和对外来文化积极成分与合理因素的引进汲纳有机结合起来，在综合中创新、在创新中综合，我们才能更好地坚持批判继承和超越创新的辩证统一，才能建设人类历史上迄今为止最先进、最科学的社会主义新文化、新文明。

第三，要正确认识和处理好文化建设与新生文化主体的培养造就的关系。人是实践的主体，也是文化的主体。传统文化是人创造的，它既是前代人同后代人在文化联系上的纽带，又要通过后代人的自觉选择和创造才能传承和发展。因此，要实现批判继承和超越创新的辩证统一，完成中华民族传统文化的创造性的转化，建设社会主义的新文化、新文明，其首要的前提和最终的落脚点就是必须培养和造就一代新生的文化主体。只有这样，才能为实现批判继承和超越创新的辩证统一找到现实的承担者，提供建设社会主义新文化、新文明的主体动因。实践表明，随着社会主义的理想和道德的日益深入人心，随着人们的科学文化知识的逐渐增长和纪律意识的日益增强，人们不仅将越来越珍视人类文明的一切优秀成果，自觉地把继承和弘扬本民族的优良文化传统视为己任，而且将越来越主动地提出和实现更高的道德目标，成为建立适应时代发展要求的新的良好的道德关系、创造新的崇高道德价值的自觉的承担者和开拓者。

正是基于上述认识，我们从中国传统伦理道德文化的主要构成成分——儒、佛、道三家的思想学说中，选取了一些在历史上对于我们民族精神的形成和发展产生过重要作用，且在今天的现实生活中仍然具有某种积极因素的伦理命题和道德思想，进行一番历史的挖掘和现代的诠释，以期为批判地继承传统伦理道德文化、实现批判继承和超越创新的辩证统一，提供一些可供借鉴的思想资料。我们在编写这套丛书时，对于上述伦理命题和道德思想的选择，力图从儒、佛、道三家的伦理道德思想体系的内在逻辑出发，努力避免主观性和随意性；对于这些伦理命题和道德思想的诠释，则尽可能地着眼于其在我们民族历史发展中已经获得较广泛认同的视角来立论，并立足于现实作出必要的阐发。诚如不少专家所指出的，在中国传统文化和传统伦理道德文化中，不但精华与糟粕杂陈，而且精华的东西中也可能包含着糟粕，因此要在杂物堆中选取珍珠，其爬梳、清理工作是十分艰巨的，即使选取出来的是珍珠，如何使它重新显示应有的光泽，也有一个用现代意识去加以观照和磨砺的问题，要完成这一任务更是有如攀登蜀道。因此，我们编写的这套丛书只是试图作出一些初步的探索和尝试，肤浅在所难免，不当之处一定很多，权作引玉之砖，以期专家和读者指正。

唐凯麟

1998 年 6 月

目　次

第一章　儒家的产生、演变及其在
中国历史上的地位

中国有五千年的文明史，中华文明是世界上唯一一个从五千年前传承至今而未间断的伟大文明。几千年的古老文明在公元前几百年的春秋战国时期凝聚成了绚丽多彩的诸子文化，孔子创立的儒家学说就是其中最杰出的代表。秦汉之际中央集权制建立之后，在寻求与政治一元化相适应的思想一元化的过程中，儒家学说脱颖而出，成为以后两千多年中国文化的主流学派。儒家思想作为中国传统文化的主干，博大精深，它既涉及哲学、政治、文学、历史、教育和经济等领域，又是一个较为系统而严密的思想体系；它既是中华民族数千年智慧的结晶，又在漫长的历史进程中深刻地影响着中国古代社会的发展。儒家思想由孔子继承西周以来人文精神传统而奠定其理论基础，孔子的学说被称为"仁学"，它强调以人为本，又被称为"人学"，伦理道德是其核心。孔子之后儒学的继承者，秉承了以人为本这一精神，对其伦理道德进行建构、宣传、推广与践行，培育了中华民族的基本品德，确立了古代中国人的基本价值观念，也维持了中国古代社会的基本生活秩序。直到今天，我们强调增强文化自信，其中必然蕴藏对优秀传统文化的自信，而我们今天讲的传统文化，其核心仍然是儒家思想。

第一节　儒家学派的产生

儒家学派产生在中国春秋末期。春秋战国时期，是中国古代从奴隶社会向封建社会过渡的社会大变革时期。为适应这种社会的大变革，当时诸子蜂起，百家争鸣，出现了文化学术空前繁荣的局面。而当时的各家各派或因其学说的思想核心、最高范畴而得名，如道家、阴阳家、法家、名家、兵家、农家等就是如此；或因其学派的创始人的姓氏而得名，如墨家就是如此；或因其学说的思想来源和特征而得名，如杂家就是如此。而唯独儒家得名却非如此。"儒家"这一名称不仅仅是人们所说的源于一种职业，更蕴藏着这个学派的精神实质。

一、西周以来的人文精神传统

中国传统文化源远流长，唐宋学者在追溯儒家文化源流的道统时，均从尧舜说起，他们所依据的历史文献典籍是《尚书》和《周易》，后世学者描述儒家是"祖述尧舜，宪章文武"。儒家的创始人孔子也多次述说过尧舜，但他也明确指出，夏商之礼可言而不可证，因为"文献不足"，而"周礼"通过"殷礼"继承了"夏礼"，故他始终以周礼的继承者自居，矢志发扬周公的学说。因此，在这种意义上，儒家学说是对西周以来人文精神的继承与发展。

殷周以来从神道向人道的观念转变是儒家学派产生的思想理论根源。殷商时期，天帝被奉为绝对的权威，整个宇宙包括人类社会的一切都被理解为是由天命所决定的。周人取殷人而代之，就必须对此"革命"（即天命的改变）作出解释。《尚书·召诰》说："皇天上帝改厥元子，兹大国殷之命。"① 既然天命可以改易，那么它就不再有绝对的权威，人们不应该完全服从天命。故周人提出了"天命靡常""天不可信"等思想。当然，这并不是说周人已经对天命产生了根本性的怀疑，而只是反映了他们认识到仅仅依赖天命是不够的，只有"敬德保民""以德配天"，才能永保其天命而不坠。"周虽旧邦，其命维新"，旧邦新命之说，表明周人既有对传统的继承，同时也有自己的创新。所谓新，就新在在这个命中加入了主体的因素。人不再是完全被动的命定者，而是可以通过自己的主观努力（修德）去积极地"受命"的角色，有德者才能承天之命。在这次人文觉醒中，凸显的是道德的作用。

春秋时期发生了由神道过渡到人道的第二次重大转折。当时，社会正处于新旧更替的急剧动荡时期，周天子的共主地位名存实亡，相继出现了诸侯争霸、大夫擅权、陪臣执国命的局面，对原来被视为天之所命的社会等级秩序产生了巨大的冲击和严峻的挑战。这种不安于天命的行为必然使人进一步发现人的力量，唤醒人道，遗弃神道。史嚚说："国将兴，听于民；将亡，听于神。"② 虞大夫宫之奇说："鬼神非人实亲，惟德是依。故《周书》曰：'皇天无亲，惟德是辅。'……神所冯依，将在德矣。"③ 人事不决定于天命，而决定于人自身的主观努力，天命的庇佑并非依据于祭献牺牲，而是依据于人们的德行。"夫民，神之主也。"④ 神、天命不再是外在的绝对权威，而演变为一种象征、名义和旗号。春秋时期思想发展的一个重要成就，就是把天从盲目必然性异化出的神灵主宰转化为可以认知和分析的客观必然性事物，天衍生出"天道"。"天道皇皇，日月以为常，明

① 姜建设注说. 尚书［M］. 开封：河南大学出版社，2008：85.
② 杨伯峻编著. 春秋左传注［M］. 北京：中华书局，1981：252.
③ 杨伯峻编著. 春秋左传注［M］. 北京：中华书局，1981：309-310.
④ 杨伯峻编著. 春秋左传注［M］. 北京：中华书局，1981：111.

者以为法，微者则是行。阳至而阴，阴至而阳；日困而还，月盈而匡。"① 这里的"天"已经具有浓厚的自然之天的含义，所谓天道即指日月盈虚、四时更迭的自然规律。这种对天道的理性认识剥去了天的神秘性，从而凸显了人对天的认识、把握与运用。人事并非决定于天，而是决定于人。"天道远，人道迩，非所及也，何以知之?"② 这就从神道中划分出了人道，主张人们掌握自己的命运。

从一定意义上说，儒家学派乃是殷周以来人道觉醒的产物。儒家思想传统的两重性，也极大地影响了儒家的理论。一方面，天作为一种外在的必然性仍然具有神秘的色彩，依然是自然界和人类社会的主宰，故儒家不仅追求永恒的最高主宰，而且强调神道设教，以神、天、命作为重要的思想工具。另一方面，天命必然性中的理性因素又得到极大的揭示与张扬，儒家学者积极探讨自然界和人类社会的本质及规律，力图使主体不断超越天命的制约而成为自身乃至天地万物的主宰。人的主体能动性与创造性受到高度重视，强调人应该积极进取、刚健不息。这两种发展倾向相互制约、相互影响，融会成天人合一的理论，体现为天人合德的伦理道德。传统的儒家学说，就是人道从神道中的不断觉醒，并在天人之道的矛盾对立中展开和演进的。它较好地适应了中国古代社会生活的历史状况，因而成为中国传统伦理道德文化的主体和核心内容。

二、春秋时期的社会历史背景

如前所述，儒家学派是风云激荡的社会历史变化的产物。文武革命之后，沿袭殷礼而建立了以周天子为首的分封制政权，通过分封兄

---

① （春秋）左丘明撰；鲍思陶点校. 国语［M］. 济南：齐鲁书社，2005：319.
② 杨伯峻编著. 春秋左传注［M］. 北京：中华书局，1981：1395.

弟、亲戚以屏周室,周天子为天下共奉的宗主,对诸侯有着最高的控制权,"溥天之下,莫非王土。率土之滨,莫非王臣"[①]。西周末年,幽王昏淫无道,外族频扰,引起诸侯的强烈不满,天子失去了往昔的权威。平王东迁之后,王室衰微,周天子虽然在名义上仍保持着天下共主的地位,但实际上对诸侯的控制权已经大大削弱,代之而起的是列国各自为政,为了争夺自己的势力范围展开兼并混战,五霸争雄,挟天子以令诸侯,历史进入社会力量重组、政治权力再分配的春秋时期。

春秋时期是一个"礼崩乐坏"的社会动荡时期,旧的社会秩序遇到极大的危机。从社会根源来说,这是由于当时出现了新的生产力的代表——地主阶级,这些社会新贵在经济上有着极强的实力,他们不满于与自己的经济势力不相适应的政治地位,要求更多的政治权力,向旧制度、旧秩序发难。各种政治势力纷纷走上社会舞台,提出自己的利益诉求,形成了许多政治文化中心,产生了各种不同的学说。儒家学派就在这一社会历史背景下产生。

首先,建立在小农自然经济基础之上的血缘家庭和宗法等级制度,是儒家学派产生的社会基础。中国古代是由氏族部落进入国家社会的,从国家的产生来看,它与血缘家庭有着不可分割的联系。但在夏商时期,政权的嬗递尚无严格的规范;到了周代,随着宗法制度的完善与加强,它便渗透到社会生活的各个方面。近人王国维详细地考证了周代制度,揭示出它继统(国家政权的统系)与宗统(血缘家庭的统系)合一的典型特征。在这一社会历史形态中,天子是全国最高的宗主,其嫡长子继为天子,余子为诸侯;诸侯是邦国的宗主,其嫡长子继为诸侯,余子为大夫;大夫为邦国之小宗,亦为乡邑之宗长,以下按宗

---

① 陈淑玲,陈晓清译注. 诗经 [M]. 广州:广州出版社,2001:205.

法依次为士、庶人。政治的统系与宗法的统系完全重合，家国同构，各级行政首脑同时也是血缘宗族的最高统领，宗法制度成为社会最根本的制度。秦汉以后废分封而置郡县，家与国在形式上不再重合，但由于古代生产力发展使然，以一家一户为生产单位的小农自然经济始终是社会生活的经济形式，家与国并没有发生根本的分离。在周代，维护这种血缘宗法等级的社会制度，就集中表现为礼。儒本来是相礼的术士，实施、弘扬礼。为贵族统治者服务，巩固既成的社会制度，是儒者的根本职责。在春秋社会的动荡之中，贵族阶级逐渐没落，儒从贵族的附庸变为一个相对独立的社会阶层，不得不以自身的文化优势谋生，从而由术士演变为谋士、师儒。但是，他们仍然是现成社会制度的拥护者，除了实施、弘扬礼之外，还自觉地承担起宣传、论证礼的任务，逐步创建了较为完整的理论体系。

由于礼的政治与宗法的合一性，阐释、弘扬礼的儒学带有浓厚的宗法和伦理色彩。它以宗法血缘家庭的观念理解和处理人际关系，注重传统，提倡群体价值本位，强调等级秩序，追求社会的和谐。它所倡导的仁义，就是由"亲亲""敬长"推衍而来的，即"老吾老，以及人之老；幼吾幼，以及人之幼"①，并因此而形成了一条由父子有亲而君臣有义、由兄弟有敬而朋友有信的类推的逻辑链条。

其次，新兴地主阶级的发展壮大，是儒家学派产生的阶级基础。礼本来是维护奴隶社会秩序的根本制度，它只对自由民以上的人才具有规范作用，"礼不下庶人，刑不上大夫"，就是这个社会奴隶对奴隶主人身依附关系的反映。周礼严格地规定了不同社会等级的权利和义务，地主阶级的兴盛使得其势力的发展已经大大突破了原有礼制的规定，他们强烈要求与自身势力相符合的社会政治权力，这就

---

① 杨伯峻，杨逢彬译注. 孟子译注 [M]. 长沙：岳麓书社，2021：17.

需要对周礼进行改造。因此，孔子一改"礼不下庶人"的旧制，提出对庶民百姓也要"齐之以礼"，既坚持了以礼为社会治理的根本大纲，又实现了礼的适用的普遍性。在先秦诸子中，如果说法家代表着地主阶级中的激进派，道家代表着没落的奴隶主阶级，那么，儒家则代表着地主阶级中温和的改革派，它主张对旧制度既有承接又有变革，希望在不引起社会急剧动荡的前提下实现社会的平稳发展。这就是儒家伦理道德思想充满内在矛盾的根本原因。

三、儒家学派在先秦诸子中的崛起及其特征

1. 儒学的缘起

"儒"这个字，在中国早期的文字甲骨文、金文中并无所见。它首先出现于记录孔子言论的《论语》一书："子谓子夏曰：'女为君子儒，无为小人儒。'"① （以下凡引《论语》，只注篇名）虽然后来被奉为儒家经典的《周礼》一书也有关于"儒"的说明，但《周礼》这本书实际上并非周人所作。据专家考证，它成书年代最早不过于战国，可能是汉代儒家经师所编纂，而且是经过后汉刘歆编定的，其中尽管保存了周代有关礼的部分史料，但已掺杂了汉代人的思想，所以不足为据。《论语》中关于"儒"的讲法说明，在孔子以前"儒"就已经有了，而且有品类不同之分，有的为"君子儒"，有的为"小人儒"。那么，"儒"到底是指什么呢？对于这个问题，到了汉代就有不少学者进行了研究，直到近现代一些学者还为此展开了争论。经过这些研究和争论，虽然至今尚有不同的看法，但总体上来说，还是取得了许多共识。

---

① 杨伯峻译注. 论语译注［M］. 北京：中华书局，1958：63.

　　一般认为，"儒"最初是一种职业或者身份，是对那些以相礼、教书为职业的人的指称。这些人无论是替人相礼还是从事文化教育，都是以私人身份出现的，也都是以谋生为目的的。这种以相礼、教书为业的"儒"，当源于春秋时期，是当时贵族政治崩溃之后"官失其守"的产物。正是这种社会变化，使得原来一些"在官"并懂得礼乐知识的卜（占卜迷信者）、史（史官，记载史实，兼管天时历法）一类的人物没落了，失去了原来的地位，散落到了民间，因而变成了以相礼、教书为职业而得以谋生的"儒"。

　　关于"儒"的起源和意义，郭沫若先生在《驳〈说儒〉》一文中指出，在春秋时期奴隶制逐渐崩溃的过程中，一些原来"在官"的卜、史之类的贵族，也随之而没落下来，他们便是"儒"的来源。《说文》说："儒，柔也。术士之称。从人需声。"① 郭沫若认为，"儒"的本义诚然是柔，但不是由于他们本来是奴隶而习惯于服从的那种精神之柔，而是由于他们本是贵族，向来不从事生产劳动的筋骨之柔。我们认为，儒者之"柔"诚然并非人身依附的精神之柔，但也不是郭氏所说的筋骨之柔，而是在处理人际关系上表现出来的和谐之柔。正是由于"儒"是没落的奴隶主贵族，最初他们很像一批高级游民，四体不勤，五谷不分，只能靠自己原来懂得的奴隶制的典章文物制度、具有的相应文化知识，为贵族办理庆典丧事而营生，所以才有"儒，柔也。术士之称"之说。这些人也就是孔子所说的"小人儒"之类，或后人所说的"古之儒者"②。在当时的社会大变革中，也有一批庶民腾达成了新的显贵，这批新显贵自然看不起昔日威风十足而今天不得不替人相礼、教书营生的没落贵族，故讪鄙其文绉绉的寒酸，这就是所说的"儒"。至于汉代人对"儒"的解释，认为

---

① （汉）许慎撰；蔡梦麒校释. 说文解字［M］. 长沙：岳麓书社，2021：345.
② 许嘉璐主编；尚学峰译. 仪礼［M］. 南京：江苏人民出版社，2019：573.

柔、优、安、儒可以互训，说："儒之言优也，柔也，能安人，能服人。又儒者濡也，以先王之道能濡其身。"① 这些说法恐非"儒"的本义，大概和汉代人认为先秦诸子各家皆出于王官之说有关。新显贵看不起跌没为"儒"的没落贵族，而这些文绉绉的先生也未必看得起新显贵，常以"彼其之子，不称其服"相讥。尽管他们之间如此相互鄙视，但是当时社会大变革的利益关系又使他们不得不相互为用。新显贵需要儒者来装点门面，儒者则需要新显贵以图衣食。这样，儒者虽然不事生产，但也可以维持其潦倒的生计，因为已腾达的新显贵可以豢养儒者以为食客或陪臣，即使未腾达的新显贵也可以豢养儒者为西宾，教其子弟，以期子弟获得日后腾达的资本。于是，"儒"便由不事物质生产的人变成从事精神生产的劳心者，至此"儒"也就职业化了。既然这种以教书为业的劳心者之儒已转化为一种职业，它就如同古代农工商转化为职业一样，成为处于下层的人们选择职业的目标之一，因此世间也就产生了学习儒业的要求。这样，本来是由上层贵族没落下来的"儒"，现在成为由下层庶民觊觎上去的"儒"了。对于"儒"的职业化的意义，郭沫若说："儒的职业化或行帮化，同时也就是知识的普及化。从前仅为少数贵族所占有的知识，现在却浸润到一般的民间来了。这与其说是某一位伟大的天才之所为，无宁说是历史的趋势使之不得不然的结果。"② 这一结果也就是春秋时期典籍所称的过去那种"礼之专及""学在官府"的局面被打破，社会上出现了一种"学术下私人"的文化走向。它从一个侧面反映了当时的社会大变革。

孔子无疑是这一历史潮流的伟大的推动者。他曾以相礼、教书为

---

① 任铭善著. 礼记目录后案 [M]. 济南：齐鲁书社，1982：88.
② 中国中共文献研究会编. 毛泽东读书集成：第 123 卷 [M]. 北京：中央文献出版社，2013：88506.

业而闻名于世。他创办私学，实行"有教无类"的原则，广收门徒，第一个让从前由贵族所独占的知识和教育在民间得到了普及，因之他创立的学派，也就被人称为"儒家"。可见，儒家是因职业得名的。而孔子以前的"儒"可以说是中国知识分子最早的原型。需要指出的是，孔子及其门徒并未给自己的学派冠以"儒家"之名。"儒家"这个名字始于汉代，但追溯起来最早提及"儒"的相关称呼的恐怕要算孔子之后独立门户、创立墨家学派的墨子。《墨子·非儒下》中说："儒者曰：'亲亲有术，尊贤有等。'言亲疏尊卑之异也。"① 稍后的道家庄子同墨子一样也持批儒的立场。庄子也把孔子及其门徒称为"儒者"。他说"儒以诗礼发冢"②，又说"儒者伪辞"③。儒家学派中接受"儒"这个名号的是孟子。孟子曰："逃墨必归于杨，逃杨必归于儒。"④ 如果说孟子讲"儒"是从捍卫本学派的立场出发的，那么先秦时期后于孟子的另一个儒家代表人物荀子，则以"儒者"自诩，写了《荀子·儒效》，对儒的作用进行了论证。他说："儒者在本朝则美政，在下位则美俗，儒之为人下如是矣。"⑤ 他还把"儒"分为"大儒""雅儒""俗儒""贱儒""偷儒"等。很明显，孟子讲的"儒"和荀子讲的"儒者"，已经不是前面所说的以相礼、教书为职业的人了，说明他们已自觉地站在本学派学说的立场，鲜明地亮出了"儒"的旗号，他们就是在这个旗号下同当时其他各家各派进行辩论、展开争鸣的。到了汉代，孔门学派便正式地被称为"儒家"了。

正因为如此，孔子创立儒家学派之后，"儒"就有了广义和狭义

---

① 李小龙译注. 墨子 [M]. 北京：中华书局，2007：158.
② 陈鼓应注译. 庄子今注今译 [M]. 最新修订版. 北京：商务印书馆，2007：814.
③ 陈鼓应注译. 庄子今注今译 [M]. 最新修订版. 北京：商务印书馆，2007：908.
④ 杨伯峻，杨逢彬译注. 孟子译注 [M]. 长沙：岳麓书社，2021：282.
⑤ 方勇，李波译注. 荀子 [M]. 北京：中华书局，2011：92.

之分。广义的"儒"是对以相礼、教书为业者的通称，狭义之"儒"则是指孔子创立的儒家学派之"儒"。而孔子创立的儒家之"儒"，正是以其独创的思想学说而与一般仅以相礼、教书为业的"儒"相区别的。这恐怕就是孔子之所以要区别"君子儒"与"小人儒"的缘由吧。至于汉以后，由于儒家被定于一尊，"儒"的含义的广狭之分，又发生了新的变化。广义的"儒"为术士的通称，乃是指当时知识阶层的士人，即"儒生"。狭义的"儒"，即儒家之"儒"，则是指以继承发展孔子创立的儒家学说为己任者，亦包括历代的儒家代表人物。本书所要研究的就是以孔子为代表的"儒者"这一派的伦理道德思想。

2. 儒学的特征

儒家其名虽然始于汉代，但作为一个学派，在先秦时期就影响很大，居于诸子百家中的显要地位。《韩非子·显学》说："世之显学，儒、墨也。"① 就是当时一些对儒家思想持反对立场的人，有的对儒家创始人孔子也以"圣人"称之。汉初，儒家更是被列为先秦至汉初的"九流十家"之首。

关于儒学的特征，先秦时期就有学者作过论述。《庄子·渔父》说："孔氏者，性服忠信，身行仁义，饰礼乐，选人伦，上以忠于世主，下以化于齐民，将以利天下。此孔氏之所治也。"② 到了汉代，学者们对儒家学派的特征更是作了多方面的论述和概括。我国汉代著名的历史学家司马谈（司马迁的父亲），在他写的《论六家之要指》一文中认为，儒家区别于先秦其他各家的特征是："博而寡要，劳而少功，是以其事难尽从；然其序君臣父子之礼，列夫妇长幼之别，不可

---

① （清）王先慎撰；钟哲点校. 韩非子集解 [M]. 2版. 北京：中华书局，2013：499.
② 陈鼓应注译. 庄子今注今译 [M]. 最新修订版. 北京：商务印书馆，2007：936.

易也。"① 司马谈是汉初人，思想上倾向于当时统治者所提倡的道家"黄老之学"，对儒家颇有微词，但他仍然肯定了儒家思想的广博，并认为"其序君臣父子之礼，列夫妇长幼之别"是"不可易"的。在汉代，对儒家学派的特征作出全面概括的要算《汉书·艺文志》，它认为儒家"游文于六经之中，留意于仁义之际。祖述尧舜，宪章文武，宗师仲尼，以重其言，于道最为高"②。从这段评述中，我们不难看出先秦儒家作为一个学派，至少有如下特征。

第一，"游文于六经之中"。这就是说，儒家注重对古代文化典籍的整理和学习，它坚持以《诗》《书》《礼》《乐》《易》《春秋》这六部被后儒奉为"经典"的古籍教育弟子，指导其思想言行，是先秦诸子百家中建立在中国古代传统文化深厚基础之上的一个重要学派。《庄子·天运》说："丘（孔子）治《诗》《书》《礼》《乐》《易》《春秋》六经。"③ 这六部典籍在孔子时代，并不被称为"经"，但孔子谙熟于"六经"并以此教育弟子、指导其言行则是确凿的史实，《论语》中也多次谈到。例如关于《诗》，孔子说："《诗》三百，一言以蔽之，曰：'思无邪'。"④ 又说："诵《诗》三百，授之以政，不达；使于四方，不能专对；虽多，亦奚以为?"⑤ 还说："《诗》，可以兴，可以观，可以群，可以怨。"⑥ 关于《易》和《书》："子曰：'加我数年，五十以学《易》，可以无大过矣。'"⑦"子所雅言，《诗》、《书》、执礼，皆雅言也。"⑧（《述而》）关于《礼》

① （汉）司马迁撰. 史记［M］. 简体字本. 北京：中华书局，1999：2486.
② （汉）班固撰. 汉书［M］. 北京：中华书局，1962：1728.
③ 陈鼓应注译. 庄子今注今译［M］. 最新修订版. 北京：商务印书馆，2007：450.
④ 杨伯峻译注. 论语译注［M］. 北京：中华书局，1958：12.
⑤ 杨伯峻译注. 论语译注［M］. 北京：中华书局，1958：142.
⑥ 杨伯峻译注. 论语译注［M］. 北京：中华书局，1958：192.
⑦ 杨伯峻译注. 论语译注［M］. 北京：中华书局，1958：76.
⑧ 杨伯峻译注. 论语译注［M］. 北京：中华书局，1958：76.

《乐》，孔子说："'不学《诗》，无以言。'……'不学《礼》，无以立。'"① 又说： "兴于《诗》，立于《礼》，成于《乐》。"② 相传《春秋》为孔子所作，虽然在《论语》中找不到有关的话，但距孔子时代最近的《孟子》一书中作了说明。《孟子·滕文公下》曰："世衰道微，邪说暴行有作，臣弑其君者有之，子弑其父者有之。孔子惧，作《春秋》。《春秋》，天子之事也；是故孔子曰：'知我者其惟《春秋》乎！罪我者其惟《春秋》乎！'。"③ 司马迁说孔子"乃因史记作《春秋》"④。孔子和儒家学派之所以如此重视"六经"，据《庄子·天下》说，是因为"《诗》以道志，《书》以道事，《礼》以道行，《乐》以道和，《易》以道阴阳，《春秋》以道名分"⑤。司马迁也有类似的看法："礼以节人，乐以发和，书以道事，诗以达意，易以道化，春秋以道义。"⑥ 在孔子和儒家看来，"六经"对于育人、治世是至关重要的，因此把"六经"作为施教的主要教材。司马谈说："儒者以六艺（即'六经'）为法。"⑦ 司马迁也指出："孔子以诗书礼乐教。"⑧ 应该指出的是，孔子自称"述而不作，信而好古"⑨，一生"游文于六经之中"，但并非无所创造，他好古是为"温故而知新"⑩"察往而知来"，目的是从总结历史文化遗产的过程中寻求并建立他自己的"道"，这正是先秦儒家学派区别于其他学派的一个重要的特征。

① 杨伯峻译注. 论语译注 ［M］. 北京：中华书局，1958：185.
② 杨伯峻译注. 论语译注 ［M］. 北京：中华书局，1958：87.
③ 杨伯峻，杨逢彬译注. 孟子译注 ［M］. 长沙：岳麓书社，2021：183.
④ （汉）司马迁撰. 史记 ［M］. 简体字本. 北京：中华书局，1999：1563.
⑤ 陈鼓应注译. 庄子今注今译 ［M］. 最新修订版. 北京：商务印书馆，2007：983-984.
⑥ （汉）司马迁撰. 史记 ［M］. 简体字本. 北京：中华书局，1999：2492.
⑦ （汉）司马迁撰. 史记 ［M］. 简体字本. 北京：中华书局，1999：2487.
⑧ （汉）司马迁撰. 史记 ［M］. 简体字本. 北京：中华书局，1999：2486.
⑨ 杨伯峻译注. 论语译注 ［M］. 北京：中华书局，1958：71.
⑩ 杨伯峻译注. 论语译注 ［M］. 北京：中华书局，1958：18.

第二，"留意于仁义之际"，即司马迁说的"崇仁厉（励行）义"①，这是儒家思想的中心。仁作为一个德目和道德范畴虽然在孔子以前就产生了，但没有形成系统的仁学理论。孔子总结了他以前的各种关于仁的思想，探讨了仁和其他德目的关系，把仁作为处理人伦关系和做人的根本原则，提出了一套较为系统的仁学理论，并以仁为具体内容，提出"君子义以为上"②"君子义以为质"③的行为准则和价值模式，使"崇仁厉义"成为儒家思想的核心精神和区别于其他百家的本质特征，以至有人说"孔氏门人，五尺童子，不言五霸事者，恶其违仁义而尚权诈也"④。儒家倡导仁义道德，其目的是"序君臣父子之礼，列夫妇长幼之别"。从这个意义上说，儒家思想本质上是一种以"人伦"为出发点、以礼义为中心的宗法伦理道德体系。

第三，"祖述尧舜，宪章文武"。儒家之所以把尧、舜、文、武这些古圣贤君及其拥有的人格作为自己效法的典范和最高的理想人格，是因为儒家并没有把自己的一套仁义道德学说、宗法伦理的理论主张停留在纯道德生活中，而是力图将其扩大到政治领域。孔子在论述道德和政治的关系时就明确指出"为政以德，譬如北辰居其所而众星共（同'拱'）之"⑤，以众星拱附北斗星来说明"为政以德"就能得到民众的爱戴。"德政"是儒家的根本主张。孔子以"政者，正也"作为"政"的定义，认为为政者"其身正，不令而行；其身不正，虽令不从"⑥，始终把为政与统治者自身的道德品性结合起来。

---

① （汉）司马迁撰. 史记 ［M］. 简体字本. 北京：中华书局，1999：2502.
② 杨伯峻译注. 论语译注 ［M］. 北京：中华书局，1958：197.
③ 杨伯峻译注. 论语译注 ［M］. 北京：中华书局，1958：172.
④ （汉）桓谭撰；朱谦之校辑. 新辑本桓谭新论 ［M］. 北京：中华书局，2009：4.
⑤ 杨伯峻译注. 论语译注 ［M］. 北京：中华书局，1958：12.
⑥ 杨伯峻译注. 论语译注 ［M］. 北京：中华书局，1958：145.

孟子进一步发展了孔子的德政思想，提出"仁政"学说，把孔子的仁爱思想推之于政治，宣传要"以不忍人之心（同情、怜悯心），行不忍人之政"①。孟子认为仁是为政的根本。他说："三代之得天下也以仁，其失天下也以不仁。国之所以废兴存亡者亦然。"②儒家正是通过仁义道德学说，"上以忠于世主，下以化于齐民"③。所以仁义道德学说实质上也是儒家治国安邦的政治理论，而实行仁政或"王道之治"乃是儒家的政治纲领。孔子歌颂尧说：真伟大啊！只有天最高大，而只有尧能效法天。歌颂舜和禹说：舜和禹真崇高啊！他们富有天下而不据为己有。同时认为文王、武王的政治，陈述在简策上，有文王、武王存在，社会就俱兴；文王、武王不存在，社会的政治就废亡。从孔子这番称颂不难看出，儒家之所以"祖述尧舜，宪章文武"，就在于在儒家看来，尧舜文武这些圣贤既是道德上仁义的典范，又是政治上治国、平天下的圣帝明君。这说明儒家思想作为一种宗法伦理道德体系，是伦理学说和政治理论的有机统一。在儒家这里，伦理政治化和政治伦理化呈现出一种强烈的实践理性的色彩，并以修身、齐家、治国、平天下为一贯精神和最高旨归。

综上所述，可以说，儒家学派最初是一个植根于中国古代传统文化，以仁义礼乐为指导思想，以培养君子风范、造就圣人贤人理想人格为最高旨归，并把伦理和政治融为一体，以维护中国古代社会的人伦秩序和等级和谐，希图实现其修身、齐家、治国、平天下的伦理政治抱负的文化学术群体。

---

① 杨伯峻，杨逢彬译注. 孟子译注［M］. 长沙：岳麓书社，2021：67.
② 杨伯峻，杨逢彬译注. 孟子译注［M］. 长沙：岳麓书社，2021：137.
③ 陈鼓应注释. 庄子今注今译［M］. 最新修订版. 北京：商务印书馆，2007：936.

第二节　儒家学派的发展演变

儒学的创立，是孔子对西周以来强调人文精神和伦理道德的思想传统的全面总结和继承与发展，孟子和荀子又分别从不同的方面对孔子思想作了进一步的发挥与完善，奠定了儒学基本的理论格局。经过后儒的大力弘扬和统治者的提倡，儒家学说成为中国封建社会占统治地位的思想，并成为中国传统文化的主流思想。从历史的进程来看，儒学在中国古代经历了先秦元典儒学、汉代儒学和宋明儒学等不同理论形态，它是随着中国社会的历史变化而不断演变的。一方面，它记载了中华民族文明的进步和伦理道德的提升；另一方面，其兴衰起伏又曲折地反映了中国历史的跌宕。在汉以后，由于大一统社会对思想统一的需要，儒学被定于一尊。魏晋以后社会动乱，佛道两家兴起，与儒学鼎立，于是才有宋代儒学的复兴。这一时期的儒家学者吸收了佛道两家的理论思辨成果，并根据时代的需要对儒学予以改造，丰富了儒学的内容，提升了儒学的理论思辨层次。然而，儒学也从此走上了思辨的道路，追求心性义理上的高迈，逐渐脱离现实。明清之际产生了对传统文化特别是对传统儒学思想进行批判总结的时代思潮，儒家学说在中国古代就基本上趋向终结，一直到现代才有较大的复兴。

一、先秦元典儒学

中国儒家学说经历了两千多年的发展，出现过不同的理论形态，如两汉的经学和宋明理学等，但在其漫长的发展进程中，有着一以贯之的传统，后儒称之为"道统"。这个道统就是以孔子为首的先秦儒学所奠定的基本理论、价值观念和实践精神。当然，儒学的创立并非孔子一个人的功劳，而是先秦儒家学者共同努力的结果。严格说来，孔子只是提出了儒学的基本精神，确定了儒家伦理道德的基本内核，而儒学的社会政治理论、人性思想、规范体系和哲学观念，都是其他先秦儒家学者特别是孟子、荀子等人共同创造的。正是由于他们的努力，孔子提出的思想才成为一个在先秦并且对后世有着巨大影响的学派。中国传统儒学就是在先秦儒学的基础之上发展起来的，故今人把先秦儒学称为"元典儒学"。

1. 儒家学派创始人孔子的思想

孔子名丘，字仲尼，鲁国昌平陬邑（今山东曲阜）人，生于公元前551年，卒于公元前479年。其先世本为宋国贵族，后破落为平民。孔子幼年丧父，家境贫寒。《礼记·檀弓》曰："孔子少孤，不知其墓。"[①] 他自己也说："吾少也贱，故多能鄙事。"[②] 其早年以相礼为生，身份属于儒者。

鲁国本是周公之子伯禽的封国，对西周以来的典章文物保存得比较完整。春秋鲁昭公二年（前540），晋国韩宣子在出使鲁国时，还曾经发出了"周礼尽在鲁矣"的感叹。这种深厚的文化传统，对于孔子思想体系的形成产生了极大的影响。孔子始终以周礼为理想的社会秩序，一生以恢复周礼为己任，并以尧、舜、文、武、周公一脉相传的文化传统的继承人自命。在礼崩乐坏，礼乐征伐从自天子出而下落到自诸侯出、自大夫出，甚至陪臣执国命的春秋时期，孔子力图挽狂澜于既倒，扶大厦于将倾。面对激烈的社会变革，孔子的思想十分矛盾：他一方面对违背周礼的行为惋惜、痛绝，坚持以周礼重新整

---

① 胡平生，张萌译注. 礼记 [M]. 北京：中华书局，2017：102.
② 杨伯峻译注. 论语译注 [M]. 北京：中华书局，1958：95.

顿社会秩序，建设一个祥和、安宁的社会；另一方面，又在一定程度上承认社会变革的必然性和合理性，能够顺应时代发展的历史潮流，用时代精神对周礼进行新的诠释，从而建立了一个既有着深厚的传统根基又具有新的精神价值的思想体系。这一思想体系后来成为儒家学派的理论基础。

孔子思想的一个最显著的特点，就是重视并高扬人的主体性价值。这一特点反映在哲学上，就表现为尊天命、轻鬼神、重人事。孔子曾经自述过一生的成长和思想发展过程："吾十有五而志于学，三十而立，四十而不惑，五十而知天命，六十而耳顺，七十而从心所欲，不逾矩。"① 他把知天命作为人生经历和思想成熟的一个重要阶段，并认为"不知命，无以为君子也"②。《论语》中讲的天、命、天命，并非人格神上帝的意志，在"命运"的意义上，它们指的是一种不以人的主观意志为转移的客观必然性。易言之，孔子认识到人作为主体性存在具有独特的意志和自由，但这种自由并不具有绝对性和无限性，而要受到客观必然性的制约，它不是主体意志的任意性的泛滥。恰恰相反，只有认识和掌握了客观必然性，人才可能有真正的自由，故"知天命"之后，才有"从心所欲，不逾矩"的自由。同时，只有认识和把握了天命，才能够对自己的理想和追求产生坚定的信心，才能够在实现自己理想的过程中敢于克服和战胜一切艰难险阻，勇往直前。"子罕言利与命与仁"③，"与"字在这里并非连接并举之词，而是带有认同推许之意。当然，在孔子思想中也有一些消极的内容，如"生死有命，富贵在天"之类，就带有宿命论色彩。但从整个思想体系来看，孔子并非宿命论者，而只是对客观必然性作了

---

① 杨伯峻译注. 论语译注［M］. 北京：中华书局，1958：13.
② 杨伯峻译注. 论语译注［M］. 北京：中华书局，1958：218.
③ 杨伯峻译注. 论语译注［M］. 北京：中华书局，1958：92.

不适当的夸大。他十分重视人的主体能动性，对一切超人间的力量持一种怀疑的态度而虚置之。《先进》曰："季路问事鬼神。子曰：'未能事人，焉能事鬼？'曰：'敢问死。'曰：'未知生，焉知死？'"①十分明显，孔子关注的是世间的现实生活，强调的是致力人事，而不信赖超自然的力量。"祭如在，祭神如神在"②，一个"如"字，充分反映了孔子"敬鬼神而远之"③的态度。

孔子这种思想是对西周以来天命观念的逻辑发展。商代时，天命观是唯一的社会统治思想，人类社会生活的一切，上至国家大事，下至行走宾客之琐事，都必须遵循上帝的意旨，而君主则是上帝在人间的代表，和上帝一样具有绝对的权威。殷周鼎革，周人继承了殷人的天命观，同样宣称自己是上帝之子，为了论证天命转移到自己身上的合理性，他们改造了殷人的天命观，提出以德辅天的思想，说明上帝并非任意选择自己在人间的代表，而是根据君主的德行作出决定，殷王无道，文王武王敬德保民，故上帝"改厥元子"。这就在社会运作的决定力量中加入了人的因素，从而提升了人的主体性地位。孔子的天命观正是对这种人文主义传统的继承和发展，他高扬了人的主体性，特别是从伦理道德的角度高扬了人的主体性，极大地肯定了人的道德能动性和生命价值，在承认客观必然性的同时注重人的主体能动性，对命与仁及其相互关系作了深刻的理论阐释。

在命与仁的关系上，孔子思想的核心是仁，而不是命。仁爱思想是孔子学说的精髓，它的精神实质就是"仁者爱人"。《论语》中对仁的解释各种各样，其中具有典型意义的有如下几条。

"樊迟问仁。子曰：'爱人。'"④

---

① 杨伯峻译注. 论语译注［M］. 北京：中华书局，1958：120.
② 杨伯峻译注. 论语译注［M］. 北京：中华书局，1958：29.
③ 杨伯峻译注. 论语译注［M］. 北京：中华书局，1958：66.
④ 杨伯峻译注. 论语译注［M］. 北京：中华书局，1958：138.

"仲弓问仁。子曰：'出门如见大宾，使民如承大祭。己所不欲，勿施于人。'"①

"夫仁者，己欲立而立人，己欲达而达人。"②

"颜渊问仁。子曰：'克己复礼为仁。一日克己复礼，天下归仁焉。为仁由己，而由人乎哉？'颜渊曰：'请问其目。'子曰：'非礼勿视，非礼勿听，非礼勿言，非礼勿动。'"③

"其为人也孝弟，而好犯上者，鲜矣；不好犯上，而好作乱者，未之有也。君子务本，本立而道生。孝弟也者，其为仁之本与！"④

这些论述基本上概括了孔子仁学的主要思想。爱人是它的核心精神，仁的本义即相亲相爱，孔子正是在此意义上使用这一概念的。他把仁作为最高的道德范畴，要求人们尊重人、关心人、爱护人，像对待自己一样对待他人。其弟子曾参曾将这一思想概括为"忠恕"，所谓尽己为忠、推己为恕，即上文所引"己欲立而立人，己欲达而达人""己所不欲，勿施于人"。因此，孔子对人的尊严和价值给予了高度的肯定，强调三军可以夺帅，匹夫不可以夺志。人的价值不仅在于他有着自己应当受到尊重的独立意志，更在于他是一个自我主宰的主体，有着自觉的道德追求和自我完善的能力，这就是孔子所说的为仁由己，"我欲仁，斯仁至矣"⑤。孔子还指出，人的价值不在于生命的存在，而在于能实现生命中所蕴含的伦理价值。人应该以仁为己任，任重而道远，为了追求和实现自己的理想，终生以之，死而后已。"志士仁人，无求生以害仁，有杀身以成仁。"⑥一言以蔽之，孔子的仁学思想体现了对人的生命和生命价值的深切关怀。

---

① 杨伯峻译注. 论语译注 [M]. 北京：中华书局，1958：130.
② 杨伯峻译注. 论语译注 [M]. 北京：中华书局，1958：69.
③ 杨伯峻译注. 论语译注 [M]. 北京：中华书局，1958：130.
④ 杨伯峻译注. 论语译注 [M]. 北京：中华书局，1958：2.
⑤ 杨伯峻译注. 论语译注 [M]. 北京：中华书局，1958：80.
⑥ 杨伯峻译注. 论语译注 [M]. 北京：中华书局，1958：170.

　　从其现实基础而言，孔子的仁学源于血缘家庭道德，故仁以孝悌为本。自周人实行宗统与继统合一的制度始，家庭就成为中国古代社会政治经济生活的基础，家庭关系是最基本的社会关系，国不过是家的放大，几乎所有其他社会关系都是家庭关系的外延。家庭道德是社会生活全部道德的基础。所谓仁，就是以爱亲敬长之心去对待他人，即用人的自然亲情去建立和谐的人际关系。这也是孔子的仁学所包含的人道思想与近代人道主义不同之处。

　　分析孔子的仁学，不能不提到其思想中另一个重要的范畴——礼。对孔子思想中的仁礼关系，学术界历来有不同看法。我们认为，仁是孔子思想的核心，是孔子思想积极价值之所在，是孔子对传统周礼的革新。礼，作为一种成文的规范体系和社会制度，规定了每一个人的责任、义务和生活方式，确立了人与人之间的等级差别。孔子一生以恢复周礼为自己的理想，必然把礼看作人立身处世之本，要求人们严格遵循礼的规定。"非礼勿视，非礼勿听，非礼勿言，非礼勿动"，就是要为人们的行为提供一个完整而严密的规范体系，建立有条不紊的社会秩序。然而，春秋时期的社会动荡造成了礼崩乐坏，周礼成了禁锢人们行为、阻碍社会发展的落后因素。在此状况之下，孔子对周礼的维护显然具有保守的一面。不过，他并非顽固地、原封不动地坚持周礼，而是赞同根据时代的发展对周礼进行必要的变革。在这方面，孔子最重要的贡献就是从周礼中提炼出仁的精神实质，他把礼作为仁的具体行为规范，而以仁为礼乃至一切道德的精神价值。仁高于礼，礼服从仁，而不是相反。因此，他一方面对违背周礼的行为深恶痛绝，把当时礼乐征伐自诸侯出、自大夫出，陪臣执国命的社会现象斥责为"天下无道"；另一方面，又仍然以仁为道德评价的最高标准，尽管管仲"树塞门""有三归""有反坫"，严重悖礼，受到孔子的严厉指责，但由于他辅佐齐桓公建立霸业，安定社会，造福民众，故孔子仍然赞许他为"仁"。他说："管仲相桓公，霸诸侯，一匡天下，民到于今受其赐。微管仲，吾其被发左衽矣。"① "桓公九合诸侯，不以兵车，管仲之力也。如其仁，如其仁。"② 这就说明，孔子始终以仁作为自己的价值追求，体现了对人的存在的终极关怀。

毫无疑问，孔子思想中包含不少消极的因素，如天命观中的宿命论因素、仁爱思想中的等级观念、中庸意识中的调和主张等，但他对传统天命观的改造，特别是仁爱思想的提出，对人的生命和价值进行了高度肯定，顺应了社会发展的历史潮流，具有积极的历史意义。他的仁学思想体系与古代社会的政治经济生活状况相符合，对于促进人的德性完善、建设和稳定社会秩序有着极大的作用。因此，虽然它在孔子在世时乃至在后世的动乱时期得不到尊崇，但在社会和平与稳定的发展时期极受统治者重视，故不仅成为儒家学派的理论基础，而且在统治者的提倡下成为中国古代社会占统治地位的思想，并在几千年的漫长发展历程中融入中华民族的血脉，积淀为我们民族优秀的文化传统。

孔子创立儒家学派，除了建立一个思想体系，为儒家学派的产生提供一个理论基础之外，还做了两项重要的工作。一是整理六经，二是广收门徒。

中华文化源远流长，在夏、商、周三代累积了大量的典籍。孔子的思想是对传统文化的继承与弘扬，故他自称"述而不作，信而好古"。所谓述，就是对传统文化的继承。当然，孔子并非"不作"，而是寓作于述。春秋时期的社会动乱，既为新文化的产生提供了契机，又对传统文化造成了破坏。孔子周游列国之后，便集中精力整理古代典籍。司马迁在《史记·孔子世家》中记载了孔子对《诗》

---

① 杨伯峻译注. 论语译注 ［M］. 北京：中华书局，1958：159.
② 杨伯峻译注. 论语译注 ［M］. 北京：中华书局，1958：158.

《书》《礼》《乐》《易》《春秋》等六经的删定整理工作。除《乐》经已经遗失之外，其他五经都流传了下来。目前流传下来的其他五经虽然并不一定是孔子当时整理之后的原书——实际上，一直到汉代，人们仍然在对古代典籍进行着整理；但孔子整理过六经，并且经过他的整理之后，六经成为儒家学派乃至中华传统文化的主要经典，则是一个客观的事实。正是由于孔子对古代典籍的重视，他才对儒家学派传统主义思想特征的形成产生了不可忽视的影响。

一个学派的形成绝不只是某种思想的提出，还需要有一大批人共同坚持、宣传和发展。孔子创立儒家学派的另一个重要工作就是广收门徒。据历史记载，孔子有三千弟子，其中可以称得上"贤者"的有七十二人。孔子身边聚集了一大批学者，正是他们对孔子思想的宣传和发展，才使得它广为传播，进而从个人的见解发展为一种重要的社会思潮。西周时期，学在官府，统治者垄断了知识、思想与学术，在思想领域中只有一种观点，即周天子所认可的思想，根本不可能产生什么学术派别。春秋时期政治文化的多元化，打破了学在官府的垄断局面，学术下移民间，原来隶属于官府的文化人失去了政府的奉养，不得不自谋生路，成为相对独立的士阶层。这些人在社会生活中利用自己的文化优势，或占或卜，或依附于新贵，或开门授徒。孔子就是在春秋时期大规模私人讲学的开创者之一。正是这种社会风气，促进了学术上的相对自由，形成了"百家争鸣"的思想文化繁荣的局面，产生了各种各样的学术派别。孔子创立的儒家学派就是其中一个重要的学派。

孔子逝世之后，儒分为八。其中最著者为孟氏之儒和孙（荀）氏之儒，他们从不同的方面继承和发展了孔子的思想。

2. 孟子对孔子思想的继承和发展

孟氏之儒是思孟学派的统称。思指子思，孟即孟子。子思姓孔名伋，是孔子的孙子，受业于孔子弟子曾参。相传《中庸》为他所作，但近人认为证据不足。除《孟子》中对他的言行记载等少数可信资料之外，其思想已经无法确考。荀子在批评先秦十二子时，第一次把他和孟子联系在一起。《史记·孟子荀卿列传》说孟子"受业子思之门人"①，《孟子》对子思也极为推崇，二者之间可能的确有着思想上的联系。孟子名轲，战国时邹（今山东邹城东南）人，约生于公元前372年，约死于公元前289年。他一生以继承孔子思想自命，曾经宣称"乃所愿，则学孔子也"②，对孔子推崇备至。他说"圣人之于民，亦类也。出于其类，拔乎其萃——自生民以来，未有盛于孔子也"③，把孔子赞许为"圣之时者"。孟子一生在政治上并不得志，主要是授徒讲学，周游列国宣传自己的思想，晚年与万章之徒著书立说，有《孟子》一书传世。

孟子对孔子思想的发展主要表现在如下几个方面。

第一，他继承和改造了孔子的天命观，把孔子"与命与仁"的学说改造为天人合一的思想。孔子"与命与仁"学说的积极因素，是在承认客观必然性的前提之下高度肯定人的道德能动性。孟子则进一步提出，天道的客观必然性与人的主体能动性之间有着高度一致的本质联系。他也认为，所谓命，并非超自然的神秘力量的意志，而是一种人力不可抗拒的客观必然性，即"莫之为而为""莫之致而至"者。但他并不认为这个命是一种与人对立的异己力量。譬如，他说君主得天下是"天与之"，而非新老君主之间的私相授受。所谓天与之，须以"天受"和"民受"为前提，天受乃"使之主祭，而百神享之"，而民受则是"使之主事，而事治，百姓安之"④。实际

---

① （汉）司马迁撰. 史记 [M]. 简体字本. 北京：中华书局，1999：1839.
② 杨伯峻，杨逢彬译注. 孟子译注 [M]. 长沙：岳麓书社，2021：8.
③ 杨伯峻，杨逢彬译注. 孟子译注 [M]. 长沙：岳麓书社，2021：62.
④ 杨伯峻，杨逢彬译注. 孟子译注 [M]. 长沙：岳麓书社，2021：183.

上，天受只是一种形式，其神道设教的作用大于其实际社会功用。而人受则是决定性的因素，此即"天视自我民视，天听自我民听"①。按照孟子的说法，即"得乎丘民而为天子"，而得民者在于得民心，民心的向背与天命完全一致。孟子把这种思想抽象为一种哲学观念，提出了天人合一的学说。他说："尽其心者，知其性也。知其性，则知天矣。存其心，养其性，所以事天也。"② 所谓尽心，就是扩充自己本心固有的良知良能，充分表露和实现自己的道德本心，并能够进而认识自己的本性。认识了自己的本性，就掌握了天的本性。这种思维逻辑的一个重要的理论基础，就是天与人具有共同的本性，二者在本质上有着高度的一致。故他又说："万物皆备于我矣。反身而诚，乐莫大焉。"③ 人的心与天之间通过性联系在一起，人性与天性实质上就是一性。易言之，人与天地万物具有共同的本质，把握了人心的真实，就把握了天地万物的真实。所谓反身而诚，就是主体的自我内省体验。故曰："诚者，天之道也；思诚者，人之道也。"④ 这就是说，人可以通过主体能动性的发挥而实现与天的合一。这种合一并不是在存在状况与形式层面的原初的混沌合一，而是人自觉地对客观必然性的把握与同一。当然，孟子的思想不适当地夸大了精神的作用。

第二，对于孔子核心思想的仁学，孟子着重弘扬了它的道义内容，进一步凸显了它的道德价值。他沿着孔子以孝悌为仁之本、注重生命价值的思路，提出了亲亲仁民、以仁义为生命旨归的思想。仁义是孟子学说的核心内容，而所谓仁义，就是血缘家庭道德直接的引

---

① 杨伯峻，杨逢彬注. 孟子译注［M］. 长沙：岳麓书社，2021：184.
② 杨伯峻，杨逢彬注. 孟子译注［M］. 长沙：岳麓书社，2021：250.
③ 杨伯峻，杨逢彬注. 孟子译注［M］. 长沙：岳麓书社，2021：251.
④ 杨伯峻，杨逢彬注. 孟子译注［M］. 长沙：岳麓书社，2021：144.

申。"亲亲，仁也；敬长，义也。"① "仁之实，事亲是也；义之实，从兄是也。"② 亲子同胞之间的爱护关怀之情，是处理人与人之间关系的自然情感基础，以爱亲之心爱人即仁，以敬兄之情敬人即义，仁是对他人的深切关怀，义是对他人的尊敬，它们都是从家庭亲情中萌生、引申、扩展出来的，即"老吾老，以及人之老；幼吾幼，以及人之幼"。他认为，仁是人的安宅之所，义是人的所由之路，要求人们居仁由义。孔子仁礼相提，而孟子仁义并举，显然，义是孟子对孔子礼的改造。礼与义都具有行为规范的意义，但礼主要是一种传统的礼仪、礼节和礼制，带有较大的固定性和外在性；而义则凸显了道德行为的价值标准，它以仁为本，以宜为度，它对行为的制约不是外在的强制，而是主体自觉的价值追求。因此，礼强调了仁的规范性，义高扬了仁的价值性，更加突出了人在道德生活中的主体性地位。正是基于这种理解，孟子把义作为人的生命价值之所在，作为人生追求的目的，作为为人处世的原则和行为取舍的标准。他将为义还是为利视为君子与小人的分野，严辨义利，对儒家重义轻利的道义主义伦理思想的形成产生了极大的影响。

轻利固然是孟子思想的消极内容，但重义则是其积极价值之所在。他说："生亦我所欲也，义亦我所欲也；二者不可得兼，舍生而取义者也。生亦我所欲，所欲有甚于生者，故不为苟得也；死亦我所恶，所恶有甚于死者，故患有所不辟也。"③ 孟子在此提出了一个严肃而又深刻的问题：人生的意义和价值是什么？作为一个生命有机体，人有着自我保护的本能，生存的需要是人最基本的需要，故欲生恶死是人之常情。然而，基本的需要并非唯一的需要，更不是最高的

---

① 杨伯峻，杨逢彬译注. 孟子译注［M］. 长沙：岳麓书社，2021：255.
② 杨伯峻，杨逢彬译注. 孟子译注［M］. 长沙：岳麓书社，2021：151.
③ 杨伯峻，杨逢彬译注. 孟子译注［M］. 长沙：岳麓书社，2021：222.

需要。说得通俗一些，人不是为了活着而活着，活着的意义在于实现生命的完善，人只有超越了活着的需要之后，才真正开始追求和实现人的需要。在孟子看来，这种最根本的追求与需要就是道德，生命的价值决定于它所具有的道德内涵，失去了道德，生命也就失去了其积极的意义，人不成其为人。生命中所蕴含的这种道德价值、人生的追求所体现的道德价值，高于生命存在的事实价值。因此，人虽然有欲生恶死之情，但当生命的存在与它所内蕴的道德价值相冲突时，则人不应当苟且偷生，而应当以生命本身去证实和实现它所具有的道德价值。

第三，孟子把孔子的德政思想发展为对中国古代社会影响极大的仁政学说。孔子学说以仁为核心，本于对人的生命的深切关怀，孔子反对对百姓横征暴敛，反对以严刑酷法统治民众，而主张以仁爱之心治国，对民众施以道德教化。"道之以政，齐之以刑，民免而无耻；道之以德，齐之以礼，有耻且格。"① 以惠爱民众之仁施之于政，是为德政。孟子把孔子的这种思想发展为"以不忍人之心，行不忍人之政"的仁政学说。这一学说的核心内容是"制民之产"："无恒产而有恒心者，惟士为能。若民，则无恒产，因无恒心。苟无恒心，放辟邪侈，无不为已。及陷于罪，然后从而刑之，是罔民也。焉有仁人在位罔民而可为也？是故明君制民之产，必使仰足以事父母，俯足以畜妻子，乐岁终身饱，凶年免于死亡；然后驱而之善，故民之从之也轻。"② 这就是说，要维护社会的安定，对百姓进行道德教化，必须给他们恒定的生产资料，以保证其基本生活需要的满足。他还描绘了仁政社会的理想生活蓝图："五亩之宅，树之以桑，五十者可以衣帛矣。鸡豚狗彘之畜，无失其时，七十者可以食肉矣。百亩之田，勿

① 杨伯峻译注. 论语译注 [M]. 北京：中华书局，1958：12-13.
② 杨伯峻，杨逢彬注. 孟子译注 [M]. 长沙：岳麓书社，2021：20-21.

夺其时，数口之家可以无饥矣。谨庠序之教，申之以孝悌之义，颁白者不负戴于道路矣。七十者衣帛食肉，黎民不饥不寒，然而不王者，未之有也。"① 这是一幅基于小农自然经济的社会生活的理想图画。在中国古代社会，历代的先进思想家和开明君主都把它作为自己的理想追求，尽管它在古代从来没有实现过，但反映了古代中国人对幸福的期盼与追求。和孔子一样，孟子也反对统治者对百姓横征暴敛，他把那种"庖有肥肉，厩有肥马；民有饥色，野有饿莩"的统治行为斥责为"率兽而食人"，要求统治者尽量维护百姓的利益，做到"与民同乐"，并认为"所欲与之聚之，所恶勿施"是得到百姓衷心拥戴的根本途径，得民心才可以得天下。孟子还强调："民为贵，社稷次之，君为轻。是故得乎丘民而为天子，得乎天子为诸侯，得乎诸侯为大夫。"② 这种对中国古代社会影响极大的民本思想是孟子仁政学说的重要内容。他以此为指导，主张建立仁惠、开明的政治，认为大夫对诸侯负责，诸侯对天子负责，天子对百姓负责，君臣之间应分别承担各自相对应的义务，而不应该是片面的服从关系。因此，他明确反对独夫民贼的专制，认为"君之视臣如手足，则臣视君如腹心；君之视臣如犬马，则臣视君如国人；君之视臣如土芥，则臣视君如寇仇"③，要求君主以德治国、以德服人、以德驭臣。

第四，孟子对孔子的仁学进行了哲学理论上的论证，为其设立了人性论基础。关于人性，孔子只讲到"性相近也，习相远也"④。这句话的大意是：人的本性在原初的意义上有着相近的性状，不存在本质的区别，是后天的学习和环境的影响使得人性有了各种差异。孟子本于孔子的仁学和人性思想，出于对人的生命和价值的关怀，对人性

---

① 杨伯峻，杨逢彬译注. 孟子译注 [M]. 长沙：岳麓书社，2021：7.

② 杨伯峻，杨逢彬译注. 孟子译注 [M]. 长沙：岳麓书社，2021：277.

③ 杨伯峻，杨逢彬译注. 孟子译注 [M]. 长沙：岳麓书社，2021：156.

④ 杨伯峻译注. 论语译注 [M]. 北京：中华书局，1958：188.

问题作了较为深入的探讨。人性问题的提出，反映了人对自身的觉悟和自我认识的深化。当孟子之时，已经出现了人性无善无恶、有善有恶、可善可恶等各种理论，而孟子则坚持人性本善。他认为，所谓人性乃人区别于动物的根本属性，口之于味、耳之于声、目之于色、鼻之于臭、四肢之于安逸虽是人的自然属性，但人与动物同具，故"君子不谓性也"。在孟子看来，人区别于动物的本质属性不在于他的自然性，而在于他的社会性，特别是道德属性。他说："恻隐之心，人皆有之；羞恶之心，人皆有之；恭敬之心，人皆有之；是非之心，人皆有之。恻隐之心，仁也；羞恶之心，义也；恭敬之心，礼也；是非之心，智也。仁义礼智，非由外铄我也，我固有之也。"[①]孟子在此强调人先天具有仁义礼智等道德潜能，道德潜能属于不学而能、不虑而知的良知良能，它们和食色一样是人生来就具有的属性，并且是人区别于其他一切事物的本质属性。正是在此意义上，孟子说人性具有至善的道德价值。人性善，说明每个人都具有实现道德完善的可能性，"人皆可以为尧舜"[②]。然而，孟子同时又指出，人性之善只是一种可能善，或者称为善端，要使可能变为现实，还需要人们在后天现实的社会生活环境中自觉地进行道德修养。他承认后天环境对人性的完善能够产生重要影响，人们在现实生活中之所以有了善恶的差别，是因为每个人道德修养的努力程度不同。因此，现实生活中人们有不善，并不能说明人性有恶，"若夫为不善，非才之罪也"[③]。孟子提出的道德修养方法，就是反身而诚与尽心扩充。反身而诚是道德修养中的内省功夫，孔子说"君子求诸己"，曾子说"吾日三省吾身"，都属于内省的修养方法，孟子只是为此提供了一个理

① 杨伯峻，杨逢彬译注. 孟子译注 [M]. 长沙：岳麓书社，2021：216.
② 杨伯峻，杨逢彬译注. 孟子译注 [M]. 长沙：岳麓书社，2021：231.
③ 杨伯峻，杨逢彬译注. 孟子译注 [M]. 长沙：岳麓书社，2021：216.

论上的基础。道德修养之所以要以内省为根本途径，是因为"仁义礼智，非由外铄我也"，道德是"我"固有之的先验良知，故要实现道德的完善无须外求，只要也只能求诸己，一旦反身而诚，则"求仁莫近焉"[1]。当然，一个人的道德完善并不只是对自己道德本性的认识，更重要的是把自己的固有之德施之于他人，尽心之后需要完善自己的道德本性。孟子认为，孔子讲的推己及人实际上就是把自己的固有之善推及他人。因此，以爱亲之心爱人即仁，以敬兄之心敬人即义，老吾老就当及人之老，幼吾幼更须及人之幼。

总之，孟子继承和发展了孔子的学说，为孔子的仁学充实了理论基础，并进行了初步的论证，从而确立了儒家学派的理论体系，为儒学的发展奠定了正统的发展方向，初步形成了所谓的道统。唐代学者韩愈在叙述这一道统时说："尧以是传之舜，舜以是传之禹，禹以是传之汤，汤以是传之文、武、周公，文、武、周公传之孔子，孔子传之孟轲，轲之死，不得其传焉。"[2] 宋代朱熹也说："自尧舜以下，若不生个孔子，后人去何处讨分晓？孔子后若无个孟子，也未有分晓。"[3] 这就对孟子在儒家学派发展史上的历史地位作出了充分的肯定。也正因为孟子的这一重要历史地位，他后来被封建统治者和儒家学者尊奉为"亚圣"。

3. 荀子对孔子思想的继承和发展

荀子是先秦诸子思想的集大成者，也是先秦儒学的最后一位大师。作为儒家学派的重要人物，他主要继承和发展了孔子的思想。不过，他的继承和发展走的是与孟子不同的路线。

---

① 杨伯峻，杨逢彬译注. 孟子译注 [M]. 长沙：岳麓书社，2021：251.
② （清）曾国藩纂；乔继堂编. 经史百家杂钞：上 [M]. 上海：上海科学技术文献出版社，2020：71.
③ （宋）黎靖德编；杨绳其，周娴君校点. 朱子语类 [M]. 长沙：岳麓书社，1997：2112.

　　在哲学上，荀子改造了孔子的天命观。孔子天命观的特点是既承认天命的客观必然性、不可抗拒性，又强调人的主体能动性。孟子认为人的主体能动性的发挥就是对天道客观必然性的复归，阐发了天人合一的学说。而荀子则主张天人相分，他继承孔子以天为自然的思想，认为天是客观自然的存在，"不为尧存，不为桀亡"①，不以人的主观意志为转移。然而，对于人而言，天的客观必然性并不是盲目的，而是有其规律可循的，人的主体能动性正在于认识和掌握天道的客观必然性，以为人自身的利益服务。故他说："大天而思之，孰与物畜而制之？从天而颂之，孰与制天命而用之？望时而待之，孰与应时而使之？因物而多之，孰与骋能而化之？思物而物之，孰与理物而勿失之也？愿于物之所以生，孰与有物之所以成？故错人而思天，则失万物之情。"② 和孔孟一样，荀子也十分重视人的主体能动性，但他认为人的主体能动性绝非对天道必然性的简单遵循，而是积极利用天道的客观必然规律为人类自身服务。知命、认命、俟命不如制命。这就是说，人类可以控制、支配和征服自然界。他认为，人的这种主体能动性正是人的本质特征，如果不发挥这种认识、利用、征服自然界的主体能动性，就恰恰违背了宇宙万物的本性。人和万物的存在具有不同的意义，人是一种能动的存在，他能够思天、识天甚至制天；其他万物只是自然的存在，其内蕴的价值需要人去认识、开发和利用。人借助车马而行千里，借助舟船而渡江河，其根本的原因就在于人"善假于物"，即善于利用自然物的价值为人自身服务。没有人的改造，自然物的价值无法实现；不去认识和改造自然，人高于自然的价值就无从实现，"故错人而思天，则失万物之情"。在这种思想的指导之下，荀子十分重视对自然界特别是自然规律的认识，力图对

----

① 方勇，李波译注. 荀子［M］. 北京：中华书局，2011：265.
② 方勇，李波译注. 荀子［M］. 北京：中华书局，2011：274.

对象世界给予客观的、理性的解释，从而充实了儒家学派的自然哲学思想，弥补了孔孟的不足。从思想的传承上说，孔子、孟子、荀子的学说都是沿着发现、肯定和高扬人的主体能动性的方向发展的，而荀子对人的主体能动性的强调的程度比孔孟更深。孔子和孟子把人的主体能动性主要归结为人的道德完善能力，荀子则要求人们积极地征服自然，利用自然为人的利益服务。

如果说，对于孔子仁学中的仁与礼，孟子继承和发展了仁，并由仁引申出义，那么荀子则继承和发展了礼，并从礼演绎到法。孟子谈仁义，荀子倡礼义。荀子认为，人高于动物之处即在于人"能群"，是一种社会性存在。人之群并非动物的自然群体，而是按照一定的秩序结合起来的。这种组成人之群的结构秩序就是礼。为了使人们能够群居共处，先王制礼义以分，故分莫大于礼。他说："礼者，贵贱有等，长幼有差，贫富轻重皆有称者也。"[①] 显而易见，礼在荀子的思想之中是维护社会秩序的等级制度，它涉及人们的社会地位的高低、占有财富的多少，以及由此而决定的社会分工和道德义务。故曰："礼者，以财物为用，以贵贱为文，以多少为异。"[②] 礼实际上是由社会经济制度所决定的政治制度，财富的多少决定社会地位的高低。由此富贵贫贱的不同，又决定了人们不同的社会责任和道德义务。礼就是维护这种社会秩序的根本原则和行为规范体系。"故人无礼则不生，事无礼则不成，国家无礼则不宁。"[③] 在此，孟荀的差异十分明显：前者以仁为义，注重人与人之间的亲爱与和谐；后者以礼为义，强调人与人之间的差别与对立。他们的理论宗旨都是建立良性的社会秩序，但孟子鼓励人们提高道德自觉，荀子则提倡加强外在的强

---

① 方勇，李波译注. 荀子 [M]. 北京：中华书局，2011：141.
② 方勇，李波译注. 荀子 [M]. 北京：中华书局，2011：445.
③ 方勇，李波译注. 荀子 [M]. 北京：中华书局，2011：15.

制。正是由于这种分野，孟子走上了道义主义的道路，而荀子则"隆礼重法"，表现出与法家合流的理论倾向。孟子发展了孔子学说中注重主观精神的方面，荀子发展了孔子学说中注重客观之道的思想。后儒阳儒阴法，在道德领域主要走的是孟子的路子，而在社会政治生活中，则受到荀子思想的极大影响。

与孟子主张性善不同，荀子在人性论上提倡性恶论。他认为，所谓人性乃指人们生而既有、不可事不可学、不必事不必学的自然属性，如"若夫目好色，耳好声，口好味，心好利，骨体肤理好愉佚"① 就是人之本性。道德并非如孟子所说为人们先天具有，而是后天学习所获得的。"凡性者，天之就也，不可学，不可事；礼义者，圣人之所生也，人之所学而能，所事而成者也。不可学、不可事而在人者谓之性，可学而能、可事而成之在人者谓之伪。是性、伪之分也。"② 伪即人为。在荀子看来，孟子以性为善，其原因就是误将后天人为的道德视为人性，而人性只能是先天具有的自然本能，若依此本能而行，必将与道德发生冲突。因此，人性本恶，其善伪也。所以他说："今人之性，生而有好利焉，顺是，故争夺生而辞让亡焉；生而有疾恶焉，顺是，故残贼生而忠信亡焉；生而有耳目之欲，有好声色焉，顺是，故淫乱生而礼义文理亡焉。"③ 易言之，人的本性与道德的价值有着内在的必然冲突，故具有恶的本性。自然的存在并非理想的存在，人的主体能动性正在于能够把自然的存在改造为理想的存在。荀子的人性论思想和其哲学理论具有内在的一致性，他认为凡属自然的存在都是不完善的，需要人去进行改造才能够实现其价值，曲木必待矫正而后直，钝兵器必待磨砺而后锋，故人性必待教化而后

① 方勇，李波译注. 荀子 [M]. 北京：中华书局，2011：379.
② 方勇，李波译注. 荀子 [M]. 北京：中华书局，2011：377.
③ 方勇，李波译注. 荀子 [M]. 北京：中华书局，2011：375.

善，圣人制礼义以化性起伪。这种观点，是荀子道德思想重要的理论基础。荀子虽以人性为恶，但并未因此而否定人的道德完善的可能性，他认为只要坚持礼义教化，就可以使人去性之恶而归之于善。故曰："涂（即途）之人可以为禹。"①

荀子和孟子的理论各有其长短，实际上可以相互补充。二人从不同的方面发展和完善了孔子的理论，奠定了儒家学派的理论基础。

二、汉代儒学的独尊格局

周代从学在官府演变成学术下到民间，不仅反映了政治生活的转折，也反映了学术一统的失控。春秋时期周天子对社会统治把握的失控，导致了政治的多元化，从而也产生了学术思想的多元化，百家争鸣的思想繁荣局面由是出现。秦汉大一统中央集权制的建立结束了几百年政治多元化的局面，政治的一元化需要与之相适应的思想的一元化。秦统一全国，结束了战国混战的局面，同时也结束了春秋以来多元文化中心的局面，社会指导思想渐趋统一。秦朝统治者崇尚法家，以严刑酷法治理国家，其暴政引起民众的强烈反抗，结果陈胜、吴广揭竿而起，各地豪强随之并起，秦王朝二世而亡。刘邦建立汉朝后，吸取秦亡的历史教训，一反秦朝的做法，采取与民休息的政策，实行无为而治。先秦出现的诸子百家也在秦汉之际逐渐相互吸收、相互融合，产生了综合百家的思潮。如杂家的代表作《吕氏春秋》和《淮南子》，就是儒、道、法、阴阳等学派思想初步融合的产物。

汉初无为而治，黄老之术成为统治者治国的主要指导思想。随着

---

① 方勇，李波译注. 荀子 [M]. 北京：中华书局，2011：385.

社会的逐渐复苏、生产的发展和政权的巩固，中央朝廷的无为而治已经不适应统一大国的稳定与运作，而需要高度集权的专制统治。到了汉武帝时期，国力进一步强盛，中央朝廷拥有了绝对的控制权。政治的一统需要思想的统一，汉儒董仲舒适应这一形势发展的需要，上"天人三策"，主张尊崇儒术。汉武帝采纳了董仲舒的建议，设立五经博士，儒学遂被定于一尊。

秦火之后，诸子皆息，唯法家独受青睐。但各家各派并没有完全停止活动。清人皮锡瑞曾作《经学历史》，勾勒了孔子之后儒家经学师承的脉络。皮氏之说虽不可尽信，但儒学并未因秦火而灭是无可争辩的事实。汉文帝时《诗》立于朝，汉景帝增设《春秋》，到汉武帝时，五经博士始备。当时所尊崇者，主要是今文《公羊》学。所谓今文，即汉代通用的隶书文字，乃相对于春秋战国时期的篆体古文字而言。据历史记载，鲁恭王毁孔壁，得《书》《礼》等用不同于当时隶书的篆体古文字抄写的经典，治此类典籍者称其为古文经。汉代儒家经学遂有今文古文之争。

今文古文之争并非文字书写不同的争论，它们对经典的解释、对人物的评价、对古代社会制度的认识都有很大的差别。今文经学认为六经乃孔子为托古改制而作，是万世不易之法，注重阐发经典中的"微言大义"，不在意文字的训诂、对名物的考证，以"我"注六经的手法为汉代大一统进行理论上的论证。而古文经学则尊崇文、武、周公，以孔子为"述而不作"的先师，注重经典文字的训诂和对名物的考证。西汉末，刘歆请立古文于学官，太常博士们开始了儒学正统的激烈争论。东汉末，兼融今古文的郑（玄）学盛行，这一争论才告一段落。

董仲舒是汉代今文经学的著名学者，他的思想是汉代儒学最具代表性的思想，也是对先秦各家学说的一次整合。他以儒家思想为主干，融合了先秦阴阳家、法家和黄老之学等的理论，提出了"正其谊（义）不谋其利，明其道不计其功"①的道德思想，奠定了中国传统价值意识结构的基调，实现了对春秋战国时期思想文化的继承和超越。他的学说体系的核心，就是天人感应。他发挥了公羊春秋"大一统"的思想，以君权神授理论为汉王朝中央集权专制制度服务。他说，"天者，百神之君也"②，"唯天子受命于天，天下受命于天子"③，宣扬天是宇宙间的最高主宰，君主受命于天，代表天意进行统治。他把天看作有意志的神灵，将元典儒学的天人合一思想改造为天人感应的学说。元典儒学在天人具有共同本质的理论基础上提倡天人合一，而董仲舒则认为人是天根据自己的意志、按照自己的形象创造出来的，故二者可以相互感应。他运用神秘、任意的比附来论证天人合一，以天有阴阳说明人有德刑、君臣、父子、夫妇、男女等区分的必然性，以天道尊阳抑阴说明人君主德抑刑以及君尊臣卑、父尊子卑、夫尊妇卑、男尊女卑的等级差别的合理性，以"人副天数"证明天人同类相感，认为人事可以感应上天，善者嘉之，恶者抑之，天象的祥瑞和自然灾异就是天对人的感应。

就儒学发展的脉络而言，董仲舒的思想比元典儒学的天道观还要落后，他把已经被孔子、孟子、荀子理性化了的天重新神秘化，用缺乏任何科学支撑的神秘比附来代替哲学思辨，把人重新规定为超自然神秘力量的创造物。他对儒家学派的贡献在于第一次对儒家倡导的伦理纲常进行系统的整理与论证，确立了中国传统伦理道德的基本内容，并使之获得了绝对性的地位。然而，他的神学目的论学说，却把儒家学派的思想引向神秘化，又对儒学的健康发展造成了极

---

① （汉）班固著；赵一生点校. 汉书 [M]. 杭州：浙江古籍出版社，2000：801.
② 张世亮，钟肇鹏，周桂钿译注. 春秋繁露 [M]. 北京：中华书局，2012：541.
③ 张世亮，钟肇鹏，周桂钿译注. 春秋繁露 [M]. 北京：中华书局，2012：400.

大破坏。客观地说，董仲舒天人感应的神学目的论思想在当时也有其现实的社会价值，不仅表现在儒家伦理道德、纲常名教的社会统治地位的最终确立，适应了汉代大一统社会中央集权专制统治的需要，而且，他在王权之上设立了一个绝对至高无上的神权，对于封建君主来说多少也有一点制约作用，多少使得在人间没有任何力量可以制约的君主不敢胡作非为。当然，董仲舒的思想归根到底是为封建集权专制制度服务的，它的历史作用归结为一句话，就是在儒家学派的理论框架之内，赋予了封建道德纲常的绝对性："王道之三纲，可求于天"①，"天不变，道亦不变"②。

儒学在汉代被定于一尊之后，儒家的经典被视为绝对真理，只能解释、接受，不可以有任何怀疑。这种以解释儒家经典为职志的经学特别注重师承。不仅元典，就连师父的传授也不能越雷池一步。这就严重地禁锢了人们的思想，使得儒学的发展表现出极大的弊端。古文经学由名物训诂、寻章摘句流于烦琐；今文经学则由董仲舒之后日益走向神秘，并终于在两汉之际流宕为粗鄙的谶纬神学，完全变成了统治者进行政治斗争的工具。

所谓谶纬，是谶语和纬书的统称。谶语是一种神学预言，起源很早，秦代时即有"亡秦者胡"之类的谶语，它与儒家经典本来没有任何关系，后来依傍经义，便与纬书结合在一起。纬书则是相对于经书而言的，是对儒家典籍的神学解释，最早的史料记载见于汉成帝年间。纬书托言于孔子，专论灾异和符瑞，两汉之际最为流行。东汉光武帝在争夺皇位的斗争中深受谶纬之益，故即位后便"宣布图谶于天下"，促进了谶纬神学的发展。谶纬神学是神学与儒学的结合，它以神学的形式宣传儒家的思想，直接为统治者政治斗争服务。它的泛

---

①　张世亮，钟肇鹏，周桂钿译注. 春秋繁露 [M]. 北京：中华书局，2012：465.
②　曹迎春，代春敏编著. 董仲舒思想通解 [M]. 秦皇岛：燕山大学出版社，2021：16.

滥，对儒学的威信造成了极大的损害。

汉代经学的出现产生了两个结果：一是确立了儒学在思想界的正统地位，极大地促进了儒学的发展，扩大了儒学的影响；二是经学将元典儒学的著作奉为"经"，给予其至高无上的地位和绝对真理性，从而产生了思想的保守性，抑制了儒学发展的活力。

三、宋明儒学的理学化

两汉经学对儒学元典作了大量甚至是极为烦琐的解释，它既为后儒理解儒家元典提供了文献资料，同时又导致了儒学的僵化。谶纬的流行又使儒学演变为神学，汉武帝以来儒学被定于一尊的地位实际上只能依靠政治权力维持，儒学失去了统一思想、规范人心的社会作用。

正是在谶纬神学流行之时，中国原有的神仙方术发展为道教。它以先秦道家的学说作为自己的哲学理论基础，把抽象的思辨与神仙、方术结合在一起，追求心性的高洁与生命的永恒。两汉之际，印度佛教传入中国。佛教传入之初，曾被人们视为一种方术。随着佛教典籍的传译，其理论逐渐被中国人了解和接受，并在魏晋以后的动乱社会环境中得到相当大的发展，到隋唐时期甚至冲击着儒学在中国古代思想中的统治地位。

汉代经学的烦琐和神秘化导致了儒家学说思想的枯萎，汉魏之际一批学者从经学中超越出来，一反其寻章摘句的思维方式，着重发挥元典中的义理。他们把儒家的《周易》和道家的《老子》《庄子》作为基本典籍，以道家的精神解释儒家的学说，深入探求事物之所以然，建立本体之学，以调和儒道两家的矛盾，为儒家宣扬的伦理道德纲常提供了比经学更加深刻的理论论证。因为他们追求深奥玄远的哲理，故其学说被称为"玄学"。

玄学的有无之争一方面极大地提升了古代伦理思想的理论思辨水平，另一方面又以其对自然的追求和对名教的超越而冲击了儒家宣扬的传统道德纲常，为道教和佛教的兴起创造了理论的环境。正是在玄学深奥思辨的思潮中，比它更加玄奥的佛教教义最终取代了它，并一度成为代表中国思想发展时代特征的主要社会思潮。

道教论有无，佛教谈空苦，它们都在本体的层面解释世界的存有，剖析社会和人生，为人们提供了不同于儒家的人生观和价值观。道教提倡避世，佛教追求出世，它们的共同特点是回避或超越现实社会生活中的矛盾。这种学说在社会动乱、生活极不安定的时期特别容易被接受，因而在隋唐时期形成了儒、释、道三教鼎立的理论局面。

然而，尽管统治者在特定的历史时期为了自己的政治目的可能大力提倡或利用佛道两家的学说，但由于两家的理论所关注的中心在彼岸世界，而不在现实社会，其维护社会秩序、巩固专制统治的社会功能远远不如儒家的学说。因此，佛道两家在发展的过程中，一直受到儒家学者的激烈批判。到了唐代中期，韩愈更提出了儒家学说发展的道统说，发起了复兴儒学的理论运动。但是，汉唐学者对佛道的批判，大多数停留在政治、道德和社会功能层面，基本上是以传统儒学的天命观对抗佛道的本体之学，其批判显得苍白无力。宋代学者为适应巩固和发展封建专制统治的社会政治需要，把复兴儒学、批判佛道的理论运动推向高潮，重振儒家道德纲常的理论权威，建立了在中国封建社会后半期在思想界占绝对统治地位的宋明理学。

宋明理学以性命义理为核心，是本体论、伦理学和认识论高度一致的思辨学说，它的产生标志着中国古代伦理道德的最终定型。宋明理学是儒、释、道三家相互吸收、相互融合的产物，从某种意义上说，宋明理学是对儒家伦理道德学说的思辨改造和哲学论证。理学家们没有像宋以前的儒者那样只是对佛道学说进行政治道德上简单的否定，而是更加深刻地揭示了它们的哲学本体论基础的荒诞，并积极吸收其高度抽象的思辨方法，从本体论的层面对儒家倡导的道德纲常进行新的解释和论证。他们把封建社会的基本道德原则抽象为天理，并把天理规定为宇宙万物统一的最高的本体，这就在高度思辨的哲学层面上重新确立了儒家伦理道德的绝对权威，充分论证了它的必然性和合理性，完成了中国古代社会对封建伦理道德的最终论证。因而宋明理学得到统治者的极大肯定，并被正式确定为官方思想。

儒学的理学化对儒家伦理道德的发展产生了重要影响。

首先，它极大地提升了儒家道德学说的理论层次。元典儒学对中国古代伦理道德的建设主要是根据社会现实生活提炼、概括和整理出基本的道德原则和规范体系，但还停留在经验描述的层面上，没来得及也不可能进行系统的理论论证。汉儒在进一步规范这一体系时，对它作了初步论证，但他们所依据的理论基础主要是传统的天命观，其思维模式是借助人类社会之外的某种客观必然性来论证和规定人类社会生活本身的客观必然性，这就把社会生活的道德纲常视为一种外在的规定。宋明理学以其高度的思辨性，论证了对象世界的客观必然性和人类社会的客观必然性之间内在的统一性，必然、实然、本然、当然、应然都统一于绝对的天理中。理学家宣扬一物有一物之理，总天地万物又只是一理。人类社会生活的道德原则，同时就是存有世界的必然规律 (天理)，因此，道德纲常体现了宇宙存在的基本精神和内在秩序。伦理道德不仅仅是对现实生活经验的总结，更是对世界和人的本质的深刻把握，是人和世界发展与完善的内在需要。经过理学家的论证，儒家道德学说的逻辑性更加严密，体系更加完善，理论更加深刻。

其次，它最终确立了儒家伦理道德的绝对权威。元典儒学在阐述自己的道德学说时，关注点主要在揭示应然即人类行为的应当，为人类社会的道德生活提供基本的原则和规范体系。尽管孟子和《易传》《大学》《中庸》等的作者曾力图说明应然中所蕴含的必然，但他们的论证还极为零散，不成体系，远远称不上完善。汉儒的功绩是首先把应然规定为必然，他们不仅告诉人们应当如何，而且向人们解释为什么应当这样并且只能这样。但他们把这一切都归结为上天的主宰，认为人类社会的伦理道德是上天意志的体现，这种不可怀疑更不可违背的绝对意志，就是社会伦理道德的最终依据。因此，严格说来，汉儒所确立的实际上仍然是天的权威，是借助天的绝对性来给人类社会伦理道德披上一层绝对性的外衣。宋明理学抛弃了这种粗鄙的神学方法，理学家将事物的必然之理说成是事物的当然之则，而事物之所当然者即人事之应然，此乃宇宙存有之本然。理学家认为，世界万物存在于普遍的关系之中，彼此之间相互联系、相互依存又相互作用，这种普遍的联系既是事物存在的必然之理，也是其运动发展的当然之则。它在对象世界中，就是客观事物之理（自然规律）；在人类社会生活中，则表现为伦理道德。因此，物之理、人之理、吾心之理其实只是一理。天理是宇宙万物包括人类社会共同的本质规定，它并非外在于人类的绝对存在，而是实然存有之本然。应然之理之所以是当然之则，就是因为人之应该就是理之必然，而理之必然其实质就是存在之本然。所以，伦理道德既是对世界存在必然性的深刻把握，同时也是人的本质存在、发展和完善的内在必然和需要。这样，伦理道德的权威不再借助于外在的力量，而根源于人与世界本质存在的内在统一性。

再次，它完善了儒家伦理道德的理论和实践体系，更加有利于提高人们道德修养和实践的自觉性。元典儒学的道德学说强调人的主体能动性，把道德自觉视为人与动物相区别的根本标志。两汉经学以神学目的论的观点阐述儒家的伦理道德，把道德视为一种神秘的外在规定，这实际上已经背离了元典儒学的根本宗旨。故宋儒在确立儒家道统时便把汉儒排斥在外，而称自己是直接继承孔孟思想的。理学家们以性命义理为核心建立自己的理论体系，使道德的修养和实践成为这一体系不可分割的重要组成部分，并且积极吸收佛道两家的学说和方法，使得儒家的伦理道德体系更加完善。特别是道德本体论的建立，实现了儒家伦理道德体系理论上的贯通，把现实存有和内在超越紧密地联系在一起，凸显了道德的精神价值和对人的生命的终极关怀。在理学的伦理道德体系中，所谓格物、致知、诚意、正心、修身、齐家、治国、平天下的道德实践不再单纯是对道德原则的贯彻与落实，而更是人的本性完善的必然环节。人的主体能动性被描述为对天理的把握与复归，道德实践的功夫既是道德本体的直接展露，同时也是主体心性的肯定与提升，表现了主体自觉的内在追求。这就把人的道德自觉和本性完善同宇宙的伦理精神有机地结合在一起，极其有利于提升人的主体能动性和道德自觉性。

总之，儒学的理学化标志着儒学理论的最终定型，直到近代以前，它在中国社会生活中的主导地位再也没有动摇过，再也没有其他学说能够与它相抗衡。宋明理学强化了儒家倡导的伦理道德纲常，建立在宗法血缘家庭基础之上的封建等级道德被赋予了绝对的意义，阻滞了元典儒学中所包含的某些民主性、平等性因素的发展。特别是它强调义利、理欲的绝对对立，提出"存天理灭人欲"的纲领，把儒家的道义主义伦理道德推向极端，导致了禁欲主义的恶性发展，对中国社会特别是对中国近代社会的发展产生了极大的消极作用。

第三节 儒家思想的历史地位

一、儒家正统地位的确立

儒学并非从其产生之后就成为传统社会思想的主流，在先秦时期，它只是当时争鸣的百家之一，其在中国古代正统地位的确定，是汉武帝之后的事情。

中国部落联盟进入国家时期之后，首先经历了夏、商、周三代。夏商两代具体的思想文化状况已经不可确考，诚如孔子所言"文献不足"。西周以后文化渐盛，尤其是周公为文武革命作辩护，提出"皇天无亲，惟德是辅"，打破了天命的绝对权威，促进了人文精神的发展。周继夏商之礼，实行的是分封制。在西周时期，周天子能够实际地号令天下，以官学的形式掌控思想文化，制礼作乐，征伐四夷。到了东周时期，周天子式微，各路诸侯雄起，天子大权旁落，失去了对国家的掌控，遑论思想的一统。各雄霸挟天子以令诸侯，大夫专权，甚至陪臣执国命。孔子也发出了哀叹："天下有道，则礼乐征伐自天子出；天下无道，则礼乐征伐自诸侯出。自诸侯出，盖十世希不失矣；自大夫出，五世希不失矣；陪臣执国命，三世希不失矣。天下有道，则政不在大夫。天下有道，则庶人不议。"[①] 在这种天下无道的局面下，周天子变成了名义上的共主，在现实政治生活中，就出现了许多新的势力，直接挑战中央王朝的权威。于是，就产生了春秋五霸、战国七雄。

---

① 杨伯峻译注. 论语译注 ［M］. 北京：中华书局，1958：181.

换句话说，在东周以后，周天子的中央权力失控，国家就出现了多个政治中心，各个霸主为了为自己行为正当性提供辩护，就需要依赖不同于原来自天子以至庶人的权威思想，于是，与政治多元化相适应，就出现了思想的多元化。这就是先秦诸子产生的社会背景。

思想的多元化是与政治的多元化相适应的，儒家思想在当时获得许多势力的认可，因为它承继了西周以来的人文精神传统，但它绝对不是当时各个诸侯国都共同认可的思想。秦汉大一统实现之后，多元的政治格局结束，多元的文化就不再适应新的形势，统治者要按照自己的观念治理天下，于是就需要与政治的一元化相适应的思想的一元化。这个历史的、思想的、逻辑的过程，从秦国末年就开始了。

秦国是在法家思想的指导之下强大并统一天下的，但秦国在统一天下的过程中也有政治家和思想家没有完全指望依靠法家的思想治理天下，所以，就产生了《吕氏春秋》这种综合百家思想的著作。吕不韦编撰的这部著作，有综合百家的趋势，这说明随着政治的一元化，统治者有了思想一元化的自觉。但是，这部著作更多地表现的是一改韩非运用法、术、势治理国家的君权思想，而以削弱君权的无为而治作为治国的基本理念。当然，这也许和当时吕不韦不甘放弃掌控国家权力的个人心态有关，但不可否认的是，春秋战国数百年来的战乱结束，民众休养生息的期待也不能让政治家忽略。

汉朝建立之后，刘邦吸取了秦朝二世而亡的惨痛教训，不再以法家思想作为治理国家的指导思想，废除了秦朝的严刑酷法，采取了黄老之术的思想观念，与民休息。但无为而治的思想是不适合大一统社会的，无论是孔子说的黄帝垂衣裳而治还是老子说的无为而无不为，都无法强化大一统的中央集权制。所以，当汉初休养生息的政策取得一定的成效之后，地方势力又有了一定的膨胀。随着汉武帝在国力强盛之后加强中央政权的有效控制的意图出现，受到威胁的地方势力就表现出与中央抗衡的倾向，淮南王刘安组织编纂了《淮南子》，希望中央王朝继续推行无为而治的政策。

但是，中央集权制和分封制的最大差别就是，中央王朝必须直接统治全国的各个地方官府，不容许地方官府在政治、经济和思想文化上与中央王朝不一致。于是，汉武帝广征良策，希望找到与秦朝不同而且不是放任地方自大的新的统治思想。正是在这种历史背景之下，董仲舒建言尊崇儒术，这一思想被汉武帝采纳，儒学从此被定于一尊。

之所以在先秦诸子中选定了儒学作为中央集权制的统治思想，有如下几个主要原因：第一，孔子创立的儒家继承发展了西周以来的人文精神传统，在思想文化的传承上历史最为悠久，思想脉络最为明晰。儒家的思想相对于道家、墨家、法家乃至其他各家，有承续中国文化传统的优势。第二，在先秦诸子中，儒学虽然不是一家独尊，但也是当时最有影响力的学说，墨出于儒自不用说，道家庄子也利用孔子的名义来推行自己的思想。第三，秦朝选择了法家，它的短命给了后世一个深刻的教训，马上得之不能马上治之，虽然秦朝的政治遗产被后世继承，但严刑酷法导致秦朝覆亡成为后世统治者不能不警惕的事实。尽管秦以后的统治者在治理国家时贯彻的是阳儒阴法，但没有任何一个朝代宣称自己的统治思想是法家学说。第四，汉初选择的无为而治，在政治实践中已经证明不适应大一统的中央集权制，容易导致坐大的地方政权与中央分庭抗礼。第五，儒家思想理论追求就是要维护既定的社会生活秩序，是为现成的社会秩序的合理性提供论证，它不是要打破旧秩序，也不期望建立新秩序，而只是固执地按照自己的理想维护它所认为合理的秩序。

因此，儒家的思想不适合用来推翻一个旧世界，也不适合用来建立一个新世界，它的追求就是维护一个按照它自己的理想建立的既定的世界。而儒家设计的理想世界，由于植根于中国传统社会的小农自然经济和血缘家庭关系，具有鲜明的现实主义精神，与中国传统社会和传统政治有着内在的联系。故不管社会如何变化，当统治者要建立和维护自己的政治和社会秩序时，都会把儒家思想作为自己的统治思想，这也就使得儒家思想成为中国伦理文化乃至中国文化的核心和主流。

但是，当社会动荡、时代变革之时，儒家思想的统治地位就会面临挑战，如魏晋玄学、隋唐佛教都曾对儒家的权威造成了冲击和威胁。

二、儒家思想在中国古代社会的历史演变

儒家思想是对中国古代人文精神传统的继承，虽然在先秦时期并非冠盖其他学派的主流思想，但在当时是影响最大的思想。在汉代被定于一尊之后，儒家学说成为中国古代社会占据核心和统治地位的思想体系，同时它以开放和包容之态，吸纳了其他学派的思想因素。但是汉代经学发达之后，儒家学说在以坚持传统的名义下被附加了保守性，导致汉唐儒学的僵化。加之它的根本宗旨是维护既定的社会秩序，在时代需要打破既定社会秩序的时候，儒家学说必然会被束之高阁。于是，就有了魏晋玄学对两汉经学的反动，有了隋唐佛教对儒学权威的挑战。但是，即使是在这种情况下，儒学的核心地位也从来没有被动摇过。玄学虽然立本道家，但其学说吸收了儒家许多思想因素，其经典的"三玄"之一《周易》，也本是儒家的元典，玄学创始人之一王弼，对《论语》《周易》也多有研究。所以，玄

学不能说是纯粹的道家思想，而是道家思想和儒家思想的融合，于是才有自然与名教之辩。隋唐时期三教鼎立，佛教对儒家的正统地位发起了挑战，但从根本上说，佛教之所以能够成为中国传统文化的一个重要组成部分，是因为它的中国化，即对儒家伦理道德的认同。到宋明理学吸收了佛教和道家的思辨方法，改变了元典儒学重现实生活轻形而上的理论缺陷，从本体上论证儒家伦理道德的合理性、至上性，儒家思想包括儒家伦理道德才在中国古代社会最终定型。从此之后直到近代，儒家思想再也没有像以前一样受到重大的冲击和挑战。

　　理学建立之后产生了三个主要派别：一是张载倡导的气本论，二是以程朱为代表的理本论，三是陆王建立的心本论。这三派既相互讨论、相互批评，又相互吸收、相互融合，共同促进了理学的发展。在理学建立之初，它曾在更高的理论层面复兴了传统儒学，给儒家学说注入了内在的活力，使之充满了蓬勃的生机。然而，当它被钦定为官方学说之后，著名理学家对儒学元典的解释又变成了亚经典，儒学元典成为士子通过科举考试做官的敲门砖，特别是程朱知先行后的理论，导致了理论与实践的脱节和僵化。明代中叶，王守仁（号阳明，又称王阳明）强调"致良知"的学说，主张知行合一，宣称"我的良知就是自家的主宰"，要求人们自作主张，重新唤起人们道德实践的自觉，企图为日益僵化的理学注入新的生机。然而，由于它过于关注心性的修养和良知的自我主宰，把道德实践归结为修心养性，不仅未能解决理论和实践脱节的问题，反而造成了传统道德价值标准的失范，其末流更是陷溺于狂禅。因此，王学的出现，实际上标志着宋明理学的式微。

　　明清之际，中国历史上又发生了一次"天崩地解"的剧变。李自成农民起义推翻了明王朝，吴三桂引清兵入关，铁蹄践踏中原。满族入主中原，引起了汉民族的强烈反抗。斗争失败之后，为了民族的复兴，一批学者对明清鼎革进行了深刻的反思，认为明朝政权的丧失，除社会政治原因，还有思想上的原因。因此，他们从不同的方面对中国传统文化进行了较为全面的总结批判，并形成一股社会批判思潮。

顾炎武、黄宗羲、王夫之等人是这一思潮的主要代表。明朝覆亡的强烈刺激，使得他们能够从现实变革和历史发展的高度重新审视传统儒学特别是宋明理学，较为深刻地把握时代发展的脉搏，并在一定程度上看到了传统理论原则的局限，表现出朦胧的历史觉醒。就道德思想而言，他们的许多观点对传统的纲常名教有所突破，具有早期启蒙的意义。

第一，从群体价值取向到个体与群体双向价值取向的蜕变。中国古代社会建立在宗法血缘家庭的基础之上，是家庭而不是个体构成社会生活的基本要素，个体只是血缘群体关系网上的纽结，个体只有作为群体的一分子才具有现实的意义，只有在群体中才能获得和实现自己的价值。由此而产生的道德学说，就必然注重群体价值而轻视个体价值，这种群体价值取向在儒家道德学说中表现得最为突出。元典儒家讲的人，主要是类、群体，每个人都从由道德纲常所规定的特定道德关系中获得自己的规定、义务以及价值，道德的关注点是伦类、伦常，一切道德原则和规范都是为了维护伦常秩序，而不是个体、个性的发展。宋明理学更在天理的名义下赋予封建伦常以绝对的意义，把一切具有个体特征的东西包括思想意识和感性需要都斥为恶。公私关系直接等同于善恶关系，个体被代表封建道德纲常的天理所消解。明清之际，随着市民阶层的兴起，反映其利益和要求的个体价值取向思想开始出现，一批思想较为开明的学者吸收了这一新的思想因素，在承认群体价值的前提之下进一步探讨了个体的需要和价值。李贽宣称："夫私者，人之心也。"① 黄宗羲指出："有生之初，人各自私也，人各自利也。"② 顾炎武也说："人之有私，固情之所不能免矣。"③ 他们都肯定自私自利是人的本性，追求和满足自己的利益符合人的本性。因此，明清之际学者强调个性独立，要求人们自立、自主、自为，颜元把这种观念概括为"千万人中不见有己，千万人中不忘有己"④。这就是说，一个人既要有"以身任天下"，献身社会、群体的高尚精神，同时又要有个体的自立性与自主性。前者是后者的目的，而后者是前者的基础。这种观念显然有别于传统道德单一的群体价值取向，而是对一种新的人格追求朦胧而又曲折的反映。

第二，从家庭本位向社会本位的演变。中国古代社会乃是一种家国同构体，所谓群体价值取向，最重要、最基本的群体就是家庭。社会最基本的伦常是从血缘家庭关系直接引申出来的。儒家道德最为重视的"五伦"即君臣、父子、夫妇、兄弟、朋友，君臣是父子关系的推衍，朋友是兄弟关系的转换。"有男女，然后有夫妇；有夫妇，然后有父子；有父子，然后有君臣；有君臣，然后有上下；有上下，然后礼义有所错。"⑤ 这就是它的道德思维逻辑。这种理论逻辑所产生的就是以"三纲五常"为核心的、以家庭为本位的道德学说。明清之际学者有感于明朝的覆亡，在追求民族复兴的历史责任的感召下，对建立在家庭本位基础上的纲常名教特别是君臣纲常有所突破。他们竭力反对家天下，主张公天下，顾炎武首先把"天下"和"国家"区别开来，认为君主一家一姓的灭亡叫"亡国"，社会的安

① 张建业，张岱主编. 李贽全集注：第 6 册［M］. 北京：社会科学文献出版社，2010：526.

② 上海辞书出版社文学鉴赏辞典编纂中心编. 古文鉴赏辞典［M］. 上海：上海辞书出版社，2021：1727.

③ （清）顾炎武著. 日知录集释［M］. 全校本. 上海：上海古籍出版社，2006：148.

④ 江万秀，李春秋著. 中国德育思想史［M］. 长沙：湖南教育出版社，1992：297.

⑤ （魏）王弼撰；楼宇烈校释. 周易注校释［M］. 北京：中华书局，2012：263.

定被破坏、民族的生存遇到危机则是"亡天下"。他说："保国者，其君其臣肉食者谋之；保天下者，匹夫之贱，与有责焉耳。"① 王夫之则把维护民族的根本利益作为道德的最高标准，认为有一人之正义、一时之大义和古今天下之通义，个人的品质与心性修养为一人之正义，君臣纲常属于一时之大义，而民族的根本利益则是古今天下之通义。他认为"一姓之兴亡，私也；而生民之生死，公也"（《读通鉴论》卷十七），"天下非一姓之私"（《读通鉴论》叙论一），要求人们绝不能"以一时之君臣，废古今夷夏之通义"（《读通鉴论》卷十四）。② 黄宗羲把家天下的君主视为"天下之大害"。唐甄更加激烈地指出："自秦以来，凡为帝王者皆贼也。"③ 正是这种家国之分，使得明清之际进步的思想家能够超越家庭本位的局限，把道德的视角投向体现"天下之利"的社会，力求在社会即"天下之利"的基础上建立一种新的社会关系和道德关系。尽管由于时代的局限，这种新的关系未能建立起来，但它对传统儒家的伦理道德造成了极大的冲击。

第三，从超验理性原则到现实感性需要的转换。当"天下之利"成为道德的最高标准之后，思想家们在现实生活中首先看到的就是人们感性的物质活动和现实的物质生活。这就不能不使他们对传统的道德观念产生怀疑。儒家伦理道德具有道义主义倾向，以道德理性规定人的本性，轻视人的感性存在与需要。这一倾向在元典儒学那里就有突出的表现。汉代董仲舒提出"正其谊不谋其利，明其道不计其功"，把道德与功利对立起来，以超验的理性原则否定现实的感性需要。到了宋明理学，更把义利之辨、理欲之别规定为善恶的分野，强调以义斥利、以理窒欲，鼓吹"存天理灭人欲"，把禁欲主义道德

① 李永祜，郭成韬导读. 顾炎武集 [M]. 南京：凤凰出版社，2020：250.
② 湖南大学岳麓书院文化研究所编. 岳麓书院一千零一十周年纪念文集：第1辑 [M]. 长沙：湖南人民出版社，1986：156，158.
③ 李敖主编. 王安石集 明夷待访录 信及录 [M]. 天津：天津古籍出版社，2016：864.

推向了极端。明清之际学者价值取向的转换，必然使得他们批判传统的禁欲主义道德。作为传统之"异端"的李贽宣称"穿衣吃饭即是人伦物理"①，力图把超验的理性原则还原为现实的感性生活。王夫之、黄宗羲等人都主张天理人欲同行异情，二者并不对立。天理即寓于人欲之中，上智不能无人欲，下愚也不能无天理。"人欲之各得，即天理之大同；天理之大同，无人欲之或异。"② 戴震更加深刻地指出，人类社会道德的基础并非超验的理性原则，而是现实的感性需要，后者是人们一切行为最原初的动力："有欲而后有为，有为而归于至当不可易之谓理；无欲无为又焉有理!"③ 道德的价值就在于能够促进人的感性需要的满足，道德原则即感性需要合理满足的度，人类的道德追求最终必须落实到人的感性需要的充分满足上，落实到人的生活幸福上："道德之盛，使人之欲无不遂，人之情无不达，斯已矣。"④ 这种对传统道德观念的修正和背离，反映了社会发展新的道德动向。

第四，从民本主义到民主主义突破的尝试。儒家伦理道德有着民本主义传统，这也是其精华之一。元典儒学孟子的民贵君轻、荀子的水能载舟亦能覆舟等思想就是其表现。它要求统治者为政以德，爱民、惠民，关心民众疾苦。但是，作为一种统治思想，它的目的仍然是维护封建专制君主制度，为民做主的仍然是专制君主。当维护封建专制制度的"三纲五常"被宋明理学赋予绝对的意义之后，"君要臣死，臣不得不死"的教条，就把元典儒学的民本思想实际上虚置起来了。明清之际的进步思想家在批判君臣纲常时，发挥了元典儒学民本主义的思想传统，并在社会剧变的影响下给它注入了一些新的内

① （明）李贽著；陈仁仁校释. 焚书·续焚书校释 [M]. 长沙：岳麓书社，2011：379.
② 邓辉编选评注. 船山经典语录 [M]. 长沙：岳麓书社，2019：98.
③ （清）戴震著；何文光整理. 孟子字义疏证 [M]. 北京：中华书局，1982：58.
④ （清）戴震著；何文光整理. 孟子字义疏证 [M]. 北京：中华书局，1982：41.

容。这些新的内容就是民主思想的初步萌芽。李贽提倡"致一之理"，认为"庶人非下，侯王非高"①，否定尊卑贵贱的等级制度。黄宗羲的《明夷待访录》较多地表达了当时的民主思想。他提出"天下为主，君为客"，认为人们设立君主是代表社会管理国家、为全社会服务的。君主不能一人尽其责，则分其事于臣，共同管理社会事务，因此，君臣关系并非传统道德强调的绝对服从的主奴关系，而是合作的伙伴关系，前者唱邪，后者唱许。他还主张学校议政，"公其非是于学校"。这些思想既是对传统民本思想的继承，又是早期民主思想的萌芽。当然，在当时的社会条件下，它们还不可能被统治者接受，更不可能成为社会生活的指导思想，但其毕竟撕开了封建伦理道德的缺口，透露出"破块启蒙"的曙光。

明清之际对传统文化批判反思的思潮，从总体上说是儒学内部的自我检讨，进步的思想家们自觉地承担了民族复兴的历史使命，能够对儒家思想特别是儒家伦理道德进行深刻的反思。正是在这种反思中，他们初步提出了许多具有早期启蒙意义的新思想、新观念。他们的历史局限也表明，儒学在传统的理论框架之内已经无法真正实现自我更新，儒学伦理道德要获得进一步的发展，必须吸收时代发展的新精神，超越旧的理论框架和思维模式，否则，就只能是炼石补天。

明朝的覆亡标志着古代封建社会的衰落，明清之际的社会批判思潮表现了儒学发展的末路。儒家伦理道德建立在封建社会的政治经济基础之上，封建社会的腐朽必然导致它的理论的终结。加上满洲贵族入主中原之后，对汉民族的反抗采取了铁血镇压的政策，表现在文化上，就是思想禁锢，以极其残酷的手段消灭他们认为是违禁的思

---

① 张葆全译解. 老子道德经译解［M］. 桂林：广西师范大学出版社，2016：130.

想。这种文化上的高压政策使得人们不敢也不能在思想上、理论上进行深入的探讨，于是人们便转而潜心于经典的文字训诂和名物考证，这就产生了清代的朴学。毫无疑义，朴学对于古代文化典籍包括文字所作的整理，在文化发展史上有着重要的历史价值，但就思想道德发展而言，则暴露了儒家伦理道德思想内在活力的枯竭。如果没有新的生命力的注入，不以新的视野对它进行新的诠释，儒家伦理道德必将成为僵死的教条。

三、近代儒家思想的坎坷命运与现代回归

儒家思想是与中国传统社会相适应的，它在古代中国社会对建构中国人的精神世界、维护社会和谐稳定、促进社会发展作出了历史性的贡献。但是，由于它植根于小农自然经济和血缘家庭社会，当世界的发展进入近代之后，其弊端就逐渐暴露出来，而且由于西方列强对中国的入侵和西方文化的传入，更是引发了其生存的危机。

近代西方传入的文化和当初印度佛教文化不同，后者属于与中国同质的文化，尽管在精神境界、价值追求和思维方式上有种种的不同，但都是对古代社会的一种解释和理解，所以，佛教文化能够被中国儒家思想同化。而西方近代文化是在近代资本主义社会基础之上产生的文化，古代中国社会的儒家文化无法解释西方近代的社会存在和价值观念，二者不可避免地会发生根本的矛盾和冲突。

由于历史的惰性，中国一直以中央大国和天朝上国自居，在最初与西方近代国家和近代思想打交道的时候还指斥它们为蛮夷之邦、蛮夷文化。但是，1840 年之后，天朝上国屡次惨败于西方列强，于是才有了保国、保教、保种的危机。中国社会和传统文化，是在外力

的逼迫下发生变革的。这个变革经历了三个阶段：物质文化的变革、制度文化的变革和精神文化的变革。这三种变革都引发了儒家思想的危机。

物质文化的变革直接冲击了儒家思想产生和存在的现实基础。儒家一整套思想和伦理道德体系都以小农自然经济和血缘家庭为基础，当物质生产的方式乃至由此产生的生产关系变革之后，儒家伦理道德原本坚实的现实基础必然发生动摇。一批知识分子一方面主张学习和接受西方的先进科学技术，师夷之长技以制夷，另一方面又对传统文化有着固执的坚守，中体西用的思想由是而生。

物质的生产依赖于特定的生产关系以及由此而产生的上层建筑，小农自然经济开展不了大机器生产，建立在小农自然经济基础之上的上层建筑从根本上与近代市场经济生产方式有着内在的矛盾，普天之下莫非王土和资本主义私有制无法相容，哪怕是生产出了和西方列强相同的物质产品也仍然无法和西方列强相抗衡。甲午中日战争就是令国人深感悲愤的战争，于是就有了戊戌变法的发生。先进的中国人力图通过吸收西方近代的价值观念来改变中国的现实和社会制度，但仍然坚守中国传统文化尤其是儒家思想的神圣性和普适性，力证西方近代思想是中国儒家文化古已有之的东西，力图以变革的方式保国保教。康有为的思想就是这一思潮中的重要代表。

戊戌变法的失败使中国人看到一个残酷的事实：制度的变革失败更深层的原因在于思想观念的阻碍。1919 年爆发的新文化运动就直接把矛头指向了以儒学为代表的传统文化，甚至提出了"打倒孔家店"的口号，对传统儒学进行了猛烈的批判，给予了彻底的否定。

第一次世界大战及后来的世界格局，特别是西方列强对中国的瓜分欺凌，又使得部分中国人重新审视中国传统儒学的历史意义和现代价值。现代新儒学兴起，成为复兴儒学的新的思潮，这一思潮从

20 世纪 20 年代一直延续到今天。

但是，对中国传统文化真正的重新审视是社会主义新时代提出的重要命题。增强文化自信成为实现中华民族伟大复兴的固有之义。我们今天讲文化自信，就蕴含着对传统文化包括儒家文化的自尊、自信。"中国话语"，不仅要表达现代中国的价值诉求，也必然反映以儒家思想为核心的传统中国文化的现代生命，这种现代生命的赋予，就需要我们对传统儒学进行创新性转化和创造性发展。

儒家伦理道德的产生、发展、演变，从理论上反映了中国封建社会发展的曲折、起伏、兴旺和衰落。它建立在血缘家庭和小农自然经济的基础之上，其核心内容和基本精神是与后者相适应的。它在明清之际的蜕变是中国封建社会走上末路的必然结果。封建社会发展到清代已经难以出现新的活性因素，儒学的蜕变和衰落不可避免。近代社会西方思想的传入，给了人们新的思想和观念，在民族危机的刺激之下，先进的思想家为了寻求救国救民的真理，对儒家伦理道德进行了时代的改造，它才以新的面目获得新的发展。而马克思主义的传入，为人们提供了更加科学的理论基础和思想方法，人们才能够更加深刻地分析和继承儒家伦理道德，把握它的本质，揭示它的精华，并站在社会发展的历史高度，结合时代的需要进行综合创造，使以儒家伦理道德为主要构成部分的中华民族优秀的伦理道德传统在现代社会得以弘扬，成为现代中国特色社会主义精神文明的重要组成部分和中华民族突出的民族特点。

习近平总书记指出："中华优秀传统文化有很多重要元素，比如，天下为公、天下大同的社会理想，民为邦本、为政以德的治理思想，九州共贯、多元一体的大一统传统，修齐治平、兴亡有责的家国情怀，厚德载物、明德弘道的精神追求，富民厚生、义利兼顾的经济伦理，天人合一、万物并育的生态理念，实事求是、知行合一的哲学思想，执两用中、守中致和的思维方法，讲信修睦、亲仁善邻的交往之道等，共同塑造出中华文明的突出特性。"① 习近平总书记在这里指出的中华优秀传统文化的重要元素，就是对儒家伦理道德精粹的经典总结，虽然体现了中华优秀传统文化的普遍共性，但这种共性主要还是儒家道德文化基本精神的凝结。

---

① 习近平. 在文化传承发展座谈会上的讲话［J］. 求是，2023（17）：4.

第二章　儒家伦理体系的总体建构

　　经过两千多年的发展，儒家形成了自己的伦理思想体系。这一体系由先秦孔子、孟子、荀子等元典儒学的思想家奠定了思想基础和理论格局，经汉儒进行系统化整理和初步论证，宋儒再对之进行逻辑的梳理和思辨的论证而最后定型。它建立在小农自然经济和宗法血缘家庭的现实基础之上，以促进和维护社会人伦和谐与等级秩序为根本目的，反映了中国封建社会的政治经济生活状况。实际上，儒家的伦理思想是封建社会时代精神的集中表现，是无数学者代际承传、思想探讨和理论建构的共同成果。几千年的创造发展，形成了深厚的思想传统，反映了中国传统文化连续性的特点。学者们在建构自己的理论体系时，对许多伦理学重要问题进行了深入的思考，其中包含不少真理性认识，同时也凸显了中国古代伦理思想的特点。从总体上把握这一体系，有助于我们认识儒家伦理道德的理论实质和特点，批判它的糟粕，吸收它的精华。在这一理论体系的建构中，天人合德是其哲学理论基础，推己及人是其道德思维方法，差序和谐是其基本的伦理秩序追求，而修齐治平则是其具体的道德实践路径。

第一节　天人合德的哲学理论基础

儒家思想是中国传统文化的主干，儒家伦理道德凸显了中国传统伦理道德的总体风貌。中国传统伦理道德的一个基本特征就是强调天人合德，它把人类社会的道德看作本体意义上的客观必然规定。天——这一绝对意义的最高本体，是人类社会道德生活的最终根据。由此，人类社会道德就被赋予了绝对性和至上性。在传统伦理道德中，天人关系是理论的核心问题之一，社会生活的一切道德原则和规范，都必须在天人关系中予以定位。在对天人关系的认识上，中国传统文化和西方文化最显著的差异是：后者以主客二分的思维方式将天视为对象性世界，主张天人异质；而中国传统文化强调天人同构，天与人具有本质上的同一性，即天人合一。虽然也有学者坚持天人相分，如先秦的荀子和唐代的刘禹锡等，但天人合一的观念始终是中国传统文化的基本精神。由天人合一而引申出的天人合德，就是确定人的道德本性、人伦秩序、伦理纲常乃至整个儒家伦理道德的哲学理论基础。

一、天人合德

在中国传统文化中，"天"这个范畴具有上帝神灵之天、命运之天、自然之天和本体之天等多种含义，通常代指与主体相对的对象世界。而"人"则是宇宙间唯一的主体性存在。"天"与"人"本来是两个独立的范畴，到殷周之际，二者才在理论形态上有了直接的联系，二者的关系成为中国传统哲学讨论的中心，逐渐形成了以天地为人与万物的父母、以人为万物之灵的思想。天人概念的形成，本身就说明人类已经注意到从总体上把握对象世界及其客观必然性，觉察到人在宇宙间的特殊地位和作用。天人关系的讨论，既反映了人的价值觉醒，又凸显了中国传统文化包括传统伦理道德的典型特征。

马克思曾经说过，人是关系的产物，动物诚然也有关系，但只有人才能够自觉到这种关系并建立和完善自己的各种关系。总体上说，人在世界上与外部世界存在各种关系，其中主要有人与外部世界（自然界）、人与其他自然物、人与他人、人与社会以及人与自身等的关系，而核心是人与外部世界的关系。在中国文化中，人与自然界的关系被概括为天人关系。

在人类社会早期，由于人认识和改造对象世界的能力都很弱，人的生存与自然界直接连为一体。人与自然界划分的标志就是意识到自己是与自然界相异的存在，有着自我的意识。这种自我意识就使得人的行为受自己意识的支配，换句话说，其行为总是为了实现自身的某种目的。但在人的自主能力很弱的时候，其行为是受自然界的盲目必然性制约的，他无法实现自己的自主意识。在这种情况下，人的行为不是自己主宰的，主宰自己命运的是自身以外的"他者"，这种主宰"他者"不是可以触知的具体存在，而人们在生活中时时刻刻都能够感受到它的存在。它神秘莫测，高高在上，不可抗拒，人们就把它归结为"天"。天就成为绝对的最高主宰。

中国传统文化中对天人关系具有伦理价值的思考，至迟在西周初年就已经出现。殷商时期，天神是宇宙间唯一的决定力量。它主宰着世界的一切，王权代表着神权，神权护佑着王权。人们的一切行为都必须遵循上天的命令，不允许有任何违背。随着商朝政权的腐败，人们对上天绝对权威的信仰发生了动摇，对天命的绝对性产生了怀疑。文武革命，就利用了这种对天命的怀疑情绪，宣扬天命已经不再庇佑殷人，而选择周人来承继天命。天命变革的根据，就在于上天并非盲目地指定自己在人世间的代表，而是根据人的德性来决定，此即"皇天无亲，惟德是辅"。这种新的观念在传统中被概括为"以德配天"。我们认为，这种观念从以天为主的角度看，可以说是君王要具有德才能获得天的辅佐，以德受天所辅；而从以人为主的角度看，则可以说是君王要积极修德以辅成天命。所以，我们将之概括为"以德辅天"。

"以德辅天"在周初是一个全新的观念，它表明人们发现了在社会生活中，天并非唯一的决定因素，人的主观能动性特别是人的德性能够对人类的社会生活产生重要的影响。易言之，人们发现了人这一主体在对象世界的独特价值。人能够通过自己的行为感应上天，并且是以自己的德性感应上天，从而获得上天的庇佑。这就确定了中国传统文化的天人合一是在道德基础上的合一，天人之合本质上是合德。因此，天人合德就是说，天与人具有本质上的同一性，这种同一性的实质即人的道德与天的本质有着内在的一致性。

在中国传统文化中，首先明确提出天人合一思想的学者，要数战国时的孟子。他说："尽其心者，知其性也。知其性，则知天矣。"充分觉悟、发掘、扩展人的本心，就能认识人的本性，认识了人的本性，就能够进而把握天的本质。此处暗含着一个理论前提：天与人在本质上具有内在的共同性和统一性。正因为如此，他才能够理直气壮地宣称："万物皆备于我矣。反身而诚，乐莫大焉。"万物皆备于我的根本，就在于人与万物具有共同的本质。"反身而诚"意指尽心知性，认识了自己的本质，同时也就认识了万物的本质，从而感到一种自身完善的无上乐趣。在孟子看来，天具有完善的本性，因而人也具有完善的本性。人性之善的本原在于它完整地体现了天的本性，并且只有人才能够彻底觉悟并主动扩充这种本性。这是从人的本性上论证天与人的同一，为人的本性的至善价值设立了一个客观的根据。

汉代董仲舒天人感应的思想是它的另一种形态。他认为，凡是同类的事物之间都存在着相互感应的关系，天与人同类，故可以相互感应。人依据天的意旨立法行道，并以自己的行为感应上天，从而获得天的庇佑，或招致天的惩罚。他把天规定为有意志的人格神，认为天按照自己的形象创造了人，并为人规定了社会生活的基本秩序。"道之大原出于天，天不变，道亦不变。"① "三纲五常"等道德原则和规范都是天意的直接体现。当然，董仲舒并没有简单地重复先秦的神学理论，而是利用后来的哲学思辨成果对天作了改造。天既是具有意志的最高神灵，同时又以阴阳五行的运动变化作为其现实的表现形式。他就是运用阴阳的矛盾运动和五行的相生相胜来比附人类的社会生活，论证社会道德的必然性和合理性的。比如，他说道："阴者，阳之合；妻者，夫之合；子者，父之合；臣者，君之合。物莫无合，而合各有阴阳。"② 他以阴阳的不同性质解释人类社会的基本道德关系，以天为人的价值的本原，把人类社会道德归原于天。

宋明时期理学的天人合一思想是中国传统学说天人合一理论的第三种形态，它超越了先秦和汉唐意志或形态的合一，而在本性、本质，甚至在本体上论证了天与人在道德上的合一。这一观念首见于北宋张载，他一再强调"天人之本无二"，"天人不须强分"，"天人异用，不足以言诚；天人异知，不足以尽明。所谓诚明者，性与天道不见乎小大之别也"③。"儒者则因明致诚，因诚致明，故天人合一，致学而可以成圣，得天而未始遗人。"④ 依据这种理解，他进而提出了"民胞物与"的思想。在他看来，人以天性作为自己的本性，天性是

① 曹迎春，代春敏编著. 董仲舒思想通解［M］. 秦皇岛：燕山大学出版社，2021：16.
② 张世亮，钟肇鹏，周桂钿译注. 春秋繁露［M］. 北京：中华书局，2012：464.
③ 李峰注说. 正蒙［M］. 郑州：河南大学出版社，2016：21.
④ 李峰注说. 正蒙［M］. 郑州：河南大学出版社，2016：269.

人的存在和价值的本体根据。人的价值在于：一方面，人性完整而深刻地体现了天性；另一方面，人能够觉悟自己的本性、扩充自己的本性，从而发挥、完善天的本性，此即"穷理尽性以至于命"[①]。

由于理学各派对天的理解的差异，天人合一的理论也有种种区别。程朱认为天人合一于理。程颢把天的本质规定为理："天者理也。"[②] 天规定了人的本性，作为人的本性的道德就是天赋予人的理。人的价值就在于禀获了天理，他高于动物之处并非其本性与动物有何不同，而在于人有独具之心，能够觉悟、扩充和完善天赋之理。天是人的价值的本体根据。

程颢讲"只心便是天"，把天的实质规定为心。他强调"心外无物""心外无理"，宇宙间的一切存在，无论是形而上的道理还是形而下的器物，都是心的表现。天与人合一于心。王守仁认为，心即宇宙万物的本体，所谓本体并非任何外在的存有，而是人的主体精神。"夫人者，天地之心。天地万物，本吾一体者也。"[③] 心即本体，凸显了人的价值，把人的价值提升到一个前所未有的高度。

可见，儒家天人合一的思想，是从天与人混沌未分中发现了人，认识到人可以发挥自己的主体能动性从而决定自己的命运，并认为这种命运并非人的主观随意性的表现，而是对客观必然性的把握与自觉遵从。这是对人在宇宙中地位和作用的确定以及对人的价值的认识，因而，它最终从天人同一经天人同构与天人同质落脚到天人同德。宋明理学的天人合德的思想是中国传统儒学天人合一学说的成熟形态。如果说，天与人合一于理是用一种客观必然性来论证人的价

① （魏）王弼撰；楼宇烈校释. 周易注校释 ［M］. 北京：中华书局，2012：258.

② （宋）程颢，（宋）程颐撰；王云五主编. 河南程氏遗书 ［M］. 北京：商务印书馆，1965：145.

③ （明）王阳明著；黎业明译注. 传习录译注 ［M］. 上海：上海古籍出版社，2021：258.

值的本体根据以及社会道德的合理性，那么，天与人合一于心则是把人的价值直接赋予本体的意义，把社会道德直接提升到本体的高度。尽管二者在理论观点上有所分歧，但其实质都是对人的价值进行本体论论证，为人的价值设定本体论根据，寻找人类社会道德的价值本原。

天人合德作为儒家伦理道德的哲学理论基础，首先就是为人类社会道德设立一个绝对的根据，以证明伦理道德的永恒性和绝对性。天作为本体和本原，在中国哲学中具有主宰的含义，它以不同的形式规定着宇宙万物的运动变化，从而也规定着人类社会的一切；它是宇宙万物存在的根据，也是人类社会道德的客观性与合理性的根据。由此，传统道德哲学便从天人合一思想引申出一个结论：天是人类社会道德的本原。

首先，它阐明了人的道德价值本原是天。宋代以前，传统儒家对人的道德价值的评价主要有如下几种观点：一是人天生具有至善的道德价值。孟子是这一观点的提出者。二是人的本性具有恶的价值，其善是后天获得的。荀子是这一观点的主要倡导者。三是人没有统一的道德价值，有善有恶，可善可恶，或者无善无恶。不同的人具有不同的道德价值。孟子和荀子的观点，对中国传统伦理思想影响十分深远。但它们都存在理论上的缺陷：孟子讲性善，肯定了人先天具有至善的道德价值，恶是后天外部环境的影响，但无法说明为什么同样的环境中人们的道德有善有恶；荀子倡性恶，认为善是后天教化的结果，他指出了恶的根源，却未能解释具有恶性之人为何可以向善。宋明理学对这两种观点进行了综合改造，提出了一种人性二元论。理学家认为，人性包括两方面的内容，是自然属性和道德属性的统一。天地间人与万物皆一气氤氲所化，气以成形，理以赋性，故人既有气质之性，又有义理之性或天地之性。气质之性是恶的根源，而义理之性则至善无恶。"形而后有气质之性，善反之则天地之性存焉。故气质之性，君子有弗性者焉。"① 这就是说，只有义理之性才是人的本性，气质之性是人性的组成部分，但它绝非人性的本然。由此，宋明理学既坚持了性善论的传统立场，同时又说明了人性恶的可能性之根源。根据这种理论，人性之所以具有至善的道德价值，不是因为它有着仁义礼智等道德内涵，而是因为它体现了至善的天理。《易传》讲的"继善成性"得到理学家充分发挥，他们指出，"一阴一阳之谓道。继之者善也，成之者性也"②，就是讲人的道德价值，人性之善本于天道之善。

其次，天为人类社会道德的本原。宋明理学以理释天，认为天即理，是宇宙万物的本体和主宰。朱熹说："二气五行，天之所以赋受万物而生之者也。自其末以缘本，则五行之异，本二气之实。二气之实，又本一理之极。是合万物而言之，为一太极而已也；自其本而之末，则一理之实，而万物分之以为体。故万物之中各有一太极。"③ 朱熹在这里讲的"太极"也即总天地万物之"理"，他认为一物有一物之理，总天地万物又只是一理。通俗地说，理规定着天地万物的本质，万物之理是本体之理的具体表现形式。作为本体，客观必然之理规定了宇宙万物运动变化的基本秩序。在自然界，它表现为事物生长、变化、运行的一般规律；在人类社会，则表现为社会生活的基本秩序和基本原则。因此，"理便是仁义礼智"④。"未有这事，先有这理。如未有君臣，已先有君臣之理；未有父子，已先有父子之理。"⑤

---

① 李峰注说. 正蒙 [M]. 郑州：河南大学出版社，2016：133.

② （魏）王弼撰；楼宇烈校释. 周易注校释 [M]. 北京：中华书局，2012：236.

③ 谭松林，尹红整理. 周敦颐集 [M]. 长沙：岳麓书社，2002：42.

④ （宋）黎靖德编；杨绳其，周娴君校点. 朱子语类 [M]. 长沙：岳麓书社，1997：1946.

⑤ （宋）黎靖德编；杨绳其，周娴君校点. 朱子语类 [M]. 长沙：岳麓书社，1997：2189.

人类社会道德原则先于现实的道德关系而存在，确切地说，人类社会的道德关系和道德原则是按照本体之天的精神实质建立起来的。

再次，天为个人道德之本。根据天人合一的理论，宋明理学强调，不仅人的道德本性，而且人的现实的德性，都以天为本。所谓"德，外得于人，内得于己也"，其实质就是得道，即"行道而有得于心谓之德"①。"德者得也，有得于天者，性之德也；有得于人者，学之德也。"② 学之德是"知道而力行之"，即在道德实践中把外在的规范转化为内在的品德；性之德则是对"所性之中"的"知、仁、勇之本体"，即自我本性中的道德本质的体悟和肯定，具体说来，就是对仁义礼智等善端的发现与扩充。这一过程，也就是"从德凝道""继善成性"的实现。在他们看来，道德并非个人的所有物，更不是主观随意性的表现，它反映人类社会生活的客观必然性，这种客观必然性就是本体之天的实质在人类社会生活中的表现。因此，个人的德性并非单个人的所有物，而是对本体之天的伦理精神的觉悟与认同。

中国古代儒家的天人合德从天人合一即主体与本体的合一的角度对传统道德作了本体论的论证，为人的价值和道德设立了一个本体的根据，把天确立为价值和道德的本原。它不仅对传统道德的客观性、必然性与合理性进行了充分的论证，而且把传统道德思想的思辨层次提升到了一个新的高度。这一学说具有深刻的伦理内涵。第一，它对价值根据和道德本原问题给出了明确的回答。人的价值有没有客观的根据、道德是否需要本原，这是极富理论意义的伦理学问题。人为什么有价值、有什么价值，需要有一个评判的标准，没有一个标准，价值规定必然带有极大的随意性，就会失去客观性和可比较性。同样，道德为什么能够成立并成为人的内在需要，也必须有其理论的

---

① （春秋）老子著；黎福安译注. 道德经 [M]. 广州：广东人民出版社，2023：106.
② 邓辉编选评注. 船山经典语录 [M]. 长沙：岳麓书社，2019：105.

根据，否则，道德就会变成一种纯粹的工具。传统道德思想强调天为德之本，在理论上有许多缺失，但启迪了我们对这一问题的进一步思考与回答。第二，天为德之本，强调了道德是对必然性的觉悟与发挥。众所周知，道德是生活中的"应然"，它高于生活的"自然"和"实然"，是对"自然"和"实然"的完善。那么，"应然"高于"自然"与"实然"的根据何在？显然，这一根据不能是任何学者对某一道德体系的肯定或推崇，而只能是内在地存在于"自然"与"实然"本身之中。"应然"之所以与"自然"和"实然"不存在根本的冲突，就是因为它们具有根本的一致性。确切地说，"应然"揭示了"自然"与"实然"所蕴含的"本然"，易言之，"应然"是对"自然"和"实然"内在之"必然"的觉悟与发挥，因而，"应然"本质上是对"自然"与"实然"的完善。清初的戴震就已经明确指出："自然之与必然，非二事也。就其自然，明之尽而无幾微之失焉，是其必然也。如是而后无憾，如是而后安，是乃自然之极则。若任其自然而流于失，转丧其自然，而非自然也；故归于必然，适完其自然。"① 传统儒家道德学说的这一思想，应当说是相当深刻的，也是其精华之所在。

二、法天立道

天人合德是儒家伦理道德的哲学理论基础，也就是说，儒家伦理道德的全部学说都建立在天人合德的基础之上，无论道德原则、道德规范还是道德实践或道德修养，都以天人合德为根据，都必须从天人合德来理解。用传统儒家的话来说，就是法天立道。

---

① （清）戴震著；何文光整理. 孟子字义疏证 [M]. 北京：中华书局，1982：18-19.

　　首先，儒家伦理道德的整个理论体系都是根据天人合德的理论确立的。在他们看来，人类社会伦理道德的本原是天，是天的本质属性在人类社会生活中的表现。《周易》说"生生之谓易"①，天作为宇宙的本原，在其永不止息的运动变化中繁衍万物，使整个世界呈现出和谐的秩序，以保证万物的生生不息，故上天有好生之德。人类社会作为整个宇宙的一个部分，其基本的秩序也由天所规定。然而，人类又和其他存在不同，并非盲目、消极地接受上天的安排，不是与天混沌未分的自然同一，而是能够发挥自己的主体能动性认识和把握天的本质，自觉地顺应天，积极主动地按照天的根本秩序建立人类社会自身的秩序，即根据天道来建立人道。孔子讲"唯天为大，唯尧则之"②。孟子把人所具有的仁义礼智等道德称为"天爵"，而将现实生活等级秩序中的地位称为"人爵"，人的道德源自天。他认为"诚者，天之道也；思诚者，人之道也"，人道（即人类社会伦理道德）就是效法天道而确立的。董仲舒以天人感应论证天道为人道的根据，把作为人道的伦理道德直接归之于天帝的意志。宋儒则将天解释为"理"，强调天理既是存在的本体，是宇宙万物存在发展变化的根据，同时又是人类社会伦理道德的基本原则，仁义礼智之理即"我"心中固有之理，也是天地万物共有之理。伦理道德就是天理，是天理在人类社会生活中的具体表现形式。

　　在儒家的伦理道德体系中，人道本于天道，人性本于天性，人之德本于天之德。儒家伦理道德理论的整体框架，根据天人合德的观念确立，天人合德的观念贯穿于儒家伦理道德的各个理论部分。实际上，人类社会伦理道德是现实社会生活的反映，而不是某种绝对观念的表现。儒家以天人合德来构筑其伦理道德体系，其思辨逻辑是从现

---

① （魏）王弼撰；楼宇烈校释. 周易注校释 [M]. 北京：中华书局，2012：237.
② 杨伯峻译注. 论语译注 [M]. 北京：中华书局，1958：90.

实社会生活中抽象出伦理道德的基本原则，把这些原则上升到天（即本原和本体）的高度，然后用它来论证人类社会伦理道德的合理性与绝对性，为伦理道德寻找一个客观的绝对根据。在此意义上，天本身实际上乃是现实社会伦理道德原则的理论抽象，它与人的合德已经被预设在其理论前提之下了。

其次，天人合德的观念确立了人在宇宙间的主体地位，凸显了人道独特的道德价值。天人合德从一个方面说，是指人道本于天道，人类社会伦理道德以天为本原；从另一个方面说，只有人才能够与天地合其德、与日月合其明、与四时合其序、与鬼神合其吉凶，换句话说，宇宙间只有人才具有道德的自觉性和主体的能动性。所谓合，不仅仅是指天对人的规定，更重要的是，它还确定了人对天的积极顺应。在儒家学说中，"合"绝非消极地遵从，而是在认识和把握了天的本质之后，运用必然性为人类自身服务的一种积极努力。所以，儒家强调人为万物之灵，天地之间人为贵，宣称自然者天地、主持者人。这就是说，儒家在承认天道必然规律不可违背的前提之下，也承认了人类可以发挥自己的主体能动性认识天道之必然，并自觉地运用它为人类自身服务，成为自己的主宰。

在儒家看来，天与人有着密切的相关性，人以天的本质作为自己的本质，根据天道而确立人道。天与人或因同类而相互感应，或因同构而相互贯通，或因同质而相互和谐。由于人在宇宙间具有独特的主体能动性，因而能够认识、把握天道，并主动积极地遵从天道，根据天道来确立人类社会自身的根本原则和行为规范。在这种意义上，儒家天人合德的学说凸显了人的主体能动性（在儒家的观念中，它主要是人的伦理道德属性），把人规定为道德的存在，激励人们充分发挥自己的主体能动性，把握天道，实现人与天的和谐统一。《易传》说："是以立天之道曰阴与阳，立地之道曰柔与刚，立人之道曰仁与义。"① 此即所谓天、地、人三才之道，它揭示了天、地、人的基本关系。人与天、地处于对立统一之中，人既法天立道，又贯通天地而为天地立极。也就是说，人类的道德本原是天，人的价值就在于他能够觉悟天、地、人的本质，贯通天、地、人而确立社会的基本道德关系和道德原则，从而在天、地、人的对立统一中形成最合理、最稳定、最和谐的秩序；在于他是宇宙间唯一的道德主体，能够与天地相参。

所谓人与天地相参，意思乃人是与天地并列的存在，并且能够深刻地把握天地的本质，充分发挥天地的化育功能，"天有其时，地有其财，人有其治，夫是之谓能参"②。或者说，天生之、地养之、人成之。天只是一种客观的存在，只有人才能够把握并发挥它的积极价值。就伦理道德而言，天只是一种客观的宇宙伦理道德精神，它只有被人觉悟和认识之后才具有现实的意义。并且，宇宙间只有人才能觉悟、理解、扩充并完善这一精神，才能使这一精神现实化为事物的内在本质和宇宙的根本秩序。因此，人是天地之心，并且可以为天地立心，担负着为天地立心的伦理使命。宇宙本体的伦理精神只有借助人的主体能动性才能获得实现与展开。儒家伦理道德强调刚健不息，积极进取，正是在天人合德基础之上的对人的价值的深刻把握。

再次，天人合德的观念确立了儒家伦理道德的终极追求，反映了它的博大胸怀。儒家认为，人与宇宙万物具有共同的本质，这种共同的本质就是天的本质。在这种意义上，天人合德就是人的存在与自己的内在本质进而与宇宙万物的共同本质的合一。万物之间也有着共同的本质，但人以外的存在与人的合一属于一种自然的混一，人高于万物之处在于他超出了自然的混一，能够觉悟到自身与宇宙本体的

① （魏）王弼撰；楼宇烈校释. 周易注校释 [M]. 北京：中华书局，2012：259.
② 方勇，李波译注. 荀子 [M]. 北京：中华书局，2011：266.

同一，能够觉悟到自己的本质与宇宙本体的本质以及万物的本质的一致性，并充分发挥和完善这一本质，从而实现对生命本真的复归。

《易传》说："一阴一阳之谓道。继之者善也，成之者性也。仁者见之谓之仁，知者见之谓之知，百姓日用而不知，故君子之道鲜矣。"① 这里讲的道，实指天的本性。人继承天道之善，凝结成为自己的本性。一方面，每一个人都由阴阳气化所生，本体之性在人化生之时就已经植入了人的本性之中；另一方面，尽管人人都有天赋的德性，但不同的人对这种天赋德性的觉悟程度又各有差异。人的存在与本性具有高度的一致性，而现实德性的差异，是由各人主观继天之善、成己之性的努力程度不同所致。因此，就前者而言，每一个人都与本体之性有着内在的同一性，"和顺于道德而理于义"；就后者而言，则需要充分发挥自己的能动性，积极地认识本体之性，并把它凝结为自己的本性，"穷理尽性以至于命"，实现对生命本真的复归。故孟子也说："口之于味也，目之于色也，耳之于声也，鼻之于臭也，四肢之于安佚也，性也，有命焉，君子不谓性也。仁之于父子也，义之于君臣也，礼之于宾主也，知之于贤者也，圣人之于天道也，命也，有性焉，君子不谓命也。"② 这就是说，人的物质欲求及其满足，是人所固有的自然属性及生存和发展起码的物质条件。它虽然属于天赋的自然规定，但这些欲求的满足方式和满足程度并不完全取决于主体自身，还决定于人在社会生活中的地位和社会进步发展的程度，任何人都无法超越这一点。因此，人在物质生活方面应该安于天命，不应过分追求安逸与享乐。而道德调节的是先于人而存在的外在关系，为子须孝，为臣须忠，为弟须敬，为子、为臣、为弟乃天命所定，非人力所能改变。如何为子、为臣、为弟，却不为天命所

---

① （魏）王弼撰；楼宇烈校释.周易注校释［M］.北京：中华书局，2012：236.
② 杨伯峻，杨逢彬译注.孟子译注［M］.长沙：岳麓书社，2021：281.

定，而取决于自己的主观努力。这就是说，人类社会的一切追求不应当仅止于物质利益和需要的满足，还应当追求道德的完善。人的德性虽然先天地被天所规定，但现实的人的德性是人主动进行道德修养的结果，这种使自身完善的道德修养，是人类道德追求的终极目的，它的实质，就是向天命本原的复归。

所以，在儒家看来，人的存在与本体、本性的同一不仅仅是一个存在的事实，更是人的主体性自觉活动。唯穷理方能尽性，觉悟、理解天的本性。宇宙间唯有人才能够穷理，从而尽己之性、尽人之性、尽物之性、尽天之性。换句话说，人类只有把向天道的复归看作伦理道德的终极追求，才能够在尽己之性的同时尽人之性、尽物之性、尽天之性，实现人与万物乃至整个宇宙的共同完善；人只有突破小我的局限，复归于天道本体，才能实现生命的终极价值与永恒。

在中国传统伦理道德中，道家和佛教也宣扬主体存在与本体之性的合一。如道家讲"全真保性""返璞归真"，人的价值实现最终也复归于本体大道。佛教讲"明心见性""涅槃成佛"，生命的永恒价值也在于真如本体。然而，它们讲的本体都是一种外在的、绝对超越的存在，与现实生活乃至与人的现实存在有着根本的隔绝与对立，人的德性完善与价值实现属于一种外在的超越。而儒家讲的本体则是对现实社会生活的抽象，是对社会道德根本原则的理性、思辨性的概括。人与本体的同一是与生活实质的本质同一，人的价值实现与德性完善实质上也是社会本身的完善，或者说，是人的自我完善。儒家走的是内在超越之路。

此外，中国传统儒家天人合德的思想深入探讨了天人之间的伦理关系，认为天与人之间相互联系、相互作用、相互促进、相互依存。它强调天人之间的有机联系、和谐统一，反对把天与人相互割裂、对立起来。因此，儒家伦理道德不仅把对象世界看作人类生存和发展的客观物质条件，更把它规定为人的存在的一个部分，是人的本质的现实表现。它认为，人类在宇宙间的使命并非为了私利私欲肆意地征服、掠夺自然界，而是要深刻理解宇宙万物的本质，尽自己最大的努力完善人们所生存于其中的自然界，实现人与自然界的和谐，共生共存，共同发展。它要求人们在处理人与人之间的关系、处理人与自然界之间的关系时，不仅要超越一己之私，而且要超越人类的小我之私，把人的生命价值及其完善同整个宇宙的发展与完善融合在一起，在宇宙的完善与永恒之中实现人的生命的完善与永恒，表现了一种高尚的伦理精神和博大的道德胸怀。因此，儒家伦理道德天人合德的学说，强调天与人之间的相互统一、相互规定，以这种观念为基础建立起来的伦理道德体系，既有把伦理道德看作人类社会之外独立的、绝对的先验原则的唯心主义理论错误，又包含着许多合理积极的因素。

中国儒家伦理道德天人合德的学说是封建社会中基于小农自然经济的社会生活的产物。小农自然经济的典型特征，决定了它对外在必然性的尊崇。首先，在这种经济形态中，主要的生产资料——土地、种子、肥料等几乎完全属于自然的形态，是自然界的直接产物。这种劳动对象的自然性质，使得人们对自然界感恩戴德，把自己的生活、生产乃至整个生存都归功于天的赐予，换句话说，人类的生存对自然界具有天然的依赖。其次，小农自然经济是一种粗放型的简单生产劳动，最主要的生产力是劳动力，最主要的生产技能是劳动经验，人对自然界的控制能力还十分有限，从而对非人力所能主宰的力量会产生一种敬畏之情。再次，小农自然经济最基本的生产条件是自然界的客观环境，其中对生产影响极大甚至具有决定意义的为天气和气候的变化，这些都属于自然现象，是不以人的主观意志为转移的客观必然性的表现。因此，人们的生产、生活乃至整个生命在最终意义上决定于外在的必然，这种外在的必然是整个宇宙包括自然界和人类社会的主宰，它决定着宇宙万物的运动变化，决定着人类社会的根本秩序，也决定着人的生活与命运。在这种状况下，天被提升、抽象为绝对超越的至上本体，人只有服从天、尊崇天、复归于天，才能够实现自己的价值、完善自己的本质。人与天处于血肉相连、不可分离的有机统一之中。这一点，成为古人认识自然界、人类社会、人类社会的伦理道德乃至人的生命和价值的出发点。天人合德的观念之所以有着种种理论的缺失和历史的局限，都根源于此。

根据这样的思维，天就成为物之本、人之本，并进而成为德之本。天人合一是天与人在本质上具有同一性，人性源自天性；天人合德，是人合天之德，人之德本自天之德，以天之德而立为人之德，故人道之仁义就是效法天之阴阳、地之刚柔而立的。

三、理一分殊

理一分殊是宋代理学对传统天人合德作出的新的理论论证。理一分殊作为儒家伦理体系特有的思维方式，是道德主体理性把握客体世界的重要方式，它是由诸多方面、不同质料构成的一种复杂的、系统的思维活动，是在不断实践活动中形成的思维结构，是一种相对定型、稳定的思维样式。在儒家伦理体系中，理一分殊不仅诠释了道德主体如何认识和把握客体世界，更是构建了道德主体通向客体、通达天理（道德本体）的双向中介和桥梁。理一分殊作为儒家伦理体系中的重要范畴，具有典型性、普适性、广大性，在无形中指导人们的实践活动，同时，理一分殊也正是通过切实的人伦践履而得以贯之的。

理一分殊的观念最早源自程朱对张载《西铭》"民胞物与"思想的解释，理一是一体之仁，万殊是各有其分。天地以生生为大德，是天道之仁；人以亲亲为本德，是人道之仁：人道之仁本自天道之仁。天地以生生为本一，本一之仁是无差别的精神存在，由生生而有万物，万物即有了万殊。于是，道德就在形而上和形而下中实现了统一。

在儒家伦理体系乃至中国哲学理论思维体系结构中，理一是隐而不见的无，分殊的万象则是可见的有。理学的这一观点对道家的思想有批判性的借鉴。先秦儒学主要提出了道德上的"应该"，建构了儒家道德体系，而并未对"应然"之"所以然"作出论证。《易传》虽然提出"形而上者谓之道，形而下者谓之器"，但总体上说先秦儒家并没有对伦理道德进行系统的理论论证。后来汉唐学者进行了一些尝试，以天为伦理道德之本，提出"道之大原出于天"，但从先秦以来，这个"天"或者是人格神的上帝、超自然的主宰，或者是"有形之大者"，终究还带有具象的色彩。从形而上关注人与万物存在的是先秦道家。老子说："天下万物生于有，有生于无。"①《老子道德经河上公章句》曰："天下万物皆从天地生，天地有形位，故言生于有也。天地神明，蜎飞蠕动，皆从道生，道无形，故言生于无也。"② 他将无释为道，道无形无名，所以说有生于无。无乃天地之本始，有为万物之根源，因此要从常无去体悟道的奥妙，从常有去体会道的端倪。宋代学者也追问存在背后的本体，但不同意老子将这个本体归于"无"。虽然老子讲的道之无是无形、无名、无规定、无内容，但到底落了一个"虚"字。张载认为存在是真实的，本体也是真实的，作为本体的"太虚"（天的一种说法）不是一无所有的虚空，而是本体之气，"知太虚即气，则无无"③，认为"太虚无形，气之本

---

① （春秋）老子著；焦亮评译. 道德经［M］. 北京：北京联合出版公司，2013：89.
② 王卡点校. 老子道德经河上公章句［M］. 北京：中华书局，1993：162.
③ 李峰注说. 正蒙［M］. 郑州：河南大学出版社，2016：84.

体。其聚其散，变化之客形尔"①。在他看来，本体与现象俱是一气，太虚是本然之气，而万事万物则是太虚之气的聚散变化所形成的暂时的现象。太虚之气规定了宇宙存在的物质性，规定了人和自然世界的同一性。所以，"合虚与气，有性之名"②，人从太虚本体获得本质规定性，故有"天地之性"；由聚散之气获得其现实规定性，故有"气质之性"。他认为，"知虚空即气，则有无、隐显、神化、性命通一无二"③。天地万物存在的终极根源是气，气有阴阳，屈伸相感无穷。无穷无数，湛然为一气，其散万殊，不知其为一气的阴阳的分殊，其合便不知其分殊之万，开出气一分殊的新生面。因此，张载在天人合一的基础之上由太虚之一推衍出世界之万，提出"民胞物与"的思想。

"理一分殊"作为一个哲学范畴提出，始见于程颐回复其弟子杨时在学习张载《西铭》时向其请教《西铭》主旨的信件中："《西铭》明理一而分殊，墨氏则二本而无分。(老幼及人，理一也。爱无差等，本二也)"④ 亦即人伦道德作为儒家道德伦理的最基本原则，是其"理一"；"分殊"乃是指具体个人因其身份地位等各方面的不同，而致使其在具体行为上有差异。朱熹在继承程颐、杨时之"理一分殊"思想的同时，也对周敦颐关于太极的宇宙论思想和佛教华严宗的理论进行了吸收和借鉴，进而对"理一分殊"这一儒家伦理体系范畴进行了完善。

理虽一，但其分万殊，是为"理一分殊"，即天下各个不同的分理之中均贯穿着一个普遍的本原之理。"五味万殊，而大同于美；曲

---

① 李峰注说. 正蒙 [M]. 郑州：河南大学出版社，2016：79.
② 李峰注说. 正蒙 [M]. 郑州：河南大学出版社，2016：85.
③ 李峰注说. 正蒙 [M]. 郑州：河南大学出版社，2016：76.
④ 郭齐导读. 二程集 [M]. 南京：凤凰出版社，2020：184.

变虽众，亦大同于和。"① 五味有千差万别，但其同一之处是吃起来都很味美；曲的变化众多，其相同之处是都很和谐。朱熹曾论道："天地之间，理一而已。然乾道成男，坤道成女，二气交感，化生万物，则其大小之分，亲疏之等，至于十百千万而不能齐也。"② 又曰："程子以为'明理一而分殊'，可谓一言以蔽之矣。盖以乾为父，以坤为母，有生之类，无物不然，所谓理一也。而人物之生，血脉之属，各亲其亲，各子其子，则其分亦安得而不殊哉！"③ 此处所论述之"分"并非分开之意，而是等分或是本分之意，"一"和"殊"亦指共同性和差别性。从"理一"看，万事万物包括人在内，都必须遵循共同的"理"，即封建社会的道德原则。从"分殊"上看，各个人在宇宙中都占有一定的地位，对他人、对他物都有一定的义务，但由于每个人所处的地位不同，对其他人所承担的直接义务也不同。理一是根本原则，分殊是具体规范，理一分殊就是说道德原则中一般与特殊的关系。

"一统而万殊，则虽天下一家，中国一人，而不流于兼爱之弊；万殊而一贯，则虽亲疏异情，贵贱异等，而不牿于为我之私。此《西铭》之大指也。观其推亲亲之厚以大无我之公，用事亲之诚以明事天之道，盖无适而非所谓分殊而推理一也，夫岂专以民吾同胞，长长幼幼为理一，而必默识于言意之表，然后知其分之殊哉！且所谓'称物平施'者，正谓称物之宜以平吾之施云尔，若无称物之义，则亦何以知夫所施之平哉！"④ 此处，朱熹将"称物之义"和"知夫所施之平"释为有逻辑先后顺序的实践，这也就与前文所述的在人伦

---

① 蔡仲德著.《乐记》《声无哀乐论》注译与研究［M］. 杭州：中国美术学院出版社，1997：312.

② （宋）张载著；章锡琛点校. 张载集［M］. 北京：中华书局，1978：410.

③ （宋）张载著；章锡琛点校. 张载集［M］. 北京：中华书局，1978：410.

④ （宋）张载著；章锡琛点校. 张载集［M］. 北京：中华书局，1978：410-411.

中体察天道之思想具有内在一致性。同时，朱熹更是以《中庸》中"诚"和"明"的观念来表达天人及内外思想，主张通过切实的人伦践履来展示事天之道。

朱熹在吸收佛教理论时，用"月印万川"来比喻宇宙与万物各具一太极，从而论证事物中各具的"理"和总天地之有的"理"之间的关系，即"一理"与"万理"之关系。"本只是一太极，而万物各有禀受，又自各全具一太极尔。如月在天，只一而已；及散在江湖，则随处而见，不可谓月已分也。"① 他还以水来比喻"理一分殊"之"分"不是分割，而是分享、分有，或者说"理一分殊"不是整体和部分的关系。譬如：一个容器里的水，分装在不同容器中会呈现出不同的样子，然而倒在一起还是一个样，正像黄河、长江等不同河流的水，流入大海后归于同一。天地只是一仁，其实质是爱，这是"理一"；但君之爱、臣之爱、父之爱、子之爱有不同的规定，这是"分殊"。"此孔门之学所以必以求仁为先。盖此是万理之原，万事之本，且要先识认得，先存养得，方有下手立脚处耳。"② 由此可见，"仁"作为"理"的最高追求，是一种存在的本原。换言之，万事万物都应以"仁"为原则而存在，万事万物都应该体现"仁"、表达"仁"、求"仁"（即求一种为人为物的原则）。概言之，"理"以"仁"为源，其"殊"则要按照自己的职分以"仁"为追求，处处去体现"仁"、表达"仁"。至此，儒家人伦道德、社会道德得以建立。"理一分殊"作为儒家伦理道德体系的重要范畴，也因此得到完善，并成为儒家伦理道德乃至儒学和诸子之学彰显中国特性的重要标志。

正因为理一是活生生的，所以能不断分殊，分殊的万物可映出理

---

① （宋）黎靖德编；杨绳其，周娴君校点. 朱子语类［M］. 长沙：岳麓书社，1997：2165.

② （宋）黎靖德编；杨绳其，周娴君校点. 朱子语类［M］. 长沙：岳麓书社，1997：104.

一的本相、本质。无分殊的万物，理一就无法彰显，便失去其价值和存在意义。理一是净洁空阔的世界，是无限的虚体，是万物和现象。理一分殊的中国哲学理论思维元理，是理"一"与分殊"多"的相对相融、相分相合，是无与有的相待相辅、相别相依，是无限与有限的关系。在朱熹的理论体系中，绝对的天理既具体化为三才之道，也落实为具体事物（包括人）之理。由此可见，其理一分殊理论，一方面，天地万物与人所禀赋之天理具有同一性；另一方面，由于受到气禀的影响，所有具体的理，无论是三才之道还是具体事物之理，都有一定的独特性。朱熹强调了天道与人道的差异性：人道与天道最根本的差异便在于"天地无心而人有欲"。由于欲望的作用，人内在的义理之心即天理的具体化便会丧失；当一个社会为利欲所左右，王道便不可能施行。所以面对"天理人欲并行，其或断或续"的实然世界，朱熹认为必须要回到"有天理而无人欲"的本然状态，这也就要求圣人教人，必须以"尽去人欲而复全天理"① 为宗旨。朱熹所谓的王道是指人道层面天理流行的本然状态。

综上所论，天人合德作为中国传统伦理道德体系的哲学理论基础，在儒家伦理道德理论的整体框架中占据着不可或缺的位置。人通过自身在宇宙间所具有的独特的主观能动性，以天人合德、法天立道、理一分殊此三种道德伦理体系的重要范畴之间的联合运用，通过人与天的相互感应，从而促使人心转化为道心，并以此达到"心与理一"的目标，在这一目标达到之后，自然而然就达到了天人合德的天道——人道一贯的境界。

---

① 陈荣捷著. 朱熹［M］. 上海：东方出版中心，2020：203.

第二节　推己及人的道德思维方法

天人合德的儒家伦理道德理论，规定了人类社会道德的本体根据和价值本原。它认为，人与天地万物具有共同的本质，尽心可以知性知天。按此思维方式，要认识天地万物的本质，不必向外寻求，而只需反身内省。道德并非某种外在于人的规范，而是人的固有本性和内在需要，因此，道德思维并非遵循某种既定的外在原则，而是尽心、扩充本心，即把自己本性中固有的道德推广于外，在与对象的关系中获得其现实性。这就是儒家推己及人的道德思维方法。通俗地说，就是在处理人际关系时换位思考，将心比心。

一、推己及人

孔子在建立自己的学说体系时就已经提出了这一思维方法。其弟子曾参把它概括为"忠恕"，它的基本精神就是孔子说的"己欲立而立人，己欲达而达人""己所不欲，勿施于人"。此即后儒所说的"忠恕之道"，用今天的话说，即在处理人际关系时设身处地地为他人着想，像对待自己一样对待他人。后来朱熹把它解释为"尽己之谓忠，推己之谓恕"①。一方面，尽己是推己的前提。正己然后能正人，自性善，然后能与人为善。因为在实际生活中，自己所肯定的、想要的东西并不一定应该或能够推及他人，该不该推、能不能推须有一个适宜的标准，它不仅要符合自己的需要，更要符合社会的道德原

---

① （南宋）朱熹集注；郭万金编校. 论语集注［M］. 北京：商务印书馆，2015：116.

则。因此，推己必然要求尽己。而所谓尽己，就是端正自己的道德立场，完善自身的道德修养，培养健康的道德情感，使情之未发皆中正不贰，做到了这一点，才能使情之已发皆中于节，即使所推之情符合道德。另一方面，推己是尽己的目的。儒家伦理道德与道家的不同，它不追求独善其身，而主张兼善天下。它以人的完善为道德修养的最终目的，但认为人的完善并不仅仅是对自己本真之性的觉悟，还在于人的价值特别是社会价值的实现。所以，检验一个人是否真正有道德，不是看他说得如何，也不是看他律己是否严格，而是看他能否将自己内在的道德扩充于外，即按照自己至善的本性去对待他人。只有把自己的德性付诸实践，使自己的一言一行都符合道德，能够给他人和社会带来利益，才实现了自己的道德价值，也才称得上道德完善。

正是根据这一思维方法，儒家要求人们像尊敬、孝顺自己的父母一样尊敬他人的父母，像慈爱自己的子弟一样爱护他人的子弟，把仁解释为"亲亲"，把义解释为"敬长"，认为仁义礼智等道德并非"由外铄我也，我固有之也"。它们就是每个人本性中都具有的侧隐、羞恶、恭敬、是非等仁义礼智的"善端"，只要把它们从本性中发挥出来，就实现了人性之善。按照这种思维方法去认识人类社会伦理道德，一切道德和善行都被看作人的本性的引申，道德修养是发现、觉悟和保存自己至善的本性，而道德实践的实质则是扩充自己的本性，把自己固有的德性施之于他人。因此，忠恕之道的实质即按照自己的本性从而按照人的本性处理人际关系，以实现社会生活秩序的和谐。所谓道德，就是以内得于己的本性之善而外施于人。

但是，任何人作为一个单独的个体都有着不同于他人的特殊的利益和需要，他的喜怒哀乐好恶欲之情都带有鲜明的个性特征。在此意义上，任何人都没有理由把自己的利益和需要强加于他人。更何况人以及人的行为都有善恶之分，对于恶人恶行，不仅不能加之于他人，而且应予以坚决地拒斥。所以，儒家强调推己及人者只能是自己的本性之善。然而，在现实生活中，人性也有善有恶，本性中所固有的东西并不一定具有善的价值，因而不一定都能推之于人。为了制定能推与否的标准和根据，儒家进一步把人们共同的本性规定为天理，认为推己及人就是以自己本性中所固有的天理作为自身行为的指导原则，把性中之理推及他人。二程（程颢、程颐）说："以己及物仁也，推己及物恕也。（违道不远是也）忠恕一以贯之。忠者天理，恕者人道。忠者无妄，恕者所以行乎忠也。忠者体，恕者用，大本达道也。"[①]忠为天理之本，恕为人道之实；前者为体（根据），后者为用（表现、作用）。体用一源，显微无间，故曰"一以贯之"。在此，推己及人被解释为本体之理的实现。在宋儒看来，人与人之间乃至人与万物之间具有共同的本质，这个本质就是人性中所固有的天理。他们认为，一物有一物之理，总天地万物又只是一理，吾性之理与天地万物之理实即一理，万殊而一本。尽吾性之理而天地万物之理皆尽，换句话说，尽己就是把握、觉悟自己本性中固有的天理，完善自己的本性；而推己及人则是把性中固有之理推之于他人，按照天理的要求处理人际关系，根据天理的原则对待自己和他人。

张载说："有性则有情。发于性则见于情，发于情则见于色，以类而应也。"[②] 这就是说，一个人的情，都发生于自己固有的本性。人性善，情即善，其情之所发、所推亦善；人性恶，情即恶，其情所发、所推也恶。人有天地之性（后来有人称之为天命之性、义理之性）和气质之性：前者由理所赋，纯善无恶；后者源于气禀，气有精粗，善恶相杂，"故气质之性，君子有弗性者焉"。人人同具此理，故此理放之

① （宋）程颢，（宋）程颐撰；王云五主编. 河南程氏遗书 [M]. 北京：商务印书馆，1965：136.

② （宋）张载著；章锡琛点校. 张载集 [M]. 北京：中华书局，1978：374.

于四海、推之于天下而皆准。二程说："心具天德，心有不尽处，便是天德处未能尽，何缘知性知天？尽己心，则能尽人尽物，与天地参，赞化育。"① 心具天德，性即天理，天德天理为人人所同具，这就是己之所以可以推、能够推的根据之所在；尽己即能尽人尽物，己未尽则德亦未尽，欲尽己之德，须尽己之心，而尽己之心则须推己及人，这就是己之所以必须推、应该推的理由。

儒家推己及人的道德思维方法要求人们待人如己，以对待自己的行为作为对待他人的行为的范式。显然，这种理论需要一个逻辑的前提，即人以什么方式对待自己，这种方式是否具有合理性，它该不该、能不能成为自己对待他人的行为方式。易言之，推己及人需要一个内在的合理性根据和外在的价值评判标准。儒家为此确立的根据和标准，就是人人都具有的善性与理。他们指出，无论对待自己还是对待别人，都应当首先坚持正义，符合伦理道德的根本原则，从而使推己及人具有一种公平合理性。朱熹说："近取诸身，以己所欲譬之他人，知其所欲亦犹是也。然后推其所欲以及于人，则恕之事而仁之术也。于此勉焉，则有以胜其人欲之私，而全其天理之公矣。"② 取诸身者为性中之理，推及于人者也是理，能不能、可不可、该不该一准于理的标准，以及推己及人的必要性与合理性的根据得到了更加鲜明与深刻的论证，对待自己和他人的行为都有了确切的依循标准，限制了人们在处理人际关系时的主观随意性，特别是限制了把一己的私意私欲强加于人，具有一定的积极价值。《大学》把推己及人称为"絜矩之道"，认为做事要将心比心："所恶于上，毋以使下；所恶于下，毋以事上；所恶于前，毋以先后；所恶于后，毋以从前；所

① （宋）程颢，（宋）程颐撰；王云五主编. 河南程氏遗书 [M]. 北京：商务印书馆，1965：85.
② （南宋）朱熹集注；郭万金编校. 论语集注 [M]. 北京：商务印书馆，2015：143.

恶于右，毋以交于左；所恶于左，毋以交于右。"你自己不希望别人怎么对你，那就不能以自己不喜欢的方式去对待别人，这就是"己所不欲，勿施于人"。

"推己及人"是儒家伦理的重要道德箴言，它要求人们不要把自己所否定的东西强加于他人，施于他人的东西必须为自己所肯定。但是，这只是推己及人的前提，并非自己肯定的所有东西都能够施于他人，"若己所欲，则其不能推与夫不可推、不当推者多矣"①。不能以个人的需要和利益作为待人处事的标准，利益和需要本身还有一个能不能、可不可、当不当即合理性的标准。这个标准就是道德价值尺度。因此，要使己之所欲能推及于人，首先必须加强自身的道德修养，使己之所欲符合道德的原则。正己才能正人施人，修己才能安人。

二、良知准则

推己及人的思维方法要求人们在处理人际关系时取譬于己，即以自己的本性作为行为取舍的标准。元典儒学多以现实生活中的实际利益作为取譬的根据，故孔子以襁褓三年推衍出子为父母守三年之丧，并进而提出"三年无改于父之道"的要求。孟子由亲亲敬长引申出仁义道德，主张"亲亲而仁民，仁民而爱物"，提倡"众乐乐"，反对"独乐乐"，要求人们以爱己之心爱人，以律人之心律己，并且以"尽心"、扩充本心的形式对推己及人的思维方法作出了初步的理论阐释。可见，推己及人的道德思维方法有一个理论的预设：每个人都具有相同的、至善的道德本性，可以推、能够推而且必须推。

---

① （清）王夫之著；傅云龙，吴可主编. 船山遗书［M］. 北京：北京出版社，1999：2374.

宋明理学严辨理欲，以天理为至善，以人欲为恶之渊薮，强调"存天理灭人欲"，其所推者只能是理，而绝不能是欲。但在程朱那里，这个天理具有至上性、超越性和外在性，本体之理与推己及人的功夫之间存在某种隔阂，并未在逻辑上"一以贯之"。王守仁认为，推己及人的标准和根据不是由外部植入，而应当是由内部发生，是纯乎于己者。因此，针对程朱学说的缺陷，王守仁建立了"致良知"的学说，把人的良心（良知）作为推己及人的标准和根据。这是儒家伦理道德推己及人的思维方法的另一种含义和表现形式，其推己的要求是将心比心。

在王守仁看来，所谓天理，并非与人相对的外在存在，而是人的本心。程朱以天理为道德的本原提升了道德价值的至上性和绝对性，以必然论证了应然的合理性，但是天理是外植的，万物之生以理以气，气以成形而理以赋性，理的绝对性就在于它不以人的主观意志为转移，具有外在性。王守仁不同意这种观点，他认为天理不是外于人、异于人的客观实在，而是一种观念，观念就是人心的产物，就是人的心。人之外的宇宙万物其实质都是心的产物，是心对外部世界的规定。他说："心外无物，心外无事，心外无理，心外无义，心外无善。"① 总天地万物仅此一心。心即理，由于它为人所固有，具有道德上的至善性，故称为"良知"。他又说："若草木瓦石无人的良知，不可以为草木瓦石矣。岂惟草木瓦石为然？天地无人的良知，亦不可为天地矣。"② 天没有人的良知谁去仰它高？地没有人的良知谁去俯它深？天之高、地之深其实只是人对天地的规定。良知是造化的精灵，是天地万物之本，也是主体固有的道德精神。道德并非按照客观、外在的天理行事，而是以自己的良知为准则："尔那一点良知，

---

① （明）王阳明著. 王阳明全集［M］. 北京：中国画报出版社，2016：186.
② （明）王阳明著；张怀承注译. 传习录［M］. 长沙：岳麓书社，2004：4.

是尔自家底准则。尔意念着处，他是便知是，非便知非，更瞒他一些不得。尔只不要欺他，实实落落依着他做去，善便存，恶便去。"① 这就把绝对的天理植根于主体的意识之中。根据这种观点，每个人都具有绝对至善的道德良知，只要觉悟了自己的良知，就可以把它推行于外。此即"致良知"。王守仁指出："吾心之良知，即所谓天理也。致吾心之良知于事事物物，而事事物物皆得其理矣。"② 根据他的知行合一的理论，他讲的"致知"并非单纯的道德认识，还具有道德行为的意义，即推"致吾心之良知于事事物物"。

当然，此处讲的"事事物物"也并非一般客体对象，而主要指人伦关系和社会生活，如"于父子尽吾心之仁，于君臣尽吾心之义；言吾心之忠信，行吾心之笃敬"③ 等。在他看来，致知就是践行，知之真切笃实处即行，行之明觉精察处即知。知只有见之于行，才可以称得上真知。他说："知是心之本体，心自然会知。见父自然知孝，见兄自然知弟，见孺子入井自然知恻隐，此便是良知，不假外求。"④ 心外无理。道德为"我"的良知所固有，并非由外灌输，也不必向外寻求。"且如事父，不成去父上求个孝的理；事君，不成去君上求个忠的理；交友、治民，不成去友上、民上求个信与仁的理。都只在此心。"⑤ 道德不是外在的强制，也不是客体对象的要求，而是主体良知的发用。每个人都应当按照自己的良知行事，把自己至善的道德良知推行于客体对象，这既是良知的呈露，也是良知的实现。本体与功夫至此一以贯之。

"致良知"的学说把推己及人改造为良知的推衍，与孟子尽心的

① （明）王阳明著；张怀承注译. 传习录［M］. 长沙：岳麓书社，2004：253.

② （明）王阳明著；张怀承注译. 传习录［M］. 长沙：岳麓书社，2004：9.

③ （明）王守仁著；《文白对照王阳明全集》编委会主编. 文白对照王阳明全集：第2册［M］. 北京：团结出版社，2020：662.

④ （明）王阳明著；张怀承注译. 传习录［M］. 长沙：岳麓书社，2004：4.

⑤ （明）王阳明著；张怀承注译. 传习录［M］. 长沙：岳麓书社，2004：4.

思想一脉相承。在王守仁的思想中，推己及人所推的己不是个人的喜怒哀乐好恶欲，也不是外在于人的绝对戒律，而是人人先天固有的道德良知。正因为每个人都具有绝对至善的道德良知，人们才可以在社会生活的人际交往中推己及人，使人伦物理皆符合道德良知的规定。因此，在道德生活中，每个人都只需且必须按照自己的道德良知行事，而不必迷信、崇拜任何外在的权威。人们的行为只有一个标准，那就是自己的道德良知。每个人都是自己的主宰，同时也是天地万物的主宰，这是一种主体为客体立法的思想。它告诫人们在处理人际关系时要讲良心，凭良心办事，为人处世应时时反省自己，将心比心，不怨天，不尤人，主动积极地扩充自己的良心。根据这种理论，推己及人不再是对某种外在绝对的被动依循，而是人的自我完善的内在自觉。

三、以情絜情

以情絜情是推己及人的思维方法的第三种含义和表现形式。所谓絜，本义为用绳子计量物体的周长，后引申为衡量、度量、推度。以情絜情就是指在处理人际关系时以人人共有的感性情欲作为行为的出发点和根本原则，以己之情推度他人之情，根据自己的需要认识和理解他人的需要，并且像满足自己的需要一样满足他人的需要。

宋明理学根据推己及人的道德思维方法建立了本体即功夫的道德本体学说，对元典儒学推己及人的思想作了抽象的思辨，为它的合理性、必要性和必然性提供了本体论的依据，提升了它的理论层次。然而，经过这一抽象的思辨，元典儒学思想中经验感性的因素被扫荡殆尽，推己及人成了纯粹的绝对天理或道德本心的扩充，演变为一种纯粹的心性修养，离现实生活越来越远，表现出禁欲主义的倾向。

就推己及人的本义而言，它的文本意义是承认人类有着共同的利益和需要，并且有着满足这种利益和需要的同等权利，因此，在处理人际关系时，应当像对待自己一样对待他人。孔子讲立人达人，主要是满足人的实际需要。孟子强调"好乐""好色""好货""好利"，要"与民同好"，就是要求人们以爱己利己之心爱人利人。《韩诗外传》对忠恕的解释，就与宋儒有很大的区别："己恶饥寒焉，则知天下之欲衣食也；己恶劳苦焉，则知天下之欲安佚也；己恶衰乏焉，则知天下之欲富足也。知此三者，圣王之所以不降席而匡天下。故君子之道，忠恕而已矣。"① 这种思想是儒家伦理道德推己及人的思维方法的积极内容。正是根据这种观念，中国传统伦理道德强调王道、天理本于人情，要求人们在人际交往中将心比心、以情絜情。

所以，当宋明理学将元典儒学的德性主义倾向发展为禁欲主义思想之后，其一直受到开明思想家的纠正和批判。在程朱倡导"存天理灭人欲"的思想之后不久，胡宏就提出"天理人欲，同行异情"，认为二者并不绝对对立。后来不少学者对他的这一思想进行了进一步的论证和发挥，明代中叶的李贽甚至认为"穿衣吃饭即是人伦物理"。这种与宋明理学相对立的思想路线，到清初的戴震那里，就被概括为"以情絜情"的学说。

戴震把宋儒宣扬的"存天理灭人欲"的禁欲主义学说斥为"以理杀人"，他不同意把理与欲割裂、对立起来，而认为理存于欲，是欲本身合理性的规定。他说："理也者，情之不爽失也；未有情不得而理得者也。凡有所施于人，反躬而静思之：'人以此施于我，能受之乎？'凡有所责于人，反躬而静思之：'人以此责于我，能尽之乎？'以我絜之人，则理明。天理云者，言乎自然之分理也；自然之

---

① （汉）韩婴撰；谦德书院注译. 韩诗外传［M］. 北京：团结出版社，2020：140-141.

分理，以我之情絜人之情，而无不得其平是也。"① 以情絜情就是将心比心、推己及人，即在处理人际关系时根据自己的需要设身处地地为他人着想，以满足他人和自己同样的需要。但这里推的、比的不是绝乎情欲的天理，不是纯乎至善的良知，而是人的情欲。当然，并非所有人的情欲都具有正当合理性，都能够以之推度他人。在此，情欲的满足有一个正当合理的度，这个度就是所谓理。所以，理的设立并非与情欲相对立，更不是要消灭人的情欲；恰恰相反，人们提出并遵循理的道德原则，是为了使每一个人的情欲都获得最大、最公平的满足，即使天下人的情欲"无不得其平"。

因此，推己及人不是以所谓良知去规定客体对象，也不是性中固有天理的自然呈露，而是絜矩于人己共有之情。戴震说："遂己之欲者，广之能遂人之欲；达己之情者，广之能达人之情。道德之盛，使人之欲无不遂，人之情无不达，斯已矣。"② 这是对元典儒学推己及人思想的继承和发展。自古以来儒家学者宣扬的道德的最高境界和终极追求无不是成圣成贤，实现道德的完善，而把人的情欲看作这一境界和追求的障碍，要予以限制甚至消灭；戴震则一反其道，宣称道德的最高境界和终极追求不是成就圣贤，而是所有人的情欲都得到最大、最公平的满足。

在戴震看来，自然情欲是人的固有属性，也是人性的本质规定之一，它是人的生命力的表现，因而成为人们行为最原初的内在动力。"人生而后有欲、有情、有知，三者，血气心知之自然也"③，人有意识有理性而区别于其他存在，但人首先是自然的感性的存在，自然的感性的存在是人的意识的理性的存在的前提和基础。人有意识，他的

---

① （清）戴震著；何文光整理. 孟子字义疏证［M］. 北京：中华书局，1982：1-2.
② （清）戴震著；何文光整理. 孟子字义疏证［M］. 北京：中华书局，1982：41.
③ （清）戴震著；何文光整理. 孟子字义疏证［M］. 北京：中华书局，1982：40.

行为都是指向自己的某种目的，这种目的就是满足自己的某种需要；人有理性，他会对满足自己目的的行为进行价值选择和规范，而人的行为所满足的首先就是人的自然情欲。马克思主义认为，人的需要是人的一切行为的出发点。戴震说："凡事为皆有于欲，无欲则无为矣；有欲而后有为，有为而归于至当不可易之谓理；无欲无为又焉有理！"① 人的情欲是满足需要行为的内在动机，而由于人是理性的存在，所以在满足需要的过程中，就会对行为进行自觉的选择和规范。因此，理欲关系并非像程朱陆王等人说的那样相互对立，而是理建立在情欲的基础之上，是对情欲合理性的规定。

人的理欲关系是现实存在和其准则之间的关系，戴震把它概括为"自然"和"必然"的关系："欲者，血气之自然……由血气之自然，而审察之以知其必然，是之谓理义。"② 欲为自然，理为必然，必然之理出于自然之欲，自然之欲的最高满足就是必然之理，"自然之与必然，非二事也。就其自然，明之尽而无几微之失焉，是其必然也"③。没有欲的存在，理就失去了现实的意义；没有理的调节指导，欲就会流宕于私。归根结底，理的指导是为了实现欲本身的完善，"若任其自然而流于失，转丧其自然，而非自然也；故归于必然，适完其自然"④。道德在本质上就是人的自然情欲符合理性的发展与完善。正是在此意义上，他把"人之欲无不遂，人之情无不达"⑤ 视为道德的最高目的和理想境界。

以情絜情的道德主张，是对元典儒学推己及人思想中所包含的平等意识的积极发挥，它要求做到天下无不遂之欲、无不达之情，从

---

① （清）戴震著；何文光整理. 孟子字义疏证 [M]. 北京：中华书局，1982：58.
② （清）戴震著；何文光整理. 孟子字义疏证 [M]. 北京：中华书局，1982：1-18.
③ （清）戴震著；何文光整理. 孟子字义疏证 [M]. 北京：中华书局，1982：18-19.
④ （清）戴震著；何文光整理. 孟子字义疏证 [M]. 北京：中华书局，1982：19.
⑤ （清）戴震著；何文光整理. 孟子字义疏证 [M]. 北京：中华书局，1982：41.

而使"情得其平"，这个"平"就表达了初步的平等思想。戴震指出，在合乎道德的前提之下，每个人都应当以同样的态度对待自己和他人，公平、公正地处理人的情欲矛盾。"遂己之欲，亦思遂人之欲，而仁不可胜用矣；快己之欲，忘人之欲，则私而不仁。"① 当然，他讲的"平"还不是现代意义上的公平公正，而是将心比心，视人如己，仍然属于传统的忠恕之道。故戴震又说："圣人顺其血气之欲，则为相生养之道，于是视人犹己，则忠；以己推之，则恕；忧乐于人，则仁；出于正，不出于邪，则义；恭敬不侮慢，则礼；无差谬之失，则智；曰忠恕，曰仁义礼智，岂有他哉？"②

戴震以情絜情的初步平等思想，是儒家伦理道德推己及人思维方法积极精神的集中表现。正是根据这种思想，他极力批判"存天理灭人欲"的禁欲主义道德学说，揭露在上者、富者、贵者、长者"贼人以逞欲"，借天理的名义欺压在下者、贫者、贱者、幼者，痛斥不能以"天下之同情，天下之同欲"达之于下的不公平现象，替社会下层民众大声疾呼，要求创建每个人的情欲都能获得合理满足的道德社会。这种思想是近代启蒙思想的先声。

总之，儒家伦理道德推己及人的思维方法，把主体看作道德行为和道德关系的原点，要求人们根据自己的道德本性决定行为的方式，在处理人际关系时将心比心，把自己固有的德性或自然、合理的感性需要推及他人，以使自身的德性获得其现实性，实现自己的道德完善。这一思维方法的积极因素，在历史的发展中，积淀为中华民族设身处地地为他人着想、与人为善、先人后己、宽人严己的优良品格。这种道德文化传统一直延续到现代，直到今天，中国人在处理人际关系、评价行为的善恶的时候，仍然以天理、良心、人情作为判断的标准。

---

① （清）戴震著；何文光整理. 孟子字义疏证［M］. 北京：中华书局，1982：75.
② （清）戴震著；何文光整理. 孟子字义疏证［M］. 北京：中华书局，1982：18.

第三节　差序和谐的伦理秩序追求

儒家天人合德的伦理道德，把整个人类乃至整个宇宙看作一个有机的整体，道德是世界的本质和根本秩序，任何个体性存在都是这个整体中的一分子、一个环节。根据这种理解，儒家伦理道德在处理人类的社会关系时，强调以整体为本位，认为个体的价值只能体现在整体之中，确切地说，个体只有把自己融入整体，才能实现自己的价值。在此意义上，儒家全部的道德理论都是为了论证个体必须服从整体，整体的利益绝对高于个体的利益；个人必然归属于关系，只有在特定的关系中才能确定自己的存在，才能明确自己的责任和义务，并成为真正的道德主体。这就形成了儒家伦理道德乐群贵和的群体本位的基本价值取向。

一、礼的秩序规定

在法律产生之前，中国夏、商、周三代基本的治国章典就是礼。孔子认为商朝之礼是对夏朝之礼的继承，周朝之礼是对商朝之礼的继承，因而周朝之礼是对夏商两朝之礼的完善，虽然其间有所损益，但精神实质不会有根本性的变化。他坚信，无论人类历史发展到什么时候，都需要礼来规定社会秩序。所以，在儒家的思想中，礼就是建构社会秩序的基础。儒家在建构社会秩序的过程中，遵循的就是"礼"。

礼最初是一个象形字，一个器皿上面盛放着两块玉，其意为祭祀中的牺牲。由于祭祀只有贵族才能够进行，所以当时有"礼不下庶人"之说，而因为祭祀过程中有相应的一些规定，如什么人能够祭祀什么神、谁主祭谁辅祭等，就逐渐形成了一整套的制度性规范，其推衍到社会生活之中，就被确定为社会生活的典章制度。《礼记·祭义》云："礼者，体也，履也。"① 或云："言而履之，礼也。"② 儒家的另一部经典《周易·序卦传》也言："履者，礼也。"③ 可见礼是人所应遵守的行为规范和准则。后世儒家所推崇的礼是孔子将三代以来的礼加以整合、改造并重新进行阐释的结果。通过这一过程，礼原始的宗教性神秘色彩被淡化，而礼世俗化的人性意义的一面得到彰显，从而被赋予了新的生命力。礼不仅是约束人们社会生活的一套烦琐的法则，更是一套能评价行为是非的道德评价标准。礼是圣人效法天地创设的，是宇宙的自然秩序在人间的自然推衍。正如《易传·序卦》所云："有天地，然后有万物；有万物，然后有男女；有男女，然后有夫妇；有夫妇，然后有父子；有父子，然后有君臣；有君臣，然后有上下；有上下，然后礼义有所错。"④ 礼以天地为依托，这是其规定秩序正当性的终极依据。

礼的功能可以概括为"分"与"和"。所谓分，实际是一种制度设计，主要是指权力和身份的等级划分，"贵贱有等，长幼有差，贫富轻重皆有称者"的秩序正是礼的本质要求。所谓和，主要指礼的价值追求，强调的是对健全的和谐精神境界的培育，具体而言就是要求社会中处在不同地位的人之间彼此和睦相处。"礼之用，和为贵。先王之道，斯为美"⑤ 说的就是这个道理。礼通过这一"分"一"和"调整和规范人与人之间的行为，使社会处于一种和谐有序的

① 陈成国撰. 四书五经校注本 [M]. 长沙：岳麓书社，2006：2640.
② 陈成国点校. 四书五经：上 [M]. 长沙：岳麓书社，2023：501.
③ （魏）王弼撰；楼宇烈校释. 周易注校释 [M]. 北京：中华书局，2012：292.
④ （魏）王弼撰；楼宇烈校释. 周易注校释 [M]. 北京：中华书局，2012：263.
⑤ 杨伯峻译注. 论语译注 [M]. 北京：中华书局，1958：8.

状态。

儒家进而把礼的这一思想应用到人类社会生活的各个领域当中，提出"君臣、父子、夫妇"之主次区分，同时也不忘人们之间普遍存在的相亲相敬。既"亲亲""尊尊"有序又"四海之内，皆兄弟也"①，因而"分"不意味着等级的对立，"和"也并不意味着取消人伦差别。"和"是以承认"分"为前提的。先有"分"的事实的存在，而后才有"和"的理念追求；"分"也因"和"的理念和目的而呈现其方向和意义。"和"就是对"分"加以调节和范导，使对立的双方最终达到一种和谐的理想状态。在此状态中，双方既保持一定的分别，又不超出一定的限度，而在整体上实现协调与统一。② 从哲学层面来说，"分"是属于"形而下"的规范建构，"和"则是这种有序的制度在观念上的集中表现，属于"形而上"的范畴。因而"礼"可以说是形而下与形而上的统一。礼的这一"分"一"和"相辅相成，使得生活在森严的宗法等级秩序与政治等级秩序双层压迫下的古代中国人，既能在精神世界达到一定的融洽和谐，又不至于在现实世界出现尊卑失序、等级不清的混乱局面。儒家所要追求的正是这样一个分中有和、和中有分的有序化的社会整体结构。可以说，正是礼的这一功能使得中国的封建等级制度得以延续几千年，并且在多数时候保持了社会秩序的稳定。

在春秋时期，礼是国家治理的根本大法，规定了社会生活的基本秩序，所以孔子主张"道之以德，齐之以礼"。在孔子的思想中，仁是礼的精神实质，礼是仁的外在规范。孟子发挥了孔子仁的思想，而荀子弘扬了孔子礼的精神，提出了"礼法"概念。"礼法"并非礼与法的简单叠加，而是他对儒家礼制观念的发展与重新诠释，也意味着

---

① 杨伯峻译注. 论语译注 [M]. 北京：中华书局，1958：132.
② 赵明著. 先秦儒家政治哲学引论 [M]. 北京：北京大学出版社，2004：136.

儒家伦理道德精粹（修订版）

他对理想社会秩序应有规则的设想。这个概念所要昭告的既是新的社会结构模式，也是新的政治法律制度。① 单独就"礼"与"法"来看，二者本身就有很多相通之处。作为社会规范和社会准则的"礼"，从一开始就具有"法"的规定性属性和意义。也就是说，当"礼"获得了统摄一切的具有社会规定性的意义时，"法"就包含于其中了。因而，无论从广义还是狭义的角度看，礼与法都有着对应性的联系，其中既有观念性的，也有制度性的。② "礼法"之"礼"是具有法律规范功能的"礼"，"礼法"之"法"是具有道德教化作用之"法"。"礼法"概念也表明礼法一体后的礼实际上也就成了法，它具有了法律的一般功能，同时也赋予了法律存在的道德合理性。这种礼法模式消除了道德与法律的冲突，使中国古代法律成了道德与法律的统一体。

"礼治"秩序在传统中国有其历史性的合理性，它被认为是圣人取法于自然、效法自然的结果。"夫礼，先王以承天之道，以治人之情"③，是天之经、地之义、民之行。礼所规范的不仅仅是一个既定的社会秩序，而且寄托着古人对理想社会秩序的期盼。其表现在人与自然的关系上，把天地、人看成一个统一平衡的整体；表现在人际关系上，强调人与人之间的和谐友爱，从而形成和谐有序的社会秩序。这种秩序当然不同于我们今天的法治秩序，但在中国传统的具体语境中，是一种合乎情理的自然的安排。因而，违礼的行为不仅意味着是对社会秩序的破坏，更是对自然秩序的破坏。费孝通曾表示：我们应当在这样的意义上去理解失礼入刑的原则。也就是说，不只是把犯罪理解成对于道德秩序的破坏。而且，甚至更重要的是理解为对自然

---

① 韩德民. 论荀子的礼法观 [J]. 社会科学战线, 1998 (4)：77.
② 王启发. 礼的属性与意义 [J]. 中国社会科学院研究生院学报, 1999 (6)：79.
③ 胡平生, 张萌译注. 礼记 [M]. 北京：中华书局, 2017：422.

94

秩序的不安。说到底，古人的犯罪概念是建立在某种自然秩序的观念之上的。由这种立场来看不仅是犯罪，即便是利益之间的纷争也是对于自然秩序的破坏。社会对于犯罪的惩罚因此也变成了维系自然秩序的一项要求，这时刑罚的确立也不是随意的，而必须依据自然秩序来决定。换句话说，礼治是天经地义的，是古代先民对自然而然地存在和发展过来的人类社会秩序的肯定和确认的结果。所以说，礼治被认为是一种合乎公正的理想秩序，是一种理想的治世形态。一般而言，对秩序的维护是法律的基本功能，法律源自对无序现象的控制，在这一点上礼与法的功能是一致的。"礼治"秩序得以形成不在于外在的强制力，而在于对"传统规则的服膺"①，在于将外在礼的规范变为内在的精神需求。"礼治"从表面上看，好像是人们行为不受法律约束而自发形成的秩序，但礼法一体，"礼就是法"②，礼治同时糅合了礼和法的因素。实际上，礼起到了如法律般的作用，或者说礼代替了法律的某些作用，对社会生活进行调控。所以从这个意义来说，我们可以将中国的"礼治"看作一种特殊的"法治"。

"和"是礼在价值层面的追求。如冯友兰先生所言："宇宙本来即有天然之秩序，即是一大调和，而礼乐则此秩序和之具体例证也。"③"和"，《说文》解释为"相应也，从口禾声"④。其原意是指声音的共振和鸣，引申为和谐之意。礼所体现的不仅仅是一个包含着"分"的生活结构，更是一种使人们超越现实结构形式的精神价值。礼对于社会秩序的安排正体现了中国传统的特殊的人文价值观。可以说，和谐是礼治秩序所形成的一种最终的形态，中国人对礼治秩序

---

① 费孝通著. 乡土中国 [M]. 长沙：湖南人民出版社，2022：69.

② 李光灿，张国华著. 中国法律思想通史：隋唐卷 [M]. 太原：山西人民出版社，2001：315.

③ 冯友兰著. 中国哲学史：上 [M]. 北京：中华书局，1984：417.

④ （汉）许慎撰；蔡梦麒校释. 说文解字 [M]. 长沙：岳麓书社，2021：51.

的追求毋宁说是对于和谐精神的追求。圣人所以制礼作乐，目的在于实现社会的和谐。中国古代社会是一种尊卑等级俨然的"差序格局"，在漫长的封建时代，各阶层的人基本上都能各安其位、安分守己，社会冲突只发生在依礼的规范而被分隔开的不同社会阶层之间。人们争的是在礼所安排下的阶层之高下，并不对这种差序格局本身的正当性进行考问，这归功于"礼"与社会结构的高度和谐。礼之"和"的实质在于它在强调社会成员差异的自然基础的同时，又将这种差异性包容于一个统一体之中，从而在整体上形成一种和谐的状态。正是因为"和"的弥合作用，才使得中国的古代社会得以长期延续并在多数时期里保持了基本稳定。

这种对和谐精神的追求影响并重铸了中国的法律。秦汉以后儒生通过引经决狱、引经注律等活动，不断将礼的基本精神融贯于国家的法律，到唐代法典《唐律疏议》的编撰完成，标志着礼法融合进程的最终完成，礼法已然一体，礼构成了法之精神内核。因为礼在本质上是和谐的，它代表一种不容触动的天经地义的完美秩序，所以礼之和谐精神也成了中国传统法律的精神特质和基本价值取向，任何对"和"的违反和破坏都是有悖正道与常规的。其表现在司法上，是将"法立而无犯，刑设而不用"作为传统法律追求的最高境界。儒家或者说整个古代中国的主流观念是"德主刑辅""明刑弼教"，即把法律作为礼的辅助手段，其目的是保障礼治目标的实现，它自身并没有独立存在的价值。因为礼要求父慈子孝、兄友弟恭，故而这种价值取向也影响了民众的法律观念：非到不得已绝不兴讼。这体现在民众的日常生活中，就是对于民事案件和轻微的刑事案件，一般是不会通过诉讼手段解决争端的；如果事态严重，最终闹到了官府，也优先考虑用调解的方式结案：其中发挥作用的主要是礼而非法律。有外国学者在评论中国人对于诉讼的观念时说道：设若人陷于冲突纠纷之中，其唯一拯救在于清明之头脑与内在之力量，他随时准备与对手于中途达成和解。若将冲突带至苦涩之终端却使他在对之一方也会有恶劣之影响，因为敌对即如此长结不解。这代表了中国人对于法律的一般态度。我们看不到如西方那种常见的喜讼与争利，礼之"和为贵"的精神在此表现得淋漓尽致。也或许正基于此，地域广大、文化多元的古代中国在缺乏法律资源的情况下，才能依然维持着社会秩序的基本稳定。礼既规定了社会的差序结构，又维系着差序中的和谐。

二、群居和一

儒家由相礼为生的知识分子创立，礼在西周就是维护以血缘家庭为基础的社会生活秩序的根本制度，其基本精神是营造人与人之间和谐相处的社会有序结构，从而维护社会的整体利益。这一精神得到了儒学的继承与发展。儒家伦理道德把仁作为最高的德行，就是强调人与人之间相亲相爱，以人际的亲和性维护社会的安定，促进社会的发展。根据这一认识，儒家学者提出"明分使群"，要求建立"群居和一之道"。他们认为，人是一种"能群"的动物，而群是有"分"且能够"胜物"的社会，"人生不能无群"。荀子看到了人是社会性动物，认识到人能够利用群的力量支配自然界，从而使得人区别于一般动物成为社会性动物。荀子通过人"能群""胜物"来表明人与动物的区别；反之，则人与牛、马为同类的动物，没有什么区别。"力不若牛，走不若马，而牛马为用，何也？曰：人能群，彼不能群也。"[1] 人与动物相比，其优越性不在于自然生理力量，而在于

---

① 方勇，李波译注. 荀子［M］. 北京：中华书局，2011：127.

结合在一起所显示的整体社会力量。

人为什么能够合群，形成社会群体？儒家学者认为，群并非简单地聚居在一起，而是按照一定原则建构起有序群体，它以"分"为前提，以"礼"为准则。"人何以能群？曰：分。分何以能行？曰：义。故义以分则和，和则一，一则多力，多力则强，强则胜物，故宫室可得而居也。故序四时，裁万物，兼利天下，无它故焉，得之分义也。"① 在荀子看来，人之所以能够合群，形成社会群体，是因为人类社会有"分"，有名分等级；而名分等级之所以能够被社会大众认同，则在于"义"，在于人有礼义：人类社会只有有了礼义，并据其确定了名分等级，才能和睦相处。因此，"分"不是要分散群体或使共同体相离异，其实质是联系、建构群体的一种秩序，在儒家思想中，它就是礼义道德。"夫禽兽有父子而无父子之亲，有牝牡而无男女之别，故人道莫不有辨。辨莫大于分，分莫大于礼……"② 这就把道德规定为人类社会生活的基本条件，是在群体中处理人与人之间关系的行为准则和根本秩序。道德的作用，就是维系群体，维护群体的利益，以发挥群体的力量。

儒家所要建构的这种社会伦理道德秩序表明，人类社会不仅要合群，而且能够合群，即"能群"。儒家认为人类社会合群、能群源于"分"，"分"之所以能够行得通则源于"义"，根据"义"的原则能实现"分"。"分"又有何"义"？荀子认为，"分"有分工、分职之"义"。"传曰：'农分田而耕，贾分货而贩，百工分事而劝，士大夫分职而听，建国诸侯之君分土而守，三公总方而议，则天子共己而已。'"③ 荀子认为，一个人的能力有限，不能同时掌握多种技艺，

---

① 方勇，李波译注. 荀子 [M]. 北京：中华书局，2011：127.
② 方勇，李波译注. 荀子 [M]. 北京：中华书局，2011：59-60.
③ 方勇，李波译注. 荀子 [M]. 北京：中华书局，2011：173.

也不能同时身兼数职，从事多种生产活动。在社会生活中，如果人们离群索居而不相互依赖，则会导致穷困。如果人们没有社会分工、没有名分，则必然发生争夺，导致灾难性的后果，而消除这种灾难性后果的办法便是"明分使群"。

人类社会在分工、分职的基础上进而产生社会分层及社会等级属性。"人之所以为人者，何已也？曰：以其有辨也……故人道莫不有辨。辨莫大于分，分莫大于礼，礼莫大于圣王。"① 荀子认为人之所以为人的本质特征，归根结底在于对人的上下尊卑即身份地位等级的区分。而在确定人们的身份地位时，人类社会最重要的判断标准即礼制秩序，而在礼制秩序中最重要的就是尊重圣王。这里的"分"不仅有社会分层、社会等级的含义，而且指作为人必须有区别。因而，人类社会既要承认这种区别，同时还要维护这种区别，以使人们在社会生活中各司其职，各守本分，才能保障正常的社会秩序。在荀子看来，礼不仅是约束各个阶层各类人群的制度，也是划分等级、体现分层的重要依据。"故为之雕琢、刻镂、黼黻、文章，使足以辨贵贱而已，不求其观；为之钟鼓、管磬、琴瑟、竽笙，使足以辨吉凶、合欢定和而已，不求其余；为之宫室台榭，使足以避燥湿、养德、辨轻重而已，不求其外。"② 荀子明确这些规定的要旨与目的就是，既能分辨上下尊卑，又能体现等级分层，而且这种划分等级、体现分层是达到"能群"目标的重要手段。

不同的社会分工导致不同的社会等级、社会阶层，不同的社会等级、社会阶层，社会地位及其所拥有的财富也不同。荀子指出："势位齐而欲恶同，物不能澹则必争，争则必乱，乱则穷矣。先王恶其乱也，故制礼义以分之，使有贫富贵贱之等，足以相兼临者，是养天下

---

① 方勇，李波译注. 荀子［M］. 北京：中华书局，2011：59-60.
② 方勇，李波译注. 荀子［M］. 北京：中华书局，2011：143.

之本也。"① 人类社会要解决"欲恶同""欲多而物寡""物不能澹"等社会现实中存在的矛盾问题，就必须调节人们的欲望和满足社会的需求。因此，人们通过制定礼义来确定分配的界限，这也是礼义的起源。"故礼者，养也。君子既得其养，又好其别。曷谓别？曰：贵贱有等，长幼有差，贫富轻重皆有称者也。"② 儒家通过建构差序和谐的伦理秩序进行社会分配，从而使得贵贱、长幼、贫富、尊卑各得其宜。

综上所言，"群"背后的逻辑为"分"，也就是社会伦理的关系。儒家认为君臣、父子、兄弟、夫妇等社会伦理关系是永恒不变的，这是社会伦理关系的根本。荀子指出，君君、臣臣、父父、子子、兄兄、弟弟之间的社会伦理关系不仅要有各自角色的区分，而且这种伦常关系是不可逾越的，否则就是"至乱"。可见，划分好社会伦理关系的角色，明确各角色应遵守的社会伦理关系规范，是关涉社会治乱的大事。

众人结合在一起，远远比单独的人强大，团结就是力量。宋初大儒石介形象地说："明堂所赖者唯一柱，然众材附之乃立；大勋所任者唯一人，然群谋济之乃成。"③ 南宋吕祖谦进一步发挥说："夫人爪牙之利，不及虎豹；膂力之强，不及熊罴；奔走之疾，不及麋鹿；飞扬之高，不及燕雀。苟非群聚以御外患，则反为异类食矣。是故圣人教之以礼，使之知父子兄弟之亲。人知爱其父，则知爱其兄弟矣；爱其祖，则知爱其宗族矣。"④ 群体的力量就在于和聚、团结，如果相互争斗，则不仅不能发挥群体的力量，反而会有害于个体在群体中的

① 方勇，李波译注. 荀子 [M]. 北京：中华书局，2011：117.
② 方勇，李波译注. 荀子 [M]. 北京：中华书局，2011：300.
③ 曾枣庄，刘琳主编. 全宋文：第29册 [M]. 上海：上海辞书出版社，2006：258.
④ 郭超，夏于全主编. 传世名著百部之温公家范 治家格言 郑板桥家书 [M]. 北京：蓝天出版社，1998：12-13.

生存。因此，乐群必须利群。人能群的实质就是人具有道德，而道德必须利群。

在儒家看来，道德是维护群体团结、发挥群体力量的根本保证，是群体的根本利益之所在。群体价值取向必然要求人们把群体的利益置于个人的利益之上，强调小我之私服从大我，于是就引申出了道义主义的公私义利之辨。儒家伦理道德一贯主张先公后私、公而忘私、大公无私，孟子说"乐以天下，忧以天下"①，范仲淹说"先天下之忧而忧，后天下之乐而乐"，黄宗羲强调"不以一己之利为利，而使天下受其利；不以一己之害为害，而使天下释其害"②，这些都是宣传这种思想的言论。《礼记·礼运》所描述的"大同"社会，一直是中国儒家伦理道德所追求的理想境界。正是在这种大公无私的群体价值取向的指导下，中华民族出现过无数为了国家民族的利益鞠躬尽瘁、死而后已、英勇献身的优秀人物和可歌可泣的故事，孕育了中华民族团结奋斗、公而忘私的优秀品格。

按照这种道德价值取向，儒家强调，在家庭生活中，家庭利益至上，个人利益必须无条件服从家庭利益。父母在，子妇不许有私财，不许分家，无权处分家庭财产，父尊子卑、夫尊妻卑、长尊幼卑、男尊女卑维系着这一价值原则。在社会生活中，个人的利益、家庭的利益必须无条件地服从国家的利益，国家利益至上。君臣、上下、贵贱等一系列等级秩序证实着这一价值原则。整个社会就是在血缘家庭和自然经济基础之上建立起来的封建等级关系网络，每一个个体都只是这一关系网络上的一个纽结。在古代社会，人是关系的存在，关系特别是家庭关系决定着个人的社会地位和价值，个体的一切包括他的一切行为只有与他所处的关系相一致、并能够还原为关系或整

---

① 杨伯峻，杨逢彬译注. 孟子译注［M］. 长沙：岳麓书社，2021：29.
② 汤克勤主编. 古文鉴赏辞典［M］. 2 版. 武汉：崇文书局，2020：436.

体的价值时，才具有真正的价值。

儒家伦理道德的群体价值取向，要求人们在个人利益与社会整体利益发生冲突时，应当牺牲个人利益，维护社会整体利益。它的错误不在于以群体的利益作为价值的标准，而在于把这一标准绝对化，并以社会整体利益的名义限制甚至遏制了个人的利益，这就压抑了人的需要，限制了个性自由。群体价值本位以社会整体利益为价值的本原，认为人的价值不在于人的个体存在，而体现在人在群体中的地位与作用。个人只有让自己融入群体，才能实现自己的价值和完善；生命也只有超越其个体存在而融入整体，才能够获得永恒与不朽。这就是儒家伦理道德群体价值取向即乐群贵和思想的意义之所在。

"和谐"是儒家建构差序社会伦理秩序的终极目标。儒家群体价值取向把社会整体的利益置于个人利益之上，要求人们无条件地服从和维护社会整体利益，这种道德传统是中华民族凝聚力的重要源泉之一。因此，儒家把维护社会秩序、创造良好的人际关系当作自己的主要任务。为了使群体价值取向在社会生活实践中得到贯彻与落实，儒家以"贵和"作为道德上的保证。

所谓贵和，是指在人际交往中以和为最高价值，做到和谐相处，即保持群体中良好、和谐的人际关系。儒家历来重视人伦而较为忽略个体，主张在具体的伦类关系中确定个体的存在和价值。《周易·系辞下》讲天、地、人三才之道，就是从总体上把握宇宙的秩序。"有天地，然后有万物；有万物，然后有男女；有男女，然后有夫妇；有夫妇，然后有父子；有父子，然后有君臣；有君臣，然后有上下；有上下，然后礼义有所错。"整个宇宙就是这种相互对待关系的和谐衍生、相依相成。道德的作用，在于维护这种根本的宇宙秩序。因此，孔子以"仁"为道德的核心精神，它的实质就是强调人与人之间乃至人与万物之间的亲和性，以建立主体与客体的和谐关系。孔子从人类社会生活中概括出"君君，臣臣，父父，子子"①，以君臣父子二伦作为主要的人际关系；孟子发挥孔子思想，把人伦规定为"父子有亲，君臣有义，夫妇有别，长幼有序，朋友有信"②；经荀子再把长幼改为兄弟，中国传统伦理道德中的"五伦"就最终确立。所谓伦理，在中国古代就是维系"五伦"关系的道理、原理，其根本精神就是孔子提出的仁爱，即维系"五伦"的亲和，造就群体的和谐。

中国是以血缘家庭为基础脱离氏族部落进入奴隶社会的，这种以血缘家庭为基础的社会生活一直延续到封建社会。家庭生活的自然亲情被概括为和合的原则，成为人们处理人际关系乃至一切主客体关系的基本价值取向。《尚书·多方》说："自作不和，尔惟和哉！尔室不睦，尔惟和哉！尔邑克明，尔惟克勤乃事。"③ "时惟尔初，不克敬于和，则无我怨。"④ 意思是说，身不和则心不静，家不和则事不顺，邑不和则政不宁；反之，身和则心静，家和则事顺，邑和则政宁。因此，和是修身、齐家、治国、平天下的根本原则。孔子在总结中国古代道德传统时继承了这一思想，他提出："礼之用，和为贵。先王之道，斯为美。"这就是说，道德的根本作用就在于"和"，和是一切伦理道德的精髓，也是传统道德的精神实质。正是基于这种认识，孔子从礼之中提炼出仁的原则，并把它确立为儒家伦理道德的核心。

儒家伦理道德的这一基本价值取向，经孔子和后儒的宣传与发展，在中国古代社会产生了重要的影响。《管子·外言》："畜之以道则民和，养之以德则民合。和合故能谐，谐故能辑，谐辑以悉，莫之

---

① 杨伯峻译注. 论语译注［M］. 北京：中华书局，1958：135.
② 杨伯峻，杨逢彬译注. 孟子译注［M］. 长沙：岳麓书社，2021：104.
③ 姜建设注说. 尚书［M］. 开封：河南大学出版社，2008：260.
④ 姜建设注说. 尚书［M］. 开封：河南大学出版社，2008：261.

能伤。"① 这段话就其精神实质而言，与管仲学派的思想有异，而与儒家理论相一致。它或者是直接援引儒家的观点，或者是受到儒家思想的影响。它强调道德的和合与人际关系的和谐之间的必然联系，认为民众以道德和合能够建立和谐的人际关系，从而产生巨大的凝聚力量。荀子讲能群使分，群即是和。在他看来，分是群和的条件，群和是分的基础。群并非个体的机械相加，而是以分的存在为前提；分不是个体之间的对立，而是为了形成有序的和谐群体。"故先王案为之制礼义以分之，使有贵贱之等，长幼之差，知愚、能不能之分，皆使人载其事而各得其宜，然后使悫禄多少厚薄之称，是夫群居和一之道也。"② 社会上的贵贱、上下、智愚等之所以能够且必须和合，就在于各有其名分等级；因为各有其名分等级，才显示出和的必要性和巨大作用。这是对孔子"礼之用，和为贵"思想的发展。

儒家认为，人际关系的和谐本于阴阳的和合，"一阴一阳之谓道"，就是说天地万物都由阴阳和合产生，有阴阳和合，方有气之氤氲变化，从而有天地万物的产生与发展变化。宇宙间的一切存在都处于对立统一之中，和谐是宇宙间最佳的秩序。"乾道变化，各正性命。保合太和，乃利贞。"③ 这是从本体论的层面论证和合的性质与价值。在它看来，阴阳刚柔各有其体，而阴阳和合，氤氲生化，则是宇宙存在的本质和根本秩序。"观变于阴阳而立卦，发挥于刚柔而生爻。和顺于道德而理于义，穷理尽性以至于命。"④ 人类社会和顺的伦理道德的确立，本于天地阴阳的氤氲和合。天地以阴阳的和合生生不息，人类社会道德就是要根据阴阳和合把握天地万物的本质，建立

---

① （清）黎翔凤撰；梁运华整理. 管子校注：上 [M]. 北京：中华书局，2018：358.
② 方勇，李波译注. 荀子 [M]. 北京：中华书局，2011：51.
③ （魏）王弼撰；楼宇烈校释. 周易注校释 [M]. 北京：中华书局，2012：2.
④ （魏）王弼撰；楼宇烈校释. 周易注校释 [M]. 北京：中华书局，2012：258.

和谐的人际关系乃至一切主客体关系。因此，伦理道德最根本的和合乃是天与人之间的和合："夫大人者，与天地合其德，与日月合其明，与四时合其序，与鬼神合其吉凶。"① 天人和合就是人与天地、万物乃至自身的和谐统一，也就是天人合德。后儒特别是宋及宋以后的儒家学者把它发展为"民胞物与""天地万物与吾一体"的道德学说。

根据这种贵和的道德价值取向，儒家强调在个人与他人、与社会发生冲突时，要采取恭敬、谦忍的态度，以群体利益至上的原则协调好各种人际关系，要团结，不要分裂。人和关系睦，家和万事兴，政和国家昌盛；反之，"四马不和，取道不长；父子不和，其世破亡；兄弟不和，不能久同；夫妻不和，家室大凶"②。中国人讲和气生财，团结就是力量，"二人同心，其利断金"③，在中国历史上，每当国家民族处于存亡的生死关头，维护统一、反对分裂总是人心所向。在这方面，儒家乐群贵和的伦理道德思想曾经起过积极的作用。当然，从根本上说，儒家宣扬这种乐群贵和的道德价值取向，是为了建立和维护宗法等级之下的君臣有义、父子有亲、夫妇有别、长幼有序、朋友有信的和谐的社会秩序。"克明俊德，以亲九族。九族既睦，平章百姓。百姓昭明，协和万邦。黎民于变时雍。"④ 在儒家看来，一个和谐的社会就是理想的道德社会。

人是个体存在和社会存在的统一。人的存在的二重性决定着他的利益和需要也具有二重性。作为个体的存在，任何人都有着与他人不同的特殊利益和需要；而作为社会的存在，每个人又有维护社会发展的共同利益和需要。从根本上说，社会共同利益与个人的利益有着

---

① （魏）王弼撰；楼宇烈校释. 周易注校释 [M]. 北京：中华书局，2012：5.
② （汉）刘向编纂；萧祥剑注译. 说苑：上 [M]. 北京：团结出版社，2021：343.
③ （魏）王弼撰；楼宇烈校释. 周易注校释 [M]. 北京：中华书局，2012：239.
④ 姜建设注说. 尚书 [M]. 开封：河南大学出版社，2008：125.

本质上的一致性，这为人们自觉接受和遵循道德的规范提供了可能。但是，社会共同利益和个人利益毕竟是两种不同的利益，个人利益的特殊性又决定了人类需要道德来调节个人与他人、与社会之间的利益冲突。人际交往中利益冲突的不可避免性肯定着道德制约的必要性。在此意义上，任何伦理道德的存在都是为了协调人际关系中的利益冲突。儒家乐群贵和的道德价值取向，就此而言具有其积极的理论和现实价值。

任何利益矛盾引起的冲突都可能危害冲突双方的利益，导致人际关系的恶化，甚至危害社会秩序。人类社会只有解决这些不可避免的利益冲突，才能够维持自身的存在和发展。一般来说，解决人际关系的矛盾和冲突的方式无非有如下几种：或者一方吞并另一方，为了自己的利益而危害甚至剥夺他人的利益；或者双方各自为了自己的利益进行生死斗争，最后同归于尽；或者双方相互协调，以合理地满足各自的利益而维持人际关系的和谐。儒家在各种可能的方式中采取的是和谐、协调的方式，它有助于建立良好的人际关系和社会秩序，使人与人之间相互关心、相互爱护，并使群体产生强大的凝聚力，使个体产生对群体的向心力。千百年来，中华民族尊礼重义，在人际交往中谦恭让礼、严己宽人、洁身自律、仁民爱物，就是在这种价值取向的熏陶下积淀起来的民族精神和优良道德传统。它是形成我们民族巨大的凝聚力和亲和力的重要思想因素。

儒家强调的"和"并不等于无原则的调和，而是在礼即道德的制约之下的亲和、和合。或者说，和是有差别的统一，而不是无差别的统一，前者为"和"，后者则是"同"，儒家主张君子"和而不同"①。《左传·昭公二十年》曾经记载了晏婴与齐景公的一段对话，

---

① 杨伯峻译注. 论语译注 [M]. 北京：中华书局，1958：149.

就讨论了和与同之间的区别。"公曰：'和与同异乎？'对曰：'异。和如羹焉，水、火、醯、醢、盐、梅，以烹鱼肉，燀之以薪，宰夫和之，齐之以味，济其不及，以泄其过……若以水济水，谁能食之？若琴瑟之专一，谁能听之？同之不可也如是。'"① 和是对不同的事物进行协调，利用事物之间的差异和特性进行相互补充，以充分发挥不同事物所结合的整体的功用。而同则是相同事物的排比，不可能产生相互补充的整体效应。因此，贵和并非简单的等同和无原则的调和，而是相互配合、融合。"君所谓可而有否焉，臣献其否以成其可；君所谓否而有可焉，臣献其可以去其否，是以政平而不干，民无争心。故《诗》曰：'亦有和羹，既戒既平。'"② 所谓和，就是济其不足而损其有余，以其有余补其不足，以其否成其可，以其可去其否。《国语·郑语》也说："夫和实生物，同则不继。"③

可见，儒家伦理道德贵和的价值取向，是求大同存小异，同异互补而充分发挥其整体的功效。和并非无原则的统一、调和，而是在坚持原则的前提之下的融合，这个原则就是儒家所倡导的礼。"知和而和，不以礼节之，亦不可行也。"④ 和并非目的，而只是手段。如果为和而和，则将丧失和谐的原则性而流于同。君子与小人的差异正在于前者"和而不同"，后者"同而不和"。君子尚义，无私意乖戾之心，所见所求各异，而各不苟同，故能相互协调而归于和。小人则各怀其私利，虽同于嗜欲，但各以其私意而相斗，故始终难以和谐。所以说，"君子之于天下也，无适也，无莫也，义之与比"⑤。贵和既非无原则的调和，也不能有个人的任何成见，而唯以道德为准。

① 杨伯峻编著. 春秋左传注 [M]. 北京：中华书局，1981：1419-1420.
② 杨伯峻编著. 春秋左传注 [M]. 北京：中华书局，1981：1419.
③ （春秋）左丘明撰；鲍思陶点校. 国语 [M]. 济南：齐鲁书社，2005：253.
④ 杨伯峻译注. 论语译注 [M]. 北京：中华书局，1958：8.
⑤ 杨伯峻译注. 论语译注 [M]. 北京：中华书局，1958：40.

在此意义上，儒家又把"和"称为"中和"。《中庸》曰："喜怒哀乐之未发，谓之中；发而皆中节，谓之和。中也者，天下之大本也；和也者，天下之达道也。致中和，天地位焉，万物育焉。"① 和就是中节、中礼，是对人的本性的复归。"未发之中"，乃指人人都具有至善的本性；而"已发之中"，则指人的行为与自己本性相符合一致。《中庸》把中和看作宇宙的根本和人类社会生活的根本原则。宋儒从本体论的层面对此作了进一步的发挥。朱熹说："以性情言之，谓之中和；以礼义言之，谓之中庸，其实一也。以中对和而言，则中者体，和者用，此是指已发、未发而言。以中对庸而言，则又折转来，庸是体，中是用。如伊川云'中者天下之正道，庸者天下之定理'是也。此'中'却是'时中''执中'之'中'。以中和对中庸而言，则中和又是体，中庸又是用。"② 人的行为中（符合）于自己固有的本性，叫作中和；而符合于礼义则称为中庸。礼义本于性情，故中和与中庸具有本质上的一致性。已发之和本于未发之中，易言之，所谓和者其实质是和于本性之理，所以中者为体，和者为用。而已发之中是对理的符合，或者说是对理的显现与运用，故庸者为体，中者为用。就其本原而言，中庸之理本于中和之理，外在的行为原则根源于本性固有的天理，在此意义上，中和是体，中庸又成了用。朱熹绕了这么多的弯子，力图阐述中和的本体论意义，概括为一句话，即所谓中和中庸皆以绝对的天理为本，天理为未发之中，是宇宙万物的本体和伦理道德的根据，中者中于此理，和者和于此理，庸者用于此理。因此，宋明理学一改元典儒学和而不同的观点，而以绝对的天理作为和谐的最高道德原则，即以天理所规定的等级秩序为群体的

① 王国轩译注. 大学·中庸［M］. 北京：中华书局，2006：46.
② （宋）黎靖德编；杨绳其，周娴君校点. 朱子语类［M］. 长沙：岳麓书社，1997：1361.

和谐人际关系。

当这种和而不同的思想与封建社会的等级秩序相结合之后，人与人的不同即群体中人际的利益关系及其差别都被赋予了硬性的规定和绝对的意义。所谓和，也就演变为对既定关系的维护，任何矛盾冲突都不允许破坏这种关系。和从相对的融合、从有差别的互补变成了绝对的秩序，以及在此秩序内的调和。"有象斯有对，对必反其为；有反斯有仇，仇必和而解。"① 宋明以后的儒家学者对贵和的道德价值取向作了抽象的哲学论证，使得这种道德思想更加深刻。他们从矛盾的普遍性来说明和的必要性，以凡相反者必相成说明和的可能性，在和的道德基础之上抽象出它的本体意义，以证明和的绝对性和真理性。然而，他们在进行这种理论论证的同时，也使得和成了一种僵化的绝对，认为宇宙间的一切矛盾和冲突（包括人类社会的矛盾冲突）最终都必然也只能以和的形式解决。明清之际的王夫之进一步发挥说："以在人之性情言之，已成形则与物为对，而利于物者损于己，利于己者损于物，必相反而仇；然终不能不取物以自益也，和而解矣。"② 必须承认，"和而解"是解决人际关系中矛盾冲突的一种有效的方式，这种非爆发式的方式能够保持社会存在和发展的相对平衡与稳定，同时也能够避免解决矛盾冲突所造成的破坏。重视和而解，体现了一种博大的道德情怀，但以和而解为解决矛盾冲突的必然和唯一的方式，则反映出儒家贵和的道德价值取向调和矛盾、维护封建社会秩序的精神实质。这就是它所包含的消极因素。

---

① 李峰注说. 正蒙［M］. 郑州：河南大学出版社，2016：88.
② （清）王夫之著. 张子正蒙注［M］. 北京：中华书局，1975：25.

三、君子素其位

礼规定了社会生活秩序。人是社会性存在，人类生活在社会之中，而不是自然群居。在社会生活中，每个人都归属于特定的群体，和自然群居的动物不一样，动物的自然群居是以自然因素维系个体之间联系的，如血缘、地缘、亲缘，而人类个体之间的联系除这些自然因素之外，还有自身自觉的规定——"分"。所以荀子说人能群。分是对人在社会生活中差异性的规定，也是对人在社会秩序中地位的规定。

《左传·昭公二十五年》有这样一段话："夫礼，天之经也，地之义也，民之行也。天地之经，而民实则之。则天之明，因地之性，生其六气，用其五行。气为五味，发为五色，章为五声。淫则昏乱，民失其性。是故为礼以奉之……为君臣上下，以则地义；为夫妇外内，以经二物；为父子、兄弟、姑姊、甥舅、昏媾、姻亚，以象天明；为政事、庸力、行务，以从四时；为刑罚威狱，使民畏忌，以类其震曜杀戮；为温慈惠和，以效天之生殖长育。民有好恶、喜怒、哀乐，生于六气，是故审则宜类，以制六志。哀有哭泣，乐有歌舞，喜有施舍，怒有战斗；喜生于好，怒生于恶。是故审行信令，祸福赏罚，以制生死。生，好物也；死，恶物也。好物，乐也；恶物，哀也。哀乐不失，乃能协于天地之性，是以长久。"① 这段话包含下面几层意义：第一，作为人类社会基本秩序和行为规范的礼，是天经地义的。礼是天之大常即天的运化的客观必然性和地之精义即地的生长发育的精神实质的深刻体现，因而，它是一种天定的秩序和天定的

---

① 杨伯峻编著. 春秋左传注［M］. 北京：中华书局，1981：1457-1459.

和谐。第二，人类的社会生活和一切行为都以天为最根本的法则。君臣、父子、夫妇、兄弟等基本道德关系根据天之经、地之义确立，处理这些道德关系的最基本的道德要求，直接反映了天地运化的本然秩序。第三，人的道德情感以及由此而产生的道德行为也以天的气化为根据。维护社会正常秩序的刑罚威狱、祸福赏罚，即针对人们产生于六气的好恶喜怒哀乐而设立。第四，人类社会道德效法天的"生殖长育"，体现了天的生生之德，符合天的本性，因而维持着最稳定、最和谐的秩序。

儒家著名经典《易传》运用天人合一论证天人关系以及人类社会关系的和谐，在先秦的各种学说中最富思辨特色，对后世影响深远。它说："有天地，然后有万物；有万物，然后有男女；有男女，然后有夫妇；有夫妇，然后有父子；有父子，然后有君臣；有君臣，然后有上下；有上下，然后礼义有所错。"（《序卦》）天地是万物的本原，人类是自然的产物，人类的社会关系、社会道德都是天的本质的表现。既然人类最基本的关系都是由天规定的，那么，调节这些关系的道德原则以及这些关系本身的道德内涵，也都是由天决定的。"立天之道曰阴与阳，立地之道曰柔与刚，立人之道曰仁与义。"（《说卦》）这就是天、地、人三才之道，它揭示了天、地、人的基本关系。"天尊地卑，乾坤定矣。卑高以陈，贵贱位矣。"（《系辞上》）这就是说，社会生活的尊卑贵贱等级制度是一种天定的和谐秩序，具有客观性、必然性和合理性。

汉代董仲舒也以天的阴阳五行的相生相胜来论证专制等级制度的和谐，但他又赋予了天上帝神的内涵，认为阴阳五行只不过是上天规定这一和谐秩序的工具。在他看来，任何事物都与其对立面相依存，不能离开对立面来考察其性征，更不能脱离其对立面而独立存在，这是宇宙万物存在的最根本的秩序。"凡物必有合，合必有上必有下，必有左必有右"，合既规定着对立面的统一，又规定着统一体的差异。由此，他进一步展开说："阴者，阳之合；妻者，夫之合；子者，父之合；臣者，君之合。物莫无合，而合各有阴阳。"（《春秋繁露·基义》）根据天道崇阳抑阴、阳尊阴卑的观点，即可得出君尊臣卑、父尊子卑、夫尊妻卑的结论，在道德主体与客体的对立统一之中，封建社会的等级道德就成为天定的和谐秩序。"仁义制度之数，尽取之天。天为君而覆露之，地为臣而持载之；阳为夫而生之，阴为妇而助之；春为父而生之，夏为子而养之；秋为死而棺之，冬为痛而丧之。王道之三纲，可求于天。"（《春秋繁露·基义》）剥开蒙在上面的一层神秘的外衣，不难发现，这种理论实质上是从天人合一引申出社会道德，论证等级道德的客观必然性、合理性与社会道德关系差序中的和谐性。

宋明理学认为物物各有一理，而总天地万物又只是一理，宇宙间的一切存在都以理为自己的本质。在此意义上，一方面，万物具有共同的本质，有着根本的同一性；另一方面，一物有一物之理，此物与彼物之间又存在质的差异。因此，主体与客体的合一是有差别的，这就是天理所规定的宇宙的根本秩序。北宋理学先师周敦颐对后世影响极大的《太极图说》，极为典型地表述了这一观点："无极而太极。（洪景庐《国史·濂溪传》作'自无极而为太极'，朱熹以为'自''为'而字衍，改定为今本）太极动而生阳，动极而静，静而生阴，静极复动。一动一静，互为其根；分阴分阳，两仪立焉。阳变阴合，而生水火木金土，五气顺布，四时运焉。五行一阴阳也，阴阳一太极也，太极本无极也。五行之生也，各一其性。物极之真，二五之精，妙合而凝。乾道成男，坤道成女。二气交感，化生万物，万物生生而变化无穷焉。唯人也得其秀而为灵。形既生焉，神发和矣，五性感动而善恶分，万事出矣。圣人定之以中正仁义（圣人之道，仁义中正而已矣）而主静（无欲故静）立人极焉。故圣人与天地合其德，日月合其明，四时合其序，鬼神合其吉凶。君子修之吉，小人悖之凶。故曰立天之道曰阴与阳，立地之道曰柔与刚，立人之道曰仁与义。又曰原始反终，故知死生之说。大哉易也，斯其至矣！""无极而太极"，朱熹解释为"无形而有理"。周敦颐在此描述了一个宇宙万物由太极本体生成和展开的过程。太极的动静化生出阴阳，产生了天地，阳变阴合滋生了五行，五行的运化推动了四时的交替，二气的交感化生出万物，人与万物具有共同的本质。而人作为万物中最灵秀者，在与万物的交感中为自己确立了道德。主体与客体的同一，表现在与天地合其德、与日月合其明、与四时合其序、与鬼神合其吉凶等方面，人类社会的道德秩序与对象世界的自然秩序有着根本的一致。自然律的必然规定了道德律的应然，道德的和谐本原是宇宙运化的根本大法。

　　朱熹对这一思想作了进一步的发挥。他说："天覆地载，万物并育于其间而不相害；四时日月，错行代明而不相悖。所以不害不悖者，小德之川流；所以并育并行者，大德之敦化。小德者，全体之分；大德者，万殊之本。"（《中庸章句》第三十章）这是用理一分殊来说明天（理）与万物的本质联系。值得注意的是，朱熹在此是以伦理学的视角，对本体论问题进行的道德的描述。他对本体的运化、万物的秩序都赋予了道德的价值，并进而用宇宙运化根本秩序的道德价值去论证人类社会道德的价值，说明人类社会道德的客观性、必然性与合理性。故他又说："道之流行发现于天地之间，无所不在。在上，则鸢之飞而戾于天者，此也；在下，则鱼之跃而出于渊者，此也；其在人，则日用之间，人伦之际，夫妇之所知所能，而圣人有所不能者，亦此也。"（《中庸或问》卷二）天理之善为道德的理一，而社会的道德原则和个人的道德素质则为分殊。主客体在理一分殊的原则下合一不二，人类社会道德作为分殊于大德之本的小德，不仅与本体之德具有高度的和谐性，而且其本身所规定的道德秩序也因为分殊于天理而有着自然的和谐与本然的价值。

儒家学者的上述论证无非要说明一个问题：礼所规定的社会生活秩序是天定的，社会的尊卑等级秩序具有绝对的合理性。每个人都生活在天定的社会秩序之中，他的权利和义务在他加入这个秩序之中、参与社会生活之前就已经被规定好了，人们只要按照被规定的秩序中明确的规范去生活，就能够维持社会生活的良性运转，个人自我的价值就体现在自觉地履行被规定的义务之中。《中庸》把这一观念概括为"君子素其位"："君子素其位而行，不愿乎其外。素富贵，行乎富贵；素贫贱，行乎贫贱；素夷狄，行乎夷狄；素患难，行乎患难。君子无入而不自得焉。在上位，不陵下；在下位，不援上；正己而不求于人则无怨。上不怨天，下不尤人。"（《中庸章句》第十四章）"素"有惯、安之意，"君子素其位"是说一个有道德的人应该安于自己在礼之中所被规定的社会地位，自觉地而且无怨无悔地做好自己的本职工作，守好自己的本分，无论富贵贫贱都泰然处之，守住本心，做好自己。

第四节　修齐治平的道德实践路径

伦理学是一种实践理性。任何道德学说只有落实到实践之中，只有在社会生活中被人们所遵循，才具有实际的意义；否则，无论在理论上多么完善，都只是空谈。儒家伦理道德也不例外。在中国传统道德文化中，注重道德原则在现实社会生活中的运用，维护现成的社会生活秩序，是儒家伦理道德的一个显著特点。和佛教的出世、道家的避世相比较，儒家学说主张积极入世，把完善人的现实社会生活、造就理想的社会作为自己的历史使命。因此，儒家伦理道德强调实践，这种实践包括修身和处世两个方面，并且它把这两个方面联结成一个有机的整体。此即儒家伦理道德修身、齐家、治国、平天下的实践操作程序。

一、修身为本

元典儒学在孔子创立之初就表现出注重实践的特点。与道家的老子、庄子相比，孔子和孟子的学说都缺乏高度的思辨性，它们都源于现实生活，是对现实生活的总结，将它们落实到现实生活中去又是其学说的主要任务。孔孟一生周游列国，四处宣传和推行自己的主张，尽管他们最终都没有被统治者所接受，但矢志不渝，"知其不可而为之"。这种精神对儒家后学产生了极大的影响，确定了儒家伦理道德的实践特点。

尽管关于伦理道德实践的思想在孔孟的思想中十分突出，但尚未形成完整的体系。正式提出儒家伦理道德系统的实践体系的是儒家重要的经典《大学》。在某种意义上，《大学》可以说是儒家伦理道德的纲领性文件，朱熹甚至将它视为儒家经典之首，而《论语》《孟子》次之。它开宗明义地说："大学之道，在明明德，在亲民，在止于至善……古之欲明明德于天下者，先治其国；欲治其国者，先齐其家；欲齐其家者，先修其身；欲修其身者，先正其心；欲正其心者，先诚其意；欲诚其意者，先致其知；致知在格物。物格而后知至，知至而后意诚，意诚而后心正，心正而后身修，身修而后家齐，家齐而后国治，国治而后天下平。自天子以至于庶人，壹是皆以修身

为本。"① 所谓大学之道的"大学"是相对于"小学"而言的。学的
"大""小"是以年龄为依据来划分的，进而有了学习内容和目的的
区分。古时 8 岁入小学，学习"洒扫、应对、进退、礼乐射御书数"
之类的基本文化知识和礼仪，15 岁进大学，学习修德、治人之道，
故大学是成人之学、君子之学。大学之道，在明明德，即大学的精神
旨趣和根本纲领就在于弘扬、光大光明之德，教化万民，实现终极的
道德完善。这在古代被称为"三纲领"，下面的被称为"八条目"，
简称"三纲八目"。"八条目"就是实现"三纲领"的具体做法，从
其递进秩序而言是格物、致知、诚意、正心、修身、齐家、治国、平
天下，反映了儒家道德修养和道德实践的过程与终极目的。

　　按照"八条目"的顺序，应当以"格物"为其他条目的起点。
但为什么强调"修身"为本？这是因为儒家以道德为安身立命、治
国安邦和经世济民的根本，道德是人的道德，需要人去践履，天道只
有在人的践行中才能够具体落实，实现其现实化。道为人之所道，是
人们的行为的"所由循"，孟子以仁为人心义、为人路，道德是人们
应该遵循的行为规范、该走的路，道德的成就与实现关键在于人。己
正者方能正人，而欲治人先须治己，所以大学在道德实践中以"修
身"为本。严格说起来，"八条目"说的都是"修身"，前四目修的
是"内圣"，后三目修的是"外王"，即内在道德的外部实现。

　　格物致知本来属于认识活动，是主体对对象世界的认识，但儒家
并没有在纯粹认识论的意义上理解格物致知，而把它规定为道德活
动。因此，朱熹说格物致知就是即物穷理，大学之知不是识山河花草
之名，而是要把握世界的本质，他在《大学补传》作了这种阐释：
"所谓致知在格物者，言欲致吾之知，在即物而穷其理也。盖人心之

---

① 王国轩译注. 大学·中庸 [M]. 北京：中华书局，2006：3-5.

灵莫不有知，而天下之物莫不有理，惟于理有未穷，故其知有不尽也。是以大学始教，必使学者即凡天下之物，莫不因其已知之理而益穷之，以求至乎其极。至于用力之久，而一旦豁然贯通焉，则众物之表里精粗无不到，而吾心之全体大用无不明矣。此谓物格，此谓知之至也。"认识对象世界并非为了获得关于客体的知识，而是为了觉证主体自身的本性。儒家文化具有德性主义色彩，其认识论同时也是修养论，统称为"功夫"。人生不仅要把握万物的"表里精粗"，更要彻悟人心的"全体大用"。王守仁则更加明确地指出，"致知"就是"致良知"，即把主体自身固有的良知发露出来，以主体的道德意识去规定客观对象，使事事物物皆得其理，于是，认识活动就成了主体道德修养的一个重要组成部分，道德修养是人类最基本的实践活动。

诚意正心是对人的道德意念和精神意志的培育。儒家认为，意和心在道德修养上具有十分重要的作用。朱熹将诚意视为"自修之首"，《大学》本身的解释是"如恶恶臭，如好好色"，第一个"恶"字、第一个"好"字读去声即好恶之义。恶臭（臭在这里读作 xiù，气味，有成语"其臭如兰"即用此意，恶臭就是难闻的气味）没有人不讨厌，好色（美丽的形象，非特指女色，貌如潘安者人亦皆好之）没有人不喜欢，这是人之性情使然，是自然之真、本然之诚。所以王守仁说人只见那好色时立即就喜欢了，不是立了一个心再去好；只闻那恶臭时立即就讨厌了，也并非立了一个心再去恶。诚意就是真实无妄之意，或者说以诚修意，使意止于诚。"诚"在儒家思想中有着重要的地位，《孟子》和《中庸》都表达了对"诚"的高度重视，都以"诚者，天之道"来确立"诚之者"（"思诚者"）的人之道。

《大学》是这样解释"正心"的："所谓修身在正其心者，身有所忿懥，则不得其正；有所恐惧，则不得其正；有所好乐，则不得其正；有所忧患，则不得其正。心不在焉，视而不见，听而不闻，食而不知其味。此谓修身在正其心。"这里有两层意思：第一，心要放正，不要受到忿懥、恐惧、好乐、忧患等情绪的干扰。第二，心要居正、用正，心为身之主宰，要发挥心的主宰作用，就必须高度用心。王守仁认为目能视而所以视者心也，耳能听而所以听者心也，手足知痛痒而所以知者心也。我们认为所谓正心之正，就是求正、守正、用正，用孟子的话语说，求正就是存本心，守正就是求放心，用正就是尽心。在这种意义上，正心就是人的道德意识的凝结、培育和发挥。

在儒家看来，道德作为主体的属性是人的自觉的活动，易言之，所谓道德实践是主体自觉的选择，为善为恶不决定于他人，而完全取决于自己。一个人只有努力完善自身的道德修养，提高自己的道德素质，才能够在处理自己与他人和社会的关系时不危害他人与社会的利益，从而建立良好的人际关系。同样，一个人只有首先完善自身的道德修养，才能够以自己人格的道德感染力影响、教育和管理他人。故孔子说："不能正其身，如正人何？"① "其身正，不令而行；其身不正，虽令不从。"② "政者，正也。子帅以正，孰敢不正？"③ 因此，主体自身的道德修养是建立良好的人际关系、经世济民、治国安邦的前提条件。

总之，格物、致知、诚意、正心在儒家思想中都是道德修养的重要内容，是道德成就的完善，属于内圣；齐家、治国、平天下则是道德成就的实现，属于外王：它们构成了人的道德修养和完善的两个方面，故言"壹是皆以修身为本"。

① 杨伯峻译注. 论语译注 [M]. 北京：中华书局，1958：145.
② 杨伯峻译注. 论语译注 [M]. 北京：中华书局，1958：143.
③ 杨伯峻译注. 论语译注 [M]. 北京：中华书局，1958：136.

二、齐家为要

在儒家所设计的道德实践操作程序中，外施于人的第一个层面就是家庭，即"齐家"。《大学》解释说："所谓治国必先齐其家者，其家不可教而能教人者，无之。故君子不出家而成教于国。孝者，所以事君也；弟者，所以事长也；慈者，所以使众也。《康诰》曰：'如保赤子。'心诚求之，虽不中不远矣。未有学养子而后嫁者也。一家仁，一国兴仁；一家让，一国兴让；一人贪戾，一国作乱。其机如此。此谓一言偾事，一人定国。尧、舜帅天下以仁，而民从之；桀纣帅天下以暴，而民从之。其所令反其所好，而民不从。是故君子有诸己而后求诸人，无诸己而后非诸人。所藏乎身不恕，而能喻诸人者，未之有也。故治国在齐其家。"① 齐家是齐肃、整治家庭。中国古代封建社会建立在血缘家庭的基础之上，家庭关系是社会最基本的关系。对任何个人而言，家庭是人类首先遇到的社会关系，一个人首先必须处理并且应当处理好的关系就是家庭关系。需要说明的是，在《大学》思想产生的时代，社会处于宗法制度之下，它所表述的是大人、君子之学，换句话说，是贵族子弟之学。在那个时代，社会的结构是宗法血缘继承制：天子之嫡长子继为天子，余子为诸侯；诸侯之嫡长子继为诸侯，余子为大夫；大夫之嫡长子继为大夫，余子为士。世代相传承，家国一体。一个地域中最大宗族的宗子（宗主）同时是这个地域最高的行政首脑；反过来，一个地域的最高行政首脑同时也就是这个地域最大宗族的宗子。家不仅是一个社会生活单位，同时也是一个行政单位。按照当时的说法，大夫始有家，大夫以上的人

---

① 王国轩译注. 大学·中庸 [M]. 北京：中华书局，2006：26.

才能够主持祭祀活动。治好了家，也就有了治好国的基础。孝悌之所以能够事君长，是因为君长本身就是家族中的尊长；慈爱之所以能够抚育众人，是因为普通民众本身就是宗族中的卑幼。

后来家国分离，家庭道德不再同时是政治道德，孝不再是"所以事君"者，而必须移孝为忠，以事父之敬、事母之爱事君才是忠。但是，中国古代社会建立在小农自然经济基础之上，这种生产方式是以一家一户为基本单位的，家庭稳定了、健康了，社会才能够良性运转。因此，齐家一直是中国古代社会道德建设的重要环节。儒家把家庭看作人的母体、社会的元细胞，按照家庭亲情道德演绎出社会道德，力图建立和谐的社会秩序。他们以亲亲为仁，认为人与人之间最根本的关系是相互关爱，这种仁爱的道德就源自亲子之爱。孝悌为仁之本："其为人也孝弟，而好犯上者，鲜矣；不好犯上，而好作乱者，未之有也。君子务本，本立而道生。孝弟也者，其为仁之本与！"孟子以亲亲为仁、敬长为义，主张老吾老以及人之老、幼吾幼以及人之幼。整个儒家的道德体系都是以家庭为核心的：君为臣纲、父为子纲、夫为妻纲，"三纲"中有"二纲"是家庭道德；用以概括人际关系的君臣、父子、夫妇、兄弟、朋友"五伦"，有"三伦"是家庭关系，而君臣是父子关系的放大，朋友是兄弟关系的推衍。

因此，家庭建设在社会道德建设中至关重要。儒家始终注重家庭的建设，把齐家作为道德实践的第一个环节，在齐家的方案中强调家庭的整体利益高于个人利益，宣扬父慈子孝、夫义妇顺、兄友弟恭、勤俭持家、邻里和睦的道德风尚，以家谱承续祖先德业，以家训培育良好家风，慎终追远、枝繁叶茂。

随着现代社会的发展，家庭发生了许多变化，有些传统的功能逐渐消失或者越来越淡化，家庭关系趋向松散，家庭治理的难度越来越大，人们对于齐家的功能也在慢慢淡化，核心家庭成为主流，不婚不育成为少数人的生活现状，传统家庭逐渐解体。但是，无论怎么发展变化，家庭仍然是人们来到这个世界进入的第一个生活环境，并且人们仍然在充满亲情之爱的环境中慢慢长大，传统儒家的家庭道德在今天仍然具有现实的价值，尤其是对子女的价值观念的教育必须持续抓紧。

三、治国济民

当然，齐家虽是治国的前提和基础，但它并不等于治国。和道家的"全真保性"不同，儒家道德修养的目的并非个人的精神安逸和生命的恒久，而是要以自己的善行德业造福于他人和社会。儒家以仁义立身，以仁义行天下，"故士穷不失义，达不离道。穷不失义，故士得己焉；达不离道，故民不失望焉。古之人，得志，泽加于民；不得志，修身见于世。穷则独善其身，达则兼善天下"①。独善其身是手段、是前提，兼善天下才是道德修养的目的。道德之所以有价值，人的本性和行为之所以有善，是因为它们能够造福于他人和社会。儒家的道德理想是实现人与社会的道德完善，把立德、立功、立言称为"三不朽"，其道德实践就是治国平天下。

《大学》对治国平天下作了这样的解释："所谓平天下在治其国者，上老老而民兴孝；上长长而民兴弟；上恤孤而民不倍。是以君子有絜矩之道也。所恶于上，毋以使下；所恶于下，毋以事上；所恶于前，毋以先后；所恶于后，毋以从前；所恶于右，毋以交于左；所恶于左，毋以交于右。此之谓絜矩之道。《诗》云：'乐只君子，民之父母。'民之所好好之，民之所恶恶之，此之谓民之父母。"② 这里主

---

① 杨伯峻，杨逢彬译注. 孟子译注［M］. 长沙：岳麓书社，2021：253.
② 王国轩译注. 大学·中庸［M］. 北京：中华书局，2006：30-31.

要有三层意思：第一，治国者要加强完善自身的道德修养，在各方面起到表率的作用，为民众树立榜样。人们的行为有从众和从上的习惯，其所尊重的权威或者仰慕对象的行为会对他们产生重要的影响。楚灵王好细腰，满朝皆节食束带；唐玄宗爱玉环，举国仕女皆丰满。在道德生活中，在上位者的一言一行都会对民众产生重要的影响。因此，治国者要在道德实践中起模范带头作用。第二，治国者行政要以推己及人作为处理上下关系的原则，己所不欲，勿施于人。第三，治国者要以民为本，从民之所好，去民之所恶。正如孟子所言，得乎丘民而为天子，得民心者得天下，得天下有道。尽可能满足百姓的需要，而不能将他们不想要的强加给他们。

在治国之道上，儒家的核心思想就是德治仁政。孔子强调以德治国，孟子提出了较为完善的仁政理论。在孟子看来，所谓仁政就是"以不忍人之心，行不忍人之政"，即治国者仁心在行政上的运用，并且提出了影响中国国家治理思想的民本学说。治国平天下是兼善天下的道德实践，所谓兼善天下绝非居家生活，而是造福于他人和社会。从根本上说，道德的作用在于协调人际关系，建立良好的社会生活秩序。儒家把道德秩序看作理想的社会秩序，认为道德是治国安邦最主要和最有效的手段，甚至把道德的完善看作人类社会发展的终极目的，所以，道德的实践，就超越了个人的修身养性而与社会的发展和完善紧密地联系在一起。孔子讲仁，不仅要求人们克己复礼、立人达人、刚毅忠信，更强调恭、宽、信、敏、惠，仁者爱人最深刻的含义就是关心民众的疾苦，为社会谋福利，即把仁道的原则贯彻到政治生活之中，导之以德、齐之以礼。后儒继承了元典儒学的这一思想传统，不仅积极宣传仁政德治，而且始终把"为天地立心，为生民立命，为往圣继绝学，为万世开太平"作为自己的人生理想与追求。

所以，治国平天下是儒家道德修养的最高境界和道德实践的最高目的。这种道德实践的观念使得儒家学者积极投身于社会生活，关心和参与社会的政治管理和经济建设，一方面大力宣传维护现成社会制度的伦理道德，对社会民众进行正面的价值导向；另一方面又积极为统治阶级出谋划策，并努力使自己跻身统治阶层的行列，以图贯彻和落实自己的伦理道德主张。尽管历史上有不少学者沉迷于修身养性，但这一直受到儒家内部有识之士的批评，并不能代表儒家伦理道德的主流。应当说，把修身与治国平天下联系在一起，把经邦治国、济世利民作为道德实践的根本，才是儒家伦理道德的主流和精华。

在中国传统文化中，儒家入世，道家避世，释家出世。佛教以现实人生的解脱为道德的终极目的，其伦理道德关注的目光，在于超越的彼岸世界，而不在现实生活。道家以生命的永恒为修持的根本，把精神的自由视为对现实生活的超越。两家的共同特点是认为道德的完善不在现实生活之中，而在于超越的领域。当然，作为现实生活中实际存在的学说，它们也并不能完全脱离现实生活来建构其伦理道德学说，而是以一种曲折的方式为现实生活服务。如佛教提倡以出世的心态入世，在现实生活中出世，把维护社会的伦理纲常看作最基本的道德要求。道家主张以自然的心态面对社会生活，通过无为而达到无不为的目的。而儒家的入世则不同，其伦理道德不仅是现实社会生活的概括与总结，而且必须落实到现实生活之中。道德的完善不在于对现实生活的超越，而在于对现实生活的完善。维护现存的社会制度和生活秩序，促进社会的发展与进步，在现实生活中建立理想的道德社会，就是伦理道德的根本任务，而"天下大同"便是儒家所追求与实践的至高的理想社会政治（道德）形态。

儒家讲修身、齐家、治国、平天下，壹是皆以修身为本。在此实践操作程序中，修身是道德实践的基础，它既是最基本的道德实践，又是更加广泛的道德实践的基础。齐家属于修身实践的第一个成就，道德的社会实践最初是从家庭做起的。良好的家庭关系的建立，能够树立良好的社会风尚，并从根本上维护着社会的基本秩序。家庭关系虽然是最基本的社会道德关系，但不是唯一的甚至也不是主要的社会关系，伦理道德的根本目的是要在全社会范围内建立良好的人际关系，促进社会的安定和发展，后者才是道德实践的主要内容。因此，儒家要求人们把道德广泛地运用于社会生活的各个方面特别是社会政治经济生活方面。只有"经世"，才称得上"致用"。"子路问君子。子曰：'修己以敬。'曰：'如斯而已乎？'曰：'修己以安人。'曰：'如斯而已乎？'曰：'修己以安百姓。'"① 道德修养绝不是为了独善其身，它最终要在道德实践中"安人""安百姓"，即经世致用。"学而优则仕"，就是要把自己所学到的知识运用到社会政治生活之中，治国平天下。

在这种思想的指导之下，儒家学者积极参与社会政治生活，关心社会的发展和国家的兴衰，以建立大同太平社会为己任，积极宣扬维护现存社会生活秩序的伦理道德，把治理国家、造福民众看作道德实践的根本内容和目的，力图在现实的社会生活中建立理想的道德王国。儒家伦理道德的这一特点，体现在其全部的道德理论和实践之中，我们将在以下各章分别予以详述，此处不再赘言。

---

① 杨伯峻译注. 论语译注 [M]. 北京：中华书局，1958：166.

第三章　儒家伦理道德的主要理论观点

自从孔子创立儒家之后，他提出的仁学便成为儒家学说的核心内容。儒家伦理道德由此于孔子发端，发展于孟、荀，从而奠定了后世儒家关于伦理道德的主要理论观点。后儒从不同的层面发扬、完善孔子的仁学，不断进行理论建构与提升，凸显了其中所蕴含的伦理精神，逐渐形成了完整的理论体系。儒家伦理思想从关于人性善恶问题的探讨出发进行道德设计，提出了三种人格完善的理想境界，侧重于重利轻义的价值模式，从而力倡尊德重行的实践理性。在漫长的中国古代社会，它不仅是在社会上占主导地位的意识形态，也是社会道德生活的指导思想，还是中华民族一般价值观念形成的理论依据。因此，儒家伦理思想不但影响了中国古代社会生活的发展、演变，还形成了中华民族精神的显著特点，至今仍然在不同程度地制约着人们的行为方式、价值观念。

第一节　道德善恶的人性根据

自从人猿揖别之后，人类就开始思索自己是什么样的存在、人的本质是什么、人应该怎样认识自己、如何实现人之所以为人的价值等问题。中国历史上的人性论，就是对这些问题的理论反思。

人性问题的提出，乃是人类对自身的觉悟，即把人作为天地间一个独特的族类为前提。从人类诞生到觉悟自身的独立，经历了一个漫长的历史过程。在人类早期的相当长的一段时期，我们的远祖还是自然界盲目必然性的奴隶。直到殷商时期，人们仍被至上的天帝主宰，在它的奴役下生活，对自身的力量缺乏应有的自觉，从朝政大事到播种、出行，都要以某种神秘的方式询问上天的意旨。到西周初年，周公以"敬德保民"转移天命，提出"以德配天"，开始注重自身的能动性。进入春秋战国时期，随着当时社会的动荡和奴隶的解放，人的力量和作用被凸显出来，人对自身独立性、自主性、能动性的认识越来越多，要求也就越来越高。这种历史性的变化反映到理论上，于是就有了对于人自身本性认识的人性论的提出。

在儒家伦理思想体系中，人性论占着十分重要的地位。同西方思想家不同，从早期儒家到历代后儒，在人性问题上他们所关注的不是人性的本体是什么，而是人应当怎样认识自己，人怎样才能实现人之为人的价值。因此，他们致思的取向集中于对人性的价值判断，把人性看作道德问题加以讨论，即所谓人性的善恶问题。自孔子提出"性相近也，习相远也"的命题以后，思、孟一派强调并发挥了孔子的"性相近"的思想，提出了性善论的人性学说；荀子一派则注重和发挥了孔子的"习相远"的思想，提出了性恶论的主张。孟、荀两派的人性理论奠定了儒家人性善恶双重设计的基础。后儒在人性问题上虽然各有所重，提出各种各样的主张，但始终没有脱出这种人性善恶的双重设计的理论格局，其理论主张都旨在弥合两者的理论偏颇，认识和统一两者的关系。到宋儒性二元论即义理之性与气质之性的提出，可谓从理论上解决了这个问题，但其禁欲主义的倾向又引起了明清之际思想家的激烈反对，促使他们进一步探讨了成性和成身的关系问题，强调人的道德上的完善和人的物质生活合理满足的不可分割性。

一、人性本善

孔子是儒学的开创者，也是首先关注人性问题的思想家。他提出的"性相近也，习相远也"的命题，开启了中国儒家人性论的研究。他认为，人的本性本来相似相近，不存在本质的差异，只是由于后天环境的不同影响，才出现了人性的种种区别。此处孔子通过比照"性"近和"习"远，揭示了人性的先天性，肯定了人具有共同的本性，认为人性是可以改变的，但并没有对人性作出具体的阐述，也未把人性问题囿于道德视域下探讨。但是孔子关于人性的命题启发了思、孟，他们提出了性善论的人性学说；荀子一派则提出了性恶论的主张。他们都主张从道德领域论述人性善恶。

战国中期以后，学者们对人性的讨论出现了第一次理论高潮。据《孟子》记载，当时流行的主要有四种观点：性善论，性无善无不善论，性可以为善可以为不善论和有性善有性不善论。孟子从孔子的仁学出发，肯定人具有善良的本质，能够以同情心去爱人。他"以人性为仁义"①，把人性的内容归为仁义礼智，主观上将"德"视为人性的内容。因此，他明确地主张性善论。

首先，孟子认为，人之性就是人与动物根本区别的本质规定性，生理构造和物质欲求上的自然区别都是非本质性的，只有道德才是人所独具而动物所没有的本质属性。所以，人性就是人的道德性。在他看来，人在生理上有着食色欲求等共同性，在心志上有着理义等共同性，但前者不仅为人所有，也为动物所共有，而后者才是唯人所有的独特规定。其次，孟子指出，性善的本质就是植根于每一个人心中的仁义礼智。人性是人的先验本性，人们生来就具有仁义礼智等道德

---

① 杨伯峻，杨逢彬译注. 孟子译注［M］. 长沙：岳麓书社，2021：211.

情感和道德理性。"仁义礼智根于心"①，"仁义礼智，非由外铄我也，我固有之也"。道德并非由外部灌输、植入人们的观念之中，而是人们内心先天就具有的，它"不虑而知""不学而能"，故被称为"良知""良能"。当然，他也觉察到人们天生具有的并非现成的道德观念，而是这些道德观念的萌芽，被孟子称为"端"："恻隐之心，仁之端也；羞恶之心，义之端也；辞让之心，礼之端也；是非之心，智之端也。"② 换句话说，这些同情心、羞耻心、谦让心、是非心就是人类先天具有的"善端"。最后，孟子指出，保存和扩充上述"四端"，就可以发展为仁、义、礼、智"四德"，进而达到至善。在"自觉自愿"意义上，而非"不能"，"人皆可以为尧舜"，每个人都能成为尧舜那样的圣人，随着"善"之本性的发挥和扩充，普通的人可以修养成为君子，从而可以熏陶他人："中也养不中，才也养不才，故人乐有贤父兄也。如中也弃不中，才也弃不才，则贤不肖之相去，其间不能以寸。"③ 可见，孟子不仅肯定人的主观能动性，同时还认为人的本性从先天至善的角度而言是平等的。

在人性本善的理论基础上，个体不仅要"独善其身"，还需"兼善天下"，尤其是指天生有仁心的统治者，孟子的性善论为其"发政施仁"提供了哲学注解："人皆有不忍人之心。先王有不忍人之心，斯有不忍人之政矣。以不忍人之心，行不忍人之政，治天下可运之掌上。"④ 孟子的人性论根本上还是为其仁政理想服务的。

那么，现实生活中为什么又会有不善之人和不善之行呢？孟子认为，这并非因为他们本性不善，而是由后天环境的影响所致。他举例说，就如山上本来生有茂盛的草木，可是牛群常来践踏，羊群常来啃

---

① 杨伯峻，杨逢彬译注. 孟子译注［M］. 长沙：岳麓书社，2021：258.
② 杨伯峻，杨逢彬译注. 孟子译注［M］. 长沙：岳麓书社，2021：67.
③ 杨伯峻，杨逢彬译注. 孟子译注［M］. 长沙：岳麓书社，2021：157.
④ 杨伯峻，杨逢彬译注. 孟子译注［M］. 长沙：岳麓书社，2021：66-67.

啮，结果山上变得光秃秃的，但我们不能因此而断定山的本性即不生草木。因此，孟子的性善论并不是肯定每个人都具有现实的善，而是强调每个人都具有一种可能为善的本性，或者说，天赋的人性是一种可能的善，是善的本原，但这种善的本性必须加以涵养操持，而不能戕贼损伤，否则人的善性就会像被啃啮完的山头一样消失殆尽。

孟子的人性论经宋代儒者的改造，成为古代儒家人性论的主导思想。这种对人性善的价值判断，在一定意义上表现了以人本主义的立场对人类原初平等的积极肯定。一方面，它为建立和谐、仁爱的人际关系提供了内在的理论依据；另一方面，它又为社会道德的可能性寻找了一个主体自身的根源。在人类道德生活中，孟子的性善论突出的积极价值就在于他肯定了人有道德理性，并强调作为主体的人的自觉性和能动性。仁义礼智根于心，道德并非外部的灌输与强制，而是主体对自我本性的自觉与扩充，是人自身存心养性的结果。由于他没有把人性断定为现实善，而强调它只是一种善的内在根据与可能性，现实的人善与不善，既不由先天命定，也不由外部环境决定，而是取决于主体自身后是否具有正确的自觉选择与主观努力，这就肯定了人们在道德实践中的主观能动性。

二、人之性恶，其善伪也

孔子"习相远也"的命题也影响了荀子一派关于人性的看法，但我们细究不难发现，荀子在人性问题上主张"性者，本始材朴也"[1]。他认为只有自然生就、不需要后天学习或加工的东西才能被称为本性，人性的本质并非人的道德性，而是人的自然本性，它的具体内容即生理欲望、感官功能的发挥等自然属性。"今人之性，饥而

---

① 方勇，李波译注. 荀子 [M]. 北京：中华书局，2011：313.

欲饱，寒而欲暖，劳而欲休，此人之情性也。"① 荀子认为人性就是人之"情性"，具体说来就是"饥而欲饱，寒而欲暖，劳而欲休"等生理欲望的实现，以及感官功能的发挥，"目好色，耳好声，口好味，心好利，骨体肤理好愉佚"。荀子的人性论使得儒家人性论回复到孔子之前的自然人性论，丧失了人的主体性与超越性，是儒家人性论超越意义的终结。

上述是荀子关于人性是什么的描述，所谓人性，从定义上而言是无所谓善恶的，即"性朴"；但从道德价值判断人性时，荀子更倾向于性恶论。他指出，人性本恶，其善则是后天人为的结果。荀子认为，只有自然生就、不需要后天学习或加工的东西才能被称为本性，这种本性在人便是声色物欲，如果顺其本性而发展，就会产生人与人之间的争斗，造成社会动乱，因而，必须以道德对人的本性加以制约、改造，引导人们向善。他同样认为人皆可以成为道德完善的人，"涂之人可以为禹"，但这并非取决于主体的自觉，而取决于外部的道德教育与引导，即"化性起伪"。这就是荀子著名的"人之性恶，其善伪（伪之意非虚假，而是指人为）也"的性恶理论。"无性则伪之无所加，无伪则性不能自美。性伪合，然后圣人之名一，天下之功于是就也。"② 不仅是普通人要"化性起伪"，圣人也是天性结合后天学习的结果，"性伪合"的命题表述，隐含着荀子并不直接认为人性是恶的，而是认为人性中可能蕴含有向善向恶的双重倾向，论证了其"化性起伪"、礼法教育的重要性。

在人性问题上，孟子讲的人性是人区别于其他存在的本质规定性，人性是人之性，不是牛之性、犬之性，是与牛、犬相区别的规定性，"人之异于禽兽者几希"，这种规定就是人是有道德的存在，故人性本善。而荀子认为，凡是自然的存在都是有缺陷的、不完善的，

① 方勇，李波译注. 荀子［M］. 北京：中华书局，2011：377.
② 方勇，李波译注. 荀子［M］. 北京：中华书局，2011：313.

钝铁只有经过冶炼打磨才能变得锋利，曲木只有经过削砍刨锯才能变得平直，人的作用就是发挥自己的主体能动性，认识和改造自然，完善和发挥不完善的自然的最大价值。人性是自然之朴，只有经过教化才能够变得完善，故"人之性恶，其善伪也"。

荀子的道德教育论是性恶论的必然结果，也是对孟子性善论反驳的成果。孟子的人性论回答了为善为何是可能的这样一个问题，而把不善归之于主体后天对环境的选择以及环境对主体的影响。但是，为什么本来是善的人性能够在环境的影响下变恶？不同的人生活在同样的环境中为什么会表现出不同的道德素质？孟子未能给出令人信服的解答。荀子通过指出孟子性善论的缺陷，并结合人性自然属性作了一番分析后，认为假如人性本善，那么顺其本性发展就足够了，作为约束人们行为的礼义道德就失去了必要性；如果承认礼义道德是必要的，那就说明人的本性中有不道德的因素，必须以道德对人的本性加以制约、改造，引导人们向善。他同样认为"涂之人可以为禹"，但这取决于外部的道德教育与引导。荀子对人性的教化有着积极的态度。

性恶论虽然回答了道德教育的必要性问题，但也有一个类似于性善论的理论矛盾：既然人的本性是恶的，那么为什么人能接受道德教育，并使之制约和改造自己的本性呢？显然，荀子的性恶论无法从理论上回答这个问题。孟子的"人皆可以为尧舜"与荀子的"涂之人可以为禹"都强调了人之可以为善的可能性，但前者是基于人先天内心具有的德性角度来说明发明成圣的；后者则立足于"伪"，强调人"才性"的可塑性，可通过后天学习抵达圣人境界。不难看出，对比起孟子观点的超功利性和先验性，荀子观点凸显出强烈的功利性和经验性特点。

荀子的性恶论虽然提供了加强道德教化的理论根据，但又无异于承认了对人们加强道德教化是一种反人性的做法。而在这个问题上孟子的性善论与之相较，却有其特具的理论优势，因为它肯定了仁义礼智这些封建的道德规范和要求，是植根于人的本性的，是符合人的本性要求的，所以尽管孟子的性善论未能为加强封建道德教化的必要性提供强有力的论据，但后世的封建统治者在人性问题上一直采取扬孟而抑荀的立场。性善论成了儒家人性学说的主流思想。

可是实际在人性问题上，孟、荀两派表面看起来截然相反、几成冰炭，但本质上是一致的。只不过孟子认为仁义礼智这些封建的道德规范是人的本性的逻辑展开，而荀子认为仁义礼智这些封建道德规范是改造人性的结果。孟、荀从不同的角度都提出了人皆可以为尧舜的主张，甚至荀子也承认人与动物的本质区别就在于人有道德，水火有气而无生，草木有气有生而无知，禽兽有气有生有知而无义，只有人才有气有生有知并且有义，人高于其他存在之处就在于人有道德。孟子教育人们努力发挥自己固有的善性，沿着这条道路走，就能提升自己的人格，成为尽善尽美的圣人；荀子则敦促人们努力用礼义改造自己的自然本性，只有改造自己，才有人格的完善，改造的尽头便是尽善尽美的圣人的实现。可见，孟、荀共同认为，人的价值是在同自身的欲望斗争中提高和发展的，人只有在道德化的道路上才能充分显示和提升自身人之为人的人格。因此，可以说无论从理论形式上还是在致思的取向上，孟子的性善论和荀子的性恶论共同奠定了中国历代儒家在人性问题上善恶双重设计的理论格局。

三、性有三品

儒家人性论自先秦性同一说后，到汉唐逐渐发展为以性三品说为代表的性品级说。不同于先秦儒家孟子的性善论和荀子的性恶论，讲求人人皆具有同一的人性，性三品说的出现有其历史必然性，是用来论证社会等级的合理性的。前有董仲舒尊崇儒术之说，后有王充和韩愈分别主张上中下三级人性论和性情三品论，将性三品说继续发挥并使其渐趋成熟。儒家人性论发展到汉唐出现性三品说，对比性同一说本质上是一种倒退，它忽略了人性之同，并强调人性品级的不变性，对人发挥主观能动性具有消极意义；但不可否认，性三品说的出现也是历史发展和儒家人性论发展的必然结果，其关于人性差异的主张，从混沌性同一说，到深入人内部的不同部分，对于不同人性分别探讨，是对先秦儒家人性论的深化。

　　"名性不以上，不以下，以其中名之。"① "圣人之性，不可以名性；斗筲之性，又不可以名性；名性者，中民之性。"② 董仲舒的性三品说在这两段话中得到了充分印证。此处所说"名性"之性是指天生人性，是天赋予所有人共有的本性，和先秦孟、荀所讲人性的性为一个意思，所指称的是全部人都平等具有的性，没有例外，这一抽象层面的表达体现了一种无差别的人性平等观。"圣人之性""斗筲之性""中民之性"是关于性品级说的性观念，从具体的现实层面出发，其性观念从普遍的人具体化为特定的人群，以道德善恶区别人性的等级，并赋予相应等级的人以伦理人格。"人受命于天，有善善恶恶之性，可养而不可改，可豫而不可去，若形体之可肥臞，而不可得革也。"③ 可见，董仲舒把性三品说放置在天人合一的宇宙论架构中论述，认为天有阴阳，阳善阴恶，故而从天人合一的层面来说，人性亦有善恶二质，由此规定的人性品级也是不变的，否定了人的主观能动性促进人性成善的可能。

　　关于这三个品级的人性，董仲舒认为"圣人之性"是一种纯粹的仁义之性，是无须教化就具有的天生至善之性，是伦理的至德人

---

① 张世亮，钟肇鹏，周桂钿译注. 春秋繁露［M］. 北京：中华书局，2012：380.
② 张世亮，钟肇鹏，周桂钿译注. 春秋繁露［M］. 北京：中华书局，2012：388.
③ 张世亮，钟肇鹏，周桂钿译注. 春秋繁露［M］. 北京：中华书局，2012：33.

格。人性不可能天生有纯粹的至善之性，因此圣人之性必然是董仲舒理想人性的绝对化，是当时皇权绝对化在人性论上的反映。"斗筲"本义是指狭小的器具，可见董仲舒对这一类人性的鄙视，这一说法是承孔子"斗筲之人，何足算也"① 来说的。这里孔子所言"斗筲之人"即指才识短浅的人，董仲舒亦承其说，认为这是一种无才无德的人，因此不可教，是完全不同于必待后天王教而成的"中民之性"的。在全部人中，具有至善的圣人之性和无德的斗筲之性的人只占少数，剩余的中民之性才是万民之性，是大多数人的人性。又因人性善恶二质均具，所以中民之性有善有恶，故由此董仲舒引出了王道教化理论。

一般来说，儒家谈及成善涉及两个途径，即自我内省和外在教化，先秦孟、荀的人性论就是这两种途径的典型，二人皆重视人的主观能动性的发挥。然董仲舒在提出性三品的基础上，极力强调对万民进行外在的社会教化，一定程度上是对荀子外在教化路径的延续，同时也弱化了先秦儒家中对人内在道德自觉的关注。"天生民性有善质而未能善，于是为之立王以善之，此天意也。"② 中民之性有善有恶，所以王者的出现是上天安排来教化万民的，王者明教化民是为顺应天意。此外，王者的价值亦通过教化民众来体现，"下务明教化民，以成性也；正法度之宜，别上下之序，以防欲也"③。万民有受教化的可能性是王道教化的基本前提，圣王亦有教化万民的政治责任和社会责任。"圣人之道，不能独以威势成政，必有教化。"④ 可见，君主教化不只是为了万民，还是治国行政的重要手段。

东汉思想家王充对董仲舒"性善情恶"论提出批评，他认为性

---

① 杨伯峻译注. 论语译注 [M]. 北京：中华书局，1958：147.
② 张世亮，钟肇鹏，周桂钿译注. 春秋繁露 [M]. 北京：中华书局，2012：381.
③ （清）徐与乔评辑；（清）潘椿重订；韩艳秋整理. 史汉初学辨体 [M]. 北京：商务印书馆，2020：216.
④ 张世亮，钟肇鹏，周桂钿译注. 春秋繁露 [M]. 北京：中华书局，2012：401.

情"同生于阴阳",而并非董仲舒把性、情分别对应阳、阴和善、恶。王充的性三品论建立在性气不分的基础上,强调性即质、质即气,因此,性即气,把人性视为材质,性的善恶是由禀气的厚薄决定的:"禀气有厚泊,故性有善恶也。"① 此处"禀气有厚泊"不仅是物质性的气的厚薄、多少,更关键的是所受理义之气的厚薄、多少。正因为禀气的不同,所以人性有差异,呈现出善恶的不同属性。但是此处王充认为人性善恶并非就由此固定,因为禀气只是决定人的初生之性,人性是可通过后天的教化而改造变化的。"论人之性,定有善有恶。其善者,固自善矣;其恶者,故可教告率勉,使之为善。凡人君父审观臣子之性,善则养育劝率,无令近恶;近恶则辅保禁防,令渐于善。善渐于恶,恶化于善,成为性行。"② 区别于"命",即人的寿命和富贵均由天定且不可更改,这样的命定论和非道德性主张不适用于王充"性"的定义,他强调性作为自然材质有着明显的道德性。"其善者,固自善矣"的上善者拥有的性是善的,善者在教化过程中同时还承担养善和劝善的职能,养善为养自身之善,劝善即针对恶,不仅要限制恶,还要与恶隔绝,亦要通过善使得恶从善。这再次论证了王充人性善恶可变的观点。关于下恶,王充也无可奈何:"至恶之质,不受蓝朱变也。"③(《本性》)和董仲舒一样,王充也主张上善与下恶不移,强调后天道德教化的决定性作用。后天的教化即对材质的改造,这是决定性善恶的根本,通过教化,可以致善成贤,甚至"恶化于善"。

最终王充在《本性》篇总结说道:"余固以孟轲言人性善者,中人以上者也;孙卿言人性恶者,中人以下者也;扬雄言人性善恶混者,中人也。"④ 他主张的上中下三级人性论中,上善与下恶不可移,

① 陈蒲清点校. 论衡 [M]. 长沙:岳麓书社,2006:23.
② 陈蒲清点校. 论衡 [M]. 长沙:岳麓书社,2006:20.
③ 陈蒲清点校. 论衡 [M]. 长沙:岳麓书社,2006:38.
④ 陈蒲清点校. 论衡 [M]. 长沙:岳麓书社,2006:40.

中人是善恶可变的，和董仲舒性三品说的中民之性有异曲同工之处。而这三级人性之所以不同，王充简单归结为了"禀气有厚泊，故性有善恶也"。总之，王充的人性论沿袭董仲舒的分法，其认为性恶可以教化为善的观念对人格教化是有重要意义的，是有利于民众的道德品质的磨炼和提高的，但其不足之处仍在于反映了汉代儒学人性论缺乏彻底的抽象性和超验性。

从王充到韩愈等人皆已不用圣人等人格说明性三品说，实则是一种理论形态渐趋成熟的表现。韩愈主张性情三品对应说，区分性和情，情三品和性三品相对应构成人性论。首先，韩愈人性论中"性"的定义是对孟子性善论的继承："性也者，与生俱生也；情也者，接于物而生也。"① 韩愈所言性是天生就有的，与孟子思想一致，他也把性看作人区别于动物的本质属性。"五常"之性作为人性的内涵构成，是普遍的类存在，须得落实到现实的具体个人的人性存在状态上，方可呈现出不同的人性品级。性的具体内容为"五常"，较之孟子"四端"，只多了"信"德，并把"仁"德的地位置于核心。所谓人性的善恶就是由具备的"五常"是否充足来判定的。"其所以为性者五：曰仁，曰礼，曰信，曰义，曰智。""上焉者之于五也，主于一而行于四；中焉者之于五也，一不少有焉，则少反焉，其于四也混；下焉者之于五也，反于一而悖于四。"② "主于一"就是指以仁为纲领，统御其他"四常"并发挥主要作用。"五常"作为道德理性，人全部完备时就拥有上品的"善"性，下品的"恶"性是"五常"缺失的结果。具体说来，上品的人性以"仁"为主德，通于其他四德；中品的人性有一德不完备，并于其他四德有所不足；下品的人性不仅不符合四德，且违反了一德。

---

① （唐）韩愈著；谦德书院译. 韩愈全集全本全译：上 ［M］. 北京：团结出版社，2022：390.

② （唐）韩愈著；谦德书院译. 韩愈全集全本全译：上 ［M］. 北京：团结出版社，2022：391.

与性相对应的情亦分为三品："情也者，接于物而生也。"情是性发的结果。所以上品的情"动而处其中"，中品的情发动而有、过而不及，下品的情任情而行，不符合道德标准。情的品级划分是根据度来把握的，下品之人的行为不当就是性和情失位错乱的结果。韩愈通过划分三品以区别人性差异，目的在于使得人可以自新向善。那么人该如何自新向善呢？韩愈提出的根本路径是学习："上之性，就学而愈明；下之性，畏威而寡罪。是故上者可学，而下者可制也。其品则孔子谓不移也。"① 上品人性本来就善，并且愈学愈明；中品可能就需要引导；下品人性则是教化的重要对象，教化使他们害怕而少犯罪。要注意，这里的"不移"是有条件的，承孔子之说，"不移"是指"困而不学"者，不需要倚靠外来的力量教化，这对比王充外在教化又是一大进步。向善不再是被动性地接受圣人教化，而是自身积极主动地学习儒家道德礼乐。

韩愈的性情三品是对先秦孟子性善论的继承，同时把先秦儒家抽象的道德理性具象化。首先，基于当时社会的佛学潮流，韩愈针锋相对地提出关于上品和下品不移的思想，就是与佛教人人都有佛性、皆有成佛可能性观点的短兵相接。其次，佛教在性情关系上主张二者对立，必须灭情以见性成佛，韩愈则是把性和情相配并统一起来，建立了性情三品对应论的人性论。这一人性论思想在中国古代人性论发展史上有重要作用，既一定程度上遏制了佛教伦理思想的影响，又为后来宋明理学家提出二元分立的人性论思想奠定了基础。

四、气质之性与义理之性

春秋战国以后，人性论思想的演变一直是围绕如何调和孟子的

---

① （唐）韩愈著；谦德书院译. 韩愈全集全本全译：上［M］. 北京：团结出版社，2022：391-392.

性善论与荀子的性恶论之间的矛盾，如何既能解决把仁义礼智这些封建道德规范安置在人的本性的需要中，又能解决对人们加强封建道德教化的必要性问题而展开的。从汉到唐，先后出现了董仲舒的性三品论、扬雄的性善恶混论、李翱的性善情恶论等人性学说，但这些人性学说都未能很好地解决上述问题。

为了解决善恶具有不同根源的理论矛盾，也为了论证封建道德教化和个人道德修养都是既必要又可能的现实需要，宋代儒家学者吸收了佛、道的思辨方法，从宇宙万物生成的理和气的关系的哲学思辨出发，提出了义理之性和气质之性的概念，完成了把善恶同时植根人的本性之中的双重设计。他们在坚持孟子的性善论的前提下，论述了人性具有双重性或二元性。首先提出这一理论的是北宋著名思想家张载。他说："形而后有气质之性，善反之则天地之性存焉。"他认为天地万物包括人在内都是由太虚之气化生而成的，宇宙间只有一气流行，气聚而凝结成万物，散而复归于太虚本体。人作为已成形之气与太虚本体之性有着本质上的同一性，"天性在人，正犹水性之在冰，凝释虽异，为物一也"。① 所以，人性就其本原来说是天性在人身上的具体表现，因而它规定了人的本质，是人人共具的本质属性。天性真实无妄，以生生之仁德为其本性，故人性（天地之性）本质上具有至善性。这就是说，天地之性有着本原的意义，因而比以往的性善论更加抽象了，在当时也更加有理论说服力了。

但是，张载指出，正如本体之气毕竟不等于构成物质实体的具体之气一样，天地之性作为人的共同本质属性也不等于现实的人所独具之性。人除了形而上的天地之性，还有因人而异的气质之性，"合虚与气，有性之名"。太虚是气之本体，万物是本体之气聚散变化的客形，人由阴阳之气凝聚而成形，但其气的本体仍然是太虚，所以人

---

① 李峰注说. 正蒙［M］. 郑州：河南大学出版社，2016：130.

有天地之性。而所谓气质之性并非指气的本性，而是指构成现实人类个体的气（即"客形"）所具有的属性。张载认为，人与万物虽然同禀一气，但由于每个人所禀受的气有精粗、厚薄、清浊的不同，便形成了现实个人之间的差异。气质即构成人的具体材料或曰人的物质实体，气质之性具体表现为现实个体的物质属性——饮食男女等自然属性。他进而指出，气质之性作为人的自然本性虽然不可消灭，但并不必然具有善的价值；相反，它容易受客观环境的影响而流于恶，"故气质之性，君子有弗性者焉"。就这样，张载提出了人性论二重性的构想，他以天地之性为善的根源，以气质之性为恶的根源，但强调只有天地之性才是人的本质属性，认为人们必须"变化气质"，以便复返于本原的天地之性。

张载的理论得到了他同时代稍后一点的思想家二程的进一步发挥。二程明确地把天地之性规定为义理之性（又称天命之性），其本质内容即所谓天理，而以气质之性为人欲，提出"性即理也，所谓理性是也"①。他们认为性是作为绝对本体的理在人身上的表现，但人不仅有理，而且有气，不能离气言性，否则便不完备。南宋大思想家朱熹十分推崇张载、二程的人性理论，对"性即理"的命题作了充分肯定："性即理也一语，直是孔子后，惟伊川说得尽，这一句便是千万世说性根基。"② 他指出，张、程以前的人性论皆不完备，存在重大的理论缺陷。孟子以仁义礼智为性，揭示了人有义理之性，但不识气质之性；荀子、扬雄、韩愈等人又只看到气质之性，忽略了人还有义理之性：他们都只看到人性的一个方面。所以，张、程之说出，则诸子之说泯。

朱熹进而以"理一分殊"的理论论证了人人之性同具一理，但

---

① （宋）程颢，（宋）程颐撰；王云五主编. 河南程氏遗书 [M]. 北京：商务印书馆，1965：318.

② 姜国柱著. 中国思想通史：宋元卷 [M]. 武汉：武汉大学出版社，2011：267.

又各有不同。理作为宇宙万物的本体具有至上性、唯一性，万物包括人均以理为存在的根据，由理而获得其本质规定。换句话说，人的本质都由天理规定，故人人都有义理之性。但理作为抽象的本体必须借助气来获得现实性，任何有形实体皆由气构成，气是理建造万物的质料，是理借以实现的"安顿""挂搭"处。所以，理一旦规定了人的本质，便依附在具体的人身上，与气相互结合。对人来说，气以成形而理以赋性，理气相杂，便形成了人的气质之性。在此，理是仁义礼智等道德原则的抽象，它绝对至善，是人的本质属性；气则是人的自然属性的概括，它是不完善的，往往遮蔽着人们对理的自觉，阻碍着理的扩充与完善，自然成了恶的根源。

正是从这种人性善恶的双重设计出发，宋代以后的学者不仅提倡道德修养的自觉性，同时也强调道德教化的必要性。概括地说，宋儒的人性二元论旨在说明，人性是人的道德理性和自然感性的统一，其中，前者是人的本质属性。这种理论属于德性主义人性论。在中国古代，虽然出现过自然主义人性论（如先秦告子"食色，性也"的性无善无不善论），但主要倾向还是德性主义人性论。无论孟子的性善论还是荀子的性恶论，都是以德性论人性，特别是孟子的性善论一直占主导地位。宋儒的人性二元论，就是这一理论的发展与完善。

任何人都生活在一定的社会关系之中，他既是个体存在，又是社会的存在物，这就决定了他的需要具有个体性与整体性的双重特点，必须处理这两者的关系。因此，道德作为调节人们个人利益和需要同社会整体利益和需要的关系的行为规范，也是人的一种本质需要。人有道德理性，的确是人区别于动物的重要标志之一。在此意义上，中国儒家的德性主义人性论以其特有的历史形式，反映了人的这种本性，它也从人性这一特殊视角触及个体和整体、个人和社会的关系问题。

尽管人性二元论比孟子的性善论和荀子的性恶论更能自圆其说，

更能明确地回答人性善恶的根源问题，但其认为人性本来具有善的
或者恶的道德价值，仍然是一种先验的人性论。它强调性由天命，一
旦成形即不可变易，为道德宿命论提供了理论根据。特别是它把人的
道德理性与自然感性对立起来，轻视、排斥人的感性情欲，将其视为
恶的根源，表现出明显的禁欲主义倾向。所以，到了明清之际，学者
们又对它作了进一步的修正。王夫之、颜元、戴震等人对人的自然属
性均有不同程度的肯定，如王夫之主张"理欲合性"，颜元提出"非
气质无以为性"，戴震强调"血气心知，性之实体"，都反对把义理
之性和气质之性对立起来。

王夫之指出："盖性者，生之理也。均是人也，则此与生俱有之
理，未尝或异。故仁义礼智之理，下愚所不能灭；而声色臭味之欲，
上智所不能废，俱可谓之为性。"① 仁义礼智与声色臭味是人所固有
的两种属性，理与欲并不相互排斥、对立，而是相互结合、渗透，理
寓于欲，义理之性就是气质的本性。人性就是自然感性与道德理性的
统一。虽然他仍然坚持德性主义人性论，但并不认为人性之善是命定
的现实之善，而是本体之善、可能之善。现实人性的善恶都取决于主
体自身的主观努力和客观环境的影响。王夫之也沿用了宋明理学
"性者生理"的命题，但认为生理是生气之理，反对宋儒以人性一经
命定即终生不变的理论，而提出人性的形成与完善是一个与人的生
命相始终的过程。人并非初生禀受就一定成形，而是有生之后时时处
处无不与天地之气相交换，不断接受天地之气以更新生命，从生到
死，日生而日成之，未成可成，已成可革。因而，王夫之鼓励人们努
力接受社会的道德教化，并通过自身自觉的道德修养，在后天的道德
实践中完善自己的人性，使自己成为一个道德高尚的人。

总之，儒家从人性根据角度论述道德善恶，把道德善恶问题归结

---

① （宋）张载撰；（清）王夫之注；邵逸夫导读. 正蒙［M］. 合肥：黄山书社，2021：
149.

为人性论问题来研究，究其本质是一种抽象的人性论，但在这种人性论背后所蕴含的是：人的道德属性和自然属性，人的社会关系、意识形态同人的生理本能、物质生活欲求的关系问题。儒家的人性论曲折地表明，人只有在道德化的过程中才能实现人之所以为人的价值，人也只有在实现其社会价值的过程中才能实现其作为个人的价值。这种思想虽然打上了农耕宗法、自然经济的深刻烙印，本质上是为巩固封建统治秩序设计的，但它毕竟又历史地反映了人对自身价值的积极探索和对自身人格提升的积极追求。这后一层含义也是我们今天所不应当忽视的。

第二节　人格完善的理想境界

成性即成人，人性的完善即人的完善。儒家学者尽管提出了各种各样的人性学说，但都是对人的完善的必要性、可能性、内在根据和现实途径的探讨。他们的学说虽然有着种种差别，但是都包含着对人格理想的理解、设计与追求。所谓人格，指人在世界中的格位，是人之所以为人的格式和标准，是人生形象的综合描述。伦理学上讲的人格，则指一个人做人的尊严、价值和品格的总和。儒家以道德作为人的根本，追求人的道德完善，他们设计的理想人格，即道德完善的人。由于道德境界的差异，儒家的理想人格有君子、豪杰、圣人三个不同层次，它们都是人生的范型，反映了儒家的道德追求。

一、成性与成人

道德修养就是对人的自我塑造，成就良善的人，成就道德完善的人。

儒家历来十分重视道德修养，并把它视为"作圣之功"的重要内容。孔子提出的纲领是"克己复礼"，方法是"内自省""内自讼"，手段是"学""思""行"相结合。孟子在性善论的基础上提出了修身养性的学说，要求人们"存心""尽心""求放心"，以便存性尽性，其方法是"养气""寡欲""反求诸己"。《中庸》提出了道德修养所应达到的境界，"致广大而尽精微，极高明而道中庸"①，并提出了"自诚明""自明诚""慎独"的途径和方法。《大学》以"三纲领""八条目"论述了道德修养的层次与步骤。

宋明时期，道德修养更成为儒家伦理学讨论的重要理论问题。张载主张"变化气质"，程朱则以《大学》为本，主张通过"格物致知"来"穷理尽性"。他们把道德修养当作对本体理的认同，强调正气质之偏，革人欲之私，使人固有的至善品性达到完善。陆王则提倡"先立乎其大者"的"简易工夫"，主张"自存本心""致良知"，重在向内用工夫。到明清之际，学者们在道德修养上强调"躬行""实践"，主张在"行道"的过程中淬炼自己的品格，凝"道"为"德"。

行道有得之谓德，儒家把道德修养理解为由道向德的转化，即社会道德的内化过程。道是德的本体，德从属于道。他们认为，道与人的本性根本一致，人以道作为自身的本质。德就是主体在知道行道过程中"知其当然""信其必然"，易言之，是主体对道的认同和内化。因此，德本身就是道的内容之一，道德修养的目的就是使社会道德向个体道德内化。一般来说，无论"天""道""理""心"等，在伦理学上都只是客体的本体善，它要在人类社会获得现实性，依赖于人

---

① 王国轩译注. 大学·中庸［M］. 北京：中华书局，2006：119.

本身的自觉活动，即通过道德修养转化为德。在一定意义上，德就是获得了现实性的道。因而，道德修养的过程又是主体向本体复归的过程，是天人合一的过程。

道德修养即道德品质的涵养锻炼，是主体道德完善的过程。它不是人性的自然发展，而是主体自觉、能动的道德活动。儒家把它概括为成身成性（或曰修身成人）。人的欲望和需要是一切道德活动的内在动因，任何行为总是为了满足主体的特定需要，但是，欲望需要具有自然性和个体性特征，并不是无条件符合道德的，若听任其自然发展，甚至把一己之欲作为行为的标准和唯一动力，就会使人无视道德的制约，养成不良的习性。因而，儒家的道德修养强调"制欲"，一方面涵养、淬炼合理的人欲，另一方面又要克制人欲的泛滥。必须指出，儒家在一定程度上肯定人欲的合理性，对人欲作了公与私、正与邪的区分。公欲、正欲，由于它符合道德，本身就属于天理，正为儒家所追求；私欲、邪欲，则是与道德相违背的恶劣情欲，它才是儒家在道德修养中要予以遏制和消灭的。我们知道，人既是自然存在，又是社会存在，其本质在社会性而不在自然性。人的自然属性只有在社会属性的制约下才属于人的属性，否则，就只是单纯的动物性。道德的功能之一就是克制消灭单纯的动物性，对人的自然欲望和需要进行制约和引导，使之成为人的属性。正是这个原因，儒家把成身修身当作道德修养的重要任务。正己，然后能施人。

人的道德完善就是通过道德内化，把社会道德凝结为自己的品德，从而实现德与道的和谐统一。儒家设计的种种修养方法、途径、措施，尽管各有殊异，但都强调通过道德修养的实践达到上述目的，儒学就是学以成人的为己之学。

二、君子守礼

儒家在道德文化上一直强调两个不容混淆的界限，称之为"天下之大防"，即华夏与夷狄、君子与小人。前者意在捍卫民族文化的纯洁性，高扬民族的自主、自尊、自强；后者重在坚持个体道德的崇高性、严肃性，突出道德人格的自觉、自成与自爱。

所谓君子，在西周时为贵族的通称，是上位者。《尚书·无逸》云："君子所，其无逸。"① 孔颖达疏曰："君子止谓在官长者。"小人则指细民、无德之人。当时，刑不上大夫，礼不下庶人，平民百姓与礼无缘，故君子之名为贵族专有，并成为有德之人的专称。春秋之后，礼崩乐坏，礼不再为贵族垄断，君子与小人便逐渐成为有德者和无德者的称谓，经孔子大力阐释后，君子便被定型为儒家崇尚的道德人格。孔子对君子的论述，概括起来说，即仁以为本、礼以为质。易言之，君子就是遵循礼，追求、成就仁德的人，它具有如下几个显著特点。

第一，克己复礼。守礼即遵循道德行为规范，是君子首要且基本的要求。在儒家学者看来，道德是人之所以为人的根据，是人与动物相区别的本质规定，从而也就是人的本质。仁德是君子人格最基本的内涵。"君子去仁，恶乎成名？君子无终食之间违仁，造次必于是，颠沛必于是。"② 人除了具有道德本质，还有着许多自然属性，后者维持着人的生命生存，它们受外物的刺激而产生各种各样的物质欲望，使得人们的行为受到外部对象的引诱和制约，常常偏离本性，遮蔽本心，从而与道德相违背。小人之所以为小人，就在于他受制于自

---

① 姜建设注说. 尚书［M］. 开封：河南大学出版社，2008：244.
② 杨伯峻译注. 论语译注［M］. 北京：中华书局，1958：38.

然情欲的冲动，被外物蒙蔽了本性。而君子能够守住本性，听从良心的命令，自觉地用道德规范约束自己的情欲，使自己的行为符合道德的要求。孔子把它概括为"克己复礼"，他的具体解释是"非礼勿视，非礼勿听，非礼勿言，非礼勿动"。孔子认为视听言动均要依礼而行，即能达于仁，成为道德高尚的君子。君子的视听言动等一切行为都遵循道德规范。

第二，恭敬谦让。君子以守礼为第一要义，而礼作为道德要求，其基本精神便是恭敬与礼让。恭敬即谨慎、虔诚。无论对待人生、他人和社会，都必须严肃认真，谨小慎微。对己而言，正心需有诚意；对人而言，事父母须孝敬，事君须忠敬，与朋友交须诚敬；对自己的职责，必须"战战兢兢，如临深渊，如履薄冰"。概而言之，行于己须恭，事于人须敬。因此，孔子把恭敬作为"君子之道"的重要内容："子谓子产，'有君子之道四焉：其行己者恭，其事上也敬，其养民也惠，其使民也义。'"①礼让即谦逊。无论恭与敬，都必须以礼为标准，若不依于礼，则恭将变得自卑，敬将化为畏葸，只有立于礼、依于礼，才能恭敬而不失自尊。孔子说"君子无所争"②"君子矜而不争"③，都必须立于礼来解释。坚持一定道德原则的不争、礼让，才成为谦逊的美德。君子的礼让、谦逊，是对骄傲自大的否定，而不是对现实的消极逃避，它是人际关系的行为规范，而不是人生的处世原则。因此，儒家不仅强调"当仁不让于师"，而且提倡自强不息的精神。

第三，诚信和顺。君子重然诺，笃情义。儒家认为，忠信为立身之本，"君子不重，则不威；学则不固。主忠信"④。人与人相交，贵

---

① 杨伯峻译注. 论语译注［M］. 北京：中华书局，1958：51.
② 杨伯峻译注. 论语译注［M］. 北京：中华书局，1958：27.
③ 杨伯峻译注. 论语译注［M］. 北京：中华书局，1958：173.
④ 杨伯峻译注. 论语译注［M］. 北京：中华书局，1958：6.

在真诚。诚信有二义，一为言行一致，行之必可言，言之必可行；二为讲信用，言而有信。没有诚信，言行表里不一，就不具有完整健康的人格。"人而无信，不知其可也。"① 信己信人，才会有人与人之间的相互信任。在此，重要的并非希望别人信任、了解自己，而是自信信人。这就要求君子具有温和顺从的美德，严于律己，宽以待人，立身行事，只求尽己尽责，任劳任怨，而不是为了求得他人的赞誉。"人不知，而不愠，不亦君子乎？"② 孔子多次强调，君子求诸己，只担心自己是否有能力，而不怨恨别人是否了解自己。因而，君子必须与人为善，而不能苛求于人；必须恭谦有礼，以恕道待人，而不能争强好斗。

第四，仁为己任。君子的追求绝不仅仅是独善其身，还应兼善天下。仁为君子最根本的品德，它的实质是爱人，而不是爱己。所谓爱人，即"己欲立而立人，己欲达而达人"，"己所不欲，勿施于人"。君子的理想，君子人格的道德价值，就是要把仁德推广于天下，济世安民。这是儒家经世济民的思想的典型反映。它表明，儒家的君子人格具有强烈的历史使命感。"士不可以不弘毅，任重而道远。仁以为己任，不亦重乎？死而后已，不亦远乎？"③ 在儒家看来，仁是人的价值的根本之所在，是人生的奋斗目标，它甚至高于个人生命的价值："志士仁人，无求生以害仁，有杀身以成仁。"生命之所以有价值，是因为它能体现、实现仁。为了实现仁而牺牲自己的生命，正体现了生命价值的光辉。这种人生追求，反映了在人格理想上儒家学说与道家、佛教学说的根本区别。

---

① 杨伯峻译注. 论语译注［M］. 北京：中华书局，1958：23.
② 杨伯峻译注. 论语译注［M］. 北京：中华书局，1958：1.
③ 杨伯峻译注. 论语译注［M］. 北京：中华书局，1958：87.

三、豪杰担当

如果用一句话来概括儒家的君子人格，可以说就是"温、良、恭、俭、让"的"文质彬彬"的人格范型。尽管它也包含着自强不息、仁为己任等因素，但总的说来缺乏一种豪迈激越的品质。于是，儒家又提出了第二个层次的豪杰（又称为英雄、大丈夫等）人格。

所谓豪杰，是一种杰出、俊伟的人格形象，是具有大智大勇的有德之人。力勇过人谓之豪，德智非凡谓之杰。如果说，君子集中反映了恭谦守礼的人格形象，那么，豪杰便表现出胆识超人、直道而行的气概。这种区别在早期儒学孔子和孟子的思想中最为明显。孔子一生以恢复西周章典制度为己任，要求人们知礼、守礼、复礼，他所设计的理想人格，不免过于温文尔雅。而孟子以推行王道于天下为己任，要求人们知义、求义、履义，他所设计的人格形象，就带有雄壮、伟岸的色彩。在儒家学说中，豪杰人格具有下列规定和特点。

第一，义以为尚。君子守礼，豪杰之士崇义。礼多为既成之旧制，而义者宜也，宜于时宜于势，崇义比守礼更符合时代的发展，具有更加积极的道德价值。孟子强调居仁由义，从仁出发，通过义来实现仁，而不是通过克制自己来实现仁。因此，他所设计的豪杰人格，以义为行为准则，而不循规蹈矩地守礼。"非其义也，非其道也，禄之以天下，弗顾也；系马千驷，弗视也。非其义也，非其道也，一介不以与人，一介不以取诸人。"[1] 豪杰之士有着极强的原则性和正义感，不受礼节的拘束，言不必信，行不必果，惟义是从。但这并非表明豪杰之士可以言行不一、不守信用，而是坚持更高意义的信，信于

① 杨伯峻，杨逢彬译注. 孟子译注 [M]. 长沙：岳麓书社，2021：187.

148

心，信于义。因而，他也能在一定程度上超越等级顺从，把那种"以顺为正"的行为方式视为"妾妇之道"。

第二，独立特行。豪杰之士比君子更加注重人格的独立与尊严，不把服从作为美德。孔子说君子有三畏，即畏天命、畏大人、畏圣人之言。畏天命是对外在主宰的敬畏，畏大人就是对权威的敬畏，畏圣人之言是对真理（在孔子看来圣人之言就是真理）的敬畏。孟子推崇的豪杰则不然，"说大人，则藐之，勿视其巍巍然"①。高堂华室、美食侍妾、酒乐田猎群仆这些"大人"引以自傲的东西，豪杰均不屑一顾。"在彼者，皆我所不为也；……吾何畏彼哉?"② 豪杰只以义为贵，只服从于义，就是富贵、贫贱、权势都不足以动摇他的意志、改变他的行为："富贵不能淫，贫贱不能移，威武不能屈，此之谓大丈夫。"③ 豪杰就是大丈夫。义是豪杰维护的最高价值，绝不容许有任何侵犯。由于相信义的力量，豪杰有着一往无前的大无畏精神，"不肤挠，不目逃"，"自反而缩，虽千万人，吾往矣"④。刺肤刺目，无动于心，只要坚信自己拥有义、符合义，虽有千万人反对、阻挠，豪杰之士也能勇往直前。这表明豪杰对自己追求的道义具有极强的信心。

第三，刚毅浩然。豪杰之士有着刚毅的意志、宽广的胸怀和凛然的正气。这是由于豪杰具有远大的志向和恢宏的气魄，以志帅气，故能"持其志，无暴其气"⑤，而一旦伸其志，就化为浩然之气。何谓"浩然之气"？孟子解释说："其为气也，至大至刚，以直养而无害，则塞于天地之间。其为气也，配义与道；无是，馁也。是集义所生者，非义袭而取之也。"⑥ 浩然之气是充塞于天地之间的至大至刚之

① 杨伯峻，杨逢彬译注. 孟子译注 [M]. 长沙：岳麓书社，2021：286.
② 杨伯峻，杨逢彬译注. 孟子译注 [M]. 长沙：岳麓书社，2021：286.
③ 杨伯峻，杨逢彬译注. 孟子译注 [M]. 长沙：岳麓书社，2021：115.
④ 杨伯峻，杨逢彬译注. 孟子译注 [M]. 长沙：岳麓书社，2021：54.
⑤ 杨伯峻，杨逢彬译注. 孟子译注 [M]. 长沙：岳麓书社，2021：55.
⑥ 杨伯峻，杨逢彬译注. 孟子译注 [M]. 长沙：岳麓书社，2021：56.

气，是由内心之道义迸发出来的浩然正气，是一种广大、刚强、正义凛然的精神。因而，豪杰之士有极强的自尊心和自信心，从不贬低、轻视自己，它与君子的谦逊形成鲜明的对照。孔子曾说："若圣与仁，则吾岂敢？"① 而孟子则宣称，"尧舜与人同耳"② "人皆可以为尧舜"，直以圣人相期许。

第四，自强任道，君子有"杀身成仁"，豪杰亦有"舍生取义"。豪杰之士以义为生命的价值所在，自觉地、坚定不移地践行义，比君子具有更加强烈的历史使命感。"得志，与民由之；不得志，独行其道。"③ 这种人格形象，自觉地把济世利民、行仁义于天下作为自己神圣的使命，越是危难之时，越显英雄本色："待文王而后兴者，凡民也。若夫豪杰之士，虽无文王犹兴。"④ 因而，豪杰不相信任何救世主，敢于只身担道义，以济世利民作为自己义不容辞的使命。孟子说："予，天民之先觉者也；予将以斯道觉斯民也。非予觉之，而谁也？"⑤ 又说："五百年必有王者兴，其间必有名世者。……夫天未欲平治天下也；如欲平治天下，当今之世，舍我其谁也！"⑥ 这种恢宏、豪迈的气概，绝非谦谦君子所能有。为了承担这一崇高的使命，豪杰之士不畏任何艰难险阻，把一切挫折、困顿都看作对自己意志的磨炼："故天将降大任于是人也，必先苦其心志，劳其筋骨，饿其体肤，空乏其身行，拂乱其所为，所以动心忍性，曾益其所不能。"⑦ 只有吃大苦、耐大劳，才能立大志、成大业。

总而言之，豪杰人格是一种英雄气象。若君子注重内在的修养，

① 杨伯峻译注. 论语译注［M］. 北京：中华书局，1958：82.
② 杨伯峻，杨逢彬译注. 孟子译注［M］. 长沙：岳麓书社，2021：170.
③ 杨伯峻，杨逢彬译注. 孟子译注［M］. 长沙：岳麓书社，2021：115.
④ 杨伯峻，杨逢彬译注. 孟子译注［M］. 长沙：岳麓书社，2021：254.
⑤ 杨伯峻，杨逢彬译注. 孟子译注［M］. 长沙：岳麓书社，2021：188.
⑥ 杨伯峻，杨逢彬译注. 孟子译注［M］. 长沙：岳麓书社，2021：90.
⑦ 杨伯峻，杨逢彬译注. 孟子译注［M］. 长沙：岳麓书社，2021：246.

那么豪杰则侧重向外的济世利民，更强调人格的独立、尊严，更具有刚毅、浩大的品格。在中国历史上，豪杰比君子具有更加强烈的感召力，许多为社会的发展、文化的进步作出卓越贡献的杰出人物，他们在人们心目中都并非君子形象，而是豪杰形象。豪杰人格对人的积极进取、奉献邦国的行为具有明显的促进作用，在历史发展的关键时刻尤其如此。如中华人民共和国的开国领袖毛泽东以"问苍茫大地，谁主沉浮"的求索，最后成就了"数风流人物，还看今朝"的伟业，就是中国古往今来豪杰的典型。

四、圣人境界

君子立于礼，豪杰沛于义，圣人则与仁为一体。如果说君子与豪杰还或多或少有一些不完善的地方，那么圣人则是儒家理想道德人格尽善尽美、至善至美的最高范型，是最完善的理想人格，是人生所可能达到的最高的境界。历史上的君子、豪杰（此二类人即可被称为"贤人"）比比皆是，史不绝书，而被人尊为圣人的则寥寥无几，仅有尧、舜、禹、汤、文、武、周公、孔子，不足十人。其间也有许多人（如柳下惠展禽）间或被人称为圣人，但未得到大多数儒者的共许。可见，圣人是现实的人在现实社会可以达到的最高境界，他具有下列特点。

第一，谐天至善。圣人是道德的化身，是道德极致完善的人格范型。他不是对现实社会道德的遵循，而是社会道德已经内化为其本质，他的一切行为，无论是有意识行为还是无意识行为，都是其内在道德本质的自然流露。从心所欲，无往而非至善之德。儒家认为，人本天而生，道德也本于天。因此，安身立命以向天的复归为本，天人合一成为人的终极超越。《中庸》说："诚者，天之道也；诚之者，人之道也。诚者，不勉而中，不思而得，从容中道，圣人也。"① 至诚可以通天。所谓诚，南宋朱熹解释为"真实无妄"，但它并非现象的既在，而是本质的呈露。本体的真同时也是伦理的善。所以说："唯天下至诚，为能尽其性；能尽其性，则能尽人之性；能尽人之性，则能尽物之性；能尽物之性，则可以赞天地之化育；可以赞天地之化育，则可以与天地参矣。"② 天人合一，并不需要消除自我的存在、否定天人之间的差异，而要充分发挥、实现自己的本性，通过伦理上的真和善连接、沟通本体之真。达到这一境界就是圣人，本性的自然呈露就是天性的自然流露。

第二，民胞物与。天地之大德曰生，它们无不持载，无不覆育。圣人中和于天，性纯德渊，其浩瀚之仁，与天之生生之道同一，表现为博爱、泛爱。"天地之道：博也，厚也，高也，明也，悠也，久也。今夫天，斯昭昭之多，及其无穷也，日月星辰系焉，万物覆焉。今夫地，一撮土之多，及其广厚，载华岳而不重，振河海而不泄，万物载焉。……大哉圣人之道！洋洋乎！发育万物，峻极于天。"③ 民胞物与之爱，并非痛爱、怜爱，不是主宰者的恩赐，而是自我真实本性的自然引申。天地之道真实不妄，但此本体之真非空洞的抽象，它表现为万物之生长发育。易言之，万物的生长发育就是本体之真的现实性确证。圣人正是觉悟到这一点，至诚通天，从而把他人、把万物都视为自己的同类同伴，都视为本体之真的现实呈露，故能打破物我界限，以其博大的胸怀，泛爱万物，溥博如天，渊泉如渊。

第三，法天立道。圣人根据天意确立、制定人类社会的根本原

---

① 王国轩译注. 大学·中庸 [M]. 北京：中华书局，2006：101.
② 王国轩译注. 大学·中庸 [M]. 北京：中华书局，2006：106.
③ 王国轩译注. 大学·中庸 [M]. 北京：中华书局，2006：114-119.

则。儒家认为，立天之道曰阴与阳，立地之道曰柔与刚，立人之道曰仁与义。人道本于天道，是天道在人类社会的表现。但是天以其行而不是以其言表现其道，它要化为现实的人道还须进行理论的概括和宣昭。圣人德合于天，故能法天之意以建人极、立人道。《周易》云，圣人"仰则观象于天，俯则观法于地"①，知幽明之故，原始反终，穷神知化，依天之道而立人道。孔子说："唯天为大，唯尧则之。"② 圣人与天合一，对天的本质有最透彻的理解，并使自己的本质和天的本质融合为一，故能化天道为人道，制定人类社会的基本原则。

第四，继往开来。儒家以圣人为决定历史发展的关键人物，承担着为天地立心、为生民立命、为往圣继绝学、为万世开太平的崇高历史使命。圣人的不朽功勋、崇高价值，不仅在于他自身实现了道德完善，更在于他所开辟的伟大事业、成就的伟大功业，他的道德光辉，泽被苍生，流芳万世。按照儒家的理解，道德完善本质上并非仅仅指个人道德品格的成就，还内在地包含着把个人的追求与人类的追求完美结合在一起，只有把自己奉献给人类社会，把个人的生命融入人类发展完善的事业，才能显示出生命价值的崇高、伟大与永恒。圣人就自觉地做到了这一点，他以造福人类、促进社会的发展与完善作为自己终身不懈的追求，体现了崇高的、彻底的奉献精神。

人在宇宙中具有什么样的地位和作用，人应该成为什么样的人，这些问题是人生中的重大问题，对它们的不同解答，反映着不同的人生观和道德追求。宗教伦理否定人生的现实意义，把人的完善置于彼岸世界，认为人在宇宙中的地位极其渺小，人的作用和价值就在于能

---

① （魏）王弼撰；楼宇烈校释. 周易注校释 [M]. 北京：中华书局，2012：247.
② 杨伯峻译注. 论语译注 [M]. 北京：中华书局，1958：90.

够否定自己的现实存在，通过积善的救赎实现对生命的超越。佛教的理想人格即佛，也就是"觉悟者"，人所觉悟的是世界的空和人生的苦，因而能够断绝无明烦恼而达到涅槃的境界。这是一种精神超越，不仅超越了现实社会生活、超越了生死，还超越了一切生灭的因果联系。出世是佛教最根本的人生追求。道家则认为人的价值在于其本性自然之真实，现实的个人在社会中的作用十分渺小，人的价值即在于能够与天齐一，复归于大道。除了自己的本性与道，道家对现实社会的任何事物都缺乏积极评价，反而认为它们是人的本性完善的障碍。它所追求的理想人格为"真人""神人""至人"，即使自己的本性与大道合一，逍遥于天地之间的人。成为真人的根本途径是在精神上取消物我差别，无是无非，无可无不可，安时处顺，全真保性。这种人格理想，淡泊功名，鄙视权势，不执是非，反对积极进取，逃避现实生活，只追求个人精神上的平衡与宁静。显然，道家以避世作为最根本的人生态度。

儒家的人格理想则反映了积极的入世精神。无论君子、豪杰还是圣人，都具有积极进取、自强不息的品格，具有强烈的历史使命感，把经邦济世、建功立业作为自己的终生追求，把个人的完善与人类的福祉联系在一起。儒家认为，人在宇宙中具有主体性的地位与作用，是万物之灵，人不仅能发展完善人道，而且能够通过自己的主观努力促进天道的完善。人类的理想境界，不在彼岸世界，不在精神之中，而在现实社会，每一个人都有责任促进这个理想境界的实现。这种理想人格有着极强的历史感和现实感，因此，不是佛教和道家，而是儒家，极大地影响着中华民族千百年来对理想人格的追求。

正是由于儒家理想人格中体现的自强不息的强烈进取精神，尽管他们以圣人为崇高的人格境界，从不以圣人轻易许人，但绝不把圣人看作不可企及的。所以，儒家在要求人们做君子、豪杰的同时，积极鼓励人们追求成就圣人人格。从孟子开始，就"言必称尧舜"，以圣人为自己的理想追求，并且宣称"人皆可以为尧舜"。儒家以圣人为人可能达到的最完善、最崇高的人格范型。他们认为，每个人都与圣人一样，生来就有着至善的本性，只要不懈地进行道德修养，保存和不断扩充这一本性，就能够成为圣人。因而道德修养就成为成就圣人的根本手段。然而，在儒家看来，个人的道德完善是完善社会的起点和基础，坚持道德修养绝不仅仅是对道德品质的淬炼，不仅仅是保存善良的本性，更重要的还是扩充本性，把道德修养作为一个由内向外的发散过程，这就是儒家的"内圣外王之道"。《大学》把它概括成为"格物""致知""诚意""正心""修身""齐家""治国""平天下"的双向作用的连环过程。在这里，一方面，儒家把个人的价值和作用置于崇高无上的地位，社会的其他关系与因素被排挤到次要的地位，它无异于告诉人们"你想追求一个美好的世界吗？这不难，只要努力修身，一切都会随之而来"；另一方面，儒家也实际地接触到了这样一个命题，即社会是人的本质的展开，是人自己的社会，反过来也可以说，人的本质只可能由社会来规定，人并不是一个独立的个体，而是社会群体中的一分子，是具有群体生存需要、有伦理道德自觉的互助个体。儒家的道德本位主义在这里充分地显示出来，在历史上它曾经成为封建君主专制、皇权至上的道义基础和附属物。但是，就儒家"以天下为己任"作为理想人格的胸怀和价值追求而言，千百年来，它又的确激励着无数仁人志士为了天下的兴亡和民众生存，生命不息，奋斗不止，熔铸了中华民族把国家民族的利益看作最高的道义的优良文化传统。

第三节　重义轻利的价值模式

希贤希圣的人格理论，反映了儒家道德的价值追求，它以仁为根本，以道德为人的本质。这个道德并非独善其身的个人品格，而是兼善天下的理想追求。因而，儒家以天下国家的利益为最高价值和判断行为善恶的根本标准，个人利益必须符合和服从这一标准，从而形成了道义论传统。儒家的道义论强调严格划分义与利之间的界限，并在对二者相互关系的论述中确立了评价人们言行的价值模式。

一、喻义喻利的君子小人之别

所谓价值，是标志主客体关系的范畴，表明客体属性对主体需要的一种肯定的意义。道德价值，即指道德对主体需要的肯定的意义。道德价值源于人的发展与完善的社会实践，规定着道德与人的需要之间的关系。儒家把它概括为义利之辨。

在中国传统文化中，义利的意蕴十分丰富。从伦理学的角度看，义主要有下列含义：一是义为仪。《说文》："义，己之威仪也。"[①] 它包括礼仪和风貌两个方面。《尚书大传》："尚考太室之义，唐为虞宾。"[②] 郑玄注曰："义，当为仪。仪，礼仪也。"[③] 又颜师古注《汉书·高帝纪》："义，仪容也。读若仪。"故义本为肃穆的仪范。二是

---

① （汉）许慎撰；蔡梦麒校释. 说文解字 ［M］. 长沙：岳麓书社，2021：574.

② 李昉编纂；任明，朱瑞平，李建国校点. 太平御览：第5卷 ［M］. 石家庄：河北教育出版社，1994：510.

③ 何金松著. 汉字文化解读 ［M］. 武汉：湖北人民出版社，2004：787.

适宜、正当。《释名·释言语》："义，宜也。裁制事物使合宜也。"①《释名·释典艺》："仪，宜也。"② 三是善、公正。《诗·大雅·文王》毛传："义，善也。"③《管子·水地》："唯无不流，至平而止，义也。"④ 四是道德原则的总称。《孟子·公孙丑上》："其为气也，配义与道。"⑤ 赵岐注曰："义谓仁义，所以立德之本也。"五是有利、利益。《墨子·经说下》："义，利也。"⑥《左传·昭公三十一年》："行则思义。"⑦ 洪亮吉释之曰："义即利也，古训义利通。"⑧ 儒家伦理学说主要在两种意义上使用义这一范畴：一是人的立身之本，即基本的行为规范；二是判断是非善恶的标准。故孔子说："君子义以为上，君子有勇而无义为乱，小人有勇而无义为盗。"⑨ （《阳货》） 孟子更指出，"义，人之正路也"⑩ （《孟子·离娄上》），"大人者，言不必信，行不必果，惟义所在"⑪ （《孟子·离娄下》）。义的含义又有广狭之分，狭义的义指仁义礼智信"五常"之一，广义的义则泛指是非善恶的价值内涵、人之所以为人的根据，是道德的代名词。义利之辨的义，即广义之义。

利在伦理学上主要有两重含义：一是利益、好处。《尚书·泰誓》："以保我子孙黎民，亦职有利哉！"⑫ 此即指利益。二是方便、

① 杜桂林主编；杜沛鹤，魏束玲著. 中华礼仪学 ［M］. 银川：宁夏人民出版社，2007：3.
② 杜桂林主编；杜沛鹤，魏束玲著. 中华礼仪学 ［M］. 银川：宁夏人民出版社，2007：3.
③ （清）吴楚材，（清）吴调侯选编. 古文观止 ［M］. 杭州：浙江古籍出版社，1997：498.
④ （清）黎翔凤撰；梁运华整理. 管子校注：上 ［M］. 北京：中华书局，2018：900.
⑤ 杨伯峻，杨逢彬译注. 孟子译注 ［M］. 长沙：岳麓书社，2021：56.
⑥ 周永年主编. 墨子 ［M］. 长春：时代文艺出版社，2002：153.
⑦ 杨伯峻编著. 春秋左传注 ［M］. 北京：中华书局，1981：1512.
⑧ 王宏亮著. 儒家君子人格初探 ［M］. 太原：山西人民出版社，2008：110.
⑨ 杨伯峻译注. 论语译注 ［M］. 北京：中华书局，1958：197.
⑩ 杨伯峻，杨逢彬译注. 孟子译注 ［M］. 长沙：岳麓书社，2021：143.
⑪ 杨伯峻，杨逢彬译注. 孟子译注 ［M］. 长沙：岳麓书社，2021：158.
⑫ 姜建设注说. 尚书 ［M］. 开封：河南大学出版社，2008：71.

适宜。《国语·鲁语下》："唯子所利。"① 韦昭注曰："利，犹便也。"《易·乾文言》："利者，义之和也。"利为元亨利贞四德之一，在此意义上，利与义相通。义利之辨的利，其内涵为利益。

可见，义利关系就是道德同人的利益和需要之间的关系。学者们历来十分关注这一问题，自先秦开始就展开了热烈的讨论。墨家认为，义之所以是值得重视的价值，是因为它能给人带来利，"所为贵良宝者，可以利民也，而义可以利人，故曰，义天下之良宝也"②。义的价值以利为基础。他们的全部追求，可以概括为"兼相爱、交相利"③"兴天下之利，除天下之害"④。故曰义，利也。这种观点反映了当时小生产者的道德要求，表现出强烈的功利论色彩。管子学派也表达过类似的思想，提出"仓廪实而知礼节，衣食足而知荣辱"⑤的著名命题，认为物质利益和需要是道德的基础，义不能离开利。法家则进一步为利的合理性进行论证，以谋己之利为人的本性，明确反对"去求利之心，出相爱之道"，强调人人好利喜利，把功利论推向极端。道家老庄对义与利均持否定态度，提倡"绝仁弃义""绝巧弃利"，逍遥于超越现实的大道之域，独与天地精神往来，在道德价值观上持虚无主义态度。

在先秦诸子的义利之辨中，儒家表现出道义论倾向。他们并不一般地否定利，孔子即说"富与贵，是人之所欲也"⑥，"富而可求也，虽执鞭之士，吾亦为之。如不可求，从吾所好"⑦。孟子也主张制民之产，满足其物质生活需要，使百姓安居乐业，然后申之以孝悌之

---

① （春秋）左丘明撰；鲍思陶点校. 国语 [M]. 济南：齐鲁书社，2005：94.
② 李小龙译注. 墨子 [M]. 北京：中华书局，2007：191.
③ 李小龙译注. 墨子 [M]. 北京：中华书局，2007：66.
④ 李小龙译注. 墨子 [M]. 北京：中华书局，2007：63.
⑤ （清）黎翔凤撰；梁运华整理. 管子校注：上 [M]. 北京：中华书局，2018：4.
⑥ 杨伯峻译注. 论语译注 [M]. 北京：中华书局，1958：38.
⑦ 杨伯峻译注. 论语译注 [M]. 北京：中华书局，1958：74.

义。但是，他们认为，和利相比较，道德具有更高的价值，为义抑或为利，反映着道德品质、道德境界的高低。后来儒家更把义与利看作伦理道德的核心，认为华夏夷狄、君子小人、是非善恶、功业德性等，都可以归结为义利关系。"天下之事，惟义利而已。"① "以要言之，天下之大防二，而其归一也。一者何也？义利之分也。"② 所谓天下之大防，即不可混淆的界限。可见，儒家把义利之辨视为道德价值的核心问题，坚持明确划分二者的界限。

由于过分强调道德的价值，儒家伦理具有鲜明的道义论倾向，形成了重义轻利的价值模式。孔子就以义利为君子与小人的分野，认为"君子喻于义，小人喻于利"③。君子以义为行为的标准和目的，小人则以利为行为的标准和目的。他把义视为崇高的道德价值，而对利采取轻视的态度。虽然"子罕言利"④，但他并不完全否定利的价值，而强调"见利思义"⑤，即在利益面前应当考虑是否应该获取，其标准就是这个利益是否符合道义，合则取，不合则舍，绝不能见利忘义。"义然后取，人不厌其取。"⑥ "不义而富且贵，于我如浮云。"⑦

孔子重义轻利的倾向在孟子思想中进一步发展为贵义贱利的观点。《孟子·梁惠王上》载："孟子见梁惠王。王曰：'叟不远千里而来，亦将有以利吾国乎？'孟子对曰：'王何必曰利？亦有仁义而已矣。'"⑧ 在孟子看来，如果人人首先考虑的是自己的利益，以利为出发点和目的，那么整个社会都将追逐自己的私利，从而引起不断的

---

① （宋）程颢，（宋）程颐撰；王云五主编. 河南程氏遗书［M］. 北京：商务印书馆，1965：137.
② （明）王夫之著. 船山全书［M］. 长沙：岳麓书社，2011：502-503.
③ 杨伯峻译注. 论语译注［M］. 北京：中华书局，1958：42.
④ 杨伯峻译注. 论语译注［M］. 北京：中华书局，1958：92.
⑤ 杨伯峻译注. 论语译注［M］. 北京：中华书局，1958：156.
⑥ 杨伯峻译注. 论语译注［M］. 北京：中华书局，1958：157.
⑦ 杨伯峻译注. 论语译注［M］. 北京：中华书局，1958：76.
⑧ 杨伯峻，杨逢彬译注. 孟子译注［M］. 长沙：岳麓书社，2021：2.

争斗。因而，他到处宣扬仁义，要求人们以仁义为行为的标准，去掉为利之心，认为依此价值模式行事，就可以天下太平，实现仁政。"君臣、父子、兄弟去利，怀仁义以相接也，然而不王者，未之有也。何必曰利？"① 孔子以义利剖分君子小人，孟子进而强调"鸡鸣而起，孳孳为善者，舜之徒也；鸡鸣而起，孳孳为利者，跖之徒也。欲知舜与跖之分，无他，利与善之间也"②。舜为圣人，跖（即盗跖）为大盗，他们的区别即在于舜以义为最高价值，跖以利为行为目的。故义利之分即善恶之别，这已表现出把义与利对立起来的倾向。

沿着此路向前发展，西汉董仲舒提出了在中国传统伦理道德中影响极大的著名命题："正其谊不谋其利，明其道不计其功。"这一命题典型地表现了道义至上的价值观。和孔孟一样，董仲舒也肯定义利皆为人所需："天之生人也，使人生义与利。利以养其体，义以养其心。心不得义，不能乐；体不得利，不能安。义者，心之养也；利者，体之养也。"③ 这种义利两养的观点，承认了人有道德和物质利益的双重需要。但是，他认为，从道德价值来看，两者并不具有同等重要的意义。道德需要是人的本质需要，"义之养生人大于利"④。因此，在这种正义不谋利、明道不计功的价值模式中，利被视为无关轻重、不必追求的因素，这实际上把利排除在了道德价值之外，否定了义利结合的必要性。不仅如此，董仲舒还以利为恶行的根源，认为利是妨害实现义的消极因素。"凡人之性，莫不善义，然而不能义者，利败之也。"⑤ 这就是说，人们在实现自己的价值追求时，应把道德放在首位，因为它是人的本质发展与完善的根本需要，而不应当因追

① 杨伯峻，杨逢彬译注. 孟子译注 ［M］. 长沙：岳麓书社，2021：234.
② 杨伯峻，杨逢彬译注. 孟子译注 ［M］. 长沙：岳麓书社，2021：261.
③ 张世亮，钟肇鹏，周桂钿译注. 春秋繁露 ［M］. 北京：中华书局，2012：330.
④ 张世亮，钟肇鹏，周桂钿译注. 春秋繁露 ［M］. 北京：中华书局，2012：330.
⑤ 张世亮，钟肇鹏，周桂钿译注. 春秋繁露 ［M］. 北京：中华书局，2012：75.

逐利而妨害道德的价值实现。利只能养其身，无法实现本质的发展与完善，所以，义的价值大于利的价值，按取大舍小的原则，在价值追求过程中，道德是第一位的，而不应注重功利价值。

客观地说，董仲舒的义利观属于道义论价值范畴，而并非禁欲主义思想。他并未否定利的价值，而只是强调在价值体系中，利的价值远远低于道德的价值。由此得出的结论是：人的行为应该以义为出发点、目的和标准，而绝不能局限于一己之利。这种思想对于个人的道德修养和完善，无疑具有一定的积极意义。

宋代以后，儒者们对重义轻利的传统价值模式作了进一步解释与发挥。他们把义利关系问题视为道德的核心和首要问题。程颢说："天下之事，惟义利而已。"朱熹也指出："义利之说，乃儒者第一义。"① 他们表现出对义利之辨的高度重视，已经认识到价值问题的重要理论意义。

一言以蔽之，重义轻利、以义制利就是把道德完善作为人的本质需要，以道德为最高的价值标准，要求人们自觉地用道德约束、规范自己的行为，以道德制约利益，将道德作为行为取舍的标准，而不能将利益作为行为取舍的标准。

二、为公为私价值评判的标准

义与利即道德与利益，是人们道德价值选择的两种根本取向。在儒家价值体系构成中，义是最高的价值。儒家学者认为，衡量客体对人的价值大小的标准，即在于它满足人的需要的程度。而在人的所有需要中，物质利益与需要是低层次的，道德才处于最高的层次。因

---

① 郭齐，尹波点校. 朱熹集［M］. 成都：四川教育出版社，1996：1019.

而，道德在价值体系中处于最高地位，它是人之所以为人的根据，是人的发展与完善的核心内容，道德的需要是人最本质、最高的需要。基于这种认识，儒家对义给予了高度的重视与强调，要求人们严格区分义与利的界限。

从儒家伦理的基本精神来看，其义利之辨的核心内容并非否定利的价值，而只是以义为最高价值。在儒家伦理中，义利之辨本质上是公私之分。"义与利，只是个公与私也。"① 在此意义上，义与利都是对利益的规定，只不过义是指群体利益，利指个体利益。他们坚持个体利益必须无条件地服从群体利益，群体利益绝对高于个体利益。道德之所以为道德，或者说其之所以有价值，不在于它能够满足个人的利益，而在于它能够满足群体的利益。因而满足群体的利益才是人们行为的目的和价值标准。归根到底，人的完善不能只是个体的完善，而应当是类的完善。儒家的价值模式，正是从这种认识中引申并建立起来的。二程说："义利云者，公与私之异也。"这就揭示了儒家所谓义与利深刻的本质和内涵。儒家学者认为：义指社会整体利益，为天理之公；利则指个人的一己之利益，为人欲之私。朱熹说："义者，天理之所宜，凡事只看道理之所宜为，不顾己私。"② 义即要求人们的行为不以一己之私为目的，而从社会整体利益出发，维护社会整体利益。"利者，人情之所欲得，凡事只任私意，但取其便于己则为之，不复顾道理如何。"③ 利则是以一己的私利为行为的最高原则，不顾社会整体利益。可见，义利之辨，只是在讨论在行为方针和价值取向上以义为标准还是以利为标准，而不是简单地对义与利本

---

① （宋）程颢，（宋）程颐撰；王云五主编. 河南程氏遗书 ［M］. 北京：商务印书馆，1965：195.

② （宋）黎靖德编；杨绳其，周娴君校点. 朱子语类 ［M］. 长沙：岳麓书社，1997：630.

③ （宋）黎靖德编；杨绳其，周娴君校点. 朱子语类 ［M］. 长沙：岳麓书社，1997：630.

身所具有的道德价值作判定。

儒家的价值方针最后归结为以义制利。程朱并非一般性地否定利，利为人情之所欲，有其合理性，是人的生命活动所必需的。程颐说："凡顺理无害处，便是利，君子未尝不欲利。"① 只有顺理之利，才具有积极的价值。若违背义，则所谓利不仅于人无益，反而有害。这就是说，人们所谋求的利，不能与道德相冲突，在义与利二者不一致的情况下，舍利而取义。因此，他们反对"心存乎利""以利为心"，主张见利思义，对于任何可能的利益，都必须以道德的标准去衡量，即以义制利。"不论利害，惟看义当为与不当为。"② 朱熹也强调："'宜'字与'利'字不同，子细看!"③ 并非任何利都对人有益，如果为一己之利而损害他人和社会之利，或者满足邪恶欲望的利益，最终都将转化为害，成为本性完善的阻碍。因此，满足主体需要的客体的利与不利，面对利益该取不该取，存在着正当性标准，即"宜"，也就是义。"君子只知得个当做与不当做。"④ 以义制利，一则要求见利思义，即用道德的标准评判利的正当性，从而决定自己的取舍，绝不能见利忘义；二则要求以义作为行为的动机和目的，把义作为最高的价值追求，限制乃至牺牲一己之利，以义将利规范在道德的要求之内，不使之泛滥成灾。

---

① （宋）程颢，（宋）程颐撰；王云五主编. 河南程氏遗书［M］. 北京：商务印书馆，1965：273.

② （宋）程颢，（宋）程颐撰；王云五主编. 河南程氏遗书［M］. 北京：商务印书馆，1965：195.

③ （宋）黎靖德编；杨绳其，周娴君校点. 朱子语类［M］. 长沙：岳麓书社，1997：630.

④ （宋）黎靖德编；杨绳其，周娴君校点. 朱子语类［M］. 长沙：岳麓书社，1997：630.

三、以义制利的道德价值引导

儒家明辨义利，实际上涉及伦理学的基本问题，即道德与利益的关系。它包括两个方面：一是道德与物质利益谁是第一性的，属于道德本体论问题；二是社会整体利益与个人利益谁服从谁，属于道德价值论问题。儒家义利之辨的精华，突出地表现在后一个方面。他们把义规定为公，即社会整体利益，把利规定为私，即个人的一己之利益，强调社会整体利益高于个人利益，个人利益必须服从社会整体利益，这是儒家对二者关系的回答。这种学说要求见利思义，重义轻利，以义制利，即在对待个人利益的态度上，首先要考虑它与社会整体利益的关系，不能为了个人利益不顾甚至危害社会整体利益，而应当始终把社会整体利益放在第一位，并以社会整体利益制约个人利益。

然而，这些观点在表述形式上带有明显的道义论倾向，重在明辨道德（社会整体利益）与利益（个人利益）之间的区别，而没有对二者的一致性给予足够的重视。这就导致了将道德与利益对立起来的错误思想。因此，在儒家义利之辨的发展过程中，就出现了同时注重道德与利益的价值，主张义利并重、以义导利的一种比较全面的观点。这种观点把儒家道德价值观的精华更加准确、更加深刻地阐述了出来。

就在朱熹倡导严辨义利、以义制利之时，陈亮、叶适表达了义利观上的不同见解。他们认为义与利是统一的，二者并不相互矛盾，更不相互排斥。陈亮的观点为"功到成处，便是有德；事到济处，便是有理"。朱熹斥这种观点为"专是功利"，并劝他抛弃"义利双行，王霸并用"之说。但陈亮认为朱熹的学说教人专事性命义理，脱离实事实功，"终于百事不理而已"①。对于朱熹的指责，陈亮回答说："诸儒自处者曰义曰王，汉唐做得成者曰利曰霸，一头自如此说，一头自如彼做；说得虽甚好，做得亦不恶：如此却是义利双行，王霸并用。如亮之说，却是直上直下，只有一个头颅做得成耳。"② 陈亮这里意在表明，他并非在义与利上采取双重价值标准，而坚持义与利是统一的，既然义本身是对社会整体利益的规定，它就不仅不排斥功利，而且必须以功利来评价自身的高低。叶适也说道："'仁人正谊不谋利，明道不计功'，此语初看极好，细看全疏阔。古人以利与人而不自居其功，故道义光明。后世儒者行仲舒之论，既无功利，则道义者乃无用之虚语尔。"③ 重义轻利使道德离开功利，抽空了它的价值内容，成为一种高妙无用的空谈。

清初颜元亦认为道德与利益相互统一，道德之所以有价值，就在于它能够给人带来实利，义本身即包含利。他说："义中之利，君子所贵也。后儒乃云'正其谊不谋其利'，过矣！宋人喜道之以文其空疏无用之学。予尝矫其偏，改云：'正其谊以谋其利，明其道而计其功。'"④ 颜元指出，正义谋利，最终要落脚到实事实功上，反对道义论价值观排斥、贬低利益，指责它引导人"袖手谈心性"，不能动手做任何实事。

明清之际的王夫之，深刻地掌握了传统价值观的精华，去其偏，扬其正，对义利并举、以义导利的思想作了深刻、全面的论述。

首先，他明确肯定利的正当性，主张利中有义。他认为，道德不能离开人的物质生活，后者作为道德的前提和基础，具有道德上的正当价值，不容一概否定。否定利益的价值，实际上是对人的生命的否

---

① （宋）陈亮著；邓广铭点校. 陈亮集 [M]. 增订本. 北京：中华书局，1987：271.

② （宋）陈亮著；邓广铭点校. 陈亮集 [M]. 增订本. 北京：中华书局，1987：340.

③ （宋）叶适著. 习学记言序目 [M]. 北京：中华书局，1977：324.

④ 陈谷嘉，朱汉民主编. 中国德育思想研究 [M]. 杭州：浙江教育出版社，1998：785.

定。他说："其（指五行）为人治之大者何？以厚生也，以利用也，以正德也。夫人一日而生于天地之间，则未有能离五者以为养者也，具五者而后其生也可厚；亦未有能舍五者而能有为者也，具五者而后其用也可利。此较然为人之所必用，而抑为人之所独用矣。"① 利用才能厚生，物质利益是人的生命存在不可或缺的条件，因而有着不可否定的道德价值。他在此还指出利益"为人之所独用"，更是高度肯定了利的价值。

其次，王夫之指出，义非不利，道德本身即包含利益，而不是把它排斥在外。义为天理之公，即社会整体利益。义之所以有价值，就在于它为人所必需，符合并能满足人的根本利益。他说："仁莫切于笃其类，义莫大于扶其纪。笃其类者，必公天下而无疑；扶其纪者，必利天下而不吝。"② 所谓公天下即利天下。仁义道德的根本实质和价值，就在于它能利天下。他强调义的本义即事物各得其宜，人作为现实的生命体，满足其需要的活动是根本的生命活动，利益是人之"宜"所必需。因而，义包含着利，而并不排斥利。他又说："要而论之，义之与利，其途相反，而推之于大理之公，则固合也。义者，正以利所行者也。事得其宜，则推之天下而可行，何不利之有哉？"③ 以区别言，义公利私；以联系言，二者并不存在绝对的界限。如果人们把利益理解为人的正当需要的满足，那么义并非不利，而且是天下最大的利。义的利益价值不仅仅是道义之利，而且是实际的、正当的

---

① （清）王夫之著；傅云龙，吴可主编.船山遗书［M］.北京：北京出版社，1999：539.

② （清）王夫之著；傅云龙，吴可主编.船山遗书［M］.北京：北京出版社，1999：560.

③ （清）王夫之著；傅云龙，吴可主编.船山遗书［M］.北京：北京出版社，1999：1726.

物质利益。"盖义之本适于用者，虽乖渗忒行而性不易，则利固存焉。"① 这种利不仅仅是公利、共同利益，还是现实的个人利益。道德最终会使人获得利益上的满足。十分明显，如果道德对人有害无利，那它就没有任何值得肯定的价值。

再次，王夫之进一步指出，义不离利，道德不能离开人的利益而存在，更不可能离开人的利益而对人发生作用。义存在于利之中，离开了物质利益即无所谓道德。实际上，义只是对利的合理性、正当性的价值肯定，是利所具有的"度"，没有利，这个度也就失去了任何意义。义绝不仅仅是克制一己之利，更要使他人之利得到合理满足，"人人之独得，即公也"②。每个人利益的合理满足就是公义，除此之外别无义。离开了物质利益，道德便空洞无力且无用。

最后，王夫之认为义利关系最重要的内容是利不离义，物质利益不能离开道德的调控，利益的满足必须受到道德的规范与制约。人既是感性的存在，又是理性的存在。感性的需要，使利益的满足正当且必要；理性的需要，则促使人自觉地用道德来调整、疏导自己的感性需要。因此，道德在利益的基础上产生，是衡量利益正当与否、合理与否的标准。利益的正当性即在于它为人的本质完善所必需，但由于它直接产生于人的欲望，所以具有极浓厚的感性成分，如果离开了道德的调控，便将失去人类的特征，只是虎狼蛇蝎之欲。这种利就不是属人的利，不可能真正使人获利；相反，只能使人受害。"盖己所不欲，凡百皆不可施于人……若己所欲，则其不能推与夫不可推、不当

---

① （清）王夫之著；傅云龙，吴可主编. 船山遗书 [M]. 北京：北京出版社，1999：507.

② （宋）张载撰；（清）王夫之注；邵逝夫导读. 正蒙 [M]. 合肥：黄山书社，2021：195.

推者多矣。"① 欲望与利益并不必然具有合理性，衡量其能不能、可不可、当不当的标准是义。因而，义利之辨就是要坚持以义为本，以义导利，以义制害，从而实现义利的统一。义不能离利独存，须以利为基础，否则空谈无用；利必须有义的制约，否则泛滥为害。义与利相互依存、相互渗透、相互转化，处于对立统一之中。

王夫之对儒家价值观精华的高扬，还表现在他对义作了层次性规定，区分出义本身的价值层次。如前所述，儒家以义为公利，这个公通常指国家的利益，而它又被人理解为君主的利益。在王夫之看来，君主的利益并非天下之大公，不具有最高价值。"公"是相对于一定的社会群体而言的，群体有大小，公亦有广狭，义便非凝固不变的价值标准，而具有层次性。他说："有一人之正义，有一时之大义，有古今之通义。轻重之衡，公私之辨，三者不可不察。以一人之义，视一时之大义，而一人之义私矣；以一时之义，视古今之通义，而一时之义私矣；公者重，私者轻矣，权衡之所自定也。"② 此处讲的"公""私"乃对"义"的层次区分，是义的广狭之别，而非"公"为义、"私"为利。为公的层次愈高，义的价值便愈高。他认为，"天下之大公"即百姓、民族的根本利益，而不是君王的利益。"一姓之兴亡，私也；而生民之生死，公也。""以天下论者，必循天下之公，天下非一姓之私也。"③ 他反对以君主一家一姓的利益为最高的价值标准，认为民族的利益、天下百姓的利益高于君王的利益，"不以一人疑天下，不以天下私一人"④。百姓、民族的利益才是最高

① （清）王夫之著；傅云龙，吴可主编. 船山遗书［M］. 北京：北京出版社，1999：2374.
② 邓辉编选评注. 船山经典语录［M］. 长沙：岳麓书社，2019：191.
③ （清）王夫之著；舒士彦整理. 读通鉴论［M］. 2版. 北京：中华书局，2002：950.
④ （明）王夫之著；船山全书编辑委员会编校. 船山全书［M］. 长沙：岳麓书社，1988：519.

之义，具有最高的价值。这是对君臣纲常的大胆突破，超越了以封建国家的利益为最高价值的历史局限。

总之，儒家明辨义利的价值观，就是强调以义为本，义以导利，利以实义，相辅相成。它坚持把义置于利之上，即社会整体利益高于个人利益，个人利益必须服从社会整体利益。义是利正当性的标准，利是义最终要实现的目的。二者既有明显的区别，不容混淆，又有内在的联系，并不绝对对立，并且相互依存、相互渗透、相互转化，处于矛盾的对立统一之中。

第四节　尊德重行的实践理性

道德作为一种社会意识，它并非纯粹的抽象思辨，而是一种实践理性。任何道德，只有在实践中得以贯彻，它才能发挥规范人的行为、调节人际关系、完善人的本质的作用。儒家伦理十分注重道德的践履，把德规定为"行道有得于心"，要求内得于己，外施于人，在道德实践中促进人与社会的完善。因而，它以诚意、正心、修身为本，而以齐家、治国、平天下作为道德实践的基本纲领和目的，形成了尊德重行的优良传统。

一、行重于知

道德是人类把握世界的一种特殊的方式，因而，它首先便表现为知识形态，是对客观世界的应然存在进行价值判断的体系。这就需要人们积极探索客观世界的实然存在中所蕴含的必然关系，从而在必然中去把握应然。但是，道德又并非单纯的知识，或者说，它不仅仅

169

是一种精神意识，不能在意识领域内实现它对客观世界的价值判断。应然不等于自然，它需要主体通过实践活动去实现自己的价值判断，并且这种价值判断本身就是人们在生活实践中对客观对象感受的反映。因而，道德又总是具体表现为人们行为的道德选择、道德评价、道德修养、道德教育等实际活动。这就说明，道德包含着知与行两个方面，是知与行矛盾的对立统一。

中国古代儒家学者对于道德本身蕴含的知行关系作了深刻的论述，表现出重行的思想倾向，把实践视为道德的生命。行道有得于心之谓德，德的关键在于行。

早在春秋时期，儒者就已表达了重行的思想。《左传·昭公十年》："非知之实难，将在行之。"①《古文尚书·说命中》："非知之艰，行之惟艰。"② 他们认识到知与行是一对矛盾，并且指出在知与行之中，获得知识是比较容易的，但实行起来就比较困难了。这一观点对后世儒者影响极大。

孔子十分注重行。"子以四教：文，行，忠，信。"③ 把行列为教育弟子的重要科目。他说："弟子，入则孝，出则弟，谨而信，泛爱众，而亲仁。行有余力，则以学文。"④ 道德并非空谈虚文，它首先是实际的行动。孝敬父母、尊敬兄长、谨慎守信、爱人亲仁，这些都是有道德的表现，行有余力才去学文。《学而》又载："贤贤易色；事父母，能竭其力；事君，能致其身；与朋友交，言而有信。虽曰未学，吾必谓之学矣。"⑤ 道德通过人的行为表现出来。人在行为中现实地获得对客体的价值认识，表达了对客体的价值判断。道德的实质

---

① 杨伯峻编著. 春秋左传注 [M]. 北京：中华书局，1981：1319.
② 陈成国点校. 四书五经：上 [M]. 长沙：岳麓书社，2023：196.
③ 杨伯峻译注. 论语译注 [M]. 北京：中华书局，1958：78.
④ 杨伯峻译注. 论语译注 [M]. 北京：中华书局，1958：5.
⑤ 杨伯峻译注. 论语译注 [M]. 北京：中华书局，1958：5-6.

在于行，而不在于知，它是行得，而不是学得。学得再多，不能见之于行，也不能称为有德，它只表示了虚伪和无德。

后儒对重行的思想作了进一步发挥，具体表现在以下几个方面。

首先，行高于知。就二者与道德的关系而言，行比知具有更高的道德价值。荀子说："口能言之，身能行之，国宝也。口不能言，身能行之，国器也。口能言之，身不能行，国用也。口言善，身行恶，国妖也。"① 言行一致是国之宝，能行不能言者次之，能言不能行者又其次，言善行恶者则为国之贼。他的结论是："不闻不若闻之，闻之不若见之，见之不若知之，知之不若行之。"② 朱熹也认为，获得道德知识固然重要，但知而不能行，即算不得真知，行是第一位的，知是第二位的。"书固不可不读，但比之行实差缓耳。"③ 在明清之际经世致用的实学思潮中，这一精神得到进一步发挥。这个时期的学者明确指出，行的价值高于知。王夫之指出："以在人之知行言之，闻见之知，不如心之所喻；心之所喻，不如身之所亲。"④ 行之所以高于知，即在于它是道德观念转化为现实的行为，能够带来实际的效益，从而使道德真正实现其价值。颜元反对空谈心性的学风，大力提倡实行实用，把践履、实行作为学的根本，认为心中醒、口中说、眼中过不如手上做。做的功效即道德价值的实现，有利于国计民生，因而也是道德的根本之所在。

其次，行先于知。在道德的知行矛盾中，行是基础。所谓德，即行道有得。有行方才有得，无行则不可能有得。王守仁即强调这一点。他说："就如称某人知孝、某人知弟，必是其人已曾行孝行弟，

---

① 方勇，李波译注. 荀子［M］. 北京：中华书局，2011：446.
② 方勇，李波译注. 荀子［M］. 北京：中华书局，2011：109.
③ 郭齐，尹波点校. 朱熹集［M］. 成都：四川教育出版社，1996：2337.
④ （明）王夫之著；船山全书编辑委员会编校. 船山全书［M］. 长沙：岳麓书社，1988：510.

方可称他知孝知弟。不成只是晓得说些孝弟的话，便可称为知孝知弟？"① 孝悌等道德规范不能只在观念中把握，要让它在行为之中得到贯彻，通过行为选择把握它的实质。因而，正确的道德认识只能从行为中获得，行而后有真知。王夫之说得更加明白，"行而后知有道"②，"非力行焉者不能知也"③，"知必以行为功也。……行可有知之效也"④。只有在实践中，才能获得道德认识，把握道德的实质。

再次，知必实行。人们获得道德认识，并非纯粹的知识探求，而是为了指导自己的行为。行是知的目的，只有在行之中才能发挥知的实际作用、实现知的价值。王守仁把它概括为"知是行的主意，行是知的功夫；知是行之始，行是知之成"⑤。知最终要落实到行，由行来实现和完成。王夫之则说："知之尽，则实践之而已。"⑥ 他认为，知以行为目的，行不以知为目的，行可以获得知的效果，而知却不能获得行的效果。

尽管儒家在知行观上有着知易行难、知先行后、知行合一、行先知后等种种观点，但在解决道德内在的知行矛盾问题上，始终把行置于第一位，认为行比知更加重要，知只是行的手段，道德最终要通过行来实现。因而，儒家的道德学说，从总体上看反映了道德乃是一种实践理性的特征。

① （明）王阳明著；张怀承注译. 传习录 [M]. 长沙：岳麓书社，2004：10.
② （明）王夫之著；船山全书编辑委员会编校. 船山全书 [M]. 长沙：岳麓书社，1988：402.
③ （清）王夫之著；傅云龙，吴可主编. 船山遗书 [M]. 北京：北京出版社，1999：1804.
④ （明）王夫之著. 船山全书 [M]. 长沙：岳麓书社，2011：314.
⑤ （明）王阳明著；张怀承注译. 传习录 [M]. 长沙：岳麓书社，2004：11.
⑥ （宋）张载撰；（清）王夫之注；邵逝夫导读. 正蒙 [M]. 合肥：黄山书社，2021：201.

二、知行合一

道德是一种实践理性，只有在人们的行为中才能够体现道德的精神和价值。但人们的行为是受意识支配的，知与行在轻重难易之外又有了先后的关系。

宋代二程在掌握道德知识和道德践行关系问题上坚持知本行末。他们说，"君子以识为本，行次之。今有人焉，力能行之，而识不足以知之，则有异端者出，彼将流宕而不知反"①，"知至则当至之，知终则当遂终之，须以知为本"②。这就是说，认识是根本的，实际践履是次要的。人们若只能行而不能知，行为就是盲目的；若知未明白而行，行为就会失去正确的方向。因此，二程认为从重要性来讲是知本行末，从认识的秩序上来看则是知先行后。他们说："须是识在所行之先，譬如行路，须得光照。"③ 他们以行路作例子："譬如人欲往京师，必知是出那门、行那路，然后可往。如不知，虽有欲往之心，其将何之？"④ 行路必须先认识路才能行走，你想去开封，不认识路，怎么走？如果只顾走而不问路，那就不知道会走到什么地方去。可见，知在行之先。二程规定的为学秩序是博学、明辨、审问、慎思，然后笃行。

王守仁反对这种观点，认为分知行为先后，犯了将知行割裂为两

① （宋）程颢，（宋）程颐撰；王云五主编. 河南程氏遗书 ［M］. 北京：商务印书馆，1965：351.

② （宋）程颢，（宋）程颐撰；王云五主编. 河南程氏遗书 ［M］. 北京：商务印书馆，1965：181

③ （宋）程颢，（宋）程颐撰；王云五主编. 河南程氏遗书 ［M］. 北京：商务印书馆，1965：71.

④ （宋）程颢，（宋）程颐撰；王云五主编. 河南程氏遗书 ［M］. 北京：商务印书馆，1965：208.

件事情的错误。他说："今人却就将知行分作两件去做，以为必先知了，然后能行。我如今且去讲习讨论做知的工夫，待知得真了方去做行的工夫。故遂终身不行……某今说个知行合一，正是对病的药。"①知先行后的观念容易割裂知行之间的内在联系：知只是知，行只是行；知了未必会去行，行了可能没有知。王守仁提出知行合一的学说，就是为了纠正知行脱节、重知轻行、只知不行的弊误。

他认为，知与行不是两个互不相干的事，而是相互包含的关系。"某尝说知是行的主意，行是知的功夫；知是行之始，行是知之成。若会得时，只说一个知已自有行在，只说一个行已自有知在。"首先，知是行的指导意识，行是知的具体实践。人们的行为总是受特定的意识支配，所谓行为，就是将心中的主意付诸实践。其次，知是行的开始，行是知的完成。就行为全过程来说，知是行为的动机，行为离不开动机，有了某种追求或者目的，才会制定实现这个目的的方案、设计、规划，而后才有行为，动机是行为的开始；而行为就是为了实现事先所设计的方案，达到预期的目标，作为行为动机的知实现了，才算是完成。所以说，知包含着行，行包含着知，二者不可截然分开。

知与行是不可分成两截的，而应该一以贯之。王守仁说："《大学》指个真知行与人看，说'如好好色，如恶恶臭'。见好色属知，好好色属行。只见那好色时已自好了，不是见了后又立个心去好。闻恶臭属知，恶恶臭属行。只闻那恶臭时已自恶了，不是闻了后别立个心去恶。"②见好色而不知好，闻恶臭而不知恶，都不能算是真知。道德是人们行为的"应该"："应该"不仅仅是对别人的要求，更是对自己的要求；"应该"也是一种价值判断，但它并不是纯粹的观

---

① （明）王阳明著；张怀承注译. 传习录 [M]. 长沙：岳麓书社，2004：10—11.
② （明）王阳明著；张怀承注译. 传习录 [M]. 长沙：岳麓书社，2004：11.

念，更是对现实的评判。道德作为一种实践理性不能停留在观念层面，而必须落实到行动上。

当然，王守仁提倡知行合一的目的，就是激励人们积极去践行道德。因此，他强调真正的知识必须付诸实践，不付诸行的知不是真知。"未有知而不行者，知而不行，只是未知。"① "知之真切笃实处，即是行；行之明觉精察处，即是知，知行工夫本不可离。"② 道德认识符合社会价值，正是通过人的行为表现出来；行为符合道德规范，才说明对道德把握正确。真正的道德不在于知而在于行。

三、实习实行

王守仁知行合一的学说有助于克服程朱知行脱节的弊端，但自身也存在一些问题，那就是他过于强调二者之间的一致性，却忽略了知与行之间的差异，尤其是过于在本心（良心）上用功。换句话说，程朱是理上用事，王守仁是心上用功。

清初颜元继承儒家实学传统，强调实习、实行、实用以致实功，以矫正朱学和王学之偏，其论理的突出特点是以"实理"批判当时人们所理解的程朱陆王的"虚理"。这是从思想方法上对理的范畴的探讨。他从"理气融为一片"出发，认为理在气中，理在事中，宋儒追求气外、事上之理，使理变成无依托的空悬之物。因此，对理的探求是从具体事物上着手，还是从书本讲谈上用功，就形成了实与虚的对立。

颜元认为，道即日常生活的洒扫应对，不在六艺之外，即在六行之中。"有宋诸先生便谓还是见理不明，只教人明理。孔子则只教人

---

① （明）王阳明著；张怀承注译. 传习录 [M]. 长沙：岳麓书社，2004：11.
② （明）王阳明著；张怀承注译. 传习录 [M]. 长沙：岳麓书社，2004：11.

习事，迨见理于事，则已彻上彻下矣。"（《四存编·存学编》卷二）事中之理是实理，它与国计民生密切相关，要为天下造实业，就必须在实行实事中求理，心中醒，口中说，不如手上习过。事外无理，践行、实习就是获得实理的根本方法。

颜元指出，首先，宋人偏重"穷理尽性"，认为有"事外之理"（《习斋记余》卷九），他们把理当作超越具体事物的本体，实际上是以理为某种精神实体。"宋儒偏处只是废其事；事是实事，他却废了"，去追求所谓事外之理。这种理论与佛教的义理毫无二致，"释氏谈虚之宋儒，宋儒谈理之释氏，其间不能一寸"（《朱子语类评》）。

其次，程朱视理为事外物外之实体，必然导致他们求理不在事物上，而在书本讲谈上用功。颜元也认为穷理频格物，但他认为格物之格既不是朱熹所说的"至"，也不是王守仁所说的"正"，而是"犯手捶打搓弄之义"。格就是亲身履事，实际去践行。只有实行实事，才能求得事中的实理。而程朱却教人"半日静坐，半日读书"，不是让人在行实事中求理，"全不见梅枣，便自谓穷尽酸、甜之理"。理在事中，不在书上，"且书本上所穷之理，十之七分舛谬不实，朱子却自认甚真，天下书生遂奉为不易之理，甚可异也"（《习斋记余》卷六）。这种寓事求理的方法是根本错误的，它引导人们置国计民生、日用事物于不顾，竞相空谈义理，"其理会道理、诚意正心者，必用静坐读书之功"，培养出体弱的白面书生，害人误国。"吾尝目击而身尝之，知其为害之巨也。"（《四存编·存学编》卷三）

由此，颜元指出，程朱陆王虽所持观点不同，互不认同，但他们都是崇高空谈，害人害己。"果息王学而朱学独行，不杀人耶？果息朱学而独行王学，不杀人耶？"（《习斋记余》卷六）他为了改变这种"虚浮之局"，重振经世致用的实事实理，竭力提倡"实文、实行、实体、实用，卒为天地造实绩"（《四存编·存学编》卷一）。颜元在习行实事中落实道德，把道德从抽象的思辨领域落实到现实社会生活之中。

颜元思想的特点，不在于对本体论的探讨，而突出地表现在其实学、实行、实用、实践的思想之中。南宋以后，程朱陆王之学风靡于整个思想界，儒者津津于心性义理，流弊所致，竞相空谈。"无事袖手谈心性，临危一死报君王，即为上品矣。"颜元自己就曾深受其害，"吾尝谈天道性命，若无甚扞格，一著手算九九数辄差"（《四存编·存学编》卷二）。因此，他公开倡言"程朱之道不熄，周孔之道不著"（《习斋记余》卷一），大声疾呼"实文、实行、实礼、实用，卒为天地造实绩"，只有如此，才能使"民以安，物以阜"（《四存编·存学编》卷一）。他认为，"尧舜之世，道不外六府三事，学不外和其事，修其府；周孔之宗，道不外三物四教"（《朱子语类评》）。尧舜、周孔之道是实学、实事、实行，在实际践履中有实际效用，而程朱之道则"见道于纸，谈道于口，考道于笔"（《习斋记余》卷七）。这就像学琴一样，不亲手去练习，光是讲读琴谱，纸上谈兵，永远也不会弹琴。因此，颜元强调参与"习"，号召少空谈虚文而建立"实学"，少讲读而多习行。"惟愿……垂意于'习'之一字，使为学为教，用力于讲读者一二，加功于习行者八九，则生民幸甚，吾道幸甚！"（《四存编·存学编》卷一）

儒家主张道德修养须由内而外贯通知行，将道德认知与躬行践履熔铸为统一的生命境界。这一尊德重行的实践理性，彰显出儒家不尚空谈、务实笃行的精神特质，通过将内在德性转化为服务社会的具体行动，使道德修养超越个体心性层面，在知行互证的动态过程中实现人格完善与社会价值的双重升华。

第四章 "五常"之目——儒家道德的基本原则

　　儒家伦理思想注重人道，把道德规定为人的本质属性，用道德建构人类社会的基本秩序，主张用道德来调节、维系人与人之间的关系，并概括出仁、义、礼、智、信五个基本的道德原则，称之为"五常"。先秦元典儒学对这些德目就有许多论述，孟子甚至以仁、义、礼、智为人性的本质内容。到汉代，董仲舒配之以"信"，正式提出"五常"的概念。此后，在整个古代社会，"五常"始终是儒家基本的道德观念，是处理人际关系基本的行为准则，是个人修养的主要内容，并且贯穿整个道德生活之中，千百年来，对中华民族的道德素质的培育和道德精神的形成产生了重大影响。

第一节 仁——儒家道德的核心原则

　　仁在儒家伦理思想中是一个含义极其丰富的概念，其内容有广狭之分。广义的仁是一个全德之辞，几乎可以概括所有的德目；狭义的仁即"五常"之一，主要是以人与人之间相亲相爱的道德情感为主要内涵的道德原则。

一、仁者爱人

从字源学上看，"仁"字从人从二，指人与人之间相依相耦，独则无耦，耦则相亲。可以说，仁是由人本身引申出来的行为原则，它要求人们以人为人，相亲相爱，反映了人对自身的觉醒、对人的类本质的理解，具有浓厚的人道精神。孔子首先对仁作了全面、深入的阐述，建立了以仁为核心的思想体系，故孔子的学说，后来又被称为"仁学"。

仁者爱人，要求人们在处理人际关系时关心人、爱护人、帮助人。儒家经典《礼记·礼运》所设计的"大同"社会中，描述了人与人相亲相爱的情景："大道之行也，天下为公。选贤与能，讲信修睦，故人不独亲其亲，不独子其子，使老有所终，壮有所用，幼有所长，矜寡孤独废疾者皆有所养。男有分，女有归。货恶其弃于地也，不必藏于己；力恶其不出于身也，不必为己。是故谋闭而不兴，盗窃乱贼而不作，故外户而不闭。是谓大同。"[①] 爱人就须视人如己，以爱心调节人际关系，抚孤独，恤矜寡，拯废疾，使人尽其才，物尽其用，实现人类的共同幸福。

仁是一种博大的爱心，它要求关心他人的疾苦，促进他人的幸福，尊重他人的意愿，把他人的疾苦看作自己的疾苦，把他人的幸福视为自己的幸福，时时事事处处首先为他人着想，而不是为自己着想，与人为善，助人为乐。它的更高层次要求是"安人""安百姓""乐以天下，忧以天下"，范仲淹把它表述为"先天下之忧而忧，后天下之乐而乐"。

---

① 胡平生，张萌译注. 礼记［M］. 北京：中华书局，2017：419-420.

儒家的仁爱是从家庭血缘亲情中直接引申出来的。任何人一生下来首先面对的是家庭中的父母兄弟关系，处于亲人的爱抚之中，并逐渐萌生对亲人深深的依恋、敬爱。因此，家庭中的亲爱，是人最早形成的爱心。孔子弟子有若即把孝敬父母、尊敬兄长作为仁的根本、基础："孝弟也者，其为仁之本与！"后来的儒家也以"亲亲敬长"解释仁的基本含义。一个人只有首先爱自己的亲人，才会去爱他人。仁者爱人最深厚的根源即家庭血缘的亲情之爱，离开了亲情之爱，仁者爱人就成为无根之萍、无本之木。亲情之爱孕育了对他人的爱心，爱人就是爱亲之心的外展与扩充，即"老吾老，以及人之老；幼吾幼，以及人之幼"。

仁者爱人作为处理人际关系的一般原则，又不限于宗法血缘道德的范畴，而是要求人们以仁爱之心对待一切人，建立人与人之间相亲相爱的和谐的人际关系，亲亲敬长无法规范这种关系。孟子通过对人性的深刻反思，认为仁是人的本性之中所固有的一种内在情感——恻隐之心或曰不忍人之心，用现代语言说，即人所固有的同情心。他说："仁义礼智，非由外铄我也，我固有之也。""恻隐之心，仁之端也；羞恶之心，义之端也；辞让之心，礼之端也；是非之心，智之端也……凡有四端于我者，知皆扩而充之矣，若火之始然，泉之始达。"[1] 恻隐之心即仁之萌芽，同情心这种内在的道德情感就是仁爱的心理依据和主要内容。宋儒将仁由爱人推衍为仁民爱物，便将仁进一步抽象为天地生生之德，视为宇宙万物生存、发展的基础。

但是，儒家讲仁爱，并不赞同无差别、无原则地爱一切人，而坚持爱人必须符合一定的原则。孔子说："唯仁者能好人，能恶人。"[2]好恶的标准即礼。爱人是对人性和人的生命的价值的积极肯定，而不

---

[1] 杨伯峻，杨逢彬译注. 孟子译注［M］. 长沙：岳麓书社，2021：67.
[2] 杨伯峻译注. 论语译注［M］. 北京：中华书局，1958：38.

是对其消极价值的容忍。爱人的目的是建立健康、和谐的人际关系，而不是追求无原则的一团和气。爱憎分明，是儒家仁爱的一个显著特点。"君子之爱人也以德，细人之爱人也以姑息。"① 以仁调节人际关系，必须爱人以德，爱人以道。一方面要以道德之心爱人，另一方面爱人必须符合道德、维护道德。爱人须是仁爱、德爱，不能是私爱、偏爱、溺爱，更不能容忍恶行、姑息养奸。

二、以人为本

仁者爱人就是要求把人当人看，尊重人，尊重人的价值和尊严。在儒家看来，人是天地间最灵秀的存在，万物之中人最贵，人也是天地间最高的存在，只有人能够继承天道、觉悟天道、践行天道。自然者天地、主持者人，人能够仰观天道，俯察地理，相天辅地，与天地相参。

仁者爱人的精义是在人际交往中注重人的价值，把别人也当作与自己同类的人来看待，表现出一种人本主义倾向。儒家学者虽未彻底否定鬼神的存在，但他们对世间事务的关注远远重于关注鬼神，对人生价值的展现高于对灵魂有无的探究。这种人本观念使其在对待鬼神的问题上采取了理智的态度，因而中国古代虽然也讲神道设教，但宗教思想一直未能像西方那样成为人们精神的唯一支柱和社会的统治思想。以人为本，必然重视人的生命价值，儒家反对嗜杀好战、草菅人命，主张德治、仁政，要求人们本着固有的同情心相亲相爱；以人为本，必须尊重人的尊严，儒家强调个人人格的独立自主，强调三军可以夺帅，匹夫不可以夺志。

---

① 胡平生，张萌译注. 礼记 [M]. 北京：中华书局，2017：110.

儒家仁学又被称为"人学"，它以人为本，一切从人出发，一切为了人。因此，儒家思想不同于西方的宗教教义，人不是上天的奴仆，而是世间的主人。这种以人为本的思想在政治上就演绎为民本主义，把民心看作国家治理、朝廷兴亡的基础，把满足民众的基本需求看作执政的主要目的。

仁者爱人要求把人当人看，把他人看作和自己一样的人。仁是一种内在的道德情感，爱人则是这种情感的外显，它必须通过现实的行为表现出来。因而，通过什么方式、怎样去爱人，就成为仁德的具体行为规范。儒家提出的行为模式是取譬于己、推及于人，也就是经过后儒大肆渲染的、孔子提出的"忠恕"之道。

关于忠恕的含义，南宋朱熹解释说："尽己之谓忠，推己之谓恕。"这就是说，在以仁调节人际关系时，一方面，对人应尽心尽力，奉献自己的全部爱心；另一方面，应设身处地地为他人着想，不苛求于人：它们是以仁推己及人的两个方面。

忠属于积极的方面。孔子说："夫仁者，己欲立而立人，己欲达而达人。"自己想要成功，须使别人也能成功；自己希望显达，须使别人也能显达。作为"为仁之方"的行为模式，即自己所追求的、希望得到的东西，应当积极使别人也同样得到。譬如，自己求饱，须知人之饥而使人得饱；自己求温，须知人之寒而使人得温；自己求逸，须知人之劳而使人安逸。"君子己善，亦乐人之善也；己能，亦乐人之能也。"① 一言以蔽之，凡是自己想要的，必须允许别人也能得到。因而，它要求人们从自己的利益和需要出发，主动地关心人、帮助人，而反对一事当前，只替自己打算，不顾别人。

恕是推己及人的消极方面。孔子说："己所不欲，勿施于人。"

---

① （唐）魏征等编撰. 群书治要 [M]. 北京：北京理工大学出版社，2013：467.

即自己不想要的东西，不能强加于人。儒家对此作过许多论证。《中庸》曰："施诸己而不愿，亦勿施于人。"①《大学》说得更加具体："所恶于上，毋以使下；所恶于下，毋以事上；所恶于前，毋以先后；所恶于后，毋以从前；所恶于右，毋以交于左；所恶于左，毋以交于右。此之谓絜矩之道。"你讨厌上司的无礼，就不可以无礼支使自己的下级；不喜欢下级对你的不忠，就不可以不忠于自己事奉的上司；厌恶自己前面人的那些不好做法，就不可以用这类做法对待身后的人；否定自己身后的人的不良行为，就不可拿它们来对待处于自己前面的人。概而言之，当你的行为可能给他人带来影响时，必须考虑它的后果是否能为他人所接受。在此，行为主体不必抽绎天理，不必澄清良知，不必卜问神灵，也不必求证他人，标准就在主体自身，自我的利益需要即行为的准则。不过，儒家以自我为中心不是为了满足自己，而是去理解别人。

可见，推己及人就是将自己内在的仁爱之情推衍于外，其行为模式是以行为主体为原点、核心，以行为主体自身的利益和需要推断他人的利益和需要，进而以此为行为取舍的标准。凡属自己所需的、追求的，同时也要努力去满足他人；凡属自己厌恶的、否定的，就一定不能施于别人。忠恕、絜矩即以身为度，以己量人。这是一种以己为本位的行为模式，但它不同于个人本位。在此模式中，己只是行为的出发点、标准，而绝不是目的；是利他的，不是利己的。

推己及人隐含的逻辑理论前提，即人与人之间有着共同的、善良的本性。圣人与我同类，仁义礼智之性、喜怒哀乐之情乃人人同具，后儒衍为人同此心、心同此理。肯定这一理论前提，才能够进行有效的推度。如果人与人之间没有共同的本性，只有各自特殊的利益，上

① 王国轩译注. 大学·中庸 [M]. 北京：中华书局，2006：73.

述推己及人的行为模式就是不道德的、不能为他人所接受的。

显而易见，推己及人的行为模式涉及个别性与一般性、特殊性与普遍性的关系。儒家肯定人人具有共同的类本性，这是一般性与普遍性，但又不能不承认任何现实的个人都具有个别性与特殊性。由此不难得出一个结论，推及于人者只能是个人利益和需要中的一般、普遍的东西，而不能是个别的、特殊的内容。王夫之曾十分深刻地揭示过这一点，他说："'己欲立而立人，己欲达而达人'，是仁者性命得正后功用广大事。若说恕处，只在己所不欲上推。盖己所不欲，凡百皆不可施于人，即饮食男女，亦须准己之情以待人。若己所欲，则其不能推与夫不可推、不当推者多矣。"① 自己所否定的不能强加于人，施于他人者必须为自己所肯定。然而，这只是推己及人的行为模式，它还内含着一个道德的标准。任何人都不能仅仅以自己的好恶为标准调节人际关系，不能不加分析地以满足个人利益为待人处事的准则。个人的需要和利益，它本身还有一个合理性问题，"其不能推与夫不可推、不当推者多矣"。能不能、可不可、当不当的尺度就是道德。离开了道德的准则，以己之好恶推及于人，不仅不能利人，还足以害人。因此，儒家提倡仁者爱人，强调爱人以道、爱之以德，推己及人，也须以道德之心推之。正己然后能推人。

推己及人就是在把握、调节人际关系时以仁爱之心待人，将心比心。它以行为主体在人际关系中的亲身体验为出发点，从他人对自己的行为中切身感受这种行为给自己带来的利弊，从而认识到自己对他人的要求也正好是他人对自己的要求，并由此决定自己的行为准则。如果全社会的人都能扩充自己的爱心，在与人交往时将心比心，多为他人设身处地地着想，少替自己打算，那么，这个社会就会洋溢

---

① （清）王夫之著；傅云龙，吴可主编. 船山遗书 [M]. 北京：北京出版社，1999：2374.

着博大的爱，就会形成和谐、健康的人际关系。

三、为仁由己

仁作为行为规范，要求以爱心去维系、调节人际关系，其行为模式或者说爱人的方式就是推己及人。推己的要求是推自己的仁爱、道德，而绝不是推自己的私念、恶欲。因此，要推己首先须正己，使自己的思想品质符合道德、符合仁爱。成仁然后可以行仁、爱人。

正己即修养仁德。儒家提出的路径是"为仁由己"，一个人能否成为仁人，取决于自己的主观努力程度。孔子一再强调："为仁由己，而由人乎哉？""仁远乎哉？我欲仁，斯仁至矣。"[①] 仁并非外在的戒律，而是主体内在的属性，成仁之本在己不在人，关键在于主体自身能否洞彻、把握自己固有的仁心，能否扩充本心。"譬如为山，未成一篑，止，吾止也。譬如平地，虽覆一篑，进，吾往也。"[②] 为仁就如同平地堆山，堆高已至九仞，只差一筐土就成功了，不堆这一筐土，完全是自己不愿意做；虽然只在平地上倒一筐土，离成功之路还相差很远，但一筐筐堆上去，只要持之以恒，就定可达到目标。是止是进，完全取决于自己的自由选择。为仁由己的另一层含义是只要自己发挥主体能动性，就一定可以实现仁，任何人都有可能成就仁德。肩挑手提、荷担负重，人的能力有大有小，或有能有不能，而修养仁德则凡人皆能，未有力不够者。这就是说，道德修养没有能力的大小之分，只有愿意不愿意、努力不努力的区别，求仁即可得仁。

为仁由己作为仁德修养的方法就是反求诸己，即加强自身的道德修养，培养良好的道德品质，造就完善的道德人格。孔子提出的具

---

① 杨伯峻译注. 论语译注 ［M］. 北京：中华书局，1958：80.

② 杨伯峻译注. 论语译注 ［M］. 北京：中华书局，1958：100.

体措施就是"克己复礼"。《颜渊》载："颜渊问仁。子曰：'克己复礼为仁。一日克己复礼，天下归仁焉。为仁由己，而由人乎哉?'颜渊曰：'请问其目。'子曰：'非礼勿视，非礼勿听，非礼勿言，非礼勿动。'"曾经有人将"复礼"之"复"解释为"恢复""复辟"，这是一种有意的歪曲。孔子在此讨论的是个人如何修养仁德的问题，而不是讨论社会政治。由下文四句及"为仁由己"，可知此"复"乃"覆"之意，即履行，复礼是克己的措施，即按照礼（社会道德）的原则严格要求自己，使自己的视听言动即所有行为都符合于礼。礼是仁的行为规范。

一方面，孔子的这一观点提出了正己、爱人的标准；另一方面，由于这个礼主要是社会等级制度的反映，又使得儒家的仁爱带上了依亲疏贵贱而有所差别的特点，被墨子批评为"爱有等差"。

后儒继承孔子的思想，以修身正己为仁爱的前提，强调只有正己才能正人正物，只有修身才能安人安百姓。《大学》以修身为齐家、治国、平天下的基础，认为"自天子以至于庶人，壹是皆以修身为本"。所以，儒家在处理人际关系时，首先要求端正自己，加强自身的道德修养，对道德修养作了深入的探讨，提出了一系列原则和方法。其中最重要的便是克己，即克制自身与道德相违背的一切私念和私欲，完善个人的道德人格，达到"从心所欲，不逾矩"的境界。

总之，儒家以仁调节人际关系，主张人与人之间相亲相爱、互相关心、互相爱护、互相帮助，认为仁爱是人固有的道德情感，故爱人的根本途径就是推己之仁爱于他人。而要推己首先必须正己，也就是说，仁不是偏爱、滥爱，一团和气，姑息养奸，而是必须爱人以德，始终坚持道德的原则，在此基础上建立和谐的人际关系。

第二节 义——道德生活的价值准则

义在中国伦理思想史上含义十分丰富，各家各派有不同的诠释。儒家讲义有广义狭义之别：广义的义泛指道义，是道德的代名词，如"舍生取义"；狭义的义则为"五常"之一，是判断是非善恶的标准和人们行为的价值准则。以下所探讨的义，主要指后一种含义。

一、义者宜也

道德是一种调节人际关系的特殊行为规范，它告诉人们在处理个人与他人、个人与社会的利益关系时什么样的行为是应该的、正当的，什么样的行为是不应该的、不正当的。应该、正当的行为被称为善，不应该、不正当的行为被称为恶。因此，应该不应该、正当不正当内在地蕴含着一个评价的标准。尽管不同的伦理学派确立的标准各有不同，但都有各自确定的标准，否则便无法对人们行为的是非善恶进行客观的价值判断。

儒家提出的行为价值标准就是"义"。朱熹在《四书集注》中解释说："义者，事之宜也。""义者，天理之所宜。""义者，心之制、事之宜也。"这里揭示了义的三层意蕴：首先，义是适宜，即正当与否的度，宜与不宜、该与不该须以义为准；其次，义的度就是天理，是宇宙万物存在发展的根本原则；再次，义又是人们内在的一种道德观念，是行为主体的道德理性原则。它的现实内容，则是人类共同的、根本的利益。

毫无疑义，每个人的行为出发点都是自身现实的特殊利益，利是人们行为的内在动因。但是，儒家认为，利虽然具有客观性，却不能作为评价行为的价值标准。若以利为行为取舍的标准，利多为善，利少为恶，则是非善恶系于物之轻重。它把价值尺度归结于外在客体，不符合道德的本质。道德作为人类生活的规范，属于"应然"价值判断，它高于生活，并非对现实存在的简单描述，而是主体对客体取舍辞受的倾向与态度的表达。物之轻重属于"实然"价值判断，是对经验事实的肯定。而所谓道德判断，正是主体对人的行为及其后果的"实然"价值的道德认识，用来度量其是否符合主体内在的道德理性、是否符合人类社会发展和完善的必然之理。

王夫之曾对此作过深刻的论述。他说："若夫善也者，无常所而必协于一也，一致而百虑也：有施也必思其受，有益也必计其损；言可言，反顾其行，行可行，追忆其言；后之所为必续其前，今之所为必虑其后；万象之殊不遗于方寸，千载之远不喧于旦夕。"① 评价行为善恶的标准必须具有如下特点：首先要具有一贯性、稳定性和普遍性。义是人的固有本质，是人之所以为人的根据，不可改变，有着一贯性和稳定性，而且义又是天理之公，具有普遍性。其次要具有可比性，这种比较必须是言与行、主体意识与外在现象之间的符合与否。

利显然不具有上述特点："乃义或有不利，而利未有能利者也。利于一事，则他之不利者多矣；利于一时，则后之不利者多矣，不可胜言矣；利于一己，而天下之不利于己者至矣。夫所谓义者，唯推而广之，通人己、小大、常变以酌其所宜，然则于事无不安，情无不顺。"② 利益作为个人需要的现实满足，不具有一贯性和稳定性，常常是利于此者或不利于彼，利于今者或不利于后，表面看来有利而实

---

① （清）王夫之著. 尚书引义 [M]. 北京：中华书局，1962：132

② （清）王夫之著；傅云龙，吴可主编. 船山遗书 [M]. 北京：北京出版社，1999：1726.

际上有害，等等。利益的标准更不具有普遍性。诚然，每个人都有着基本的共同需要，如衣食住行等。但是，在现实社会中，由于人们所处的社会地位不同，人们的利益会有很大差别。甚至同一个人在不同的时间和环境中，客观表现出来的利益都会呈现种种不同。因此，同一个事物或行为，对张三有利，对李四却完全可能不利。有利或有害、大利或小利，不仅缺乏稳定性和普遍性，也不具有可比性。有公理，无公欲。利带有明显的暂时性、多样性、个别性特征，不能作为行为的一般价值标准。而义则不然，它是对人类利益的一般性、共同性的抽象与升华，是由人己、小大、常变的关系中提炼出的人类社会生活和行为的普遍适宜的度，它超越个别而成为一般，只有依据它才能对人类生活和行为作出公正合理的道德评价。可以说，王夫之的这一观点，突出地反映了儒家道德价值论的精华。

二、好善恶恶

以义为人们行为及其评价的标准，孔子就已经明确提出。他说："君子之于天下也，无适也，无莫也，义之与比。"[①] 适为固执、盲从；莫为拒绝、否定、悖逆；比为匹配、比较、从齐。意为君子对天下人及天下人所做之事、所为之行，既不一味肯定、顺从，也不顽固地否定、拒斥，而要用义去进行判断，以义作为行为的准则和评价的标准。

孟子把义说成是"羞恶之心"。所谓羞恶，即指善恶观念，它是对善的喜好、肯定与遵循，对恶的否定、耻辱。以义为调节人际关系的价值准则，就是要求人们努力使自己的言行符合道义、追求道义，

---

① 杨伯峻译注. 论语译注 [M]. 北京：中华书局，1958：40.

根除、消灭不符合道德的恶的现象，好善而恶恶。《大学》把它概括为"如恶恶臭，如好好色"①。朱熹认为这是自我的道德修养功夫，他解释说："言欲自修者知为善以去其恶，则当实用其力，而禁止其自欺。使其恶恶则如恶恶臭，好善则如好好色，皆务决去，而求必得之，以自快足于己，不可徒苟且以徇外而为人也。"② 好善如同对美色的喜爱，恶恶则如对恶劣气味的厌恶。对善要有必得之心，全力追求，对恶则须有必去之心，去之实用其力。

因此，儒家认为，要调节好人际关系，首先必须树立正确的善恶观念、价值标准。在此意义上，义是自身道德观念的确立、道德素质的培养。汉儒董仲舒指出，仁的实质是爱人、安人，义的实质则是正我，"以仁安人，以义正我"。他说："仁之法在爱人，不在爱我；义之法在正我，不在正人。我不自正，虽能正人，弗予为义；人不被其爱，虽厚自爱，不予为仁。……夫我无之而求诸人，我有之而诽诸人，人之所不能受也。其理逆矣，何可谓义？……故言义者，合我与宜以为一言，以此操之，义之为言我也。故曰：有为而得义者，谓之自得；有为而失义者，谓之自失。"③ 这就是说，义首先是行为主体自身的行为准则和价值观念。道德绝不仅仅是对他人行为的要求或评价，而首先是对自身的要求。评价一个人是否有道德，不是看他知道什么、怎么说，而是看他怎么做。正人不正己，只以义去要求他人，懂得愈多，说得愈好听，只能说明他愈不道德。正己才能正人，正己才能爱人。

而所谓正己，就是自己要为善去恶，即树立正确的价值观念，培养崇高的道德素质。因此，义所强调的是主体对他人和社会应当承担

---

① 王国轩译注. 大学·中庸 [M]. 北京：中华书局，2006：19.
② 梁振杰注说. 大学中庸集注 [M]. 郑州：河南大学出版社，2016：106.
③ 张世亮，钟肇鹏，周桂钿译注. 春秋繁露 [M]. 北京：中华书局，2012：314-319.

的社会责任，并要求主体把它内化为自觉的道德义务，确定为自身的价值目标。为了追求这一价值目标，不惜牺牲自己的一切，甚至包括生命。孟子说："生亦我所欲也，义亦我所欲也；二者不可得兼，舍生而取义者也。生亦我所欲，所欲有甚于生者，故不为苟得也；死亦我所恶，所恶有甚于死者，故患有所不辟也。"这里强调的是生命的意义不在于自然有机体的实在性，而在于其中蕴含的道德价值，只有积极履行道德义务，为他人和社会作出自己最大的贡献，才能充分显示生命的价值。生命是道德价值的承担者，当生与义发生矛盾、不可兼得时应勇于舍生取义。

当然，义作为调节人际关系的价值准则，除正己之外，还包括正人。正己只是正人的前提，它要求在处理人际关系时首先严格要求自己，但并不排斥以义为标准评价他人的行为。正己并非一味地约束自己，容忍他人的不道德行为，正己还是为了正人，即建立合理的社会秩序和人际关系。因此，儒家一方面强调反求诸己，正己然后推及于人；另一方面又强调与社会上一切不道德的现象作不可调和的斗争，反对随波逐流的"乡愿"，反对做老好人。

孔子主张对百姓"道之以德，齐之以礼"，即以既定的道德原则和规范引导、约束他们，把社会道德灌输在人们心中，唤起他们道德的自觉和羞恶感，树立正确的善恶价值观念。因此，儒家对社会道德价值准则、道德原则和规范予以高度重视，特别注重它们体系的完整性、功能的有效性和权威的绝对性。在两千多年的历史长河中，以"三纲五常"为核心的伦理道德体系得到不断的强化、拓展，渗透到中国古代社会生活和个人生活的各个方面，成为调节人们行为、处理人际关系的根本手段。社会道德内化为个体的道德须经由两个途径：对每一个体自身而言，须加强道德修养；对一般个体而言，则须加强道德教育。前者属于以义正我，后者属于以义正人。

　　儒家认为，道德教育就是树立人们正确的道德价值观念，培根固本，去芜剔稗。首先，道德教育须以人之情性为本，激发其固有的道德潜能，扩充其至善的本性，不违背人之生理，把正确的道德原则、评价标准、是非善恶观念准确地传授给受教育者，以巩固其固有的善性。其次，道德评价在道德教育过程中起着十分重要的作用。所谓道德评价，即以一定的价值准则（儒家以为就是义）为标准，对人们的行为及其结果进行分析对比，看其是否与价值准则相符合，符合的便予以肯定、表扬、奖励，不符合的则予以否定、批斥、惩罚。它不仅能强化人们的价值观念，矫正人们的不良行为，还能够引导、建立良好的社会道德风气。王夫之说："功罪者，风化之原也。功非但赏之足劝，罪非但刑之足威也。虽其为不令之人与？然而必避罪之名，以附于功之途。夫人自伸之情，相奖以兴，莫知其然而自动，无贤不肖一也。故正名之曰功，而天下趋之；正名之曰罪，而天下违之。"[1] 这就是说，对人们的行为进行功罪善恶评价，有功者、善者赏之，有罪者、恶者惩之，人们就会趋善避恶，形成良好的社会风尚，自觉地以义规范自己的行为。它能够形成强大的社会舆论，强化人们的善恶价值观念，使人们知道什么是应该的、光荣的，什么是不应该的、可耻的。对那些不符合义的准则的言行要痛斥严惩，不仅要"病其身"，更须"病其心"，使其深受"摧抑之辱"[2]，"内以愧于妻子，外以愧于乡邻"[3]，从而"长养其廉耻以使可悛"[4]，引导人们

---

　　① （清）王夫之著；傅云龙，吴可主编. 船山遗书［M］. 北京：北京出版社，1999：509.

　　② （清）王夫之著；傅云龙，吴可主编. 船山遗书［M］. 北京：北京出版社，1999：571.

　　③ （清）王夫之著；傅云龙，吴可主编. 船山遗书［M］. 北京：北京出版社，1999：571.

　　④ （清）王夫之著；傅云龙，吴可主编. 船山遗书［M］. 北京：北京出版社，1999：571.

树立正确的价值观念，以义作为言行的准则，建立健康的人际关系。

三、人之所由

以义为调节人际关系的价值准则，就是以义作为行为的根本方针。孟子强调"居仁由义"，把义看作人所由之"正路"，即人的思想和言行必须遵循的准则。他认为，义就是人的"羞恶之心"，即一种对恶德劣行感到耻辱的心理。这种耻辱心理是一种"内向的愤怒"，耻辱意味着人对自身的存在和人格价值的否定，它是对某种明确的是非善恶观念否定的表达。正如南宋陆九渊所说："人惟知所贵，然后知所耻。不知吾之所当贵，而谓之有耻焉者，吾恐其所谓耻者非所当耻矣。"① 有了这种羞恶之心，才有惕惧戒禁，有所为有所不为，否则，肆无忌惮，任意妄为，就会日渐背离道德，悖于人的本性而趋于堕落。故孟子说："人不可以无耻，无耻之耻，无耻矣。"② 人不能够没有羞耻感，只有以不知羞耻为耻，即去掉不知羞耻之心，才能远离羞耻。

羞耻之心，是人的行为选择的价值准则。朱熹说："耻者，吾所固有羞恶之心也。存之则进于圣贤，失之则入于禽兽，故所系为甚大。"③ 因此，为善抑或为恶，系于主体之羞恶之心。义对人们的行为起着导向、定向的作用，是人们成身成性、实现道德完善必须经由的道路，故曰"义，人之正路也""居仁由义"。

儒家强调，义作为处理人际关系的价值准则，并非外在的戒律或强制，而是人自身所固有的道德观念，即人先验本性的固有属性。先

---

① 顾明远总主编. 中国教育大系：历代教育论著选评 [M]. 武汉：湖北教育出版社，2015：969.

② 杨伯峻，杨逢彬译注. 孟子译注 [M]. 长沙：岳麓书社，2021：252.

③ （宋）朱熹撰. 四书章句集注 [M]. 杭州：浙江古籍出版社，2014：274.

秦时，孟子曾和告子辩论过仁义的内外问题。告子认为，人生而甘食悦色，故仁乃内心所固有，但事物的合宜性，或曰评价事物的标准和依据在事物自身，而不在主体之心。如"彼长而我长之，非有长于我也；犹彼白而我白之，从其白于外也，故谓之外也"①，因客体之长（zhǎng，下同）、之白，主体才能作出长与白的判断，评价的依据在客体不在主体，所以说"义外"。孟子不同意这种观点。他反驳说："异于白马之白也，无以异于白人之白也；不识长马之长也，无以异于长人之长与？且谓长者义乎？长之者义乎？"②白马白人，因其自身为白才能断定其为白；长马长人，也因其自身为长才能称其为长，则判断白与长的依据确乎在客体。但是，称马白、人白不异，而称马长、人长不同，这就是"义"。义不在客体之长，而在主体"长之之心"，即敬其长，所以义在内而不在外。实际上，孟子已觉察到称人之白与称人之长属于两种不同类型的判断，说人之白属于事实判断，只能以客体自身的存在为依据，而与主体的意志无关。而称人之长包含着道德价值判断，不仅仅是对一个经验事实的陈述。人之长固然也是一个经验事实，但是，我们称人为长的时候，即内含着对主体自身的行为要求，表达了主体对客体的某种态度。故称其为长不属于义，而"长之者"即主体敬其为长才是义。孟子由此得出结论：义在内不在外，是人所固有的本质属性。

儒家区分事实判断与道德价值判断的差别，肯定后者反映着主体的态度，并认为它出自主体内在的道德价值观念，确实抓住了道德价值判断的实质。然而，他们却由此得出了道德价值标准（义）是人先天固有的观念这一错误结论。实际上，人的道德价值观念并非人先天固有的本性，而是后天获得的，是社会道德价值观念的内化，即人

---

① 杨伯峻，杨逢彬译注. 孟子译注 [M]. 长沙：岳麓书社，2021：213.
② 杨伯峻，杨逢彬译注. 孟子译注 [M]. 长沙：岳麓书社，2021：213.

们在后天成长过程中，通过道德教育和道德修养认同社会既定的道德价值观念，并将其转化为主体的自觉意识。

儒家上述观点的积极价值，就在于凸显了其伦理思想的理性精神，强调人们道德行为的内在自觉性，要求人们积极、主动地树立正确的道德价值观念，并以此作为立身行事的根本，使自己的一言一行、一举一动都符合道德的要求，从而建立和谐的人际关系。

第三节　礼——社会道德的基本规范

礼是儒家伦理道德的重要范畴之一。《说文》云："礼，履也，所以事神致福也。"① 礼本作豊，甲骨文为"𧯦"，像一个器皿中盛着双玉，当指祭祀之事，故许慎以"所以事神致福"释之，后演变为祭祀之仪式。在上古时期，只有贵族大夫才拥有祭祀的权力，礼由祭祀之仪式，又演变为标志人们身份的等级制度。这种等级制度规范着人们的行为，因而礼便有了行为规范的含义。礼仪、礼制、礼则，就是礼在儒家学说中的基本内涵，而在伦理道德思想方面，又主要是指人们的行为规范，并被规定为"五常"之一。

一、礼为仁之节文

在处理人际关系中，如果说仁是人们道德行为的内在动因和出发点，义是行为的价值标准，那么，礼则是仁义具体的行为规范和行为模式。故孟子称礼为仁义之"节文"。节，指准则、法度、仪则；

---

① （汉）许慎撰；蔡梦麒校释. 说文解字 [M]. 长沙：岳麓书社，2021：10.

文，指仪制、条文。就是说，礼是仁的外在规范，是义的具体形式。儒家认为，仁爱是处理人际关系根本的道德要求，爱人又必须遵循一定的原则，而不主张没有差别地爱一切人。这个原则就是义，以德爱人，爱人以德。所谓义，就是符合于理。人与人之间有着各种不同的关系，处于不同关系中的人相互之间因关系性质的不同而产生了不同的道德义务和道德责任，因而对人们的行为就有着不同的道德要求。按照儒家的说法，一物有一物之理，一事有一事之理，不同的关系有不同的理。这就需要把义的价值准则化为具体的行为规范，这些行为规范分别对应特定的人际关系，于是，礼作为具体的行为规范，在具体的人际关系中便形成了固定的行为模式。

因此，仁是礼的精髓，义是礼的实质，而礼则是仁义外在的具体行为规范。为了使人们的行为有所依循，建立有序和谐的人际关系，儒家对礼——处理人际关系的具体行为规范作了全面深入的探讨，建构了一个庞大、完善的礼的体系。从大的方面而言，儒家以"五伦"即君臣、父子、夫妇、兄弟、朋友概括主要的社会道德关系，提出的"五伦"之礼是君令臣共、父慈子孝、夫义妇顺、兄友弟敬、朋友有信；具体到特定的关系例如父子关系，又规定子女孝敬父母之礼是敬顺、敬养、承教、继志、送死、祭祀等。而对于其中任何一项具体行为，儒家还提出了十分详细的规范与要求，譬如敬养父母，就有晨省昏定（早晨起床后先至父母房中请安，侍候父母洗漱、进食，晚上睡觉之前，先侍候父母安寝）、有酒食先生馔（有好吃的东西先要奉给父母吃）、有事弟子服其劳（尽可能代替父母劳作，减轻他们的劳动负担）、侍病医疾，甚至连如何送药、服侍父母吃药等，都有详尽的规定，以至于庞大、详细得过于烦琐。

儒家对礼给予了高度的重视，把"三礼"（《周礼》《仪礼》《礼记》）作为自己的经典。经过历代学者的阐释、论证、发展，礼的内容越来越丰富，成为儒家伦理道德的重要组成部分。

196

儒家对礼的强调并非在其外在的形式，而在其内在的道德意蕴。他们没有把礼视为僵死的、一成不变的、绝对不能违背的模式，而认为礼是仁义的贯彻、外显，因而特别注重礼的行为规范中所体现的道德精神。仁义为礼的内在实质，礼是仁义的外在保证。离开仁义，礼只能是虚伪的客套、繁文缛节；离开了礼，仁义也只能是美好的空谈。儒家把礼与仁义紧密联系在一起，不容分割、对立，实际上，仁就是孔子从周礼中挖掘出来的精神实质，是礼之本。

仁为礼之本，礼为仁之文，因此，做到了礼也就实现了仁，故曰"克己复礼为仁，一日克己复礼，天下归仁焉"。儒家要求人们努力、自觉地追求道德完善，建立有序和谐的人际关系，复礼就是其必由的途径。只有遵循以仁义为本的行为规范和行为模式，才能有效地正己、协调人我关系。

二、礼为行为规范

如果说，仁与义主要是主体内在的道德情感和道德观念，那么，礼则具有更多的外在性，是人的行为的成文条理，是社会倡导和遵循的行为的外在规范。

任何人总是生活于一定的社会，处在特定的社会关系中，个人与他人之间、个人与社会之间的利益关系有统一的一面，也有相冲突的一面。一个人，既是个体的存在，同时又是社会的存在，他只能在社会中生存和发展，并在社会中获得自己的个性规定。离开了社会，任何单独的个人都不可能生存。一方面，社会是个人存在发展的前提和基础，决定着人的利益和需要，个人利益与他人及社会的利益有着统一的一面。另一方面，任何现实的人都是某个特定的个体，他有着不同于他人及社会的独特利益和需要，与他人及社会的利益又有着对立的一面。个人利益与他人及社会的利益的统一，肯定了道德的可能性，人之所以愿意自觉地以道德规范自己的行为，限制自己的需要，是因为道德与自己的根本利益一致；二者的对立和冲突，则说明了道德的必要性，为了不使这种对立和冲突损害他人及社会（包括自己）的根本利益，就需要用道德来调节人们的行为，制约对个人利益和需要的恶性追求。当然，个人利益与他人及社会的利益的这种对立统一的关系，在不同时代、不同社会具有不同的内容和性质，在阶级社会中还要被打上深刻的阶级烙印。

儒家以抽象的形式对上述理论有所认识，把个人利益与他人、社会的利益相统一看作人的共同本性，并规定为仁与义，以仁义作为人们道德行为的内在的可能性；又把由个人利益与他人、社会的利益的对立与冲突导致的道德的必要性归结为必然之理，并把它规定为礼的具体行为模式。因而，礼被视为人所必需的，是立人之本，是人之所以为人的根据。孔子说，"兴于诗，立于礼"①，"不学礼，无以立"②。立即成立，它不仅指站立，更指人的道德的完善。

礼之所以成为立人的根据，就在于它调节、制约人们的行为，教人们怎样去做一个符合社会期望的人。一个人生活在社会中，总是扮演着特定的社会角色，承担着特定的社会职责和义务。社会对每一个人都有某种角色期待，这种角色期待与其说是对某一特定个人的要求，不如说是对某一类特定角色的要求。儒家的礼，就是对某一特定社会角色所提出的各种道德要求。礼不仅规定了社会结构和秩序中各个角色的社会身份及社会地位，还详细规定了各自不同的行为规范，提出了各自不同的道德要求。"君君、臣臣、父父、子子"，就是说，君要像一个君，臣要像一个臣，父要像一个父，子要像一个

---

① 杨伯峻译注. 论语译注 [M]. 北京：中华书局，1958：87.
② 杨伯峻译注. 论语译注 [M]. 北京：中华书局，1958：185.

子。处于社会结构中任何地位的人，他的行为必须与自己的社会身份相符合，即必须遵循礼所规定的行为模式。

一个人要成为合格的社会成员，必须得到社会的认可。而要得到社会的认同、为社会所接受，又首先只有认同于社会对他所充当的社会角色的要求。因此，每个人在成为正式社会成员之前，或者扮演某种社会角色之前，必须学习、接受社会对他所提出的各种要求，这些要求在儒家宣扬的道德中，就已先在地规定于各种各样的礼之中，故孔子说"不学礼，无以立"。学习礼，是儒家进行道德教育的一个重要内容。

在儒家看来，立于礼，从为人处世方面来说，就是使自己的一切言行都符合于礼，做到"非礼勿视，非礼勿听，非礼勿言，非礼勿动"，自觉、努力地承担、履行自己应尽的社会职责和道德义务，如为君要仁、为臣要忠，为父须慈、为子须孝，为夫应义、为妻应顺，为兄当友、为弟当敬，朋友之间则要讲究诚信。只有人人遵循礼的行为模式，各安其名，各尽其分，即安心、忠实地尽自己的本分，才能够建立安定有序的社会秩序，形成融洽的人际关系。

从道德完善方面说，立于礼即归于仁，以道德作为自己行为的出发点和归属点。儒家把道德规定为人的本质，坚持"礼乐为本，衣食为末"，认为管仲提出的"仓廪实而知礼节，衣食足而知荣辱"是一种本末倒置的观点。关于物质生活与道德生活哪一个是人的本质生活、哪一个更具有决定意义的问题，管仲学派的答案是物质生活，他们认为物质生活富足之后才可能有道德生活；儒家则主张以道德为本、以衣食为末。儒者们指出，衣食只是人类生活的起码条件、生存的前提，而不是生活的本质，在以儒家伦理道德为主导的社会中，衣食不能直接决定礼乐，不能以物质生活的富足程度衡量一个社会的道德发展水平，更不能以贫富为标准评价人的道德品质的高低。首先，物质生活的富足有一个正当性标准，如果把自己的富足建立在为富不仁的基础之上，生活愈富足则愈不道德。人的道德品质与其物质生活状况并不完全一致，有时甚至刚好相反。其次，衣食足是对人的物质生活所作的量的限定，其实，足与不足的标准并非像人们想象的那样确定无疑，而是一个界限十分模糊、不确定的度量。"故有余不足，无一成之准，而其数亦因之。见为余，未有余也，然而用之而果有余矣。见其不足，则不足矣，及其用之而果不足矣。"① 人的需要没有止境，足与不足具有相对性。不同的人有不同的需要，并且对需要满足状况的满意程度也各不相同。甲以为足者，乙未必以为足；此时以为足者，彼时未必以为足；主观以为足者，实际未必足。反过来也一样。这就说明，足与不足并非纯粹对物的度量，而是一个综合指标，其中就包含着道德上对足与不足的价值判断。"仁不至，义不立，和不浃，道不备，操足之心而不足，操不足之心而愈不足矣。"② 所谓足，就是对不断变化发展的欲望的相对约束。它不能是外在的规定、禁令，而只能是内在的充实、自觉的规范。没有道德的制约，人们在物质生活上永远不可能知足。可见，"足"本身即蕴含着对人们物质生活的道德判断。易言之，人类对物质生活的追求本身不能脱离也必然受到道德的制约，并不是等到物质追求达到一定丰富程度之后才开始有道德生活。

因此，在儒家看来，人类生活本质上是道德生活。只有礼乐才能给人足与不足的答案，只有礼乐才能使人感到真正的充实与富足，只有礼乐才能超越物质生活，让人体验到真实、持久的幸福，实现人的价值。儒家历来颂扬的"孔颜乐处"，就是立于礼，以道德为立人之

---

① （清）王夫之著；傅云龙，吴可主编. 船山遗书 [M]. 北京：北京出版社，1999：763.

② （清）王夫之著；傅云龙，吴可主编. 船山遗书 [M]. 北京：北京出版社，1999：763.

本，在道德中所感受到的一种真正的充实与高尚的幸福。

三、礼之用和为贵

人类维系社会秩序的安定，除礼之外还有法。法重在建立正常社会制度、秩序，并予以强制维护；礼则重在人际关系的融洽，依赖于人们的道德自觉。儒家轻法重礼，就是为了缓解人际关系的紧张，避免社会生活的寡情，试图造就一个充满仁爱的和谐社会。

《论语》说："礼之用，和为贵。先王之道，斯为美。"和，是礼的内在精神价值。礼是关于人际关系秩序及其相应的行为模式的规定。有分则有别，有别即须敬，有敬斯有让，有让即成和。礼的社会作用就在于使人们自觉地遵守道德规范，形成良好的道德关系与和谐的社会秩序。仁义道德，均以"和"为鹄的。

儒家讲的礼之和，既是目的又是手段。作为目的，它是为了造就人际关系的和谐；作为手段，则是处理人际关系、规范自身行为的标准。必须对二者有清醒的认识，才能真正理解"和"的实质。目的是仁爱，手段是中和。

所谓中和，并非无原则的调和，恰恰相反，它是一种善恶分明的行为原则。发而中节之谓和，即行为符合一定的准则才被称为和，这个准则就是礼，和是对礼的不偏不倚的中庸之道。孔子说："恭而无礼则劳，慎而无礼则葸，勇而无礼则乱，直而无礼则绞。"[①]"葸"为畏惧貌；"绞"为绞刺，即喜欢谈论别人的是非。恭、慎、勇、直均属德行，但都必须以礼节之，符合礼的中和原则。孔子曰：换句话说，任何德行都必须有一个法度作为标准，过与不及均失于不当。礼

---

① 杨伯峻译注. 论语译注 [M]. 北京：中华书局，1958：84.

之和就是德行的标准和法度。没有礼的规范，恭敬太过使人困顿，谨慎有余致人畏惧，勇敢无忌促人作乱，直率敢言陷人刁钻，或过或不及，皆不能造就和谐的人际关系，反而会使德行变为恶行。

儒家强调的礼乃是义的贯彻，他们所重视的就是包含于礼之中的道德价值准则。孔子说："义以为质，礼以行之。"① 义与礼是质与行的关系："义以为质"，说明义是礼的实质、本质；"礼以行之"，礼为义的外显，即循礼而行，礼是义的具体规范与行为模式。

《中庸》说："喜怒哀乐之未发，谓之中；发而皆中节，谓之和。中也者，天下之大本也；和也者，天下之达道也。"未发之"中"为仁，已发之"中"为义，所"中"之节为礼，义与礼的一致即被称为"和"。可见，儒家讲和、讲礼，仍然以仁义为本，并不机械地强调礼的规范、模式的绝对性。儒家从传统礼论之中提炼出仁义的内涵，作为礼的实质，从而凸显了礼的道德意蕴。在儒家的伦理思想中，礼的规范不是绝对的，一个人的行为只要符合仁的精神，就允许对礼有一些变通，甚至可以在一定程度上突破礼的制约。此即所谓乘权执中。譬如，礼乐征伐本出自天子，出自诸侯则已是"天下无道"了。而春秋时管仲以大夫辅佐齐桓公一匡天下，名为尊王攘夷，实为称霸诸侯，严重违背了礼。但孔子虽然指责管仲"器小""树塞门""有三归""有反坫"为不知礼，却从未视其号令诸侯为非礼，反而认为责怪管仲不为其主人公子纠之难而死的人执着于"匹夫匹妇之谅"[按礼，公子纠与小白（即齐桓公）战死，作为公子纠的随从谋士的管仲应该为其殉身，绝不能臣事于他的仇敌]，称其安定天下、富泽万民为仁。可见，守礼的实质在归仁，礼之和在于中义之节，而不必斤斤计较于形式。

礼之和的原则告诉人们，既要坚持礼的原则性，反对过与不及，

---

① 杨伯峻译注. 论语译注 [M]. 北京：中华书局，1958：172.

又要有所权变，不能执着于外在的形式一成不变，而应正确地理解行为价值标准的绝对性与相对性。"和顺者性命也，性命者道德也。以道德徙义，而义非介然；以道德体理，而理非执一。大哉和顺之用乎！"① 儒家坚持的是礼之中所蕴含的道德精神而非其形式，变通的是其具体规范的行为模式而非其实质。只要人们按照和的原则处理人和己的关系，就能造就人与人之间的仁爱相亲以及社会的和谐。

第四节　智——社会生活的知性原则

道德是人类把握世界的一种特殊方式，也是人类认识世界的理性成果，在此意义上，道德属于知识范畴。人们常说，人是有理性的动物，人是世界上唯一的主体。所谓主体，即指人的行为并非盲目被动，而是受自我的意识支配，具有自觉性、主动性、创造性。因而，理性是人区别于地球上的其他动物的重要标志，它使得人超越动物界，成为自身乃至万物的主宰。这就说明，理性尤其是道德理性对于人的存在和本质的完善具有重要的伦理价值。儒家对此有充分的理解，其伦理学说高度重视人的理性，并把智作为"五常"之一。

一、明辨是非善恶

所谓智，即知识和理性，在儒家道德思想中主要指道德认识和道德理性，孟子把它规定为"是非之心"，即人们思想中判断是非善恶的能力和观念，它是儒家强调的处理人际关系的理性原则。

---

① （清）王夫之撰；郑同点校. 船山易学集成：下［M］. 北京：九州出版社，2022：596.

从本质上说，道德是人类的自觉行为，它建立在人类对人与人之间道德关系的应然的认识和理解的基础之上。换句话说，只有明确把握了什么是应该的、什么是不应该的，什么是善的、什么是恶的之后，才可能有所谓道德。树立明确的善恶观念，是一切道德以及道德行为的前提。《中庸》把智作为"三达德"（知、仁、勇）之首。就是要求人们首先获得道德认识，树立正确的是非善恶观念。

智的核心功能即明辨是非善恶，树立正确的道德观念。儒家认为，人们在道德行为选择中，不仅要知道哪些事情可为，还要明了哪些事情不可为，这样才能更好地自主、自择，作出正确的道德决断，不会出现无从选择的现象。是非善恶虽然在观念上有着明确的界限，但在复杂的社会生活中，在现实的道德环境中，是非善恶往往很难分得十分清楚。善与恶有相对性的一面，而同样是善或恶，也有着大小高低之别。这就需要深刻理解蕴含于必然之理中的应然之则，把握其实质，能够分析、认识不同条件下善的大小之分、恶的轻重之别，"推其所以然之由，辨其不尽然之实，均于善而醇疵分，均于恶而轻重别"①。只有这样，才能在道德理性的指导下对行为作出正确的选择。

王守仁发挥孟子的思想，把智说成是人人先天固有的本心、良知。他说："良知只是个是非之心，是非只是个好恶。只好恶就尽了是非，只是非就尽了万事万变。"②"尔那一点良知，是尔自家底准则。"③以良知为是非善恶观念，是每一个人自身行为的准则。在此，良知相当于良心，它并非人人先天固有的"不虑而知，不学而能"的道德观念，而是后天学习过程中社会道德的内化。良心作为一种道

---

① （清）王夫之著；郭孟良译. 读通鉴论新译：第7册［M］. 北京：大有书局，2023：3102.

② （明）王阳明著；张怀承注译. 传习录［M］. 长沙：岳麓书社，2004：305.

③ （明）王阳明著；张怀承注译. 传习录［M］. 长沙：岳麓书社，2004：253.

德理性，就是判别是非、明辨善恶的工具，是行为选择的内在的调节器。

儒家强调，智就是道德认识，是认识其他四德的工具、人类道德自觉的前提。"是故夫智，仁资以知爱之真，礼资以知敬之节，义资以知制之宜，信资以知诚之实。故行乎四德之中，而彻乎六位之终始。"① 在儒家看来，禽兽也有类似于道德的行为，如所谓虎狼父子之仁、蜂蚁君臣之义等，但仁义在动物身上只是自然行为，而在人身上则是"好学""力行"的自觉行为，是"人之独"。这种区别即在于人有理性，能够获得道德认识，并以此自觉指导自己的行为选择。因此，要运用智去认识仁、义、礼、信。仁的实质、礼的节文、义的宜度、信的诚否，都必须由智来认识、理解，只有通过智才能使它们转化为内在的道德观念。人的一切道德品质、道德观念、道德行为都离不开智，都渗透着智的因素。

道德行为属于理性行为，但理性行为并不都是道德行为。一方面，道德行为不能没有理性的指导；另一方面，道德认识、道德理性也离不开德行、德性，否则就不能成为人们现实的道德品质。智不离四德，离开四德，智便不德。"是故夫智，不丽乎仁则察而刻，不丽乎礼则慧而轻，不丽乎义则巧而术，不丽乎信则变而谲，俱无所丽则浮荡而炫其孤明。幻妄行则君子荒唐，机巧行则细人揲阖。"② 丽即附丽。人的知识、理性脱离了道德就会走向它的反面。智没有仁则显得苛刻，没有礼则狡黠轻佻，没有义则虚伪俗套，没有信则出现谲变。智巧愈高，离道德也就愈远。

因此，儒家讲智并非追求纯粹理性，而是追求道德理性，智是对

---

① 谷继明著. 王船山《周易外传》笺疏［M］. 上海：上海科学技术出版社，2015：20.
② （清）王夫之著；傅云龙，吴可主编. 船山遗书［M］. 北京：北京出版社，1999：272.

仁、义、礼、信等的认同与理解。但是，即使是道德理性，也不能与人的道德品质相脱离，特别是要落实到道德行为上，使理性原则与道德行为相符合，真正成为人们道德行为选择的理性原则和标准。一言以蔽之，智不是一种独立的道德品质或道德原则，它只有与其他道德原则相结合，贯彻到其他道德原则和道德行为中，才成为人类重要的道德品质。

二、克制情欲泛滥

人是社会性动物。一个人的行为不仅会给自己带来影响，还会给他人和社会带来某种影响。处理人际关系，就是使自己的行为给他人和社会带来正面、积极的影响，消除负面、消极的影响。这就需要对人的行为进行正确的价值导向，决定行为的选择是为人还是为己。为人是道德理性的要求，为己是为了满足自己的物质欲望。因此，道德理性和物质欲求即灵与肉的矛盾，自从道德产生之后便一直困扰着人类，学者们也作出了种种解答。儒家学者提出的方案是：以道德理性克制物质情欲。

欲是人的自然物质需要，反映了人对自然的必然依赖，是人类生存的物质基础。《孟子》说"食色，性也"[1]，肯定食欲与性欲是人类两大基本的自然属性。但是，欲只是人类生存的必要条件，而不是人类生存的本质，我们无法在物质情欲上把人与其他动物从根本上区别开来。儒家认为，人之所以为人的根据、人与动物的本质区别不在于人有自然物质情欲，而在于人有社会道德理性。动物只听命于自然情欲的冲动，而人则要听命于道德理性，能够自觉地以道德理性制

---

① 杨伯峻，杨逢彬译注. 孟子译注 [M]. 长沙：岳麓书社，2021：213.

约、疏导自己的自然情欲。孔子"克己复礼"、孟子"养心寡欲"的观点，都是强调这一思想。

在理与欲的关系问题上，儒家道德的精华主要表现在下述几个方面。

第一，以理正欲，即承认情欲有正当性的一面，积极涵养、淬炼合理的情欲。先秦元典儒学代表人物孔子和孟子都没有彻底否定人的情欲，而肯定情欲有合理性，故孔子强调"己欲立而立人，己欲达而达人"，"己所不欲，勿施于人"，欲与不欲是处理人和己关系的一个重要的内在准则。孟子谈寡欲，但从未主张灭欲，他认为欲本身并不邪恶，只要能与民同欲，欲望强一点并不妨碍人的道德完善和治国平天下。即使宋儒以气质之性（即自然欲望）为恶的根源，也并未将它与恶完全等同，而肯定其存在的客观事实，并承认其中有着合理的内容。

实际上，情欲是生命存在的基础，是人的存在的一个经验事实，人人皆有，"上智所不能废"①。人作为现实的生命体，必须满足维持生命活动所需的能量，这是人的情欲合理性的内在根据。生命存在是道德活动的前提，任何道德完善都只能是具有现实生命的人的道德完善。理与欲并不存在逻辑上的对立。否则，只有消灭肉体、消灭现实的人才可能实现道德完善，这恰恰是不可能的。人与动物并不具有离开了物质存在之外的差异，而是在其物质存在、自然情欲的表现、活动上有本质区别。"体具而可饰其貌，口具而可宣其言，目具而可视夫色，耳具而可听夫声，心具而可思夫事……是貌、言、视、听、思者，恭、从、明、聪、睿之实也。"② 说到底，道德所关注的只是

---

① 萧萐父，许苏民著. 王夫之评传［M］. 南京：南京大学出版社，2002：315.

② （明）王夫之著；船山全书编辑委员会编校. 船山全书［M］. 长沙：岳麓书社，1988：353.

人的物质活动本身的一种精神价值。

因此，欲不能灭，而只能以道德理性涵养、淬炼，使"耳目口体止于其分"①，达到"欲止于其所欲，而不以流俗之欲为欲"的目的。换句话说，即以理性培养正当人欲，使其符合自己所扮演的社会角色，符合特定的道德要求和行为规范。儒家提出的具体方法是"守诚""持正""去辟"，即培根固本，去邪扶正，用道德理性对自然情欲进行自我认识、自我辨析、自我监督、自我调控。

第二，以理克欲，即以道德理性疏导情欲，克制情欲的泛滥。情欲具有正当性的一面并不说明它必然有着道德上的合理性。首先，相对地说，道德是一种社会现象，情欲是一种自然现象，二者并不必然一致。实质上，道德理性的作用就在于以一定的道德原则和规范制约自然情欲，使其脱离纯粹的自然性而成为属人的需要，即使物质欲求带有人类特征。情欲作为人的一种欲望，是被道德理性所规定的情欲，故人的行为不能听命于情欲的自发冲动，而应听命于理性。其次，任何情欲都具有个别性特征，由于每个人先天生理条件和后天社会环境的差异，人与人的欲望与需要往往各不相同甚至相互冲突，"饮食男女，人之大欲存焉"②，是讲情欲性质的共同性，而非其内容的共同性。如果以情欲为行为取舍的标准，实际上就是把一己之欲误会为一般准则而强加于人，它不仅导致情欲的恶性膨胀，还会危及他人和社会的利益。因此，这就需要用道德理性即社会的道德原则和规范来控制、疏导具有个性特征的情欲。

儒家提出的方法是"寡欲""存理遏欲"。所谓寡欲，即不要以情欲的满足为生活的本质，而应积极追求道德完善，尽量克制情欲的

---

① （清）王夫之著；傅云龙，吴可主编. 船山遗书［M］. 北京：北京出版社，1999：3372.

② 胡平生，张萌译注. 礼记［M］. 北京：中华书局，2017：432.

冲动，以充实道德追求的积极精神。所谓存理遏欲，就是把握、树立、完善道德理性，以理性遏制自然情欲的泛滥。具体的要求即"去邪""去私"。不合理者为邪，与公背者为私，邪与私是人欲之大害，应该坚决予以克制，即时时以理监督自己的情欲，克察矫治，不使邪欲、私欲泛滥。宋儒夸大了理与欲、公与私的对立，主张"存天理灭人欲"，尽管他们所灭的人欲是私欲，但其命题形式和思想倾向都带有明显的禁欲主义色彩。

第三，以理达欲，即在道德理性的指导下，使人的情欲获得合理的满足。宋儒"存天理灭人欲"的观点并未得到所有学者的赞同；相反，它历来受到许多开明思想家的批判。清初的戴震就是一个典型代表。他在《孟子字义疏证》一书中阐明：情欲是人的自然本质，是人们一切行为的内在动力，理只是情欲合理性的度，它并不与欲相对立；相反，理是为了使人的情欲获得正当、合理的满足。"天理者，节其欲而不穷人欲也。是故欲不可穷，非不可有；有而节之，使无过情，无不及情，可谓之非天理乎！"① 他也反对纵欲，认为离开理的指导，人的情欲将丧失其正当性、道德性，不符合人的本性。"若任其自然而流于失，转丧其自然而非自然也。故归于必然，适完其自然。"这就是说，道德理性是自然情欲中的必然之则。以理制欲并非要消灭情欲，而是要达情遂欲，即使每个人的情欲都获得正当、合理、充分的满足。智（道德理性）是情欲的人类特征，理性是人的自然本质的完善。这种观点，不仅肯定了人的情欲的正当合理性，要求人们以理性原则对待自己的自然情欲，鼓励人们积极追求、完善自己的自然情欲，而且把以理达欲规定为人的道德完善和人类社会道德完善的重要内容，是儒家伦理道德中具有积极价值的精华所在。

---

① （清）戴震著；何文光整理. 孟子字义疏证［M］. 北京：中华书局，1982：11.

三、促进人性完善

智是道德上处理人际关系的理性原则，无论是明辨是非善恶还是克制情欲泛滥，都是为了树立正确的道德观念，把社会道德内化为个体自身的道德，指导自己的行为，促进人的道德完善。儒家主要从两个方面强调了这一点：一是知行统一，二是穷理尽性。

人是有理性的动物，人的一切行为特别是道德行为受着自己意识的支配，是根据自己的理性所作出的自觉的选择。儒家强调知对行的指导作用，对此作了大量阐述。早在儒家典籍《左传》和古文《尚书》中，就提出"知易行难"的观点，孔子也强调"行有余力，则以学文"。荀子则强调"不闻不若闻之，闻之不若见之，见之不若知之，知之不若行之"。这些言论，反映了先秦儒家重行的倾向。他们认为，智——知识或认识本身不是目的，而只是手段，理性知识只有落实到行动上才具有真正的意义，获得认识是为了指导人的行为，若仅仅停留在知识的领域，它就只是空谈。把知识贯彻于行动上比获得知识更难、更重要。

宋代以后，儒家学者对知行观作了全面深入的探讨，形成了不同的理论流派。一派是以程朱为代表的知先行后说。程颐认为，在知行关系中，知为本，行为末，知在先，行在后。人的行为都受着意识的支配，支配行为的意识就是知，须是知了方行得，无知就不知该怎么行，行为就具有盲目性。道德行为是自觉的选择，固须以知为前提。"譬如人欲往京师，必知是出那门、行那路，然后可往。如不知，虽有欲往之心，其将何之？"道德行为更是如此，只有认识了什么是善的、应该的，什么是恶的、不应该的，才能够作出正确的行为选择。朱熹发扬二程的思想，认为知行相互依赖、相互促进，"知之愈明，则行之愈笃；行之愈笃，则知之益明"①。认知水平愈高，愈容易作出正确的选择，行为愈是扎实，对道德原则的认识与理解就愈加深刻。就知是行的指导而言，知在先、行在后，只有首先明了义理，然后才有所谓践履；就知须落实到行动上而言，知为轻、行为重，认识、学习不是目的，人的一切行为都是"行其所知"。

另一派是以王守仁为代表的知行合一论。他认为知与行是同一事物不可分割的两个方面，二者相互渗透，反对知先行后说把知行割裂开来，主张知与行"合一并进"。他说："知是行的主意，行是知的功夫；知是行之始，行是知之成。若会得时，只说一个知已自有行在，只说一个行已自有知在。"② 知是行的指导、开始，行是知的表现、完成；知中有行，行中有知。就是说，道德行为作为一种自觉的选择以知为前提，道德知识作为人的道德素质必须表现为实际的道德行为，真知即所以为行，不行不足以为知。评价一个人是否有道德并非看他说得如何，而是看他行得如何。由此，他强调"知之真切笃实处，即是行"，认为道德理性是人人固有的"良知"，道德行为就是致良知。

第三派是以王夫之为代表的知行统一论。在批判王守仁的观点中，王夫之指出，知与行尽管相互依存、相互渗透、相互转化，但各有不同的内容和功效，二者不容混淆，王守仁的错误即在于销行于知，以知为行，误导人们着意于良知的修炼，而轻视实际的践履。王夫之指出，知与行是相互促进、相互转化的无限过程，知是为了行，行可获得知。在实际中获得的知才是真知，才能有效地指导行；知的功效只有通过行才能获得，道德知识只有现实地贯彻于行动中才能

---

① （宋）黎靖德编；杨绳其，周娴君校点. 朱子语类［M］. 长沙：岳麓书社，1997：250.

② （明）王阳明著；张怀承注译. 传习录［M］. 长沙：岳麓书社，2004：11.

发挥其固有功能。行可兼知，知不可兼行，行比知更为根本。他说："且夫知也者，固以行为功者也。行也者，不以知为功者也。行焉可以得知之效也，知焉未可以得行之效也。"①

上述三种观点各有侧重，但都认为智（知）不是一种独立的德性，它只有与行相结合，即用知指导自己的行为，才能够成为人的现实的道德素质，才能促进人的道德完善。程朱强调知对行的指导；王守仁坚持行就是真知；王夫之则认为知须贯彻于行，行又可以促进知的深化与提高，在"知行相资以为用"的过程中实现自身的道德完善。

因此，智的另一道德意义就是认识、把握自己的道德本性，促进道德完善。儒家把它表述为"穷理尽性"，即通过穷究天地万物之理认识万物的本性，从而认识自己的本性，扩充、完善自己的本性。儒家认为，人与万物具有共同的本性——天理，吾性中之理与天地万物之理只是一个理，认识了万物之理便认识了吾性中之理，格物致知不仅仅是对客观事物存在状况的认识，还是对事物与人共同的本性的穷究，即穷理尽性。用现代语言说，智作为道德理性不是外在的戒条、准则，而是内在的道德观念。智的形成即主体道德观念的形成，它是主体把社会道德内化为个体道德，即内化为主体自觉的道德意识的过程，从而也是主体道德完善的过程。

因此，智不仅仅是处理人际关系的理性原则，更反映了主体自身的道德素质与道德水平。只有加强主体自身的道德修养，形成正确的道德意识，才能以此作为处理人际关系的理性原则，才能保证行为的道德价值。否则，智就可能变为奸诈、巧佞、苛刻、阴险，把人的行为导向歧途。

---

① （清）王夫之著. 尚书引义 [M]. 北京：中华书局，1962：67-68.

第五节 信——人际关系的精神纽带

信是儒家道德重要的德目，自汉代被列为"五常"之一后，信便也成为基本的道德原则。信从人从言，本指人所说的话，许下的诺言、誓言，故常与忠、诚连用为忠信、诚信。作为道德范畴，它的核心内涵是真实无妄，即对某种信念、原则发自内心的忠诚。

一、真实无妄

儒家肯定宇宙万物是一种客观实际的存在，它并非虚假的、虚无的、被设定的，而是真实存在的。这就是"诚"。他们认为，客观的天道真实无妄，人道作为天道在人类社会的具体表现也同样真实无妄，道德实实在在地存在于天、地、人三才之中。故《中庸》说："诚者，天之道也；诚之者，人之道也。"《孟子》也说："诚者，天之道也；思诚者，人之道也。"这就是强调人应该效法天道真实无妄的品德，"天命之谓性，率性之谓道，修道之谓教"①，说的就是这个意思。

因此，诚信首先是对宇宙存在的价值肯定，是对人的本性、人类道德的价值肯定。它强调人的存在、人类道德与人的本质、天地自然的本质完全一致，是出自人与天地的自然本质。"诚之者""思诚者"，就是要求人们尊重客观天道、认同客观天道、遵循客观天道，按照人的本质去生活、去行动，使天然的德性化为自然的行为，无一

---

① 王国轩译注. 大学·中庸［M］. 北京：中华书局，2006：46.

毫的勉强、做作，这就叫"真实无妄"。

信作为对人的本性和存在的真实性的价值肯定，要求人们忠实于自己的本性和存在，即使自己的言行与所处的社会地位、所承担的社会职责和道德义务相符合，因而被儒家提升为立人立国之本。《中庸》说："在下位不获乎上，民不可得而治矣。获乎上有道：不信乎朋友，不获乎上矣。信乎朋友有道：不顺乎亲，不信乎朋友矣。顺乎亲有道：反诸身不诚，不顺乎亲矣。诚身有道：不明乎善，不诚乎身矣。诚者，天之道也；诚之者，人之道也。诚者，不勉而中，不思而得，从容中道，圣人也。诚之者，择善而固执之者也。"① 信，就人际关系而言，是忠实于自己的社会身份，自觉承担自己应尽的社会职责和道德义务；就主体自身的修养而言，则是通过思诚来择善、明乎善，并固执此善作为自己的本性。只要明白了天地之善在自己本性中的真实性、实在性，就能与天合一，无须努力即可行而合德，无须思虑即可见而有得，从心所欲，从容中道，皆是率性之真。

真的存在是本质的存在，本质的存在是最有价值的存在。人的生活也只有符合自己的本质，成为本质的自然呈露时，才是真正道德的生活，才能以"应该"的行为方式处理好与自己、与他人及社会的关系。故信为立人之本。"人而无信，不知其可也。大车无𫐐，小车无𫐄，其何以行之哉？"② 𫐐，车子辕端的横木，缚𫐄以驾牛者。𫐄，车子辕端的曲木，勾衡以驭马者。古代以牛驾大车，以马驾小车，二者若无𫐐无𫐄，则无法套牲口，车子也就不可能行走。人而无信，所言所行不符合真实无妄的本性，其言其行也根本不可能行得通。

信也是立国之本。《左传》以信为"国之宝"，孔子说一个国家

① 王国轩译注. 大学·中庸 [M]. 北京：中华书局，2006：100-101.
② 杨伯峻译注. 论语译注 [M]. 北京：中华书局，1958：23.

可以去食、去兵但不能去信，"自古皆有死，民无信不立"①。《吕氏春秋》总结先秦儒家的观点，对此作了详细论述："君臣不信，则百姓诽谤，社稷不宁。处官不信，则少不畏长，贵贱相轻。赏罚不信，则民易犯法，不可使令。交友不信，则离散郁怨，不能相亲。百工不信，则器械苦伪，丹漆染色不贞。夫可与为始，可与为终，可与尊通，可与卑穷者，其唯信乎！"② 一个社会的结构、秩序、行为规范应该真实无妄，具有稳定性；一个人的行为必须与自己的本性相符合，不能反复无常。只有这样，才能维持正常的社会秩序，建立正常的人际关系，保证社会生活有序地进行。信是立身立国、为人处世之本，它要求人们的一言一行都出自自己的本性、符合自己的本性，从而保证其一贯性、稳定性与坚定性。

二、人己不欺

信作为人际交往的行为规范就是诚实不欺，讲究信誉，信守诺言。人与人之间应该真诚相待，这是建立良好人际关系的基本要求。真即出自本心，诚即忠于本质。言行一致、表里如一，不欺人欺己，讲究信义，才能言可复、行可信，获得他人的信任、尊重，从而保证自己言行的一贯性、真实性和有效性。

孔子以信为其"四教"科目之一（子以四教：文、行、忠、信），要求人们讲究信义，做到言而有信，行而有信。"与朋友交，言而有信。""信则人任焉。"③ "言忠信，行笃敬，虽蛮貊之邦，行矣。言不忠信，

① 杨伯峻译注. 论语译注 ［M］. 北京：中华书局，1958：133.
② 杨坚点校. 吕氏春秋·淮南子 ［M］. 长沙：岳麓书社，2006：150.
③ 杨伯峻译注. 论语译注 ［M］. 北京：中华书局，1958：190.

行不笃敬，虽州里，行乎哉?"① 这是说，只有言而有信，才能得到他人的信任。得到他人的信任，那么即使在荒陌蒙昧之地也能顺利地行动，有效地实现自己的目的；相反，不讲究信义，得不到他人的信任，那么即使在自己熟悉的家乡，也会使自己的行为处处受到阻碍、抵制，无法达到自己的目的。

"信则人任焉"，说明信是人与人之间相互交往的精神纽带，它反映了人与人之间真诚的交往和相互的信任与尊重。首先，信要求言行一致，信守诺言，即"言而有信"。"或问'信'。曰：'不食其言。'"② 儒家强调在人际交往中要重然诺，守信用，以诚待人，表里如一。其次，信要求人的行为保持一贯性，不能朝三暮四。孔子讲的"谨而信""敬事而信""笃信好学"等，强调的都是这一点。做到了信，才能获得他人的尊重、理解、肯定与扶持，从而保证自己行为的顺利性、有效性。否则，就会受到他人的鄙视、猜忌、阻碍，给自身行为带来极端困难。故云："以信接人，天下信之；不以信接人，妻子疑之。"③ 如果不讲信义，言行不一，不以真心待人，那么，即使与最亲近的人也无法建立真诚、和谐的关系。信是人与人之间的相互信任、相互理解、相互尊重的人际交往的精神纽带，它把人紧密、牢固地联系在一起。君臣有信则仁忠，父子有信则孝慈，夫妇有信则义顺，兄弟有信则友悌，朋友有信则亲爱。不欺人，人才不会欺己。

因此，儒家提倡人与人之间以信义相交，坦诚相待，促进人与人之间的相互尊重、相互理解、相互信任，避免相互欺骗、相互猜忌，反对言行不一、表里不一、钩心斗角。"讲信修义，人道定矣。君不

① 杨伯峻译注. 论语译注 [M]. 北京：中华书局，1958：169.
② 汪荣宝撰. 法言义疏 [M]. 北京：中华书局，1987：395.
③ 傅玄撰. 傅子 [M]. 北京：中华书局，1985：35.

信以御臣，臣不信以奉君，父不信以教子，子不信以事父，夫不信以遇妇，妇不信以承夫，则君臣相疑于朝，父子相疑于家，夫妇相疑于室。大小混然而怀奸谋，上下纷然而竟相欺，人伦于是亡矣。夫信由上结者也。故人君以信训其臣，则臣以信忠其君；父以信诲其子，则子以信孝其父；夫以信遇其妇，则妇以信顺其夫。上秉常以化下，下服常以应上，其不化者，百未有一也。"① 人与人相交往，只有诚实不欺，讲信用，才可能建立相互信任的关系，各尽自己的社会职责和道德义务，维持正常的社会秩序。若人与人之间相互欺骗、相互猜忌，则将造成隔阂，导致人际关系的恶化和社会秩序的混乱。

要不欺人，首先必须不欺己。从根本上说，信并非仅指对他人的信任或他人对自己的信任，还指自信，即忠实于自己的本质，做到言行一致、表里如一，使一言一行、一举一动都符合自己真实无妄的本性，从而肯定自身存在的价值，保持自己行为的稳定性、一贯性。儒家把它概括为诚意正心。所谓诚意按《大学》的说法即"毋自欺也"；所谓正心即端正自己的本性。朱熹阐述说："凡人所以立身行己，应事接物，莫大乎诚敬。诚者何？不自欺不妄之谓也。敬者何？不怠慢不放荡之谓也。"② 信在应事接物中，首先是对自己的要求。信于己、不自欺就是要忠实于自己真实无妄的本性，行于外而动于中，动于中而发于外，应事接物皆率性而行，真诚坦荡，"真实好善恶恶"，无一丝勉强，无一丝夹杂，完全出自本性，身心一致，可对天地。

只有信于己，不自欺，才能做到不欺人，信于人。一个不忠实于自己本性、言行不一的人，根本不可能忠实于他人，也不可能得到他

---

① （唐）魏征等编撰. 群书治要［M］. 天津：天津人民出版社，2015：468.

② （宋）黎靖德编；杨绳其，周娴君校点. 朱子语类［M］. 长沙：岳麓书社，1997：2596.

人的信任。因此，儒家讲信，着重强调的是自信，即自己要做到忠信，而不是为了追求他人对自己的信任。故荀子说："故君子耻不修，不耻见污；耻不信，不耻不见信。"① 对他人守信，实际上也是对自己的忠诚。行忠于言，言忠于行，言与行均应忠实于自己的本性。只要做到言行一致、表里如一，竭尽忠信，最终一定会得到他人的信任。这就是"精诚所至，金石为开"。《孟子》也说："至诚而不动者，未之有也；不诚，未有能动者也。"② 不欺人不欺己的诚信，是处理人际关系，促进人与人之间相互尊重、相互理解、相互信任的重要精神纽带。

三、以义为上

以信作为处理人际关系的精神纽带，诚实不欺、重然诺、守信用是起码的道德要求。在通常状况下，人们应当言行一致，说到做到，这样才能取信于人，才有人与人之间的相互尊重与相互信任。但是，儒家并不以此作为绝对的行为戒律，并不把言行一致作为僵化的行为模式。儒家注重的不是信的形式，而是其精神实质。

大量的生活经验说明，由于主体素质、客观环境等的制约和变化，人们在人际关系中说的话、许下的诺言并非都能做到，甚至并非都应该做到。该不该做，本身还有一个标准，这就是义理。因此，从本质上说，信既不只是言信于行，也不只是行信于言，而是人的一切言行都必须信于义理。所以，在儒家这里信与义是不可分的，常谓之"信义"。孟子说："大人者，言不必信，行不必果，惟义所在。"这并非鼓励人们言行不一，而是坚持信的道德标准，要求讲信必须以义

① 方勇，李波译注. 荀子 [M]. 北京：中华书局，2011：77.
② 杨伯峻，杨逢彬译注. 孟子译注 [M]. 长沙：岳麓书社，2021：144.

理为宗。

信的实质是真实无妄，是对宇宙万物真实本性的价值肯定。从伦理学上说，信是对人的真实本性的忠实、对道德的忠实。它追求的是道德上与善一致的真，而非任何存在的真。儒家强调，在人际交往中不应轻易许诺，许诺就是承担一种责任。符合道德的，应大胆承担责任；不符合道德的，不能随便许诺。所说的话是否需要践行，同样要以义为标准去衡量。不顾义的标准，"言必信，行必果"，则是小人行径，是"匹夫匹妇之为谅"①。离开道德的标准，片面强调信，机械地遵守言行一致的行为规范，并不符合信的本质，它必然导致对道德责任的否定，为所欲为，从而破坏社会的正常秩序，形成不正常的人际关系。故儒家坚决反对践行不符合道德的言论，"君子宁言之不顾，不规规于非义之信"②。

信于义就是对自己真实本性的忠诚，是对自己应该承担的社会职责和道德义务的高度的自觉性和一往无前的坚定性。每个人都生活在社会中，并在特定的社会结构中扮演一定的社会角色，这一角色的社会地位规定了他应该承担的社会责任和社会义务。因而，社会对处于不同地位的人有着不同的道德要求。为了保证社会的发展和社会秩序的安定，每个社会成员都应忠实于自己的社会身份，即忠实于自己应当承担的社会职责和道德义务，这就是以义理为宗、信于义理的实质。儒家讲信，就是要求人们安于本分，忠于职守，积极履行社会对自己所规定的社会职责和道德义务。只有如此，才能使信真正成为人际交往的精神纽带，以此建立健康的人际关系。

必须指出，仁义礼智信"五常"作为封建社会基本的道德规范，它们是同封建社会的"三纲"，即君为臣纲、父为子纲、夫为妻纲紧

---

① 杨伯峻译注. 论语译注［M］. 北京：中华书局，1958：159.
② 李峰注说. 正蒙［M］. 郑州：河南大学出版社，2016：205.

密相连的，受"三纲"制约，并从属于"三纲"，因此从根本上说是为维护封建社会秩序服务的，其精神实质包含大量过时的、落后的、腐朽的因素。儒家讲的仁，是受封建宗法等级所限制的亲爱之情；义，是以封建国家利益为核心的价值准则；礼，是直接反映了宗法等级制度、等级秩序的行为规范；智，是封建道德观念的确立；信，是对等级社会的社会职责和道德义务的忠诚、践行：所有这些，我们在分析儒家伦理道德时必须有清醒的认识。但是，"五常"作为处理人际关系的行为规范，其中又确实包含着不少人与人之间相互交往的一般性、共同性的成分，反映了人际交往中一些起码的行为规范，这些内容构成"五常"的精华。其中的合理因素，可供我们今天继承，并以时代精神予以改造，为建立新型的、健康和谐的人际关系服务。

第五章　齐家之道——儒家的
家庭道德观念

　　家庭是人类道德生活的一个重要领域。就人类社会发展以及个人成长而言，家庭关系是最初的道德关系。因此，儒家以家庭道德作为社会道德的起点。《易传》说："有天地，然后有万物；有万物，然后有男女；有男女，然后有夫妇；有夫妇，然后有父子；有父子，然后有君臣；有君臣，然后有上下；有上下，然后礼义有所错。"一切社会道德都是家庭道德的逻辑展开。儒家宣扬的"三纲"，有"二纲"是规范家庭关系的；儒家强调的"五伦"，有"三伦"是指家庭关系，而君臣类比于父子，朋友推衍于兄弟。只有首先"齐家"，然后才能"治国""平天下"。因此，儒家对家庭道德予以了高度的重视，进行了大量的论证，提出了一整套详尽的行为规范，形成了中国家庭道德深厚的传统，虽然其中一部分已经被认定为封建糟粕，但也包含着不少积极的因素。

第一节　传家立业

　　在儒家文化中，家是核心的伦理实体，它不仅牵涉婚姻制度、生育组织、生产单位、生活群体，还是人们精神和情感的归属，人们生于斯、长于斯、终老于斯，每个人的生活和命运与家庭紧密相连。一个人的现实生活、可能的发展前景和可能的成就，在一定程度上都取决于家庭。因此，对于传统社会中的人而言，家庭观念是最重要的观念，家庭关系是最重要的关系，家庭道德是最重要的道德，家庭情感是最深沉、最自然的情感。一个人在家庭里出生，感受最初的人类之爱，结成自然的人际关系，获得最初的生存技能；一个人在家庭里成长，受到最早的知识教育，培育基本的道德教育，积累适用的社会经验。人在母体家庭出生，长大成人之后从母体中蘖生出新的家庭，代代相继，血脉绵延。

一、慎终追远

"慎终追远"出自《学而》。曾子曰："慎终追远，民德归厚矣。"[1]慎者，诚也，谨也；人死为"终"，祖先为"远"，敦厚淳朴为"厚"。"慎终者，丧尽其礼。追远者，祭尽其诚。民德归厚，谓下民化之，其德亦归于厚。"[2] 其大意为：送终的事，是人们容易忽略的，却能谨慎对待；远祖，是人们容易忘却的，却能虔诚祭祀。这都是淳厚之道。所以一个人这样做了，德行就变得淳厚；民众被感化，他们的德行也会归于淳厚。此句前后呼应，阐述了先秦儒家从家庭亲缘的孝悌之道中体悟和践行仁德的思想。孔子重人事轻鬼神，却非常重视丧祭之礼，认为孝包含两个方面：父母在生之时，要事之以礼；父母去世后，要葬之以礼、祭之以礼。他将丧祭之礼看作孝悌之道的延续，是基于个人对父母和先祖尽孝的伦理情感和道德义务。

慎终追远包含两个方面的内容。

第一，慎终，即父祖去世之后慎重、肃穆地举行葬礼。儒家珍生

---

① 杨伯峻译注. 论语译注［M］. 北京：中华书局，1958：7.
② （南宋）朱熹集注；郭万金编校. 论语集注［M］. 北京：商务印书馆，2015：85.

重死，将死看作生命历程的最后环节，父祖的离世意味着慈爱、呵护我们一生的长辈从此再也无法接受儿孙的回报，为他们举行葬礼不仅仅寄托我们的哀思，也是最后一次当着他们的面进孝。所以，儒家对父祖的丧葬极为重视，作了很多规定，在形式和礼仪上提出了许多要求。《仪礼》中的《丧服》《士丧礼》，《礼记》中的《丧服小记》《丧大记》《奔丧》《问丧》《丧服四制》等篇目，就是对古代丧礼制度的详细规定及其意义的阐述。古代慎终的礼制包括丧礼制度和丧服制度。丧礼有初终（病危之后将父祖移于正寝，并最终验其死亡）、复（确定死亡之后为死者招魂）、告丧（向上级、亲朋通报消息）、吊唁（入棺之前接到报丧的亲朋好友前来祭拜）、入殓（包括沐浴更衣、入棺等）、成服（入殓之后亲人开始穿孝服）、发引（送灵柩前往墓地）、下葬（将灵柩放置于事先挖好的墓圹之中）等礼节仪式。丧服则是亲属居丧期间为表达哀思而改变服饰的一种制度，有斩衰（cuī，麻质丧服的上衣，斩为不缝织，腰间系一条粗麻布带子）、齐（zī）衰（缝织的麻质上衣）、大功、小功和缌麻五个等级，俗称"五服"，它们反映了服丧等级的亲疏远近。不同的丧服制度服丧的时间和内容都有差别，如斩衰服丧三年，服丧期间不食荤腥，于墓旁结草庐而居一年，不寝床席；缌麻服丧三月，初时少食，可食肉、饮酒、睡床。这种丧礼丧服制度是古代亲属制度的直接反映，父族、母族、妻族差别极大。例如，祖父母为斩衰和齐衰；外祖父母为小功，只相当于从祖兄弟（父亲的堂兄弟之子）；父母为最高等级的斩衰；岳父母为最低等级的缌麻，只相当于族兄弟（祖父的堂兄弟之孙）。这些差别表达了严重的重男轻女和宗法血缘观念。

丧礼制度和丧服制度反映了中国儒家对送死慎重、肃穆、严谨的态度，反映的是一种伦理情怀，孔子以三年免于父母之怀，即我们出生之后要在父母的怀抱中被哺育三年来解释三年之丧，认为父母去世之后服丧三年就是为了回报父母的三年襁褓之恩。所以，中国自古以来父母的丧事，无论对个人还是对家庭来说，都是至关重要的大事。在今天，丧葬制度较古代有了很大的改变：一是去除了传统礼仪中的繁文缛节，程序有了极大的缩减，服丧仅存于下葬之前；二是革除了父族、母族和妻族的区别，只按照辈分执礼；三是男女实现了平等，没有了对出嫁之女的歧视。但是，慎终仍然是我们要继承的传统家庭道德，是致敬父母的最后环节，也是强化家庭情感的重要活动。

第二，追远，即祭祀父祖（包括先祖），寄托哀思。《仪礼》的《特牲馈食礼》《少牢馈食礼》，《礼记》的《祭法》《祭义》《祭统》等篇目，对祭祀的礼仪、内容、方法和意义都作出了详细的规定和阐释，经过长期的演化，中华民族祭祀先祖的习俗得以形成。祭祀的时间多为重要的节日，如春节、清明节、中元节等；祭祀的地点主要有宗祠、家庭置有神龛的堂屋和墓地；祭祀的成员因祭祀对象和规模的差异而有所不同，有宗族成员（同宗之人）、家族成员（同祖聚居之人）和家庭成员（家庭同居之人）等。在现代中国，最常见的是清明节祭祖且一般是祭父祖。现代中国人非常重视春节和清明节这两个节日，前者注重阖家团聚欢庆新春，后者注重回乡祭祖。对先祖的祭祀是中国传统文化中的重要礼仪，先秦的荀子将天地、先祖和君师视为礼之"三本"。

祭祀父祖具有重要的伦理意义。首先，它反映了中华民族注重血脉渊源的道德情怀。荀子将先祖看作礼的"类之本"，强调人的血脉之源、生命之根等重要的伦理价值。我们的生命从何而来？是谁赋予了我们生命？没有父祖就没有我们的生命，就没有我们生命承载和获得的一切。追远不能忘本，要牢记自己的根。其次，它表达了家在中国人心目中的重要意义，强调了家的观念，增强了家庭的凝聚力。祭祀父祖是家庭成员重要的团聚活动，它提醒我们，一家人流着共同的血液，我们都承继着祖先的血脉。它告诉我们，无论我们身处何方，散居何处，家是我们共同的根。再次，它也是对后代进行道德教育的重要活动。在祭祀的过程中，人们共同缅怀先辈的恩德，景仰他们的事迹，具有"敦厚以崇礼"①的教化作用。当人们参与祭祀祖先的时候，须有肃穆之心，诚心诚意、毕恭毕敬，从而使人们的思想品质在诚心诚意、毕恭毕敬的祭祀礼仪中潜移默化。②还有学者认为，"慎终"应指德行善举的一以贯之，有始有终；"追远"指行仁之道，死而后已，随之，民众自会使德性复归于本性的淳厚。③

二、家风家教

家庭作为人生活的基本单位，连接着个体和社会。人从呱呱坠地开始就生活在家庭中，其道德观念的形成和人格的培养都不可避免地受到家庭环境的影响。同时，社会道德要对个体道德产生影响，也绕不开家庭道德的干预。因此，在家族生活实践中形成的家风家教对个体道德的形成和发展起着非常重要的作用。

家风俗称门风，是一个家庭或家族的道德风尚和生活作风，往往是世代相袭而成的。家族中某些出类拔萃的成员自然地成为道德榜样，其嘉言懿行被其他家族成员所仰慕和学习，再经过家族子孙代代接力式的传承，最后形成了一个家族鲜明的道德风貌。荀子在《劝学》中说："蓬生麻中，不扶而直；白沙在涅，与之俱黑。"蓬草长在麻地里，不用扶持也能挺立住；白色的细沙混进了黑土里，也会跟

① 胡平生，张萌译注. 礼记［M］. 北京：中华书局，2017：1032.
② 韩传强. 慎终追远，何以民德归厚：从《论语》一则探析儒家对孝忠关系的理解［J］. 孔子研究. 2017（3）：32-38.
③ 周文.《论语》"慎终追远"章章义考［J］. 延边大学学报（社会科学版）. 2007（1）：71-74.

它一起变黑。长辈以身作则、克勤克俭、修身洁行，日习月演，子孙看样，自然而然就会勤俭节约、志存高远。《晋书》中记载了这样一个故事：江东陆氏家风清操，贞厉绝俗。家族成员陆纳为东晋大臣，继承父教，严于律己。其父为东晋司空陆玩，素有节操，谦虚待人，不受时风熏染。一次，时任司徒兼侍中的谢安到陆家拜访，陆纳摆清茶和水果招待。谢安知陆家家风严谨，并未多想。宾主才交谈没多久，突然仆人送上一桌山珍海味，谢安自觉受到陆家如此礼遇很是高兴。事后，陆纳得知这是侄儿陆俶为了讨好谢安特意准备的，将侄儿大骂一顿："汝不能光益父叔，乃复秽我素业邪！"① 训斥他不仅没有继承发扬父叔辈清俭的美德，反而玷污了陆家的清白家风。

家教是家族中的长辈对后辈儿孙进行礼法条规教育所形成的一种家庭教育方式。中国传统家教突出的特点就是注重从小抓起，并形成了成熟的胎教理论。据《新书·保傅》记载，在西周时期就有了胎教，王后怀孕之后要注意立、坐、卧的姿势，注意情绪的平和，目不视恶色，耳不听淫声，口不出傲言。及其长，则开始启蒙教育。童蒙教育之书汗牛充栋，出现了一大批产生了深远影响并流传至今的启蒙书籍，如《三字经》《千字文》《弟子规》《幼学琼林》《增广贤文》《百家姓》《千家诗》《声律启蒙》等，它们在家庭教育中被广泛使用，对儿童的成长发挥了重要的作用。除了这些通用的启蒙书籍，还有各个家庭自己编撰传承的家训家规。最早的当属周公姬旦的《诫伯禽书》，流传广、影响大的还有南北朝颜之推的《颜氏家训》、宋代袁采的《袁氏世范》、明代朱柏庐的《朱子家训》等。历代政治家也非常重视家教，如诸葛亮的《诫子书》、李世民的《诫皇属》、包拯的《包拯家训》，对当代影响较大的有晚清曾国藩的《曾国藩家书》。

---

① （西汉）司马迁等著；马松源主编. 二十五史精华：第 1 卷 ［M］. 北京：线装书局，2011：390.

在儒家文化的影响之下，中国人自古以来就非常重视家教，古语云："子不教，父之过"。一个人出生之后接受的最早的教育就是家庭教育，在接受其他社会教育之前，他在家庭的教育之下成长起来，获得对世界的初步认知，掌握处理人际关系的基本要求和后来成长发展的基础知识。"婴儿非有知也，待父母而学者也，听父母之教。"① 曾国藩也指出："子弟之贤否，六分本于天生，四分由于家教。"② 一个家族的后代是否贤能，六分源于天生的本性，四分来自家庭教育。中国古代的家庭教育除了生活常识、基础知识的教育，更加注重的是品德培育，即对孩童进行有目的性的蒙正教育，蒙以启智，正以育德。"蒙以养正，圣功也。"③ 从童蒙时代培养良好品德，是造就圣人贤才的必由之路。在上述启蒙典籍中，除《百家姓》《声律启蒙》等教授的是基本的文化知识之外，其他的著作都凸显了对孩童的道德教育，家训、家规更是如此。特别值得注意的是，古代启蒙教育一直都是把知识文化教育和道德教育结合在一起的，如《三字经》《千字文》从形式上看是教孩童识字的教科书，实际上它们都是将需要识记的文字编成韵文短语，以传达相关的道德知识。尤其是《千字文》选取了 1000 个不重复的汉字，既便于孩童记诵，又能促进德性的养成，是知识文化启蒙和道德品质培育相结合的典型。

受儒家思想的影响，中国传统的家风主要约束了家庭成员的道德行为，而家教也主要指的是道德教育。家风家教的目的是一致的，首先是培德立品。"不学礼，无以立。"学礼才能品节详明，德性坚定。《左传·隐公三年》中提到"爱子，教之以义方，弗纳于邪。骄、奢、淫、泆，所自邪也。四者来之，宠禄过也。"④ 父母爱子女，

---

①　（清）王先慎撰；钟哲点校. 韩非子集解 [M]. 2 版. 北京：中华书局，2013：309.
②　陈虎总主编；何昆校注. 曾国藩家书 [M]. 长春：吉林大学出版社，2021：206.
③　（魏）王弼撰；楼宇烈校释. 周易注校释 [M]. 北京：中华书局，2012：22.
④　杨伯峻编著. 春秋左传注 [M]. 北京：中华书局，1981：31-32.

一定要以正确的礼法来教导约束他，这样才能使他不走上邪路。骄傲、奢侈、荒淫、放纵，是走向邪路的开端，是宠爱和赏赐太过的缘故。其次是弘道传业。中国传统家风家教不仅注重家族成员内在德行的培养，也很看重其在现实生活中的德行。家族成员不仅要学"礼"，更要慎言躬行，身教示范，将优良传统代代相传。最后是齐家报国。在传统的"修齐治平"思想的观照下，家庭培育的最终目标就是效君报国，即"学成文武艺，货与帝王家"。

三、弘道崇家

家庭是儒家最重视的伦理实体，儒家的道德是建立在家庭伦理的基础之上的。家庭观念是儒家道德中重要的观念，家庭道德是儒家学说中重要的道德，从某种意义上说，其他道德都是家庭道德的演绎。家，从"宀"从"豕"，"宀"为房屋，"豕"为猪，意为有猪的房屋。但其义不是养猪的房屋，而是陈放有猪作为祭祀品的房屋，是祭祀之地。三代时期诸侯有国，大夫有家，都是依据血缘而获得家族的封地，只有大夫以上的人才有祭祀先祖的权利，故大夫设庙称家。因此，家最初就是祭祀祖先的地方。一个家族聚于此地祭祀共同的祖先，故"家"就演变为家族家人聚居之地，从而有了今天的意义。三代时期家国一体，秦汉以后家国逐渐分离，二者不再具有直接的同一性，孝被剥离为家庭道德而不再是政治道德，但在伦理道德上家与国并没有真正被剥离开来，移孝为忠的观念深入人心，培育了中国人的家国情怀。报效家国就成了家庭道德教育的重要内容，也是家庭成员重要的道德追求。《孝经》以事亲为孝之始、事君为孝之中、立身为孝之终，把立身扬名以显父母作为家庭成员对家庭最大的道德责任。因此，成就事业以光宗耀祖就成了中国人引以为荣的道德成就。

在传统社会，立身扬名就是传承祖先的德业，创建宏大的事业，成就显世的功名，光宗耀祖。而在儒家的思想中，建功立业最重要的就是入仕事君，报效家国，这种家国情怀就形成了传统的家国一体的观念。家国一体是指家庭与国家在组织结构上具有共同性，家庭是国家建构的政治基础，更是道德建构的基础，体现了血缘关系与政治关系的内在联系。这种思想强调有家必有国，有国才有家，为国就是为家。家国一体的观念是中国古代社会结构的必然产物，以血缘为纽带基础的宗法制"不仅是凝固一家一户自然经济的社会结构，而且还是维系君主'家天下'统治系统，即'君统'的'天然'保障。于是'宗统'与'君统'休戚与共，'国'与'家'彼此沟通，君权与父权互为表里"①。孟子提出："天下之本在国，国之本在家，家之本在身。"② 他将天下、国、家三者融为一体，深刻地诠释了家国一体的政治理念。一方面，国是天子的"家天下"，中国的政治统治带有浓厚的宗族色彩。《左传·桓公二年》载："故天子建国，诸侯立家，卿置侧室，大夫有贰宗，士有隶子弟，庶人、工、商，各有分亲，皆有等衰。"③ 这清晰地描述了先秦时期，无论是经济活动还是政治活动，都是以部族血缘关系为基础来开展的。在秦汉以后的封建社会，家族逐渐取代了宗族，并实行表面上打破了血缘关系的提拔制度，但是实际权力还是仅在亲族中流转，形成了国家政权的高度统一，维护了封建统治的稳定。另一方面，家与国的捆绑，使得封建等级制度对家庭关系产生了影响，强化了家长制的权威。父家长因其血统上的宗主地位，拥有绝对的话语权，并且这一权力就像君权一样，

---

① 朱贻庭主编. 中国传统伦理思想史：增订本 [M]. 上海：华东师范大学出版社，2003：24.
② 杨伯峻，杨逢彬译注. 孟子译注 [M]. 长沙：岳麓书社，2021：137.
③ 杨伯峻编著. 春秋左传注 [M]. 北京：中华书局，1981：94.

并不因为生命的终止而停止，而是通过血脉遗传，代代相继。

　　家国一体的政治观孕育出了"忠孝一体"的价值观，调和了忠、孝之间的矛盾。孝与忠作为中国封建社会的两大基本道德范畴，其产生有先后，孝在先，忠在后。西周时期，"有孝有德"就已经成为社会的基本道德纲领。随着以"立子立嫡"为特征的封建宗法制度的确立，孝的观念得到了进一步的升华和强化。忠有对人忠诚、为人谋事尽心之意，后指忠君，大多数情况下是作为一种职位道德而存在的。虽然孝与忠在本质上都是为维护封建等级制度而服务的，但因其所规范的领域不同，具体的道德要求也不同，其所产生的矛盾冲突并不鲜见。古语云：自古忠孝不能两全。孔子提倡孝重于忠，"父为子隐，子为父隐。——直在其中矣"①，要求人对自己的亲人有所袒护、隐瞒，不检举亲人的罪行。孟子继承了孔子的思想，对人伦亲情极其珍视，"不得乎亲，不可以为人"，并提出孝是为人之本、为政之基。随着封建社会的建立和发展，为了更好地巩固封建统治，忠德慢慢地被统治者所肯定，孝与忠的矛盾得以调和。一方面，品行孝悌成为"忠"考察的重要方面；另一方面，为官者若在事亲尽孝方面行为不端，其事君忠德可能会遭受质疑。"卫公子开方仕齐，积年不归，管仲以为不怀其亲，安能爱君，不可以为相。是以求忠臣必于孝子之门，允宜先救至亲。"② 连自己的亲人都不挂念的人又怎么会爱自己的君主呢？所以忠君的人首先必须是孝亲的人。为了劝导老百姓行孝，汉朝特设"孝悌"官职，推行举孝廉制度。再之后，儒家以家国一体为基础，提倡孝为本、忠为用，孝的目的在于求忠的观念，将忠孝融为一体。如《礼记·祭统》中记载"忠臣以事其君，孝子以

---

　　① 杨伯峻译注. 论语译注 [M]. 北京：中华书局，1958：146.

　　② （西晋）陈寿撰. 三国志 [M]. 杭州：浙江古籍出版社，2000：275.

事其亲，其本一也"①，"孝始于事亲，终于报国，移孝以作忠，即显亲以全孝，此为大孝"②。这是在说不能尽孝而能为国尽忠，也是光宗耀祖的事，是一个人孝顺的最高境界。

第二节　父慈子孝

在中国古代社会，父子关系是家庭关系的核心，生儿育女是家庭的首要功能。父母子女之间的关系，是人类无法选择、不可解除的关系。人类社会的存在以个体生活及其延续为前提。生儿育女不仅是人类应尽的义务，而且是人的生命本能的表现。父母把子女看作自己生命的延续，即自我的再生，希望后代能实现自己未能实现的理想，给予他们全部的慈爱和关心。而子女把父母看作生命之本、养育之根，要继承父母传下的德业，回报父母的鞠育之恩。父慈子孝并非止于对父亲和儿子之间行为的要求，而是亲子之间的道德原则，即处理父母和子女之间关系的行为规范。由于中国传统社会的家庭是父家长制度，男性是社会生活的主导者，女性是男性的附庸，所以概括亲子关系的道德原则就被表述为"父慈子孝"，它在现代的意义就是孝敬父母，爱育子女。

一、严以辅慈

儒家认为，父母对子女的慈爱不仅在于养，更在于育。传统家庭的父母有着强烈的望子成龙的心理，对子女的培养倾注了大量的精

---

① 胡平生，张萌译注. 礼记 [M]. 北京：中华书局，2017：927.
② 林坚著. 林间的意绪 [M]. 北京：中国文联出版社，2015：163.

力。《韩诗外传》说："夫为人父者，必怀慈仁之爱，以畜养其子。抚循饮食，以全其身。及其有识也，必严居正言，以先导之。及其束发也，授明师以成其技。"① 刘向《说苑·建本》也说："贤父之于子也，慈惠以生之，教诲以成之，养其谊，藏其伪，时其节，慎其施；子年七岁以上，父为之择明师，选良友，勿使见恶，少渐之以善，使之早化。"② 对子女的教育包括品德、知识、技能、交际等各个方面，即成为合格的社会成员必备的条件，以便使他们成为有用之才。

儒家认为，父母对子女的慈爱是一种无私的天然之爱，是人类朴质的自然情感。母亲在生养子女的过程中，体会到自己神圣的职责，获得内心的充实与完善；父亲通过抚养教育子女证实了自身的价值，变得更加坚定、成熟、完善。亲子间的血肉联系使他们的情感深深融入生命，成为与生命不可分离的一个部分。"父子一体，天性自然。"③ 北宋苏辙说："父母之戒其子者，谆谆乎惟恐其不尽也，恻恻乎惟恐其不入也。"④ 师之爱弟子，不启不发；君之爱臣子，不取不忠。"父母则不然，子虽不肖，岂有弃子者哉？是以尽其有以告之，无憾而后止。……故父母之于子，人伦之极也。"⑤ 父母对子女的慈爱，是人类最真诚、最无私的爱。

儒家指出，父母对子女的爱，一要均，二要严。

均即对所有子女平等相待，不可厚此薄彼。如果"喜者其爱厚，而恶者其爱薄。初不均平，何以保其他日无争"⑥。俗话说，龙生九

---

① 魏达纯著. 韩诗外传译注 [M]. 长春：东北师范大学出版社，1993：264.

② 刘向撰；卢元骏注译. 说苑今注今译 [M]. 天津：天津古籍出版社，1977：79.

③ （南朝宋）范晔撰. 后汉书：上 [M]. 长沙：岳麓书社，2008：214.

④ （清）乾隆御定；乔继堂点校. 唐宋文醇：下 [M]. 上海：上海科学技术文献出版社，2020：805.

⑤ （清）乾隆御定；乔继堂点校. 唐宋文醇：下 [M]. 上海：上海科学技术文献出版社，2020：805.

⑥ 夏家善主编；贺恒祯，杨柳注释. 袁氏世范 [M]. 天津：天津古籍出版社，2016：20.

子，各有不同。子女中难免有贤与不肖的差别，但手背手心都是肉，他们都是父母的子女，父母对他们不应有好恶厚薄，否则便埋下了子女不睦、手足相残的种子。故《颜氏家训》告诫说："人之爱子，罕亦能均；自古及今，此弊多矣。贤俊者自可赏爱，顽鲁者亦当矜怜，有偏宠者，虽欲以厚之，更所以祸之。"① 如历史上先秦时郑庄公杀共叔段，就是因为他们的母亲从小宠爱弟弟共叔段，导致了弟弟被哥哥所害。

所谓严，一指父母对子女要有威严，二指父母对子女要严格要求。儒家强调，父母对子女的爱不能是偏爱、溺爱，它不是表现为满足子女的一切欲望和需要，而是给子女以立身成人之本，培养子女的道德品质和生活技能，为他们今后更好地生活打下坚实基础。"父子之严，不可以狎；骨肉之爱，不可以简。简则慈孝不接，狎则怠慢生焉。"② 狎为亲昵，简为简慢，亲子之间，既不能过于亲昵，也不能过于简慢、严肃，而应以慈辅严。"慈父固多败子……父严而子知所畏，则不敢为非；父宽则子玩易，而恣其所行矣。子之不肖，父多优容。"③ 父母无权威，教育难以生效；父母要求不严，纵容、溺爱，不利于子女的成长。严格要求，才有利于子女的健康成长。在中国传统家庭中，父亲的形象是"严父"，又称"家严"；母亲的形象是慈母，又称"家慈"。这是由于在中国古代，对子女的教育主要是父亲的职责，母亲则主要照料子女的生活。

总之，儒家要求父母对子女慈爱，把子女视为自己生命的一个部分，爱护子女、关心子女，把子女培养成为合格的社会成员。家庭是人类生长的摇篮，是人类第一次社会化的重要场所。养育子女是父母

---

① 李花蕾译注. 颜氏家训译注［M］. 长沙：岳麓书社，2021：10.
② 李花蕾译注. 颜氏家训译注［M］. 长沙：岳麓书社，2021：7.
③ 夏家善主编；贺恒祯，杨柳注释. 袁氏世范［M］. 天津：天津古籍出版社，2016：8.

神圣的使命。人出生之后就在家庭中得到父母的精心呵护、悉心教育，从父母那里获得基本的行为规范，接受既定的生活方式，学习一般的生活技能，培育良好的道德素质。人类文化就这样通过父母对子女的教育实现代际传递。当然，传统的亲子之爱有着人身认同的色彩，但子女缺乏足够的独立性与自由，这与现代观念不相适应。然而，儒家强调父母爱子女要无私、严格，不偏爱、溺爱，在今天仍不失其现实的意义。

二、敬以致孝

亲子关系的道德规范，在父母为慈，在子女为孝。儒家对孝极为重视，把它作为整个道德体系的核心，作为道德的出发点和基础。"万恶淫为首，百善孝为先"，而不孝则是天地所不容的罪恶，"五刑之属三千，而罪莫大于不孝"[1]。

《说文》："孝，善事父母者。从老省，从子。子承老也。"[2] 孝的含义就是竭尽全力地敬爱父母。人一生下来就处于父母的关怀、爱护之中，孝就是基于亲子的自然联系和长期共同生活中产生的子女对父母的依恋、信任、尊敬与感谢之情。儒家认为，孝敬父母是人类最基本、最自然的德行，对父母的爱是人类一切爱的源泉。羊有跪乳之恩，乌有反哺之义，作为万物之灵的人类，更加应当孝敬自己的父母。历代儒者对孝作了大量论述，归纳起来，主要有如下几个方面的内容。

第一，赡养父母。《礼记·祭义》曾有这样的记载，"孝有三：

---

① 贾德水译注. 礼记孝经译注 [M]. 上海：生活·读书·新知三联书店，2013：289.
② （汉）许慎撰；蔡梦麒校释. 说文解字 [M]. 长沙：岳麓书社，2021：372.

大孝尊亲，其次弗辱，其下能养"①，这是孝敬父母起码的要求。父母为哺育子女付出了心血，倾注了天地般深厚的爱。他们年老之后，身心均需人照顾，子女应该竭尽自己的能力赡养父母，使他们度过安逸的晚年。"慈母手中线，游子身上衣。临行密密缝，意恐迟迟归。谁言寸草心，报得三春晖。"孟郊的这首《游子吟》，曾牵动过无数游子的思亲之心。孝养父母，包括关心父母的身体健康、侍候父母的饮食起居、尽力满足父母的各种要求等。养亲是向父母尽孝的基本要求，在古代社会更是重要的内容。父母年迈之后丧失了劳动的能力并逐渐丧失自主生活的能力，在没有社会保障的古代社会，子女的赡养就是父母晚年生存的依托，养儿防老是古代中国人的普遍愿望。

第二，尊敬父母。《为政》曾载："今之孝者，是谓能养。至于犬马，皆能有养；不敬，何以别乎？"②赡养只是孝的起码要求，能养不等于孝。家里的牲口也必须喂养，只有敬才是孝的精义。"孝者，善事父母之名也。夫善事父母，敬顺为本。意以承之，顺承颜色，无所不至。发一言，举一意，不敢忘父母；营一手，措一足，不敢忘父母。"③孝必须从内心尊敬父母，尊敬父母的人格和意愿，对待父母和颜悦色。故《礼记·祭义》中说："孝子之有深爱者必有和气，有和气者必有愉色，有愉色者必有婉容。"④尊敬父母，是使父母感到自己的价值，它不仅要求子女尊敬父母，还包括尽力使他人和社会尊敬自己的父母，古时所说的"立身扬名，以显父母"很大程度上体现了这一点。

第三，听从父母的教诲。在古代，尊敬父母的意愿就是顺从父

---

① 胡平生，张萌译注. 礼记［M］. 北京：中华书局，2017：913.
② 杨伯峻译注. 论语译注［M］. 北京：中华书局，1958：16.
③ （清）孙星衍等辑；郭沂校补. 孔子集语校补［M］. 济南：齐鲁书社，1998：23.
④ 胡平生，张萌译注. 礼记［M］. 北京：中华书局，2017：901.

母。《礼记·曲礼》："见父之执，不谓之进不敢进，不谓之退不敢退，不问不敢对。此孝子之行也。"① 儒家要求子女无条件地服从父母对自己生活的安排，遵照父母的意志来行动，对父母的一切言行不得有任何反抗。即使受到父母的斥骂与责打，也不能表示丝毫的不满。《礼记》记载，孔子弟子曾参十分孝敬父母，一次其父因小事用棒打他，他痛得昏迷过去，少时醒后，首先挂念的是父亲打他过于用力，是否折了手。回到家后便弹琴唱歌，婉转表示没有受伤，以免父亲担心，也没有因受责打而心中不快。后儒称曾参为大孝的典型。曾子的做法今天不值得提倡，但对父母之"敬"就应该落实到"顺"。在现代，"顺"不是要求对父母言听计从，而是尊重父母对自己的训诫和建议。父母相比子女来说，有更多的人生阅历和生活经验，父母的建议蕴含着他们一辈子的生活感悟和生命智慧，反映了他们对子女无私的关爱，可以为子女提供人生的指导和生活的参考。

第四，父母有过错，应委婉且耐心地劝谏。顺从父母并非不顾一切原则。在父命与道义之间发生冲突时，儒家坚持"从义不从父"，认为丧失原则顺从父母，是陷父母于不义，非但不是孝行，反而是对父母的不孝。因此，父母有过，做子女的应小心规劝。《礼记·内则》曰："父母有过，下气怡色，柔声以谏。谏若不入，起敬起孝，说（悦）则复谏；不说，与其得罪于乡、党、州、闾，宁孰谏。"② 对父母的过错要和颜悦色地耐心劝说，一次不听则反复劝说，多趁父母心情愉快时劝说，不能让父母受到他人的指责，同时，也绝不能因为父母有过错而不孝敬他们。儒家反对对父母无原则地曲意顺承，"非道悦亲，此又与于不孝之甚者"③。因此，儒家强调以"中道"与否

① 胡平生，张萌译注. 礼记 [M]. 北京：中华书局，2017：12.
② 胡平生，张萌译注. 礼记 [M]. 北京：中华书局，2017：524.
③ 张锡勤，柴文华编著. 中国道德名言选粹 [M]. 哈尔滨：黑龙江人民出版社，1990：75.

作为是否顺从父母的标准，"若中道则从，若不中道则谏"①。后世所宣扬的"天下无不是的父母""父要子亡，子不得不亡"等思想，是封建社会衰落时期统治者强化专制秩序的思想工具，并不代表儒家孝道的积极精神。

第五，祭亲续统。送死与养生一样是孝道的重要内容。《论语》所谓"慎终追远"，《礼记》所谓"追养继孝"，都强调了送死的重要性。祭亲包括两个方面，一是遵循礼制埋葬父母，"死，葬之以礼"；二是经常追祭、供奉牺牲，"祭之以礼"，为父母守孝。送死是养生的延续，它表达了子孙对逝去长辈的思念。同时，古人极重视祖宗血脉的延续，家庭、婚姻的意义就是祭祖与续统。要使祖宗的灵位永远有人供奉，祭坛上的香火永远不熄，生育后代也就成了孝敬父母的重要内容之一。故孟子说："不孝有三，无后为大。"② 当然，这在现代是一种陈腐、落后的观念。

中国古代封建社会是宗法社会，是建立在父家长制基础上的封建专制社会，强调子女对父母的孝，并得到全社会的高度重视，且被统治者提升到纲常的高度予以强化。父为子纲，天下无不是的父母，父慈被视为可有可无，子孝成为绝对的片面的义务，像老莱娱亲的滑稽、王祥卧冰求鲤的愚昧、郭巨埋儿的残忍，以至于挖肝割股为父母"治病"的愚蠢等，都被树立为孝的典型。所有这些，都属于传统孝道中的封建糟粕。儒家孝道思想的精华，在于孝养、孝敬、孝义。赡养父母是子女应尽的道德义务，是对父母养育之恩、抚育之情的报答。尊敬父母是对人类文明进步、劳动成果的价值肯定，是对人类经

① 唐文治著；乔继堂，刘冬梅点校. 四书大义［M］. 上海：上海科学技术文献出版社，2021：898.
② 杨伯峻，杨逢彬译注. 孟子译注［M］. 长沙：岳麓书社，2021：151.

验和智慧的尊重。前辈的经验，是后代的宝贵财富；前辈的创造，是后代继续前进的基础和起点。但孝并非盲从父母，而必须按照特定的道德原则处理亲子关系，其行为必须符合更高的道德标准，即依据社会一般道德价值观念建立健康、和谐的亲子关系。顺从父母，并非顺从父母个人的意志和言行，而是对道德的遵从。这是我们在分析儒家孝道时，首先应该搞清楚的问题。

三、承教继志

亲子关系是代际关系，它不仅是生命的延续，还为人类文明的传递服务。生命是文化传递的物质载体。如果说，人类认识和改造世界的活动是为了积累更多的适应客观环境变化的能力和素质，以在不断更新的环境中生存，那么亲代就必须死去，以使其遗传物质能为子代新衍生的遗传物质所取代，从而实现人类的持续发展。在此意义上，代际更替对于提高人对客观环境的适应性而言，具有一种积极的意义。就人的社会性来说，子代将亲代遗传下来的社会文化内化，亲代的死亡有利于其后代能够接替社会的控制地位，充分发展他们的能力，在社会生活的各个领域更加自由地创造，推动社会与文化的更新与进步。代际更新是人类社会发展、文明进步的前提和途径。

在上述更新过程中，亲代与子代负有不同的责任和义务。亲代必须把既定的文化传授给子代，子代必须接受亲代的教育，把亲代传授的文化内化为思想观念、生活模式，并予以进一步的创造、发展。因此，儒家强调父慈的实质在于"育"，子孝的最高境界则是承教继志，即把父母遗留的事业发扬光大。

238

儒家历来注重父母对子女的教育。"父母之爱子，则为之计深
远。"① 父母之爱，不仅仅是嘘寒问暖，更不是纵容护短，真正爱子
女，必须为子女的长远利益、根本利益做打算，培养他们的道德文化
素质和生产技能，为他们今后的发展打下坚实的基础。曾国藩说：
"家中要得兴旺，全靠出贤子弟。若子弟不贤不才，虽多积银、积
钱、积谷、积产、积衣、积书，总是枉然！"② 钱财器具都是身外之
物，终有花光用尽之日，唯有道德文章才是立身之本。曾国藩身居高
位，教子极严，其后代至今人才不衰。因此，父母遗留给子女的不应
是财物，而应该是创造财物的本领。

在中国古代，父母对子女最大的希望是读书取仕、立身扬名。明
末顾宪成说得很清楚："凡为父兄的，莫不爱其子弟。凡爱其子弟
的，莫不愿其读书进取。"③ 古人说："遗子黄金满籝（yíng，竹笼），不
如一经。"④ 父母在对子女的教育中，灌注了自己的生活经验、人生
理想和价值追求，寄托着自己一生的希望。在中国历史上，涌现了大
量的家教典范与家教理论，它们成为家庭道德的培养中极其重要的
内容。

传统的观点认为，子女应当虚心接受父母的教育，继承父母的志
向，接过父母的事业并把它发扬光大。《孝经》说："立身行道，扬
名于后世，以显父母，孝之终也。"⑤ 子女不辜负父母的教诲和期望，
勤奋刻苦，建功立业，为社会作出巨大贡献，给父母带来荣耀，是一
种高层次的孝。要做到这一点，首先必须虚心接受父母的教育，继承
父母的事业。孔子说："父在，观其志；父没，观其行；三年无改于

① 上海辞书出版社文学鉴赏辞典编纂中心编. 古文鉴赏辞典 [M]. 上海：上海辞书出版
社，2021：56.
② 陈虎总主编；何昆校注. 曾国藩家书 [M]. 长春：吉林大学出版社，2021：206.
③ 楼含松主编. 中国历代家训集成：第9册 [M]. 杭州：浙江古籍出版社，2017：5170.
④ （汉）班固撰. 汉书 [M]. 北京：中华书局，1962：3107.
⑤ 赵缺译著. 孝经正译 [M]. 长沙：岳麓书社，2014：3.

父之道，可谓孝矣。"① 观其志，指考察其接受父母教育后所立的志向。观其行，指考察父母逝世后其行为是否违背父母的教诲，是否与其所立志向相符合。三年无改于父之道，朱熹《论语集注》引"二程"弟子尹焞的话说："如其道，虽终身无改可也。如其非道，何待三年。然则三年无改者，孝子之心有所不忍故也。"② 游酢则认为，无改者乃指可改可不改的主张。综合这些解释，上句大意可理解为：对于父母的教诲、主张中符合道义的应终身行之，不符合道义的应坚决改正，而对介乎二者之间可改可不改的，应当坚持三年的时间不改，在实行过程中视其效果而决定改或不改。其基本精神就是承教继志。

在这种思想观念的影响下，中国人在家庭生活中特别注重家风的整饬与传承，强调守业的重要性，鼓励人们牢记父母的教诲，积极努力地去成就功业，光大父母的未竟之业，实现父母对自己的期望。民间广为流传的孟子受三迁之教而终成一代巨儒、岳飞受母刺字而精忠报国等故事，就是这方面的道德典型。

中国传统家庭属于宗法家长制家庭，它是整个社会制度的重要基础。儒家父慈子孝的观念作为与此相适应的调节亲子关系的行为规范，其中包含许多封建落后的因素，从根本上服从于"父为子纲"。它强调父权的绝对性、子孝的片面的义务，否定子女的独立人格和意志自由，以维护宗法血缘专制的家庭制度。对此必须予以坚决否定。但其中的一些积极成分，在今天仍具有借鉴意义。如父慈子孝加深了代际亲情，使得中国家庭比之西方国家家庭具有更强的凝聚力，并能让父母享受到更多的天伦之乐，有利于社会的安定与人际关系的和谐。总而言之，对于儒家父慈子孝的观念，我们应该批判改造其落后的因素，发扬光大其积极的成分。

---

① 杨伯峻译注. 论语译注 [M]. 北京：中华书局，1958：8.
② （南宋）朱熹集注；郭万金编校. 论语集注 [M]. 北京：商务印书馆，2015：87.

第三节 夫义妇顺

人是两性繁殖的生物。经过千万年的进化，人类采取了家庭的形式养育自己的后代，把男女间的性生活限制在家庭之中，于是便有了夫妻关系。夫妻关系是家庭的核心关系，是一切家庭关系的原点，有夫妻然后才有父子兄弟。《中庸》说："君子之道，造端乎夫妇，及其至也，察乎天地。"① 儒家把夫妻关系列为"三纲"之一，对夫妻道德予以高度重视，并提出"夫义妇顺"的行为模式。班昭作《女诫》，对儒家的夫妻道德作了总体说明："夫妇之道，参配阴阳，通达神明，信（通'诚'）天地之弘义，人伦之大节也。是以《礼》贵男女之际，《诗》著《关雎》之义。由斯言之，不可不重也。夫不贤，则无以御妇；妇不贤，则无以事夫。"② 夫妻关系本于天地之德，它直接影响家庭的和谐、社会的安定和风教的淳朴。

一、伉俪和谐

两性间的吸引、爱慕是夫妻关系的生理和心理基础。协调夫妻关系首要的道德要求，就是夫妻之间相互恩爱，和谐相处。夫妻关系不同于其他的家庭关系，夫与妻之间不存在血缘上的联系，相互爱慕才是维持夫妻关系的内在因素。儒家也承认这一点，强调夫妻以义合，须以情相系。《诗经·小雅·常棣》："妻子好合，如鼓瑟琴。"③ 夫妻

---

① 王国轩译注. 大学·中庸 [M]. 北京：中华书局，2006：70.

② 白岚玲著. 班昭女性教育观批判研究 [M]. 北京：中国传媒大学出版社，2022：41-42.

③ 陈淑玲，陈晓清译注. 诗经 [M]. 广州：广州出版社，2001：163.

应如琴瑟一样相互和谐，共同谱写、弹奏生活的乐章。

儒家并不否定、反对夫妻间的情爱。《礼记·礼运》说："饮食男女，人之大欲存焉。"肯定情欲是人的基本需要。孔子说："《诗》三百，一言以蔽之，曰：'思无邪'。"翻开作为儒家经典的《诗经》，开篇的《关雎》就是描写男欢女爱的诗，读过《诗经》的人不难发现，其中有不少诗作是描写、歌颂男女爱情的。夫妻有爱则亲，无爱则疏，恩爱相亲是对夫妻关系基本的道德要求。

因此，儒家肯定夫妻间忠贞的爱情，而斥责那些忘恩负义的薄幸之徒。汉光武帝的姐姐在丈夫死后，看中大臣宋弘，光武帝想为其穿针引线，宋弘回答说："臣闻贫贱之交不可忘，糟糠之妻不下堂。"这句话，后来成为表达夫妻忠贞爱情的名言。据刘𫗧《隋唐嘉话》记载："太宗谓尉迟公曰：'朕将嫁女与卿，称意否？'敬德谢曰：'臣妇虽鄙陋，亦不失夫妻情。臣每闻说古人语："富不易妻，仁也。"臣窃慕之，愿停圣恩。'叩头固让。帝嘉而止之。"① 宋弘拒绝汉光武帝嫁姊，尉迟敬德拒绝唐太宗嫁女，这类事情书之于史，表明了儒家对夫妻情感的肯定态度。描写、歌颂夫妻之间的恩爱、和谐的内容，是中国古代文学作品丰富、灿烂的组成部分。

在古代，人们把夫妻比作鸳鸯鸟、比翼鸟、连理枝、并蒂莲，追求夫妻恩爱、白头偕老，流传着一个个优美动人的爱情故事，无不说明恩爱和谐的夫妻关系是传统家庭所追求的范型。"教化之原，必自一夫一妇始。所谓理之正，情之至也。试观乡里小民，男耕女织，夫倡于前，妇随于后。岁时伏腊，互相慰藉；虽历辛勤而不怨。"② 夫妻关系是家庭中非常亲密的人际关系，在长期相依相存、耳鬓厮磨的生活中，夫妻之间会产生深切的依恋、亲密之情，并且由于传统家庭

① 周续赓，马啸风，卢今编. 历代笔记选注［M］. 北京：北京出版社，1983：67.
② 王云五编. 王云五全集：第3册［M］. 北京：九州出版社，2013：588.

的稳定性，这种夫妻之情保持得更加久远。

儒家虽然承认夫妻之情的重要性，但反对溺于情，而坚持以义制情，即要求始终把家庭的利益放在首位，夫妻双方的行为都必须符合理义，而不能狎以私。"盖情爱之私，易于陷溺。故夫妇之间，恩礼并用。为夫者当正身以率之，勤俭以道（通'导'）之，勿听其私言，勿徇其偏见。妇人又当和柔婉顺，敬其所天，纺绩织纴，谨守妇职。如此则夫妇和而家道正矣。今之人溺于情爱者，惟妇言是用，至与父兄背戾。……子妇失教，一家之内，互相憎疾。为人如是，又安知有礼义廉耻之事哉？礼义亡，人道灭矣。凡为夫妇者，切宜深戒也。"①夫妻关系并非纯粹的自然关系，它实质上是建立在两性自然联系基础之上的社会关系。因而，夫妻之间除了恩爱情感，还有一系列的社会义务和责任，夫妻应当履行对配偶的道德责任，同时也应当履行对他人（如父母、兄弟）和社会的道德责任，应当维护其他家庭关系。所以，儒家反对把夫妻之情作为夫妻关系的最高要求，而坚持最高要求是夫妻之义。当然，儒家讲的义是封建的礼义，要求夫妻之情服从家庭利益，妻子服从丈夫的利益，由丈夫统率妻子。夫为妻之天，夫御妻，妻事夫，这无疑是应当抛弃的陈腐观念。

二、同甘共苦

夫妻是人类社会生活的基本单位，是家庭的基础。一旦结为夫妻，就意味着在婚姻持续期间，男女双方必须共同生活在一起。中国古代没有离婚的自由，在通常情况下，夫妻必须相依相伴度过一生，共同创造生活，共同享受生活的幸福，共同承受生活的艰难与困苦。

---

① 楼含松主编. 中国历代家训集成：第 2 册 ［M］. 杭州：浙江古籍出版社，2017：1135.

儒家认为，夫妻恩爱相亲，就是为了身心如一地同甘共苦。同甘共苦是恩爱相亲的具体表现。恩爱相亲，要求夫妻之间相互关心、相互体贴、相互帮助。有了幸福，夫妻共同分享；有了痛苦，夫妻共同承担，相互抚慰；有了困难，夫妻共同克服，相互扶持。"妇之于夫，终身攸托，甘苦同之，安危与共，故曰：'得意一人，失意一人。'舍父母兄弟而托终身于我，斯情亦可念也。事父母，奉祭祀，继后世，更其大者矣。有过失宜含容，不宜辄怒；有不知宜教导，不宜薄待。"① 夫妻是一个共同生活体，他们要共同创造生活、共同体验人生的酸甜苦辣。在古代，对于女人而言，家庭、丈夫就是她终身的依托，"嫁鸡随鸡，嫁狗随狗""一与之醮，终身不改"。丈夫应当给妻子更多的关怀、怜悯与体贴。

因此，儒家坚持夫妻一体的原则，《仪礼·丧服》曰："夫妻一体也。"② 儒家重视整体思维，惯于把客体对象纳入一个统一的体系，而不承认个体的意义。有阳必有阴，有男必有女，阴阳合于道，男女合于家。两个对立统一的要素有主有从，这种思维反映在家庭中便是"家无二主"，女人没有独立人格，她依附于丈夫。从名义上看，妻与丈夫匹敌，与夫相齐，但实际上二者并不平等，而是妻向夫依齐，其身份决定于丈夫的身份。《礼记·郊特牲》有言："共牢而食，同尊卑也。故妇人无爵，从夫之爵，坐以夫之齿。"③ 牢，指祭祀用的牲畜，共牢而食就是说与丈夫享受同样的祭祀。在家庭中的长幼之序不以本人的年龄论，而按丈夫的年龄计。尊卑以齿论，妻以夫齿具有礼法上的尊卑意义，但姐夫、妹夫则不是一种尊卑关系。

儒家夫妻一体、同甘共苦的观念还通过礼法加以规定和强调：夫

① 楼含松主编. 中国历代家训集成：第6册 [M]. 杭州：浙江古籍出版社，2017：3676.

② 彭林注译. 仪礼 [M]. 长沙：岳麓书社，2001：288.

③ 胡平生，张萌译注. 礼记 [M]. 北京：中华书局，2017：501.

贵妻荣，夫罪妻辱。

礼制规定，妻子不具独立人格，除极个别特例外，她们没有独立的社会身份，而只能夫贵妻荣。丈夫加官晋爵，妻子便可获得相应的封号。如周代，天子之妻为后，诸侯之妻为夫人，大夫之妻为命妇。《唐六典》规定："王母妻，为妃。一品及国公母妻，为国夫人。三品已上母妻，为郡夫人。"[①] 宋代郡夫人以下分设淑人、硕人、令人、恭人、宜人、安人、孺人等。明清一二品官之妻均授夫人，三至七品官之妻分授淑人、恭人、宜人、安人、孺人。

与夫贵妻荣相对应，丈夫如果犯罪，妻子也要负连带责任。秦设连坐之法，夫犯死罪妻子一并处死。汉代夷三族，夫谋逆妻亦弃市。晋明帝以后，丈夫犯谋反大逆罪才不处死妻子，而没为官奴或赐臣为家奴，或发遣边戍以充军妓。即使是贵妇人，其夫犯罪也不能豁免。唐常乐公主因其夫赵瓌之罪而被杀，北景公主因驸马柴令武之故而被赐死。在夫权制家庭中，妻子本无干预大事的权利，更不能从事社会活动。丈夫犯罪株连妻子，就是对妻子独立人格的否定。

上述礼法的制定，就本于儒家"夫为妻纲"的基本精神，它强化了人们在家庭生活中夫妻一体、同甘共苦的观念。夫妻荣辱与共有其合理性，但真正的荣辱与共应建立在感情的基础之上，是夫妻共同创造、分享生活的一切。否定妻子的独立人格，强制与丈夫共荣辱则是极不合理的封建的人身依附关系的反映。

三、相敬如宾

夫妻关系是家庭中最亲密的人际关系，它建立在两性个体间相

---

① （后晋）刘昫等撰；陈焕良，文华点校. 旧唐书：第 2 册 [M]. 长沙：岳麓书社，1997：1110.

互吸引、相互倾慕的基础之上。在家庭生活中，夫妻相互帮助，其职责分工具有互补的性质。要协调好夫妻关系，双方应相互尊重。儒家也十分重视夫妻关系的这一原则，并把它概括为"相敬如宾"。

明清之际大儒李颙说："夫妻相敬如宾，则夫妻尽道；处夫妻而能尽道，则处父子、兄弟、君臣、上下斯能尽道。"① 所谓尽道，指行为符合礼义，各守本分，各尽本职。夫妻为人伦之始、风化之原，只有正确处理夫妻关系，才能够处理好其他家庭关系和社会关系。夫妻交往相敬而有礼，就不难有礼地对待其他人。当然，这里所说的礼主要是以"夫为妻纲"为基础的夫义妇顺、夫天妇地、夫外妇内、夫尊妇卑等一系列封建道德规范。

儒家讲夫妻相互尊敬以肯定夫妻社会地位的差别为前提。夫妻的地位差异表现为名分，在这个名分中规定着各自的权利和义务，规定着对方应当承担的道德责任。一旦确立了名分，就应当尊重对方的权利，积极履行自己的责任。"既正其名，即有敬恭之礼，故君人者无二适，贞女不再行。夫妇不狎，而钦翼之道存焉；夫妇不欺，而诚信之节著焉。"② 夫妻相互尊敬包括三个方面的内容：第一，尊重对方对自己的感情，忠实于夫妻关系，无论男女都不应有二心。第二，夫妻双方应以礼相待，不能以亲昵取代礼，而要保持一定的距离，尊重对方的人格。第三，夫妻双方应以诚相待，不能相互欺骗，而应保持相互间的信任，信任就是尊重的一种表现。

中国历史上有许多夫妻相敬如宾的典型。如春秋时冀缺夫妇"相待如宾"，汉代梁鸿孟光"举案齐眉"，等等。相敬如宾的核心精神是相互尊重，忠诚于对方的道德责任，而不能贵则傲、贱则轻。所

① 杨军著. 四书反身录详解：上 [M]. 长春：长春出版社，2022：226.
② 中国思想宝库编委会编. 中国思想宝库 [M]. 北京：中国广播电视出版社，1990：930-931.

以，朱买臣之妻因朱买臣年轻时贫困，以打柴为生，瞧不起买臣而弃之若敝屣，被千古不齿；梁鸿夫妇深山隐居，相亲相爱举案齐眉，成为万世佳话。

当然，传统家庭的男尊女卑的现实，使得相敬如宾主要是强调妻子对丈夫的尊敬与顺从，而不是平等的相互尊重。儒家承认夫妻间的地位差异，肯定夫为妇之天，但反对丈夫欺压、凌辱妻子，而主张在礼义的范围内给予妻子应有的尊重。唐甄说："人若无妻，子孙何以出？家何以成？帑则孰寄？居则孰辅？出则孰守？"① 无妻不成家。妻子在家庭生活中有着不可或缺的地位和作用，如天之有地，君之有臣。"以言乎位，则不可亵，以言乎德，则顾可上而暴之乎？"② 以妻子在家庭中育子女、主中馈、相夫教子的地位和作用而言，丈夫应该依礼尊敬妻子，而不应恃夫之尊位凌辱妻子。"今人多暴其妻，屈于外而威于内，忍于仆而逞于内，以妻为迁怒之地，不祥如是，何以为家！"③ 古代社会生活中有不少人，在外面胆小怕事，甚至在下属、仆役面前也能够隐忍，唯独对妻子作威作福，把妻子当作出气筒。这种行径，必然导致夫妻关系的生疏、紧张，妨害家庭生活的和谐。

因此，相敬如宾不是片面地强调妻子对丈夫的尊敬与顺从，而是要求丈夫对妻子也应有必要的、基本的尊重，忠贞不贰、亲昵有礼、诚实不欺，同时，还应虚心接受妻子合理的批评和意见。"夫妇乃人道之始，万化之基也。相敬如宾，岂容反目。虽夫为妻纲，固当从夫

① （清）魏源著；魏源全集编辑委员会编校.魏源全集：第16册［M］.长沙：岳麓书社，2004：318.
② （清）魏源著；魏源全集编辑委员会编校.魏源全集：第16册［M］.长沙：岳麓书社，2004：318.
③ （清）魏源著；魏源全集编辑委员会编校.魏源全集：第16册［M］.长沙：岳麓书社，2004：318.

之命；然妻言有理，亦当从其劝谏。"① 夫义妇顺是基本的行为规范，但真理和道义都在妻子一边时，片面强调妇顺就是错误的。正确的做法是尊重妻子的意见，听从妻子的劝告，夫顺于妻。妻顺是礼，夫顺是义。妻子对丈夫是依礼而尊、以礼而尊、以顺为尊；丈夫对妻子则是以义而尊、以义为尊。妻尊夫是礼法，夫尊妻是道德自觉。

即使是妻子对丈夫的尊敬，儒家也反对一味顺从，这种尊敬包括对丈夫的过失善意的批评与规劝，不得姑息迁就。姑息迁就适足以害之，而善意的批评与规劝，则有利于维护丈夫及家庭的长远利益，有利于建立健康、和谐的夫妻关系，促进夫妻人格的共同完善。如历史上著名的乐羊子读书无恒心，其妻断机劝学的故事，就是夫从妻谏而成就功名的典范。又如春秋时齐国有个御夫因为替相国晏婴赶车而沾沾自喜，不可一世。他妻子对他说："晏子长不满六尺，身相齐国，名显诸侯。今者妾观其出，志念深矣，常有以自下者。今子长八尺，乃为人仆御。然子之意，自以为足，妾是以求去也。"② 的确，都是堂堂男子汉，晏子权重一国，名满天下还能谨慎谦虚地待人，齐御只不过是替有权威的人赶车子，坐车的不骄傲，赶车的有什么值得满足、骄傲、不可一世的呢？妻子的话犹如当头棒喝，使齐御猛然醒悟，气焰顿敛，从此谨慎修身，终于成为齐国的大夫。必要的鞭策能够在更高的层次上实现相互尊重，升华夫妻之情。

总之，儒家对夫妻关系最根本的道德要求是夫义妇顺，它以妻子对丈夫的顺从、服从为显著特征。但夫须义，妻才应顺。这个义，既是情义、道义，又是礼义。以情正义，夫妻应恩爱和谐；以道正义，夫妻应甘苦与共；以礼正义，夫妻应相互尊重。

① 夏家善主编；夏家善，王宗志，夏春田注释. 古代家规 [M]. 天津：天津古籍出版社，2017：189.
② （春秋）晏婴著. 晏子春秋 [M]. 哈尔滨：北方文艺出版社，2018：157.

第四节 兄友弟恭

兄弟关系是传统家庭中的重要关系。兄弟同胞之间共同的遗传基因（血缘）是联系他们的自然生理基础，从小的共同生活，培养了他们相互依赖、相互帮助的认同心理和亲密情感，像手与足一样血肉相连，不可分割。儒家的家庭道德观念极重视兄弟关系，而将姊妹同胞关系则摆在次要地位。女人的主要行为规范——"三从"：在家从父、出嫁从夫、夫死从子，不涉及同胞兄弟。在今天，传统的兄友弟恭必须包括姐妹关系。

一、同居共财

儒家的家庭道德以宗法血缘为基础，强调血缘认同，甚至有人认为在家庭中兄弟关系相较异姓的夫妻关系更为重要。明代曹端说："兄弟，天合者也。夫妻，人合者也。今人有兄弟分居，未闻有夫妻分居者焉，是则疏天合而亲人合者也，岂非惑之甚哉?"[1] 兄弟分父母之形，连祖宗之气，是天然的血缘骨肉至亲；夫妻则是人为的姻缘之亲。天合重于人合。但是，夫妻关系虽无血缘联系，却是人与人之间最亲密的关系。正是由于夫妻、兄弟关系的不同性质，夫妻不能分居，分居则意味着夫妻关系的解除；而兄弟则不会因分居而解除关系，并且因为各有自己的夫妻生活而不得不分居。儒家为了强化宗法血缘关系，维持家庭、家族的稳定，把兄弟关系置于夫妻关系之上。

---

[1] 楼含松主编. 中国历代家训集成：第3册 [M]. 杭州：浙江古籍出版社，2017：1674.

当这两种关系发生冲突时，有人提出应为了保护兄弟关系而放弃夫妻关系。如秦末陈平（汉初名相）的嫂子嫌弃陈平不事生产，其兄便将她赶出家门。东汉李充家贫，他的妻子因有私财，劝他与兄弟分家，李充便当众逐妻。

儒家要求，父母在生期间兄弟不许分家，所谓父母在，不许有私财，不别籍异财，实行同居共财的制度。家中的兄弟无论娶妻生子与否，大家都住在一起（包括未出嫁的姊妹），过着有饭大家吃、有衣大家穿的生活。为了强化对家庭的认同意识，一个家庭不管成员多少，都在一口锅里吃饭，统一家庭财政收支，称为"合爨（cuàn，灶）"。南北朝时期北魏杨播、杨椿兄弟同爨，并诫其子弟说："吾兄弟若在家，必同盘而食；若有近行，不至，必待其还。……吾兄弟八人，今存者有三，是故不忍别食也。又愿毕吾兄弟，不异居异财。"[①] 历史上有的家庭数世不分家，成员多达数百人，每当吃饭时，鸣鼓开餐，群聚于广场。

同居共财不仅是对财富的共享，更要求共同创造财富，在劳动生产中共同协作。在自然经济状况下，劳动力是家庭经济的主要生产要素之一，劳动力的多少直接关系到生产规模的大小和收入的多少，反映着家庭实力的强弱。对于家庭经济中的另一个主要因素土地等生产资料而言，兄弟分家的财产分割势必使家庭的生产规模变小和实力变弱。因此，儒家提倡、鼓励一家兄弟同居共财，并把它视为高尚的美德，视为家庭和睦、幸福的象征。秦时尊法坑儒，禁止同居共财，"民有二男以上不分异者，倍其赋"，法律强制分家。汉以后，儒家定于一尊，同居共财方为道德与法律所肯定。据赵翼《陔余丛考》所述："世所传义门，以唐张公艺九世同居为最，然不自张氏始

---

① 楼含松主编. 中国历代家训集成：第 12 册 [M]. 杭州：浙江古籍出版社，2017：6995.

也。《后汉书》：樊重三世共财；缪肜兄弟四人皆同财业，及各娶妻，诸妇遂求分异，肜乃闭户自挝（zhuā，打），诸弟及妇闻之，悉谢罪；蔡邕与叔父从弟同居，三世不分财，乡党高其义。又陶渊明诫子书云：颍川韩元长，汉末名士，八十而终，兄弟同居，至于没齿；济北汜幼春，七世同财，家人无怨色。是此风盖起于汉末。"① 同居共财，自汉以后就被儒家视为"高义"，是家庭和睦的典范。

相反，如果父母尚在世而兄弟闹分家，不仅要受到舆论的谴责，而且构成不孝的罪名，要遭受法律制裁。《唐律·户婚》："诸祖父母、父母在，而子孙别籍、异财者，徒三年。"② 甚至在父母死后的服丧期间也不容许分家："诸居父母丧，生子及兄弟别籍、异财者，徒一年。"③ 以上两种情况分别判处三年和一年的徒刑。从唐代直到清朝，法律都视别籍异财为犯罪行为，均予以不同程度的惩处。这一立法原则，即本于儒家的家庭道德。

兄弟同居共财产生于传统家庭经济的内在需要，强化了人们的家庭观念和认同心理。这一规范的积极意义在于：一方面，它强调兄弟在家庭生活中共同协作、共同创造，维护家庭幸福，维系了家庭成员的感情；另一方面，它巩固了家庭生活的经济基础，增强了家庭的凝聚力。因此，同居共财是儒家倡导的促进家庭团结、增进家庭生活稳定的重要的道德规范。

二、长爱幼敬

同胞之间有着相同的遗传基因，这种自然的血缘联系是无法割

① 熊铁基著. 熊铁基文集：第3卷［M］. 武汉：华中师范大学出版社，2021：66.

② （唐）长孙无忌著；袁文兴，袁超校. 唐律疏议注译［M］. 兰州：甘肃人民出版社，2017：353.

③ （唐）长孙无忌著；袁文兴，袁超校. 唐律疏议注译［M］. 兰州：甘肃人民出版社，2017：354.

断的。他们出生后便处于同一个家庭，长期的共同生活、共同娱乐、共同劳作使他们从小就养成了相互信赖、相互关心、相互帮助的深厚的骨肉之情，同居共财的生活模式更强化了相互间的认同心理。儒家认为，在家庭的三种主要关系中，夫妻关系成年后才成立，亲子关系虽自子女出生即成立，但子女同父母年岁有较大的差异，相处时间相对较短，只有兄弟关系持续的时间最长。因而，儒家十分重视兄弟关系及其对家庭和睦的影响。

兄弟关系不像亲子关系那样等级森严，也不像夫妻关系那样具有从属的性质，而是一种平辈关系，具有较多的平等因素。儒家以"孝悌"为仁之本，悌就是处理兄弟关系的行为规范，它的具体内容即"兄友弟恭"。《礼记·礼运》规定的"十义"，首为"父慈、子孝"，次即"兄良、弟恭"。"兄友""兄良"是说兄长应该爱护弟幼，"弟恭"是讲弟幼应当尊敬兄长。荀子说："请问为人兄？曰：慈爱而见友。请问为人弟？曰：敬诎而不苟。"[①] 兄长应以慈爱、友善的态度对待弟幼，弟幼应当尊敬、顺从兄长。儒家讲的兄弟友爱，建立在长幼秩序的基础之上，兄与弟并不完全平等。

清代名儒张伯行说："古人称兄弟为雁行，谓其行次不乱，即长幼有序之意也。"（《困学录集粹》卷一）兄弟之间的长幼秩序，应当像大雁飞行一样不乱。兄为长，故应爱护弟幼；弟为幼，故应敬顺兄长。但是，弟幼对兄长的尊敬与子女对父母的尊敬具有不同的性质，属于不同层次。父母对子女有绝对的权威，即使他们有过错，子女也只能劝谏，如果劝谏触怒了父母，遭到父母的责打，子女也不能抱怨、不能违抗。兄长对弟幼就没有这种特权。兄弟关系在传统家庭中尽管存在着种种不平等，但与其他关系相比较仍具有较多的平等因素，兄弟

---

① 方勇，李波译注. 荀子［M］. 北京：中华书局，2011：192.

更能友爱、和睦相处。

儒家把兄弟和睦友爱看作家庭幸福的重要内容。"兄弟者，同胞共乳，分形连气，至亲至厚也。古人以手足为喻，盖谓四肢虽异，本系一体。以此观之，其友爱当何如也？……兄爱其弟，弟敬其兄，临财相让，遇事相谋，通有无，共忧乐，爱敬既笃，家室自和。"① 兄弟如同手足，血肉相连，痛痒相关。兄对弟的爱护、弟对兄的尊敬，出自天性。对待财物，兄弟间应当互相谦让、共同分享；遇到困难，应当通力合作，共同克服。以我之有余，补你之不足；以你之所有，济我之所无。同甘苦，共患难。这样，就能营造和睦的家庭气氛。因此，儒家极力强调兄弟的手足之情，褒奖兄弟间的友爱。孔融四岁让梨的故事，被人们传为千古佳话。东汉薛包在兄弟分家时，把肥沃的土地分给弟弟，自取荒芜之地；把坚实的器具分给弟弟，自取朽旧之器。宋时司马光尊敬兄长，嘘寒问暖无微不至。此类事例，正史稗书中比比皆是。儒家正是一方面通过理论的阐述、论证，另一方面通过对大量典型事例的宣传、褒奖，强化手足情谊，把兄弟友爱的道德观念灌注于人们心中，使其成为人们处理兄弟关系的一般行为规范。

儒家要求兄弟间和睦相处，把手足的情谊置于个人的利益之上，坚决反对破坏兄友弟恭的秩序，反对以私利伤害兄弟感情，破坏兄弟间的和睦关系。南宋名儒真德秀就曾经说过："至于兄弟天伦，古人谓之手足，言其本同一体也。今乃有以唇舌细故而致争，锥刀小利而兴讼，长不恤幼，卑或陵尊，同气之亲，何忍为此？"② 儒家强调天下无不是的父母，世间最难得者兄弟。兄弟骨肉血脉相连，休戚相依，是人世间难得的亲密关系，绝不应该因小事小利而损害手足之

---

① 楼含松主编. 中国历代家训集成：第 2 册［M］. 杭州：浙江古籍出版社，2017：1134-1135.
② 黄仁生，罗建伦校点. 唐宋人寓湘诗文集：第 2 册［M］. 长沙：岳麓书社，2013：1763.

情，破坏兄友弟恭的和睦秩序、同胞亲情。

三、团结御侮

孟子认为，兄友弟恭是人们先验的道德观念，属于不学而知、不虑而能的良知良能，人一生下来就知道亲爱自己的父母，稍稍长大一点后就知道尊敬自己的兄长。明代王守仁进一步发挥孟子思想，说孝悌是人固有的良知，见父自然知孝，见兄自然知悌。他们强调兄弟手足之情的自然性以及兄弟友爱的必要性。

实际上，兄弟关系有着自然性，但兄友弟恭的行为规范并非血缘关系的自然引申，而是社会的道德要求。兄弟在家庭中是平辈关系，有着较多的平等因素，固然可能比其他关系更友爱和睦。也正是由于兄弟乃平辈关系，相互间不存在绝对服从的纲常制约，所以也比其他家庭关系更容易产生矛盾和冲突。宋代蔡襄说："兄弟之爱，出于天性。少小相从，其心欢欣，岂有间哉？迨因娶妇，或至临财，憎恶一开，即成怨隙；至于兴诉讼，冒刑狱，至死而不息者，殊可哀也。盖由听妇言，贪财利，绝同胞之恩、友爱之情，遂及于此。"[①] 兄弟同居共财实际上是依靠父祖的权威来维持的。兄弟各自成家后便有了妻室儿女，他自然成为这个小家庭的家长，有了自己的私生活，小家庭之间以及小家庭与大家庭之间不可避免地要发生种种冲突。父母在世时，兄弟慑于其权威，尚能忍气吞声；一旦父母亡故，冲突便白热化。兄弟间为了维护各自小家庭的利益，在大家庭的财产分配等问题上，往往产生尖锐的矛盾，造成兄弟反目，甚至诉诸司法。"今人多昵妻子之爱，而忘兄弟之亲，小则阋墙斗狠，大则分门割户，侧目

---

① （宋）蔡襄撰；陈庆元等校注. 蔡襄全集［M］. 福州：福建人民出版社，1999：655.

相视，如仇如敌。"① 有妻子无妻子，是兄弟相互间关系及其与大家庭关系变化的分野。某个人一旦娶妻，他就与自己的兄弟不再"一体"了，而与他的妻子合为一体。这样一来，利益的重心就不能不产生偏移，形成以小夫妻为核心的小块分割。这些分化的小群体，在利益发生冲突时会不可避免地相互排斥，以维护自身的利益。

儒家也认识到这一点，发现了夫妻关系对兄弟关系的冲击和破坏，并对此予以明确的否定。"兄弟者，同胞共乳，分形连气，至亲至厚也。……今人岂不知兄弟之爱？多因宠其妻子，偏听私言，计较短长，争竞多寡。以至父母在堂，分财异居，互相告讦（jié，攻击、揭短），患若贼雠，灭天亲，败人纪，此等之人，岂知有仁义之心哉？"② 兄弟骨肉至亲，可有的人一娶了妻子，就被"枕边风"吹昏了头脑，一心讨妻子的欢心，与兄弟争权夺利、逞强斗狠，甚至反目成仇，完全失掉了仁义道德的良心。《袁氏世范》曾经描述过此种情形，说兄弟子侄同居，为兄者倚仗其执掌家政的权力独断专行，只顾自己的小家庭，经济收支欺上瞒下，不使弟幼知晓，侵犯弟幼的利益，从而产生争端。而弟幼则往往不服其管制，私盗大家庭的财产，导致家庭不和。一方面是兄长利用手中特权，取公财以实私家；另一方面是弟幼不甘心受制约，盗公物以娱妻小。其根源在于夫妻是一个独立的生活实体，夫妻关系与兄弟关系有着完全不同的性质，具有强烈的独立化倾向，绝非兄友弟恭所能消除。

兄弟冲突的实质是利益冲突。利益越大，冲突也越大，所谓大利所在，其争必烈。故兄弟相残者莫过于帝王之家。魏时曹植七步诗"煮豆持作羹，漉豉（一作菽）以为汁。其在釜下燃，豆在釜中泣。本是同根生，相煎何太急！"道出了帝王家庭的刻薄寡恩。先秦有郑伯

---

① 楼含松主编. 中国历代家训集成：第3册［M］. 杭州：浙江古籍出版社，2017：1672.
② 楼含松主编. 中国历代家训集成：第2册［M］. 杭州：浙江古籍出版社，2017：1134.

克段故事，唐代有玄武门惨变。一代豪雄李世民，为了夺取皇位，也不免诛兄戮弟。

兄弟冲突对家庭的破坏作用极大。父子虽有冲突，但社会不允许因此而离父别居，解散家庭。夫妻冲突可能导致双方离异，但在传统社会中，妻子的离去并不意味着家庭的崩溃。只有因兄弟冲突而分家，才真正标志着一个家庭的解体。因此，儒家特别重视兄弟团结友爱，宣扬手足之情，反对一切危害兄弟团结的思想和行为。宋元之际理学家许衡说："兄弟同受父母一气所生，骨肉之至亲者也，今人不明义理，悖逆天理，生虽同胞，情同吴越，居虽同室，迹如路人，以至计分毫之利而弃绝至恩，信妻子之言而结为死怨，岂知兄弟之义哉。"① 他严厉批评：虽是同胞兄弟，却像春秋时吴国和越国一样，把对方看作自己的世仇的人；虽然同住在一室，彼此间却冷漠如同陌路之人的人。他指斥这种以分毫小利损手足深情、信妻子谗言而与骨肉为死怨的人不明义理、不讲道德，违背人的本性。颜之推在其名著《颜氏家训》中也说，有的人在外广交天下之士，却不能善待自己的兄弟；能够施惠给陌路之人，却不能施恩于兄弟：这都是没有把兄弟之情放在心上的缘故。

儒家指出，兄弟是血缘骨肉至亲，情同手足。尽管兄弟间的矛盾与冲突不可避免，但是，对于这些矛盾和冲突，一方面应该以亲情化解矛盾，相互忍让，兄友弟恭；另一方面应承认矛盾的存在，以亲情为重，求大同存小异。兄弟间有着各自不同的特殊利益，它们是导致矛盾冲突的根源；但与此同时兄弟间也有许多共同利益，它们是团结友爱的基础。儒家强调维护共同利益，使特殊利益服从共同利益，相互关心、相互帮助，搞好家庭团结。儒家认为，家庭的内部团结是增

---

① 陈正夫，何植靖著. 许衡评传 [M]. 南京：南京大学出版社，1995：202.

强家庭凝聚力、促进家庭和睦的重要手段。兄弟团结，才能增强家庭的实力，提高家庭克服、战胜外来困难和威胁（包括自然的、社会的）的能力。"兄弟阋于墙，外御其务（即侮）。"① 兄弟矛盾不可避免，但是当家庭受到外来威胁的时候就应当捐弃前嫌，共同对外；当家庭遇到重大险阻时应当齐心协力，共渡难关；当家庭面临发展关键的时候应当团结一致，共创未来。这一原则不仅适用于家庭，而且可以普遍推广到社会。

兄弟（同胞）关系是人际关系中亲密且值得信赖的关系之一，处理好兄弟姊妹关系，可以使人感受到家庭的温暖、人生的乐趣以及人世间的真情。它可以培养人健康、丰富的道德情感，促进人与人之间的真诚与相互信任。在现代家庭中，同胞之间仍然需要相互关心、相互帮助、团结友爱。当然，我们今天提倡的同胞友爱，不同于儒家以长幼秩序为前提的友爱，而必须贯彻平等的原则，更不能有性别歧视，重男轻女，应肯定兄弟与姊妹在家庭中以及相互间拥有同样的权利和义务。既然一母同胞，男女同具骨肉深情，同样应该友爱相处。一人有难，大家支援；一人有喜，阖家同乐。兄友弟恭，姊爱妹敬，才能促进家庭关系的融洽，增进家庭生活的幸福。

家庭是人类道德生活的一个重要领域。由于中国传统家庭是国家的现实基础，家庭道德是社会道德的基础，所以，儒家十分注重家庭道德，把协调家庭关系、整饬家庭生活当作治理天下的基础，齐家然后才能治国平天下。在他们所宣扬的家庭道德中，渗透着许多宗法血缘的狭隘观念和封建专制的等级意识。第一，它强调家庭至上，以家庭的整体利益否定个人利益，不承认个性的独立与自由；第二，它强调片面的义务，把封建孝道绝对化，导致了孝的盲从性、愚昧性；

---

① 陈淑玲，陈晓清译注. 诗经 [M]. 广州：广州出版社，2001：163.

第三，它强化等级服从，主张父为子纲、夫为妻纲，不承认家庭关系有任何平等的因素；第四，它宣扬男尊女卑的观念，以"三从"（在家从父、出嫁从夫、夫死从子）、"四德"（妇德、妇言、妇容、妇工）规范女人的行为，不承认女人的独立人格，表现出严重的性别歧视态度；第五，它以家庭道德比附，论证封建社会道德的合理性，掩盖了后者的社会实质；第六，它宣扬子承父业、不改父道，教育人们安分守己，缺乏进取精神，有着严重的狭隘性、封闭性。但是，尽管儒家的家庭道德包含许多落后、腐朽的东西，其中仍有不少合理的、积极的成分，至今仍不失其理论和现实的价值。这些积极合理的成分深化了人类对家庭生活、家庭关系的认知，对于协调家庭关系、促进家庭和睦、培养人的道德品质、造就良好的社会风气起到积极的作用。本章的分析，就是从几个方面凸显儒家家庭道德的特点。这些内容已经渗透进中华民族的精神之中，成为中华民族的家庭生活传统。在当今西方世界面临家庭解体危机的形势下，批判继承中华民族固有的传统，结合现代生活的实际予以综合改造，创造出具有中国特色的家庭生活道德规范，仍然是所有中国人应该承担的重要的历史使命。

第六章 为政之要——儒家政治道德的要求

　　和佛教的出世超生、道家的避世全生不同，儒家主张入世乐生，对世界、对人生都给予了高度的肯定，认为人的幸福与完善不在天国，不在世外桃源，而在现实社会，个人的生活幸福、人类的本质完善都与社会有着密切的关系。因此，维护社会安定、推动社会发展、促进社会完善，就成为儒家极为重视的道德义务。儒家的"内圣外王"之道，即一方面向内修养自身，达到圣人境界；另一方面要向外施行王道，就是孟子所言的"穷则独善其身，达则兼善天下"①。儒家强调的不仅是个人的修养，还有胸怀天下、报国尽忠的奉献精神。诚意正心、修身齐家，不仅仅是为了个人的幸福与完善，更是为了治国平天下，经邦纬国，德济苍生，为万世开太平。个人的完善与价值实现，正在于此。政治与伦理的合一，是儒家文化的重要特点，它让道德贯彻于政治，对政治道德进行了全面的论述，提出了一整套政治行为的道德原则和规范，其中有不少合理因素，反映了儒家伦理经世致用的特点，至今仍不失其现实意义。

---

　　① 杨伯峻，杨逢彬译注. 孟子译注 ［M］. 长沙：岳麓书社，2021：253.

第一节　公忠体国

　　人的存在具有二重性，他既是个体的存在，又是社会的存在。人是个体的存在，决定着他具有独特的利益和需要；人是社会的存在，又决定着他有维护社会存在和发展的需要。从本质上说，人是社会的存在，他的个体存在、他的独特的利益和需要都取决于社会，为社会所规定，依赖于社会的发展。个人的利益只有在社会中才能得到满足，个人的完善只有在社会中才能实现。对于人和社会的这种关系，儒家立足于以农耕为"本务"、以家庭为"本位"的社会现实，作出了自己独特的反应。儒家十分重视人的社会本质，并把它规定为人的道德性，形成以整体主义为原则的道德价值体系。整个儒家的伦理道德思想就是围绕这个原则展开的，这种整体主义道德原则在利益形式上就是强调社会整体利益，宣扬国家和民族的利益至上。公忠体国，就是这一根本道德原则的集中表现。公忠作为中国传统伦理的重要规范，被看作"为国之本""天下之大道"，是社会的最高道德准则，其所蕴含的忠于国家和民族的思想是一种伟大而悲壮的情感。公忠精神要求人们在处理本国本民族与世界上其他国家和民族的利益关系时，重视国家观念和民族精神，主张始终注意维护和发展本国本民族的正当利益。但不可否认的是，公忠作为一种政治道德观念有明显的时代局限性，中国古代的"国"与"天下"带有一姓之国、一家之天下的特点，所以公忠体国的政治道德观念更多的是维护忠君道统。但其报国尽忠的精神内核并无改变，具体要求仍为忧乐天下、报国忘身、济世图强。它所强调的为社会尽责、为天下献身、为人间正道尽忠的精神是任何时代、任何民族、任何国家都需要倡导的精神。因此，与忠君思想相伴的忠于国家、民族、人民的思想，成为中华民族的优良传统。

一、忧乐天下

所谓公忠体国，就是说，人们在社会生活中，应该把国家的利益放在首位，以国家的根本利益为义，作为自己行为的基本原则，为促进和维护国家的利益尽职尽责，主动积极地奉献自己的力量。

可见，公忠体国，首先要求以国家利益作为行为的价值标准。如前所述，儒家伦理具有道义论色彩，在价值准则问题上重义轻利。但是，儒家讲的义并非纯粹的道义，而是社会整体利益的抽象与升华。换言之，儒家并不否定利益，并不反对追求利益，只是反对不顾社会整体利益甚至以危害社会整体利益为手段来追求个人利益。在儒家这里，义利之分，就是公私之辨，道德即去私为公，"彼人臣之公，治官事则不营私家，在公门则不言货利"①。也就是说，义应该以社会整体利益为价值目标，维护、促进社会整体利益的发展。这一道德要求在政治生活中的贯彻，儒家概括为"胸怀天下"，进而要求"忧乐天下"。

儒家积极入世，主张刚健进取、自强不息，由于重人事、轻自然，这种进取精神主要不是在于对自然的征服和改造，而是在于社会生活中的能动性、坚定性，并表现为一种强烈的建功立业的精神，"了却君王天下事，赢得生前身后名"。然而，儒家又反对单纯追求个人的名利，而强调通过为社会立德、立功、立言来成就个人的功名。"苟利国家，不求富贵。"② 易言之，通过为国家和社会作出自己

---

① （汉）刘向编纂；萧祥剑注译. 说苑：下 [M]. 北京：团结出版社，2021：492.
② 胡平生，张萌译注. 礼记 [M]. 北京：中华书局，2017：1155.

最大的贡献来实现自己的价值。这就要求人们超脱小我之私，把一己的利益同天下国家的利益联系在一起，把个人的生活、生命同天下国家的命运联系在一起，以天下国家的利益作为自己的行为原则和价值目标，关心国家人事，枳极参与国家大事，在为天下国家事业的无私奉献中体现生命的崇高与伟大。

在《孟子·梁惠王下》中，孟子规劝齐宣王："人不得，则非其上矣。不得而非其上者，非也；为民上而不与民同乐者，亦非也。乐民之乐者，民亦乐其乐；忧民之忧者，民亦忧其忧。乐以天下，忧以天下，然而不王者，未之有也。"① 国君要以老百姓的快乐为快乐，以老百姓的忧愁为忧愁，这样老百姓才会以国君的忧愁为忧愁。把天下人的快乐当作快乐，把天下人的忧愁当作忧愁，这样还不能够使天下归服，这种情况是没有过的。北宋范仲淹的千古名篇《岳阳楼记》也说："嗟夫！予尝求古仁人之心，或异二者（指前文登楼怀乡之忧、咏景之乐者）之为。何哉？不以物喜，不以己悲。居庙堂之高，则忧其民；处江湖之远，则忧其君：是进亦忧，退亦忧。然则何时而乐耶？其必曰'先天下之忧而忧，后天下之乐而乐'乎！"② 一个人的价值追求不应当是个人的安乐，而应当是国家人民的福祉，应胸怀天下。身为官吏，要为百姓谋利益，关心他们的疾苦；身为庶民，要为君主尽忠，关心国家的大事。以天下的忧乐为自己的忧乐，忧天下之所忧，乐天下之所乐，天下忧者自己首先忧之，天下已乐然后自己的乐便在其中了。

儒家认为，任何人都应当关心国家大事，不仅官吏要把国家大事作为自己的职责，庶民百姓也应当为社会的稳定、繁荣昌盛作出自己

---

① 杨伯峻，杨逢彬译注. 孟子译注［M］. 长沙：岳麓书社，2021：29.
② 上海辞书出版社文学鉴赏辞典编纂中心编. 古文鉴赏辞典［M］. 上海：上海辞书出版社，2021：1125.

的贡献。"国尔忘家，公尔忘私，利不苟就，害不苟去。唯义所在，上之化也。"① 南宋著名诗人陆游曾说："位卑未敢忘忧国。"在他临终前的《示儿》诗中，就表达了这一精神境界："死去元知万事空，但悲不见九州同。王师北定中原日，家祭无忘告乃翁。"他对国家兴亡、民族兴衰、百姓安危的关怀，至死不渝。

公忠体国，是儒家公私之辨在政治生活领域的贯彻。国家的各级行政官吏，都必须为国家的利益尽职尽责，不以权谋私，不以私害公，不追求个人利益，而以国家的利益为价值目标。用明清之际著名儒家学者黄宗羲的话说，即"不以一己之利为利，而使天下受其利；不以一己之害为害，而使天下释其害"②（《明夷待访录·原君》）。从总体上说，儒家讲的忠，是对封建国家即君主的忠，并在其纲常名教中予以了强化，到了封建社会后期，更演化成"君要臣死，臣不得不死"的愚忠。但是，也有不少儒家学者反对忠于专制君主，而以君主、国家作为民众根本利益的象征，他们讲的忠，是对国家即民族根本利益的忠。这种思想才反映了儒家政治道德公忠体国的精华。王夫之也强调，天下者天下人之天下，而非一姓之私，朝廷有盛衰、更替，只有民族的根本利益才是任何时代都必须坚决予以维护的。忠于一姓君主是私，忠于天下百姓才是公。胸怀天下并非卖身帝王家，并非为一家一姓谋福利，而是为国家的繁荣、民族的富强、百姓的安康奉献自己的力量。因此，儒家的奋斗目标从根本上讲，其价值指向并不是维持一家一姓永久的统治，而是"为天地立心，为生民立命，为往圣继绝学，为万世开太平"（张载《横渠语录》）。

---

① 李敖主编. 山海经 易经 尚书 晏子春秋［M］. 天津：天津古籍出版社，2016：457.
② 上海辞书出版社文学鉴赏辞典编纂中心编. 古文鉴赏辞典［M］. 上海：上海辞书出版社，2021：1727.

二、报国忘身

"苟利社稷，死生以之。"① 胸怀天下，就是要求人们在社会政治生活中，把国家的昌盛、民族的兴亡、百姓的福祉作为最高的价值目标，为此目标竭尽全力，奉献自己的力量。

从根本上说，人是社会性的存在，离开了社会，任何人都无法独自存在；离开了社会，人的所有属性都将失去现实的意义。无论是人的独特的利益和需要、人的各种素质和才能，还是人的特殊的个性，都是具有社会属性的。只有在社会中，人们才能够满足自己的利益和需要；只有在社会中，人的才能才能够获得充分的发展，人的本质才能够得到完善。人类的生存依赖于社会的发展，每一个人都应该承担促进社会发展的道德义务和道德责任。

儒家以社会整体利益为最高价值准则，积极倡导、鼓励人们自觉地奉献，为维护国家民族的利益不惜牺牲自己的利益，如《汉书》所言："常思奋不顾身，以殉国家之急。"② 胸怀天下是一种价值选择，报国忘身则是这一选择在行为上的具体表现。

首先，儒家强调天下兴亡匹夫有责，要求全社会承担促进国家兴盛、挽救民族危亡的责任。明清之际顾炎武说："保天下者，匹夫之贱，与有责焉耳。"③ 儒家历来以天下的兴亡为己任，孔子本人就是这方面的典型。春秋末期，社会急剧动荡，礼崩乐坏，孔子力图重整社会秩序，挽狂澜于既倒，扶大厦于将倾。他广收弟子，周游列国，

---

① 杨伯峻编著. 春秋左传注 [M]. 北京：中华书局，1981：1254.
② （清）吴楚材，（清）吴调侯选编；"学而书馆"编辑组纂辑. 古文观止：上册 [M]. 北京：中国友谊出版公司，2022：125.
③ 李永祜，郭成韬导读. 顾炎武集 [M]. 南京：凤凰出版社，2020：250.

到处宣传自己的主张,虽畏于匡、困于陈、厄于蔡,狼狈如丧家之犬,却并未被困难吓倒,"知其不可而为之",一生致力于重新恢复社会秩序、促进民众的安康。这种精神,反映了孔子强烈的社会责任感。在此精神的指导下,儒家主张积极入世,追求建功立业,把自己的知识和才干奉献给社会。受儒家思想影响,明代政治家吕坤"以济世安民为己任"①,"惟视天下国家人物之利病"②。后有林则徐作诗《赴戍登程口占示家人》,有"苟利国家生死以,岂因祸福避趋之"一句,表达了自己的爱国情感,也表达自己愿为国献身、不计个人得失的崇高精神。

其次,儒家要求各级官吏都必须尽忠尽职,公而忘私。宋代程颐说:"大臣当天下之任,必能成天下之治安,则不误君上之所倚,下民之所望,与己致身任道之志,不失所期,乃所谓信也。不然,则失其职,误上之委任,得为信乎?"③ 这里讲的信就是忠,它包括忠于君主之所托、忠于民众之期望两个方面。要做到忠信,就必须尽职尽责,努力做好自己的工作。这就要求"国尔忘家,公尔忘私",以治国安邦、经世济民为己任。因此,儒家强调在公私利益、家国利益发生冲突时,要去私为公,舍家为国。汉代刘向曾把"卑身贱体,夙兴夜寐,进贤不解('解'在此处通'懈'),数称于往古之德行事,以厉主意,庶几有益,以安国家社稷宗庙"的官吏称为"忠臣",而把"安官贪禄,营于私家,不务公事""容容乎与世沉浮"④的官吏称为不称职守之"具臣"。

当然,儒家讲的忠,主要指忠于君主,但也包含忠于职守、忠于国家的因素,后者才是公忠体国的精华之所在。有不少贤哲反对对君

① 王国轩,王秀梅译注. 呻吟语 [M]. 北京:中华书局,2018:730.
② 王国轩,王秀梅译注. 呻吟语 [M]. 北京:中华书局,2018:722.
③ 王曙光著. 周易心解:下 [M]. 北京:中国书店,2022:505.
④ (汉)刘向编纂;萧祥剑注译. 说苑:上 [M]. 北京:团结出版社,2021:50.

主的愚忠，而认为忠君并非忠于君主个人，而是忠于以君主为象征的国家。历史上某些帝王把一姓之私看得高于一切，便会在民族矛盾不可缓解时，为了保住一己之私而不惜牺牲民族的利益。推翻这种民族的罪人，对于挽救国家危亡、维护民族大义来说，并非不道德之举。

再次，儒家要求人们为了维护国家民族的利益不惜牺牲自己的利益，关键的时刻应当舍身为国。孔子强调"杀身成仁"："志士仁人，无求生以害仁，有杀身以成仁。"孟子主张"舍生取义"："生亦我所欲也，义亦我所欲也；二者不可得兼，舍生而取义者也。"① 在儒家看来，生命固然可贵，但生命的价值不在于活着，而在于它所蕴含的道德价值，生之所以可贵，就因为它能"载义"。为义而死，就死得其所，重于泰山，就实现了生命的价值，闪耀出生命的光辉。如王夫之所言："生以载义，生可贵；义以立生，生可舍。"儒家讲的义，就是社会整体利益，因此，为了维护、促进国家民族的根本利益，当它与生命产生矛盾的时候，就要勇于牺牲自己的生命。舍身为国，在平常的工作中，就表现为对工作兢兢业业，呕心沥血，鞠躬尽瘁，死而后已；在国家民族存亡的关键时刻，则要用自己的一腔热血去保家卫国、挽救民族的危亡。西汉苏武出使匈奴，被扣留十九年，持汉节牧羊，为了民族的气节，置生死于度外。东汉马援宣称，当保卫国家需要英勇献身的时候，"男儿要当死于边野，以马革裹尸还葬耳"②。南宋文天祥被蒙古人俘获后，不惧威胁，不受利诱，引吭高歌"人生自古谁无死，留取丹心照汗青"。明朝人任环在抗倭前线对家人发出过一通感人肺腑的家训："你老子领兵不能讨贼，多少百姓不得安家；啮毡裹革，此其时也，安能学楚囚对儿等相泣帏榻耶？以

---

① 杨伯峻，杨逢彬译注.孟子译注［M］.长沙：岳麓书社，2021：222.
② （清）郌德模，（清）郌光典著；郌文铮点注.郌氏家集：上［M］.合肥：黄山书社，2019：54.

后世事不知若何？幸而承平，则父子享太平之乐；不幸而战不胜，则夫死忠，妻死节，子死孝，咬定牙关，大家成就一个'是'而已。"①这都表现了精忠报国的坚定决心和豪迈气概，以及为了国家利益、民族大义、民众安宁而不怕牺牲的精神，对后人是一种强烈的报国尽忠的教育。在儒家思想的影响下，中华民族发展进步的漫长历史中，出现过无数为了国家民族的根本利益抛头颅、洒热血的英雄儿女，谱写出一曲曲光耀千古的生命颂歌。

三、济世图强

儒家强调"乐以天下，忧以天下"，要求以天下国家的根本利益为行为的价值目标，这一根本利益就是民族的独立自主、社会的安定、国家的富强。因此，公忠体国除了要求在国家面临外敌入侵的存亡关头，人人都承担起救国救民的责任，还要求努力促进国家的富强，以维护社会的长治久安。安定与富强相辅相成，社会安定是国家富强的必要条件。而只有国家富强，才能够真正实现社会的长治久安；只有国家富强，才能够增强综合国力，增强抵御外来侵略的能力，实现民族真正的独立自主。

经济是国家存在发展的基础，要治理好国家，首先必须狠抓经济的发展。儒家以富国富民为治国之本、强国之本。儒者们充分认识到了喜富厌贫是人的本性和天生的欲望："富与贵，是人之所欲也……贫与贱，是人之所恶也。"② 宋代理学家程颐、程颢认为："为政之道，以顺民心为本，以厚民生为本，以安而不扰为本。"③ 意思是处

---

① 王学范，陈劳生主编. 古代家训精选 [M]. 武汉：武汉出版社，1998：10.
② 杨伯峻译注. 论语译注 [M]. 北京：中华书局，1958：38.
③ 曹德本主编. 中国政治思想史 [M]. 北京：高等教育出版社，2004：249.

理政务，要以顺应人民的愿望为根本，以丰厚人民的生活为根本，以安定而不扰动为根本，可见富民养民是治国之本。宋代李觏也曾详细论述了儒家的这一观点，他说："《洪范》八政，'一曰食，二曰货'。孔子曰：'足食、足兵，民信之矣。'是则治国之实，必本于财用。盖城郭宫室，非财不完；羞（意为食物，亦指精美的食物）服车马，非财不具；百官群吏，非财不养；军旅征戍，非财不给；郊社宗庙，非财不事；兄弟婚媾，非财不亲；诸侯四夷朝觐聘问，非财不接；矜寡孤独，凶荒札（疫疠）瘥（cuó，痤、病），非财不恤。礼以是举，政以是成，爱以是立，威以是行。舍是而克为治者，未之有也。是故贤圣之君，经济之士，必先富其国焉。所谓富国者，非曰巧筹算，析毫末，厚取于民以媒怨也，在乎强本节用，下无不足而上则有余也。"① 治国的根本在于经济的发展、财货的富足，物质财富不仅是日常家居生活的基础，也是社会生活、道德生活、政治生活等各个方面生活的基础。一个社会的礼制、政令都建立在经济的基础之上，经济发展了，综合国力才得以增强，才能保持社会的长治久安。

但是，富国的实质不在于充实国库，而在于大力发展经济，促进百姓的富裕。民富是国富的前提。"财聚则民散，财散则民聚。"② 财富聚敛在少数人手里，人民就会离散；财富分散给大众，人民就会凝聚。统治者要致力于促进百姓共同富裕。"仓廪实而知礼节，衣食足而知荣辱。"③ 富民以后人民才能知礼节。孔子曾说："百姓足，君孰与不足？百姓不足，君孰与足？"④ 百姓富足，君主才能富足；百姓不富足，则君主绝不可能富足。唐甄说："立国之道无他，惟在于

---

① 傅云龙，吴可主编. 唐宋明清文集：第 1 辑 ［M］. 天津：天津古籍出版社，2000：428.

② 王国轩译注. 大学·中庸 ［M］. 北京：中华书局，2006：31.

③ （清）黎翔凤撰；梁运华整理. 管子校注：上 ［M］. 北京：中华书局，2018：4.

④ 杨伯峻译注. 论语译注 ［M］. 北京：中华书局，1958：134.

富。自古未有国贫而可以为国者。夫富在编户，不在府库。若编户空虚，虽府库之财积如丘山，实为贫国，不可以为国矣。"① "编户"即指编入户籍的平民。衡量一个国家是否富足，并非看其国库有多少财富，而是看百姓的富足程度。国库实而人民虚，不仅非国家之富，而且将导致社会动乱。因为在这种状况下，国库之实是国家"巧筹算，析毫末"、对百姓巧取豪夺的结果，它并不利于国家的治理，相反，只会激增民怨，埋下动乱的隐患。《尚书·大禹谟》说："德惟善政，政在养民。"② 孔安国注："为政以德，则民怀之。"③ 因为人民一旦沦入饥馑，生存无着，就会铤而走险，社会因此会陷入混乱，国家政权也将不稳。因此，为政之道，以富民养民为大务。所以，儒家追求的富国是大力发展物质生产，使人尽其才、地尽其利、物尽其用、货畅其流，反对国富民穷的政策，而主张"藏富于民"。

儒家认为，富国不仅是治国之本，也是强国之本。国家的富裕，标志着综合国力的提高，是国家强大的象征和根本。公忠体国，就是要致力于民众的福祉、国家的强盛。"治国以富强为本，而求强以致富为先。"④ 儒家济世图强的观念，在近代中国变成包含着血泪的呼唤。鸦片战争之后，西方列强依仗其坚船利炮蹂躏中国，中国被瓜分豆剖，曾经的"天朝上国"居然在蕞尔夷狄面前不堪一击。这一残酷的现实惊醒了儒者的迷梦，他们痛苦地发现，中国积弱落后了。在"天下兴亡、匹夫有责"观念的激励下，他们奋起寻求救国救民之路。通过深刻的反思，近代中国儒者得出一个结论：要救亡图存，必须富国自强；要富国自强，就不能再坚持传统扬本（农）抑末（工商）

---

① 郝时晋，梁光玉，萧祥剑主编. 群书治要续编：第 8 册 ［M］. 北京：团结出版社，2021：425.

② 姜建设注说. 尚书 ［M］. 开封：河南大学出版社，2008：57.

③ 孔安国注. 四库家藏 尚书正义 ［M］. 济南：山东画报出版社，2004：113.

④ 袁世全主编. 中外名句大辞典 ［M］. 上海：上海辞书出版社，2012：455.

的观念，而必须向西方学习，大力发展近代工业生产。李鸿章说："机器制造一事，为今日御侮之资，自强之本。"①戊戌变法著名领袖康有为在《上清帝第二书》中提出："夫富国之法有六：曰钞法，曰铁路，曰机器轮舟，曰开矿，曰铸银，曰邮政。"②虽然他们的政治观点有异，但都主张学习西方的先进生产方式和生产技术，走自立自强之路，以抵抗西方列强的侵略。北洋大臣李鸿章、清末著名状元张謇等人，积极投身于近代民族工业，力图以实业救国。

总而言之，公忠体国是儒家重要的政治道德观念，反映了儒家政治生活中根本的价值取向。它要求人们在政治生活中把社会整体利益作为自己行为的最高价值原则和目的，尽心竭力地为社会作出自己的贡献。尽管其中包含不少封建、落后的因素，但仍有不少合理内容，经过扬弃，可以作为现代政治道德的借鉴。

第二节　以德治国

儒家倡导的公忠体国与法家的忠的观念有异，后者的主要精神是忠于君主，而儒家则强调忠于天下国家。因此，在政治路线上，两家学派显示出重大差别：法家以刑法为治国的根本，儒家则以道德为安邦的良策，主张仁政、德治，仁民爱物。孔子曾多次谈到"政"，其本身已包含有"德"的内容。他曾说过"政者，正也"。"正"即正直、公正，这本身就是道德的重要内容和要求。"政"与"德"二者紧密联系、不可分割，以此形成了儒家以德治国的政治伦理观念。

---

① 张鸿福著. 李鸿章：第1册 [M]. 武汉：长江文艺出版社，2002：356.
② 陈绍闻主编. 中国近代经济文选 [M]. 上海：上海人民出版社，1984：454.

一、德治仁政

早在周初，就有"德惟善政"的说法。周公姬旦曾提出"敬德保民"，强调道德在治理国家中的重要作用。儒家效法先王，以继承尧、舜、文、武、周公自命，把西周以来注重道德的观念发展为一套完整的政治路线和方针、政策，要求统治者为政以德。孔子说："为政以德，譬如北辰居其所而众星共之。"意思是以道德原则治理国家，就像北极星一样处在一定的位置，所有的星辰都会围着它。这体现了以德治国的重要性。"道之以政，齐之以刑，民免而无耻；道之以德，齐之以礼，有耻且格。"这是说，当权者若仅仅依靠政令和刑法进行统治，百姓会因为惧怕受到惩罚而遵规守法，不敢犯罪，但无法形成善恶观念；而以道德仁礼进行统治，能够使百姓树立明确的善恶观念，耻于犯罪，自觉地遵守统治者倡导的秩序。道德有着法律不可替代、无法比拟的治国安邦的作用。

为什么德治比法治有更好的效果？儒家认为法治把百姓视为潜在的罪犯，防民如防盗；而德治则积极关心百姓的利益，体现了对百姓的仁爱精神。孔子强调的德治，孟子倡导的仁政，都主张省刑罚、薄税敛，因民之所利而利之，爱民如己，甚至超过爱自己，认为这样能够得到百姓的衷心拥戴，使民"仰之若父母"。所以孔子说："礼乐不兴，则刑罚不中；刑罚不中，则民无所措手足。"[1] 可见，孔子所反对的是刑罚不公正、不得当，他反对独任政刑、迷信政刑，反对对百姓不先进行教育便加杀戮。孟子亦说："以力服人者，非心服也，力不赡也；以德服人者，中心悦而诚服也。"[2] 法律能够压服人，

---

[1] 杨伯峻译注. 论语译注 [M]. 北京：中华书局，1958：140.
[2] 杨伯峻，杨逢彬译注. 孟子译注 [M]. 长沙：岳麓书社，2021：63.

靠的是国家的强力；以德服人，征服的则是民众之心。荀子曾经把"道德之威"与严刑苛法的"暴察之威""狂妄之威"作过比较，他说："礼义则修，分义则明，举错（即措）则时，爱利则形，如是，百姓贵之如帝，高之如天，亲之如父母，畏之如神明，故赏不用而民劝（勉励），罚不用而威行，夫是之谓道德之威。"① 爱民、利民的德政，能够得到百姓的真心拥戴，不赏而劝，不令而行，不罚而威。相反，暴察之威、狂妄之威"刑罚重而信""诛杀猛而必"，"执缚之""刑灼之"，依靠严刑苛法使民畏惧。压迫愈大，反抗愈烈，一旦反抗的力量积累到足以与统治者的力量相抗衡，社会将崩溃，故荀子得出结论说："道德之威成乎安强，暴察之威成乎危弱，狂妄之威成乎灭亡也。"② "夫贤君之治也，温良而和；宽容而爱；刑清而省；喜赏而恶罚。"③ 这说明了道德是贤君的重要品质。

为政以德包括两方面的内容，一是要求统治者以道德作为政治的根本纲领，提倡仁政，反对暴政。孟子继承并发扬了孔子仁学德治的思想，提出了仁民安民、平治天下的仁政思想，主张"以不忍人之心，行不忍人之政"④。"三代之得天下也以仁，其失天下也以不仁。国之所以废兴存亡者亦然。天子不仁，不保四海；诸侯不仁，不保社稷；卿大夫不仁，不保宗庙；士庶人不仁，不保四体。"⑤ 仁与不仁是统治者能否"王天下"、保社稷的关键，也是士、庶人能否安身立命的根本。二是以统治者自身的道德去感化百姓。孟子说："以力服人者，非心服也，力不赡也；以德服人者，中心悦而诚服也。"统治者只有以德服人，用自身的德行去感化民众，民众才能心悦诚

① 方勇，李波译注. 荀子［M］. 北京：中华书局，2011：251.
② 方勇，李波译注. 荀子［M］. 北京：中华书局，2011：252.
③ 魏达纯著. 韩诗外传译注［M］. 长春：东北师范大学出版社，1993：285.
④ 杨伯峻，杨逢彬译注. 孟子译注［M］. 长沙：岳麓书社，2021：67.
⑤ 杨伯峻，杨逢彬译注. 孟子译注［M］. 长沙：岳麓书社，2021：137.

服。孔子说:"政者,正也。"统治者能够以正身为表率,天下百姓莫敢不正。在社会生活中,统治者、管理者对一般民众有着典型的表率作用,他们的一言一行都会对社会成员产生重大影响,"君子之德风,小人之德草。草上之风,必偃"①。统治者是"风化之原",他对社会的统治管理,实际上既是对某种价值原则的贯彻,也是对社会所作的价值导向,他自身的行为首先必须是他所期待的民众行为的典型,对民众起到表率、感化作用,他才能够得到民众真心的拥护。"上敬老则下益孝,上尊齿则下益悌,上乐施则下益宽,上亲贤则下择友,上好德则下不隐,上恶贪则下耻争,上廉让则下耻节,此之谓七教。七教者,治民之本也。政教定,则本正也。凡上者,民之表也,表正则何物不正?"② 因此,儒家要求统治者必须首先完善自身的道德修养,发挥表率作用,以端正社会风气。但是,儒家过于强调这一点,认为"夫治乱安危存亡之本源,皆在人君之心",把国家的盛衰安危,寄托在贤君圣主的身上,希望皇帝都是好皇帝,而这明显是不现实的。

儒家虽然强调德治,却并不否定法律的作用,不主张以道德取代法律,而提倡德法并举,宽猛相济。《左传》记载了孔子的一段话:"政宽则民慢,慢则纠之以猛。猛则民残,残则施之以宽。宽以济猛,猛以济宽,政是以和。"③ 统治者一方面应以道德引导、感化民众积极向善,自觉遵守社会秩序;另一方面又必须以法律制裁、矫正越轨行为,维护正常的社会秩序。孔子既主张"宽政",认为"宽则得众"④,同时也不否认"猛政"的作用。孔子主张"宽猛相济"的

---

①　杨伯峻译注. 论语译注 [M]. 北京:中华书局,1958:137.

②　(三国魏)王肃著;杨金梅译注. 孔子家语译注 [M]. 南京:江苏凤凰文艺出版社,2021:16.

③　杨伯峻编著. 春秋左传注 [M]. 北京:中华书局,1981:1421.

④　杨伯峻译注. 论语译注 [M]. 北京:中华书局,1958:190.

统治方法，既要以"宽政"得众，又要注意以"猛政"纠正"宽政"可能带来的弊端，以此达到社会的安定和谐。政治必须是德与法的结合。对于这种结合，儒家认为必须建立在以德为主的基础之上。朱熹曾对此作过深刻论述："愚谓，政者，为治之具。刑者，辅治之法。德礼则所以出治之本，而德又礼之本也。此其相为终始，虽不可以偏废，然政刑能使民远罪而已，德礼之效，则有以使民日迁善而不自知。故治民者不可徒恃其末，又当深探其本也。"① 在这里，朱熹强调德主法辅，德本法末，并认为德作为治之本，也是法律之本。一方面，二者不可偏废，即孔子说的"礼乐不兴，则刑罚不中；刑罚不中，则民无所措手足"。德与法都是规范人们行为、建立和维护社会良好秩序的有效手段。另一方面，为政必须以德为本，法律只能作为辅助的手段，"德教者，人君之常任也，而刑罚为之佐助焉"②。在儒家看来，法律只能矫偏救失，解决已然的问题，而道德却能防患于未然，建立良好的社会秩序。因此，道德是立法的根本精神，法律必须体现道德的价值导向。道德是根本大法，是法律的精神之所在。因此，汉以后整个封建社会的法律，都本于儒家的纲常名教，是为维护依照"三纲五常"建立起来的社会秩序服务的。德治仁政历来是儒家追求的理想政治，也是古代帝王鞭策、标榜自己统治的重要观念。

二、民为邦本

为政以德是儒家政治道德的根本纲领，它要求统治者以道德教化作为执政的主要手段，其精神实质是以仁爱之心对待民众，以德

---

① （南宋）朱熹集注；郭万金编校. 论语集注 [M]. 北京：商务印书馆，2015：91.
② （唐）魏征等编撰. 群书治要 [M]. 长春：吉林文史出版社，2017：260.

治、仁政去获得民众的认同和拥戴，只有这样，才能巩固政权，维护良好的社会秩序。有言如"古之为政，爱人为大"① "安民则惠，黎民怀之"② 等，以道德为政治的根本大纲，是与对民众在政治生活中的地位和作用的认识分不开的。西周初年，周公提出的口号是"敬德保民"，"敬德"只是手段，"保民"才是目的。

《易传》说："有天地，然后有万物；有万物，然后有男女；有男女，然后有夫妇；有夫妇，然后有父子；有父子，然后有君臣；有君臣，然后有上下；有上下，然后礼义有所错。"人的存在是任何社会存在的自然前提，民众是社会的主体。天生烝民，作之君，作之相，是为了管理社会民众，君相因民众而立，而不是相反。"天之生民，非为君也；天之立君，以为民也。故古者列地建国，非以贵诸侯而已；列官职，差爵禄，非以尊大夫而已。"③ 黄宗羲在《明夷待访录》中也指出："古者以天下为主，君为客，凡君之所毕世经营者，为天下也。"④ 天下为主，君为客，君主应为天下民众治理国家。由于天下之大，非君主一个人所能治理，故"分治之以群工"，设立宰辅及各级官吏，大家共同的职责是管理民众的事务，为天下民众兴利除害。所以，儒家追求公天下，反对家天下。

基于这种追求，儒家一贯以"民为邦本"作为自己的政治理念。对此孟子提出了著名的"民贵君轻"的命题："民为贵，社稷次之，君为轻。是故得乎丘民而为天子。"⑤ 当然，他并非说庶民百姓比君主高贵，而是强调民为邦本、邦为君本。离开了民众，国将不国；离开了民众，君主将成为真正的孤家寡人。汉初的贾谊曾对孟子这一思

① 胡平生，张萌译注. 礼记［M］. 北京：中华书局，2017：960.
② 姜建设注说. 尚书［M］. 开封：河南大学出版社，2008：140.
③ 方勇，李波译注. 荀子［M］. 北京：中华书局，2011：453.
④ 朱惠国著. 元明清诗文［M］. 上海：上海人民出版社，2017：301.
⑤ 杨伯峻，杨逢彬译注. 孟子译注［M］. 长沙：岳麓书社，2021：277.

想作过详细的论述和发挥。他说："民者，万世之本也。"具体论证为"闻之于政也，民无不为本也。国以为本，君以为本，吏以为本。故国以民为安危，君以民为威侮，吏以民为贵贱。此之谓民无不为本也。闻之于政也，民无不为命也。国以为命，君以为命，吏以为命。故国以民为存亡，君以民为盲明，吏以民为贤不肖。此之谓民无不为命也。闻之于政也，民无不为功也。故国以为功，君以为功，吏以为功。国以民为兴坏，君以民为强弱，吏以民为能不能。此之谓民无不为功也。闻之于政也，民无不为力也。故国以为力，君以为力，吏以为力。故夫战之胜也，民欲胜也；攻之得也，民欲得也；守之存也，民欲存也"①。民为邦本，是国家的安危、君主的荣辱、官吏的贵贱之所系。民众决定着国家的存亡、君主的明暗、官吏的贤与不肖。民众是一切政治活动的目的，国家的兴衰、君主的强弱、官吏的能力大小，都必须以民众的利益是否得到满足来检验。民众是政治生活的主要力量，战争的胜负、政治斗争的输赢，都是民众力量的反映。一言以蔽之，民为社会之本、历史万世之本。这种观念，表明了儒家对民众在政治生活中的重要地位的高度重视。

儒家认为，民心的向背反映了社会发展的趋势，决定着政治斗争的胜负。"事因于民者必成。"② 荀子把君与民的关系概括为舟与水的关系，他说："君者，舟也；庶人者，水也。水则载舟，水则覆舟。"③ 民众固然可以拥戴、尊崇君主，但也可以抛弃和推翻君主。拥戴还是抛弃，它并非君主个人所能决定，也不是出于民众的主观好恶，而是通过民众的行为表现出来的社会历史发展的必然趋势。《尚书·皋陶谟》说："天聪明，自我民聪明。天明畏，自我民明威。"④

---

① （汉）贾谊撰；阎振益，钟夏校注. 新书校注 [M]. 北京：中华书局，2000：338.
② 徐文翔导读注译. 晏子春秋 [M]. 长沙：岳麓书社，2021：130.
③ 方勇，李波译注. 荀子 [M]. 北京：中华书局，2011：118.
④ 姜建设注说. 尚书 [M]. 开封：河南大学出版社，2008：78.

孟子把它说为"天视自我民视，天听自我民听"[①]。民众的行为反映了天意。这个天意不是神灵的意志，而是历史发展的大势，是一种客观必然性。

因此，儒家强调，统治者应从民众的行为中去把握历史发展的趋势，顺民心之所向，弃民心之所背。"民以君为心，君以民为体。……君以民存，亦以民亡。"[②] 一个统治者如果能使自己的行为符合民心、争得民心，就可以巩固自己的统治，否则注定会失败。如清王韬所说："民心既得，虽危而亦安；民心既失，虽盛而亦蹶。"[③] 孟子说："桀纣之失天下也，失其民也；失其民者，失其心也。得天下有道：得其民，斯得天下矣。得其民有道：得其心，斯得民矣。得其心有道：所欲与之聚之，所恶勿施尔也。"[④] 得民心者得民，得民者得天下。就是说，统治者政权的巩固或崩溃，取决于民众的拥戴或反对。得道者多助，失道者寡助，不顾民众死活，以天下为自己私产的独夫民贼、昏主暴君，终有一天会被民众推翻。

民本思想是儒家政治伦理的精华，它看到了民众在维护社会稳定、推动社会变化发展过程中的重要作用和伟大力量，提醒统治者在制定政策的时候，要考虑到民心的向背，要满足民众的需要和利益，这在古代社会不失为一种开明的思想。当然，从根本上说，这一观念和现代民主思想还相隔甚远，它仍是为维护统治者的利益服务的，其出发点并非为人民大众谋利益，而是"保社稷""王天下"，以利于封建社会秩序的稳定，但它在历史上也确实培养了不少为民请命、舍身求法的志士仁人。

---

① 杨伯峻，杨逢彬译注. 孟子译注 [M]. 长沙：岳麓书社，2021：184.
② 胡平生，张萌译注. 礼记 [M]. 北京：中华书局，2017：1083.
③ 邵光远主编. 新资治通鉴 [M]. 北京：中国戏剧出版社，2002：430.
④ 杨伯峻，杨逢彬译注. 孟子译注 [M]. 长沙：岳麓书社，2021：141.

三、惠民利民

民为邦本，反映了儒家对民众在政治生活中重要作用的认识，它要求统治者注意民心的向背，争取百姓的拥戴，不能为一己之私损害民众的利益，而应尽量满足民众的需要，争取民心，以维护自己长远的、根本的利益。敬德是为了保民，民为邦本即以民为本，"所欲与之聚之，所恶勿施尔也"。这落实到具体的政治生活中，就是推行仁政，惠民利民。

孔子提倡德治，反对苛政、暴政，主张以仁德施惠于民众，"其养民也惠，其使民也义"。德治的关键还在于养民惠民。当子张问孔子怎样从政时，孔子要他"尊五美，屏四恶，斯可以从政矣"①。所谓五美即"惠而不费，劳而不怨，欲而不贪，泰而不骄，威而不猛"②，其中以惠民为首，"因民之所利而利之，斯不亦惠而不费乎？择可劳而劳之，又谁怨"③。其主要精神是加强自身道德修养，德泽百姓。所谓四恶即"不教而杀""不戒视成""慢令致期""出纳之吝"。不进行教化而一味诛杀，不进行劝导、规范而责其成功，这是暴政、虐政；与民众约，以轻缓的命令发布于民众，而以迅猛严厉的手段惩罚违期者，这是有意贼害民众；一旦给民众一点利益，就像个守财奴一样吝啬，这是仓库保管员的行为，而非为政者的举措。"尊五美""屏四恶"，总的精神即反对苛暴之政，主张仁民、惠民，博施于民。

孟子把孔子的惠民思想发展成较为完整的仁政学说，"尧舜之

① 杨伯峻译注. 论语译注 ［M］. 北京：中华书局，1958：216.
② 杨伯峻译注. 论语译注 ［M］. 北京：中华书局，1958：217.
③ 杨伯峻译注. 论语译注 ［M］. 北京：中华书局，1958：217.

道，不以仁政，不能平治天下"①。仁政即以仁爱之心进行统治，施
民之所欲，利民之所利。首先，应制民以产，即分配给百姓固定的生
产资料，特别是土地，使他们能够安居乐业。"是故明君制民之产，
必使仰足以事父母，俯足以畜妻子，乐岁终身饱，凶年免于死亡；然
后驱而之善，故民之从之也轻。"保证百姓生活基本的需要，这是仁
政的起码要求。如果百姓通过辛勤劳作还无法养活自己，无土地耕
种，从而流离失所，铤而走险，其责任在于统治者。其次，省刑罚，
薄税敛。惠民即要推恩于民："人皆有不忍人之心。先王有不忍人之
心，斯有不忍人之政矣。以不忍人之心，行不忍人之政，治天下可运
之掌上。"以仁心 (不忍人之心) 行仁政 (不忍人之政)，反对严刑苛法、横
征暴敛。他主张"取于民有制"，实行"什一而助"即百分之十的劳
务租税制，让百姓丰衣足食。他斥责当时的统治者"庖有肥肉，厩
有肥马；民有饥色，野有饿莩，此率兽而食人也"②。最后，与民同
乐，即关心民众疾苦，忧民众之所忧，乐民众之所乐。"乐民之乐
者，民亦乐其乐；忧民之忧者，民亦忧其忧。乐以天下，忧以天下，
然而不王者，未之有也。"

　　孟子还对其仁政理想勾画了一幅蓝图："五亩之宅，树之以桑，
五十者可以衣帛矣。鸡豚狗彘之畜，无失其时，七十者可以食肉矣。
百亩之田，勿夺其时，数口之家可以无饥矣。谨庠序之教，申之以孝
悌之义，颁白者不负戴于道路矣。七十者衣帛食肉，黎民不饥不寒，
然而不王者，未之有也。"这是一幅反映小农自然经济的生活图画。
老百姓有自己的产业，辛勤劳作，丰衣足食，幼有所养，老有所尊，
守望相助，遇到困难互相扶持。在此基础上进行礼乐教化，就能使民
风淳朴、社会安定、天下大治。孟子的仁政学说，是后来封建社会儒

---

① 杨伯峻，杨逢彬译注. 孟子译注［M］. 长沙：岳麓书社，2021：133.
② 杨伯峻，杨逢彬译注. 孟子译注［M］. 长沙：岳麓书社，2021：127.

279

家积极宣传的政治理想，它的核心即惠民利民。在儒家这一理想的影响下，中国封建社会曾有不少开明的政治家，确实为百姓做了不少好事，成为历史上著名的贤君、良相。

孟子的仁政思想，在后儒那里又得到进一步深化。程颢说："民受天地之中而生者也。水火金木土谷，民所赖而生者也；树之君，使修举其所赖而养之者也。修之有道，行之有节，上焉天顺之，下焉民乐之，正德焉，利用焉，厚生焉，此其所以秉统持正而制天下之命者也。"[①] 这意思是说，天地有生生之理，故以生为天地之大德，民众的生活依赖一定的物质条件，君主的责任，就在于依天理以正己之德，利物之用以厚民之生，为百姓的生活提供必需的物质条件。不忍人之心，实际上就是天地生生之心、生生之理。它表明儒家力图从更抽象的层次寻求仁政的理论基础，为其合理性作出更加深刻的说明。

当然，儒家讲惠民利民，并非讲统治者要以为民众谋福利作为其行为的最高目的或唯一宗旨，而是以惠民利民去获得人心，巩固自己的统治，其着眼点仍是统治者的根本利益。"民惟邦本，本固邦宁。"[②] 民是国之本，"得众则得国，失众则失国"[③]。得民心即得天下，民心就是巩固统治的基础。元代许衡说："古今立国规模，虽各不同，然其大要在得天下心，得天下心无他，爱与公而已矣。爱则民心顺，公则民心服。"[④] 可见，得民心归根到底是为了立国。但是，同样不可否定的是，儒家强调惠民利民，要求统治者忠厚以为心，宽大以为政，把自己长远、根本的利益同广大民众的现实利益联系在一起，反对残酷压迫剥削民众，提倡关心民众疾苦，满足民众需要，以

① （宋）程颢，（宋）程颐著. 二程全集：上册［M］. 武汉：崇文书局，2021：382.
② 姜建设注说. 尚书［M］. 开封：河南大学出版社，2008：78.
③ 王国轩译注. 大学·中庸［M］. 北京：中华书局，2006：31.
④ （元）许衡著；毛瑞方，谢辉，周少川校点. 许衡集［M］. 长春：吉林文史出版社，2010：111.

民心的向背决定自己的方针政策。孟子即持民心向背是政治成败的决定力量的观点，由此对桀纣的亡国原因作了深刻且精辟的提示："桀纣之失天下也，失其民也；失其民者，失其心也。得天下有道：得其民，斯得天下矣。得其民有道：得其心，斯得民矣。得其心有道：所欲与之聚之，所恶勿施尔也。"君得民心则国家昌盛，失民心则国家衰亡。他还提出国君得民心的路径之一是以身行道："君仁，莫不仁；君义，莫不义；君正，莫不正。一正君而国定矣。"① 路径之二为与民偕乐，认为"乐民之乐者，民亦乐其乐；忧民之忧者，民亦忧其忧。乐以天下，忧以天下，然而不王者，未之有也"。孟子把"仁"与"不仁"视为国君得民心、得天下与失民心、失天下的根本所在。

儒家的这种思想，促使统治者把惠民利民作为首要的政治方针。诚如《吕氏春秋·适威》所言："古之君民者，仁义以治之，爱利以安之，忠信以导之，务除其灾，思致其福。"② 可见，爱民、利民是国家长治久安的根本，"国将兴，听于民；将亡，听于神"③。明代陈以勤说："爱民实为人君之先务。……民好安逸也，无工役以苦之；民急衣食也，无暴敛以困之。贪吏非所乐者，黜之以悦其心；法禁非所便者，蠲（juān，除去）之以顺其意。而圣衷尤当念念在民，毋以严廊之尊，而遗草泽之贱；毋以万乘之安，而忘匹夫之忧。"（《陈谨始之道以隆圣业疏》，载《明经世文编》卷三一〇）顺应民心、体察民情，关心民众生活、解救民众困苦、尊重民众意愿，是仁民爱物、惠民利民的基本要求，也是儒家仁政思想的重要内容。受这种思想的影响，历史上曾经出现过一些为民造福的贤君、良相，同时，由于它侧重人治，所以也

---

① 杨伯峻，杨逢彬译注. 孟子译注［M］. 长沙：岳麓书社，2021：149.

② （战国）吕不韦著；李春玲译注. 吕氏春秋［M］. 西宁：青海人民出版社，2002：303.

③ 杨伯峻编著. 春秋左传注［M］. 北京：中华书局，1981：252.

使得民众把对社会的希望寄托在贤君、良相的身上。而在现实生活中，贤君、良相仍相对较少，因此民众寄托愈多，依赖性就愈多，主动性丧失得也愈多。该思想缺乏一种真正能激发民众创造力的内在机制。

第三节　秉公执法

在儒家的政治道德中，为政以德主要是为了对民众进行道德教化，为社会提供一种价值导向，建立一种理想的社会秩序。儒家也认识到，要巩固政权、维护社会秩序，仅仅依靠道德是不够的，还必须辅之以法律，以制裁社会成员可能出现的越轨行为。但是，儒家认为，从根本上说法律应该本于道德精神，即纲常伦理，不仅立法本身必须与道德相符合，而且它的贯彻执行也必须受到道德的制约，符合道德的精神。这就要求各级官吏特别是具体执法人员具有较高的道德素质，其行为必须符合道德的规范，秉公执法就是儒家为此而提出的原则。

一、刚正不阿

秉公执法的核心在于一个"公"字，"惟公然后能正"①，"公"是广大无私，"正"是无所偏倚。"夫能通天下之志者，莫大乎至公。"② 唯有出于公心处事，才能无偏无党、无偏无颇，才能有公道

① （宋）黎靖德编；杨绳其，周娴君校点. 朱子语类［M］. 长沙：岳麓书社，1997：579.

② （唐）魏征撰. 群书治要：下［M］. 长春：吉林大学出版社，2013：717.

和共同的意志。"公"包括法律的公正和执法的公正。法律的公正依赖于它赖以建立的道德的合理性，儒家以"三纲五常"为绝对的天理，在此基础上建立的法律也就具有权威性、客观性。秉公执法的首要要求就是维护法律的权威性、客观性，不承认法律以外的任何权威，不掺杂执法者的个人好恶，不屈服于任何外来压力，刚正不阿。执法的公正则表现为执法者的大公无私和赏罚得当。

刚正不阿是秉公执法基本的要求。阿者曲从、迎随。刚正不阿即刚强、坚定、正直，不屈从于任何权势权威。《尚书·洪范》说："三德。一曰正直，二曰刚克，三曰柔克。"① 要求统治者正直刚强，柔能治事。《韩诗外传》解释说："正直者，顺道而行，顺理而言，公平无私。"② 正直不等于直躬而行，而是正于天理，直行大道。孔子有言："举直错诸枉，则民服；举枉错诸直，则民不服。"③ 选举正直的人，并使他们的官位在奸邪的人之上，这样做百姓才会服从；反之，百姓则不会服从。这强调了"举直"的重要性，肯定和推崇了"正直"的美德。宋儒认为，人类社会的一切行为原则与规范都本于天理，是绝对至善的本体之理的具体表现。理是天地万物包括人类社会存在的根据，具有绝对的意义；法本于理，因而也具有绝对的权威。维护法律的公正，就是维护法律的客观性、权威性，执行法律必须以法为唯一标准，而不以任何人的意志为标准。宋代杨万里说："以法从人，不若以人从法。以人从法，则公道行而私欲止，以法从人，则公道止而私欲行。"④ 政治必须以法律为准绳，才能保证行为的客观公正性，不能以任何个人的意志代替法律。

刚正不阿，就是要维护法律的严肃性、公正性。吕坤在《呻吟

---

① 姜建设注说. 尚书［M］. 开封：河南大学出版社，2008：192.
② （汉）韩婴撰；谦德书院注译. 韩诗外传［M］. 北京：团结出版社，2020：299.
③ 杨伯峻译注. 论语译注［M］. 北京：中华书局，1958：21.
④ 张瑞君著. 杨万里评传［M］. 南京：南京大学出版社，2002：344.

语·治道》中说："'公正'二字是撑持世界底，没了这二字，便塌了天。"① 公正是国家和世界的支撑。"公之断狱也，必原情以定罪，不阿意以侮法。"② 执法者须以事实为根据、法律为准绳，屈从他人意志便是对法律的亵渎。在执法过程中，首先必须杜绝的是长官意志，不能让行政命令干扰法律的执行，甚至不能屈从君主的意志而破坏法律的公正性。

儒家认为，天生众民，作之君以理万物，天下之大，又非一人之力所能治，故又置臣工以分理其事。君与臣都是社会的管理者，都必须共同维护社会的秩序，为国家的兴盛、民众的安康尽职尽责，而不能独裁专制。"其身正，不令而行；其身不正，虽令不从。"这就是在讲"政者，正也"这个政治原则。这是治国之道，不仅要求执政者"正身"作表率，还有使法令、政策的制定公平以体现天道公正之意。黄宗羲说："我之出而仕也，为天下，非为君也；为万民，非为一姓也。吾以天下万民起见……君有无形无声之嗜欲，吾从而视之听之，此宦官宫妾之心也。君为己死而为己亡，吾从而死之亡之，此其私昵者之事也。"③ 臣子负有协助君主治理天下之职，从行政上说应对君主负责，但从根本上说，君主和臣子的共同职责是治理天下，造福万民，臣子并非对君主个人负责，而是对他们的共同职责负责。因此，屈从君主个人的嗜欲、意愿乃是奴婢之举，而非大臣之行。官吏执法，代表国家的意志，令出必行才能取信于民，如果"承望上司，诬陷良善，淫刑滥罚，以逞非理"④，屈从上级指示，就会妨害法律的严肃性、公正性。秉公执法，要求直道而行，不媚从君主，不

---

① 王国轩，王秀梅译注. 呻吟语［M］. 北京：中华书局，2018：972.
② （唐）王维著；喻岳衡点校. 王右丞集［M］. 长沙：岳麓书社，1990：176.
③ （清）黄宗羲撰；孙卫华译注. 明夷待访录［M］. 长沙：岳麓书社，2021：20-21.
④ （宋）司马光编著；李翰文整理. 汇评精注资治通鉴［M］. 北京：北京联合出版社，2016：635.

阿谀权贵，不曲承亲戚。汉代王符说："夫贤者之为人臣，不损君以奉佞，不阿众以取容，不惰公以听私，不挠法以吐刚。"[①] 法律是国家政治行为的规范。执法人员代表着国家的意志，而不是君王的意志。他的行为应以法律为准绳，维护法律的权威性、严肃性、公正性。

二、公正无私

以事实为根据、以法律为准绳，这是对执法人员行为根本的道德要求。法律的公正性与客观性密切相关，客观性是公正性的前提。要保证法律的客观公正性，就必须排除任何人的主观意志对法律的干扰，从法不从人。这里说的人，既包括执法者以外的其他人，也包括执法者本人。排除其他人对法律的干扰，就要求执法者刚正不阿；排除执法者本人主观意志对执法的曲解，就要求执法者自身做到大公无私，为天下而不为己，认法认事而不认人。

儒家特别注重公私之辨，要求人们以社会整体利益作为自己最高的价值原则，公就是义。如《河南程氏遗书》说："义与利，只是个公与私也。"强调为善为公的良好风尚。又如陆九渊所言："为善为公，则有和辑辑睦之风，是之谓福；为恶为私，则有乖争陵犯之风，是之谓祸。"[②] 公正无私落实到政治生活，就是一切从天下国家和民众的利益出发，不以官谋私，以对国家、对民众负责的态度去管理社会、执行法律。"将天下正大底道理去处置事便公，以自家私意去处之便私。"[③] 执法应本于公心，尊重法律的客观性，不能掺杂任

① 张觉，尤婷婷，杨晶导读注释. 潜夫论［M］. 长沙：岳麓书社，2021：95.

② 祁润兴著；匡亚明编. 陆九渊评传［M］. 南京：南京大学出版社，1998：430.

③ （宋）黄士毅编；徐时仪，杨立军整理. 朱子语类［M］. 上海：上海古籍出版社，2023：218.

何个人的主观意志。贾谊在《治安策》中也讲："国尔忘家，公尔忘私，利不苟就，害不苟去。唯义所在。"法律是天理的制度化，是大公至正的行为准则，执法者替天行道，是国家的代表、法律的象征，只有彻底消弭私意私情，才能够完善地履行自己的职责。

儒家从不主张个人奋斗，而把人的价值实现与完善同社会的完善紧密结合在一起。诚意修身是为了治国平天下，道德的理想即天下为公。《礼记·礼运》提出："大道之行也，天下为公。"① 晋代袁准说："治国之道万端，所以行之在一。一者何？曰：公而已矣。唯公心而后可以有国，唯公心可以有家，唯公心可以有身。"② 执法者代表国家管理社会，而不是处理个人私事。执法者必须站在国家的立场，以国家公布的法律为行为规范，而不能以个人好恶评价他人的功过。任何人的意志和情感都具有个别性、多变性，在人际交往中，个人的意志和情感对自己的行为有着重要影响，但不能以此作为普遍的行为准则。执法者若以此施行赏罚，必然妨害法律的公正性。执法者贯彻的是国家意志，而非个人意志，故在执法行为中必须尽可能地抑制自己的意志与情感。南宋真德秀说："公事在官，是非有理，轻重有法，不可以己私而拂公理，亦不可骫（wěi，枉曲）公法以徇人情。……是非之不可易者，天理也；轻重之不可逾者，国法也。"③ 法律是既定的政治制度，它要有效地维护社会秩序，其客观性、权威性、稳定性就不可动摇，不允许执法者随意解释，更不允许执法者任意改变。

出于公心是秉公执法的基本要求。执法者唯有本于公、维护公，才能正己、正人、正天下，其行为才能被人承认、接受。公生明，偏

---

① 胡平生，张萌译注. 礼记 [M]. 北京：中华书局，2017：419.

② （唐）魏征等编撰. 群书治要 [M]. 北京：北京理工大学出版社，2013：670.

③ 徐寒主编. 中华私家藏书：第6册 [M]. 北京：中国工人出版社，2001：3074.

生暗。执法者出于公心，才能对他人的行为作出客观公正的评价；若出于私意，则将会以个人好恶影响评价的客观公正性。

"公正"合起来说就是坚守原则，公正无私，就是要去掉私心、私意、私情。"公正"的第一个要求就是不以权谋私，"治官事则不营私家，在公门则不言货利"。担任政府公职就必须忠于职守，为国家、民众谋福利，而不能利用手中的权力谋取个人利益，应为公不为私。晏婴说："婴闻之，廉者，政之本也……廉之谓公正"①。"公正"的第二个要求就是不以个人的意志决定赏罚，严格按法律办事，杜绝执法的主观随意性，以保证法律的公正。汉代晁错把它概括为"奉法令不容私"，它的具体要求是："其行赏也，非虚取民财妄予人也，以劝天下之忠孝而明其功也"；"其行罚也，非以忿怒妄诛而从暴心也，以禁天下不忠不孝而害国者也"。② 无论赏罚，必须严格按法律办事，赏不因奖善而额外施恩，罚不因抑恶而恣纵暴力，都应以法律为准。"公正"的第三个要求是不能以个人好恶为执法标准。法不容情，个人恩怨是秉公执法的大敌。《左传》说："为政者不赏私劳，不罚私怨。"③ 法律是国家政治行为的规范，执法人员不能借法律施个人之恩、报一己之怨。因此，在执法的过程中，不能有个人的喜怒爱憎。"有喜怒，则赞其喜以市恩，鼓其怒以张势"，"有爱憎，则假其爱以济私，藉其憎以复怨"④，这种行为必然导致同功而殊赏、同罪而殊罚，破坏法律的客观公正性。大公无私，就必须依法办事，取舍进退无亲疏远近，不私亲戚朋党，不仇异己细民。

儒家强调，大公无私就是凡事出于公心、立于天理，行为光明正大。为公执法，不谋私利，以法为准，不逞己意，不徇私情。只有公

① 徐文翔导读注译. 晏子春秋［M］. 长沙：岳麓书社，2021：220.
② （汉）班固撰. 汉书：上［M］. 长沙：岳麓书社，2008：884.
③ 杨伯峻编著. 春秋左传注［M］. 北京：中华书局，1981：1263.
④ 中共山东省委组织部编. 中国历代礼贤通观：上［M］. 济南：齐鲁书社，1997：252.

才能明，才能正。只有公才能维护法律的客观性，保证执法的公正性。执法人员的职责是代表国家"纠奸绳恶""褒良奖善"，"以肃纲纪"，这就要求他们严格律己、克制己私，使自己的一言一行都可以公之于民众、无愧于天地。

三、赏善罚恶

秉公执法是为了有效地发挥法律维护社会秩序的功能，公还须落实到正。只有公平合理、赏罚得当，才能使民众心服口服，从而自觉地遵循法律。否则，赏罚失当，只能激起民众的不满，导致社会更加不安定。

法律公正性的实质就是赏罚得当。它首先要求法律条文本身具有公正合理性。因此，儒家不同意法家片面强调法律的权威性，而坚持法律必须本于道德，必须符合社会伦理的根本精神，把法律建立在纲常名教基础之上，为维护纲常名教服务，并且从天经地义、永恒绝对的纲常名教中获得其合理性。

就执法过程而言，赏罚得当与执法人员的法律观念、执法态度密切相关。刚正不阿、大公无私是法律公正的必要前提，但不是赏罚得当的充要条件。仅仅有执法者的刚正不阿、大公无私并不能保证法律的公正性，即赏罚的公平合理性。它还要求执法者对法律有足够的理解，对案件有充分的了解，对问题有深刻地观察、分析、概括的能力。因而，执法者必须忠于职守，兢兢业业，竭尽自己的全力努力工作。

法律作为一种特殊的行为规范，维护与之相适应的社会制度，对人们的行为具有导向的作用，赏其肯定者，罚其否定者，通过赏罚，社会成员能明白什么是合法的能够做的、什么是罪错的不能做的。所以，儒家十分重视执法过程中的赏罚得当问题。荀子主张："听政之大分：以善至者待之以礼，以不善至者待之以刑。"① 其笔下之"刑"则明显具有强制性、惩罚性。刘向说："诛、赏不可以缪（miù，通'谬'，下同），诛、赏缪则善、恶乱矣。夫有功而不赏则善不劝，有过而不诛则恶不惧。"② 赏赐不加于无功，刑罚不施于无罪。无功而赏、无罪而罚，赏罚失措，必然失掉法律扬善抑恶的作用，导致社会是非善恶观念的混乱。

儒家认为，法律能否维护社会秩序，起到行为导向的作用，关键不在于重赏重罚，而在于公平合理。"赏不事丰，所病在不均；罚不在重，所困在不当。"③ 所谓均，即同功同赏，大功大赏，小功小赏；所谓当，即处罚与罪错相一致。赏罚的公平合理性，就在于它们与功罪相符合，只有这样，才能树立法律的威信、维护法律的公正，从而有效地规范人们的行为。

赏罚得当，即奖善惩恶须严格符合法律的规定，不能滥赏，也不能谬罚。"罚慎其滥，惠戒其偏。罚滥则无以为罚，惠偏则不如无惠。"④ 只有当赏则赏、该罚即罚，才能真正奖善惩恶。为了做到赏罚公正合理，执法者的行为必须慎重，特别是罚不能与事实相悖。赏于不该赏，不致对被赏者有害；罚于不当罚，就会给受罚者带来精神的、物质的损失。尤其是不当杀而杀，使人蒙冤致死，执法者也失去了改正的机会。因此，儒家强调："诛赏之慎焉，故与其杀不辜也，宁失于有罪也。故夫罪也者，疑则附之去已；夫功也者，疑则附之与已。……是以一罪疑则弗遂诛也，故不肖得改也；故一功疑则必弗倍

---

① 方勇，李波译注. 荀子 ［M］. 北京：中华书局，2011：115.
② （汉）刘向撰；赵善论疏证. 说苑疏证 ［M］. 上海：华东师范大学出版社，1985：170.
③ 张长法主编. 资政类纂 ［M］. 北京：北京燕山出版社，1992：1013.
④ （梁）沈约撰. 宋书 ［M］. 北京：中华书局，1974：1897.

（违背，通'背'）也，故愚民可劝也。"① 与其错杀不如轻判。若罪在有罪无罪之间，则应不予判罚，留给犯错者改过的机会；相反，若功在有功无功之间，则应予奖赏，从而引导人们积极向善。

儒家强调，赏罚得当不仅仅是一个奖励和量刑的标准问题，它还关系到法律的根本精神，即维护法律的客观公正性。这就要求对所有的人一视同仁，诛不避贵，赏不遗贱。"有法者以法行，无法者以类举。以其本知其末，以其左知其右，凡百事异理而相守也。"② "故公平者，职之衡也；中和者，听之绳也。其有法者以法行，无法者以类举，听之尽也；偏党而无经，听之辟也。故有良法而乱者有之矣；有君子而乱者，自古及今，未尝闻也。"③ 所谓无法者以类举，就是说，遇到现行法律条文未曾规定的案件，法官应该秉持公心，多方查证，弄清真相，并以类似的案件及相适应的法律为借鉴，灵活而公正地判决。儒家认为，国家官吏是法律的执行者，应当带头守法，为社会起到表率的作用，绝不能因其执掌法律而获得特权，他们对社会的贡献属于自己的职责。因此，官吏和民众犯下同样的罪错，应先重罚官吏；获得同样的功劳，则应先重赏民众。宋代苏轼说："昔者圣人制为刑赏，知天下之乐乎赏而畏乎刑也，是故施其所乐者，自下而上。民有一介之善，不终朝而赏随之，是以下之为善者，足以知其无有不赏也。施其所畏者，自上而下。公卿大臣有毫发之罪，不终朝而罚随之，是以上之为不善者，亦足以知其无有不罚也。"④ 赏重于下、罚重于上，是维护法律公正性，充分发挥法律劝善惩恶、维护社会秩序的功能的重要方针。庶民有功即赏，大臣有过即罚，就是向社会昭

① 徐莹注说. 新书 [M]. 郑州：河南大学出版社，2016：292.
② 方勇，李波译注. 荀子 [M]. 北京：中华书局，2011：448.
③ 方勇，李波译注. 荀子 [M]. 北京：中华书局，2011：116.
④ 顾之川校点. 苏轼文集：上 [M]. 长沙：岳麓书社，2000：16.

示：任何人有功都将得到奖励，任何人有罪都会受到惩罚，谁也没有例外。因此，秉公执法必须反对特权，藐视权贵，抑强扶弱，王子犯法，与庶民同罪。

儒家的赏罚还强调不能唯法是用，而必须优先进行道德文化建设，即儒家的赏罚更多地体现在道德生活中。周人所提倡的道德规范中，最基本的是：父慈、子孝、兄友、弟恭。《史记·周本纪》载，周公在平定武庚叛乱后，封康叔于殷地，以加强对殷族"顽民"的统治。周公在代成王给康叔的诰文中，要求康叔以父慈、子孝、兄友、弟恭等宗法道德作为统治工具，认为"不孝不友"，就是"元恶大憝"，罪大恶极，应严加惩处，"刑兹无赦"①。春秋战国时期，人们对道德赏罚的认识从感性上升到了理性的层面。孟子认为，道德赏罚是基于内心的道德情感的内在制裁，"爱人不亲，反其仁；治人不治，反其智；礼人不答，反其敬——行有不得者皆反求诸己"②。《北齐律》宣布了"重罪十条"，即反逆、大逆、叛、降、恶逆、不道、不敬、不孝、不义、内乱，并规定凡犯其中之一者，若不在八议、上请、赎免之列，一律予以严惩。显然，这"重罪十条"有一半以上是对不道德行为的惩治。《孝经·五刑》指出："五刑之属三千，而罪莫大于不孝。"以上主要是就"罚"而言的。道德生活中的"赏"，在我国古代，也是很普遍的。对行善德、品德高尚的人的社会赞誉，这是不用说的，而且有各种各样的鼓励行善的政策、制度。在汉代，就有"举孝廉"的荐官制度，其本意就是推举品德高尚的人为官。明清之际著名的学者顾炎武也曾提出过"劝学奖廉"的主张。他认为，要把礼义廉耻当作社会的最高名节，对名节突出者应予以一定形式的奖赏，如封以官爵、赐以田地、免其租赋等，以使"人皆知自

①　姜建设注说. 尚书［M］. 开封：河南大学出版社，2008：95.
②　杨伯峻，杨逢彬译注. 孟子译注［M］. 长沙：岳麓书社，2021：137.

守"，从而达到端正人心、淳化风俗的目的。

当然，从总体上说，中国古代社会的法律是封建统治阶级意志的表现，是为封建专制制度服务的，它本身就具有阶级压迫的性质，从根本上讲是极不合理的。事实上，法律已经规定了贵者、尊者的特权，严重歧视贱者、卑者。在现实生活中，更有许多贪官污吏、豪强劣绅还利用手中的权势藐视践踏法律，使得本来就不合理的法律更加不公平。在这种状况下，要维护既成法律的公正性，使民众受到极为有限的法律保护，抑强扶弱就成为秉公执法的核心和象征。在儒家思想影响下，中国历史上也的确有不少开明的官吏，大公无私，不畏强暴，敢于为民作主，如宋代包拯、明代海瑞等历史上的名臣，就被百姓尊为"清天"，甚至奉若神明，成为中国古代官吏秉公执法的典型。

现代社会的政治生活有着古代难以望其项背的公正性、民主性，为法律的公正提供了根本前提。然而，要维护法律的公正性，仍然需要执法者完善自身的道德修养，秉公执法。这样，才能造就良好的社会秩序和道德风尚。

第四节　尊贤举能

在治国以德为根本还是以法为根本的问题上，儒家鲜明地偏重于德，以德为法之本，认为德法都是维护社会伦理道德秩序的工具。在儒家看来，说到底，法律只是一些成文法，是死的东西，它需要人去贯彻执行，人的道德修养和道德素质如何，直接影响到法律的公正与否。因而，儒家治国的纲领是德治人治，倡导贤人政治，即"故为政在人"[①]。荀子说："有治人，无治法。……法不能独立，类不能自行，得其人则存，失其人则亡。"[②] 这要求统治者能知人、荐人、用人，尊贤惜才，选拔有用的人才作为国家的官吏。历史上萧何惜才举韩曹、刘备三顾茅庐等都是尊贤惜才的典例。

一、虚心纳谏

广纳谏诤是中国历史上明君贤臣所倡扬并加以躬行践履的美德。对于广大士儒阶层来说，要尽忠谏之责，如陆游诗句所言"位卑未敢忘忧国，事定犹须待阖棺"，乃是公忠体国的应有之义。而对于执政者来说，就是要行广纳之义，体恤民情，"哀民生之多艰"。孔子曰："夫人君而无谏臣则失正，士而无教友则失听。御狂马不释策，操弓不反檠。木受绳则直，人受谏则圣。"[③] 国君倘若没有敢于进谏的臣子，就会失去正道；士人倘若没有敢于纠正问题的朋友，就听不到善意的批评。正如御马需要马鞭，操弓少不了弓檠一样，君主也需要谏臣来纠正自己的行为和习惯。他们就像是修治木材用的墨绳一样，监督和引导君主。君主只有广开言路、虚心纳谏，才能聚拢人心，营造尊贤惜才的政治生态。

臣子诤谏，君主可以少办错事，国家就会昌盛。臣子只会阿谀奉承，无人诤谏，国家就会危亡。数千年的中国政治史上出现了不少能够虚心纳谏、从谏如流的明君。其中杰出的代表有唐太宗李世民。唐代史学家吴兢著有一部政论性史书，名为《贞观政要》，记载了魏征、房玄龄、杜如晦等大臣对唐太宗的劝谏、奏议，以及唐朝政治、

---

① 胡平生，张萌译注. 礼记 [M]. 北京：中华书局，2017：1021.
② 方勇，李波译注. 荀子 [M]. 北京：中华书局，2011：189.
③ 黄敦兵导读译. 孔子家语 [M]. 长沙：岳麓书社，2021：179.

经济上的重大措施。《贞观政要》中记载，贞观十七年 (643)，太宗问谏议大夫褚遂良曰："昔舜造漆器，禹雕其俎，当时谏者十有余人。食器之间，何须苦谏？"遂良对曰："雕琢害农事，纂组伤女工。首创奢淫，危亡之渐。漆器不已，必金为之。金器不已，必玉为之。所以诤臣必谏其渐，及其满盈，无所复谏。"太宗曰："卿言是矣。朕所为事，若有不当，或在其渐，或已将终，皆宜进谏。比见前史，或有人臣谏事，遂答云'业已为之'，或道'业已许之'，竟不为停改。此则危亡之祸，可反手而待也。"① 褚遂良由夏禹时期一个劝谏小故事发散开来，指出谏臣要在事情刚刚发端的时候就进谏，防微杜渐，若等到事情发展到了失控的状态，就无法再劝谏了。唐太宗也欣然接受了这样的观念，认为不仅要接受忠臣劝谏，而且要知错就改，从谏如流；如若视而不见，危亡的灾祸在反手之间就会到来。同时，在中国历史上，也涌现了一大批为国分忧、为民请命的铮铮谏臣，如晏子、诸葛亮等。春秋时期，齐庄公矜夸勇力，不实行道义，同姓的显贵不进善言，宠幸的近臣不谏过错。上大夫晏子知道后，立刻去见了庄公，挺身直谏："古之为勇力者，行礼义也。今上无仁义之理，下无替罪诛暴之行，而徒以勇力立于世，则诸侯行之以国危，匹夫行之以家残。昔夏之衰也，有推侈、大戏；殷之衰也，有费仲、恶来。足走千里，手裂兕虎，任之以力，凌轹天下，威戮无罪。崇尚勇力，不顾义理，是以桀、纣以灭，殷、夏以衰。"② 君主不行仁义，而只靠勇力行事，国家就会有危险；平民这样行事，家庭就会受损。夏、商衰亡之时，就有推侈、大戏、费仲、恶来那样的勇力之人，欺凌天下的诸侯，杀戮无罪之人。晏子以此提醒庄公若一味崇尚武力，不顾及道义，必将落个国危身亡的下场，应该以礼义治国。三国蜀汉名相诸

---

① （唐）吴兢著. 贞观政要［M］. 北京：中国友谊出版社，2021：44-45.
② 徐文翔导读注译. 晏子春秋［M］. 长沙：岳麓书社，2021：3.

葛亮在出征北伐前给后主刘禅上表奏："诚宜开张圣听，以光先帝遗德，恢弘志士之气；不宜妄自菲薄，引喻失义，以塞忠谏之路也。"[①]以此提醒后主要博采众议。

二、选贤举才

《礼记·礼运》中设计的大同社会的理想政治即"选贤与能，讲信修睦"[②]，儒家把他们尊崇的先王尧舜描绘为尊重贤能的典型。儒家强调治理国家以人为本。人是社会活动的主体，管理制度由人确立、由人维护、由人执行。没有法制，只要有了人，可以根据需要制定合适的法律；没有人（或人非其才），法律则只是一纸空文，不仅不能有效地维护健康的社会秩序，反而可能成为导致社会混乱的根源。因此，儒家把贤才的得失看作天下兴亡、国家治乱的关键所在。宋代范仲淹总结历史上"秦失张良、陈平之辈而亡，汉得之而兴；隋失房玄龄、杜如晦、魏征、褚遂良之类的人而亡，唐得之而兴"的经验教训之后，得出一个结论："王者得贤杰而天下治，失贤杰而天下乱。"[③] 稍后一点的王安石也指出："国以任贤使能而兴，弃贤专己而衰。此二者必然之势，古今之通义，流俗所共知耳。何治安之世有之而能兴，昏乱之世虽有之亦不兴？盖用之与不用之谓矣。有贤而用，国之福也；有之而不用，犹无有也。"[④] 天生万民，立之国以范围之，立之君以管理之。天下之大，万民之众，又非君主一人所能管理，故分其职以臣子任治。这就需要选拔人员作为执政的官吏。若其人为奸

① （清）吴楚材，（清）吴调侯著；高学珠编译. 古文观止［M］. 南京：江苏凤凰科学技术出版社，2018：93.
② 胡平生，张萌译注. 礼记［M］. 北京：中华书局，2017：419.
③ 范文生主编. 范仲淹与虞城［M］. 郑州：河南大学出版社，2014：254.
④ 上海辞书出版社文学鉴赏辞典编纂中心编. 古文鉴赏辞典［M］. 上海：上海辞书出版社，2021：1255.

佞，则不仅不能治理天下，反而必将淆乱天下，祸国殃民。若其人为庸才，则虽有善德正法而无法执行，虽明君圣主有仁德之政而不能实施。

儒家以德为人之本，人之贤否首先应视其是否有德。"敬，德之聚也。能敬必有德。德以治民，君请用之。"① 但作为管理国家的官吏，仅仅有德是不够的，还必须有一定的才能。有德无才，可保个人安分守己、好善乐施；若用之于国家管理，则无法胜任其工作。这种人，没有能力理解自己工作的性质与意义，没有能力发现问题、分析问题、解决问题。他们对上不能理解政策的实质，根本谈不上创造性，只能唯命是从，不辨是非；对下不能体察民意民情，根本无法得民安民，而只能听信谗言、折服强辩，不分善恶。因此，国家治乱安危，系于为政者是否德才兼备。"《易》曰：'圣人养贤，以及万民。'夫贤者，其德足以敦化正俗，其才足以顿纲振纪，其明足以烛微虑远，其强足以结仁固义；大则利天下，小则利一国。是以君子丰禄以富之，隆爵以尊之。"② 才能是任事的必要前提，有心无力不仅于事无补，还会怀着好心把事情办坏，这种人一旦任公事、执大政就会成为国家的危害。君主只有尊贤惜才，才能保国安民。

国家有没有贤才是治乱的关键。龚自珍在鸦片战争前夕的封建末世大声疾呼"我劝天公重抖擞，不拘一格降人才"，指出衰世之征，就是朝廷文无才相，武无才将，上无才臣，下无才吏，甚至市井无才民，山泽无才盗，庸人当政，虎狼横行。

儒家强调，尊贤惜才首先必须尊重人才，把人才当作国家的宝贵财富。对于执政者而言，不能目无下尘，对贤才视如走卒，而应清楚地认识到人才对于国家治乱的重要性、迫切性，应思贤若渴、礼贤下

---

① 杨伯峻编著. 春秋左传注 [M]. 北京：中华书局，1981：501.
② 陈国本辑. 通鉴史论集 [M]. 北京：北京联合出版社，2014：7.

士。周公旦在其子伯禽就封鲁国时，曾告诫他说："我文王之子，武王之弟，成王之叔父，我于天下亦不贱矣。然我一沐三捉发，一饭三吐哺，起以待士，犹恐失天下之贤人。子之鲁，慎无以国骄人。"①"一沐三捉发，一饭三吐哺"即洗一次头曾三次停下握着头发出来见客人，吃一次饭曾三次把正在咀嚼的食物吐出来。意即无论在干什么，只要有人求见，就立即停止正在做的事情去会见拜访者，以免怠慢客人。即使这样，还担心因为未能给予足够尊重而失掉天下的贤才。后世以"吐哺握发"来形容君主求贤若渴、礼贤下士。历史上有不少开明的君主，在儒家思想的影响下，为了治理国家，能够尊重人才，卑己以待贤良。如蜀汉刘备之于诸葛亮，三顾茅庐，始得一见，而因此终于三分天下；唐太宗之于魏征，毁榭藏鹞，纳谏如流，终于开一代宏伟基业。

同时，贤人在政治活动中要坚持个体的独立自主性和正义性，坚持公平公正。贤能政治本身要求唯才是举，不偏不倚，这要求从政者光明磊落，不依附他人，"君子周而不比"②"君子和而不同"③，不与某部分人结成小集团，而是保持个体交往自主性，君子"群而不党"④。孔子所说的党就是指某些人结成的小集团。这类小集团构建起把集团外的人区分开来的狭隘限制关系，这样就可能阻碍行政的公平公正，造成人际关系的紧张。孔子认为君子应该能"群"，即与一切人保持正常和谐的关系，无偏无党，以公正为原则。"君子之于天下也，无适也，无莫也，义之与比。"这样君子就不会成为"狭隘人群的附属物"，而是集社会性与社会关系的总和于一身，在广泛的社会联系中保持主体性，即自主和自由的品格。荀子把这种品格描述

① （西汉）司马迁著；张大可注评. 史记［M］. 武汉：长江文艺出版社，2018：66.
② 杨伯峻译注. 论语译注［M］. 北京：中华书局，1958：19.
③ 杨伯峻译注. 论语译注［M］. 北京：中华书局，1958：149.
④ 杨伯峻译注. 论语译注［M］. 北京：中华书局，1958：173.

为"君子崇人之德，扬人之美，非谄谀也；正义直指，举人之过，非毁疵也；言己之光美，拟于舜、禹，参于天地，非夸诞也"①。

儒家认为，尊重人才是为了得到人才，得到人才并非得其人，而在于得其心。"王之得贤也，得其心也，非得其躯也。苟得其心，万里犹近；苟失其心，同衾为远。"② 只有让贤才为国尽力，才算真正得人。要做到这一点，就必须理解、信任、尊重人才。只有得其心，才能使贤才自觉地为国尽力；若不得其心，则虽有贤才在位也无法使其自觉效力。此外，尊重人才，必须高予之爵、重予之禄。"尊贤使能，俊杰在位，则天下之士皆悦，而愿立于其朝矣。"③ 只有以实际行动尊重人才，为他们提供发挥才能的机会，为他们创造施展抱负的条件，才能够吸引贤良，使天下的人才均为国家所用。

尊贤惜才，就是统治者应当尊重人才、爱惜人才，选拔吸收贤良的人才参与国家管理。这就要求统治者有知人之明，首先要懂得什么是贤才，如何发现、选拔贤才。唐代韩愈说："世有伯乐，然后有千里马。千里马常有，而伯乐不常有。"任何时代、任何社会都有各类人才，更进一步说，每个人都或多或少具有某种特长和能力，关键在于统治者是否能发现。若执政是为了谋求私利，缺乏公心，则不仅不会发现人才，而且会嫉贤妒能，千方百计地打击、压抑、排挤人才。只有站在为国为民的立场上，充分认清人才对国家安危的重要作用，才会思贤若渴，主动地去发现、任用人才。

孔子把"举贤才"作为施政的重要内容，"君子尊贤而容众，嘉善而矜不能"④。贤者也是善者，"举善而教不能，则劝"⑤。孟子继

① 方勇，李波译注. 荀子［M］. 北京：中华书局，2011：28.
② 王为国. 新资治通鉴：第 2 卷［M］. 北京：光明日报出版社，1997：354.
③ 杨伯峻，杨逢彬译注. 孟子译注［M］. 长沙：岳麓书社，2021：65.
④ 杨伯峻译注. 论语译注［M］. 北京：中华书局，1958：206.
⑤ 杨伯峻译注. 论语译注［M］. 北京：中华书局，1958：22.

承孔子的主张，也强调举贤，倡导"尊贤使能，俊杰在位"。孟子提倡"用（同'由'）上敬下"的尊贤方式，形成儒家"任人唯贤"的政治道德观念。儒家一方面鼓励知识分子勤奋学习、潜心修养，增益自己的德性才干，积极为社会服务，走"学而优则仕"的道路；另一方面，又要求统治者尊重人才，按照人的才德选拔官吏，为他们提供发挥自己聪明才智的条件和机会。例如，汉代的征辟和察举、魏晋南北朝时期的九品中正制，都是希望选出贤才的人才选拔制度。隋唐时期，儒学渐次复兴，人才选拔逐渐以科举考试制度取代九品中正制度。科举考试一般只是初级人才的选拔。在官员的进一步任用和升迁方面，宋明两代都流行推举和考核制度。唐以后的科举制，是国家设立的选拔人才的制度。它打破了任人唯贵唯亲的传统，反映了儒家任人唯贤的观念。

科举制度的目的是选拔贤能管理国家事务，把任人唯贤作为规范化的制度确立下来，强化了社会尊贤惜才的观念。但是，它只是贤才的初级选拔或资格选拔制度，而并非官吏任用、晋升的制度。后者不像科举考试那样有着规范化的形式，因而更须坚持选贤举才的原则，儒家讲的选贤、举才就是指此。

第一，儒家确立的贤才标准是德才兼备，反对唯才是举。任人唯贤的"贤"，首先指德行高尚。《管子·立政》概括有"三本说"："一曰德不当其位，二曰功不当其禄，三曰能不当其官。此三本者，治乱之原也。"[①] 即"德才兼备"，德与才相辅相成，缺一不可。无才之德，空有其德，难以在社会中发挥作用；无德之才，便是邪恶之才，在社会中只会产生坏作用。明代胡世宁在其《知人官人疏》中说："一论人之才术。当以诚心体国爱民为主。而才与守斟酌品第，

---

① （清）黎翔凤撰；梁运华整理. 管子校注：上 ［M］. 北京：中华书局，2018：66.

有是心，而才与守兼优者为第一等。有是心，而或才优守次，或守正才次者为第二等。无是心，而才守兼优者为第三等。无是心，而或有才无守或有守无才者为第四等。"① 这是说，选拔人才，当以德、才、守兼备者为上等；有体国爱民之心，或才智优异而守职略欠，或能很好地履行自己的职责而才智稍差者次之；无体国爱民之心，而能发挥自己聪明才智，出色地履行自己的职责者又其次；无体国爱民之心，或有任职之才而不施之于守，或仅能守其职而无力办事者最次。德是贤良的基础、前提，才是选择贤良的必要条件。官吏要对国家和民众负责，有德无才不具备管理国家事务的起码条件，有才无德者更是祸国殃民的根源。胡氏所云第三等、第四等之人，虽无体国爱民之心，但不等于无德，因为他们能够勤奋工作，把自己的聪明才智用于职守，而不是奸诈贪墨、以权谋私，只是这种人的境界尚未达到大公无私而已。

第二，儒家要求所有的政府官吏尤其是大臣积极荐贤举才，反对嫉贤妒能。《尚书·周官》："推贤让能，庶官乃和。"② 举贤让贤是政兴人和的重要举措，能否举贤让贤是检验一个官吏是否为国为民的标志。春秋时鲁国臧文仲知柳下惠之贤而不予重用，被孔子斥为"窃位"。荐贤举才，为国家发现、选择人才，是一个官吏的重要职责。儒家主张外举不避仇，内举不避亲，即举荐人才不以个人的好恶恩怨为限，而须出于公心，唯贤良是举。据《左传》记载，春秋晋国祁奚曾举荐其仇敌解狐、儿子祁午，被称为"能举善"。"君子不以言举人，不以人废言。"③ 官吏在推举贤才时不能仅仅因为考察对象说得好听就予以推举，也不能因为对方身上有这样或那样的缺点

① 丁守和等主编. 中国历代奏议大典：第 3 册 ［M］. 哈尔滨：哈尔滨出版社，1994：1090.
② 姜建设注说. 尚书 ［M］. 开封：河南大学出版社，2008：374.
③ 杨伯峻译注. 论语译注 ［M］. 北京：中华书局，1958：173.

或不足而对其颇具价值的言论置若罔闻。对于待举之人，应当本着全面、客观的标准衡量，不可稍有偏废。刘向《说苑》载，晋文公问咎犯谁可为西河守，咎犯举荐虞子羔。文公说："子羔为汝之仇也？"咎犯回答说："君问可为守者，非问臣之仇也。"当虞子羔感谢咎犯不计私仇时，他回答说："荐子者，公也；怨子者，私也。吾不以私事害公义。子其去矣，顾吾射子也！"① 其他如鲍叔牙荐管仲、赵衰三次让贤等事例，在历史上代不乏人，他们都表现了举贤惜才、克己奉公的高尚道德情操，成为儒家称颂的典型。

第三，儒家强调举荐人才要对国家负责，必须对人才进行全面深入的考察，看其是否确实贤良。在这方面，最重要的方法是听其言而观其行，不能只凭一个人口头上说得如何来断定其是否贤良。"君子不以辞尽人"②，不能听其言而信其行，而必须言行相结合去考察、评价。孔子提出"不以言举人，不以人废言"的主张，就是说，我们既不能根据一个人的言辞来判断他是否品性贤良，不因其说得好就举荐，也不能根据一个人是否贤良来决定对他意见的取舍。孔子也说："视其所以，观其所由，察其所安。"③ 对人要综合考察方能知人才之本质。战国李克在回答魏文侯时，认为察人在于"五术"："居视其所亲，富视其所与，达视其所举，穷视其所不为，贫视其所不取，五者足以定之矣。"④ 有言者未必有德，无才者未必无善言。一切须以国家民众的利益为标准，这才是尊贤惜才的实质之所在。

第四，儒家指出，要使国家能得到真正的贤才，就必须反对对人才苛刻求全。俗语云："人非圣贤，孰能无过。"孔子甚至新颖地主张通过分析一个人所犯的错误来知人："人之过也，各于其党。观

① （汉）刘向著；钱宗武译. 白话说苑［M］. 长沙：岳麓书社，1994：457.
② 胡平生，张萌译注. 礼记［M］. 北京：中华书局，2017：1065.
③ 杨伯峻译注. 论语译注［M］. 北京：中华书局，1958：18.
④ （汉）司马迁著. 史记［M］. 北京：北京燕山出版社，2018：426.

过，斯知仁矣。"① 世界上根本不存在全能、全德之才。孔子认为，贤才不是全才，任何人才都各有其长、各有所短，执政者在任贤时要注意"无求备于一人"②。王守仁说："人之才能，自非圣贤，有所长，必有所短；有所明，必有所蔽。"③ 全能至善的人只是一种理想的存在。任何现实的人无论在才智还是在德性上都是不完善的，都存在这种或那种的缺陷和不足。择才不求备，求备则世无贤才。每个人都有自己的长处和短处，如果抓住其短处不放，则贤才比庸人还不如。千里之马，捕鼠不若狸猫；干将之剑，削木不如斤斧。班固说："水至清则无鱼，人至察则无徒。"一个人如果对他人毫厘的缺失都不放过，就无法与人相处。因此，儒家强调举荐贤才是举人之所长，要"不以小恶掩大善，不以众短弃一长"④。选贤是举其才，既不是举其所短，也不是选择完人。实际上，一个人的长处是相对于其短处而言的，二者的关系极为复杂。清代魏源指出："不知人之短，不知人之长，不知人长中之短，不知人短中之长，则不可以用人，不可以教人。"⑤长处中有短处，短处中有长处。知人之短处，不是为了否定这个人，而是为了发现其长处；荐其所长，不是要否定其短，而须注意避其所短。不仅要使人如器，善于发现人之长处，而且要全面综合去考察："始吾于人也，听其言而信其行；今吾于人也，听其言而观其行。"⑥这就是说，应将知人的视角重点放置在行为上，这才是对贤才真正的尊重与爱护，只有这样，才能够为国发现、选拔真正的人才。

---

① 杨伯峻译注. 论语译注［M］. 北京：中华书局，1958：39.
② 杨伯峻译注. 论语译注［M］. 北京：中华书局，1958：205.
③ 张志军，卢学慧，吴利民，诸葛祥蜀主编. 传世语海：第2册［M］. 长春：吉林人民出版社，2000：1025.
④ 傅云龙，吴可主编. 唐宋明清文集：第1辑［M］. 天津：天津古籍出版社，2000：2005.
⑤ （清）魏源著. 魏源全集：第13册［M］. 长沙：岳麓书社，2011：46.
⑥ 杨伯峻译注. 论语译注［M］. 北京：中华书局，1958：48.

三、使贤任能

尊重人才、爱惜人才并非把人才束之高阁、藏诸府库，而是为了用才。只有为贤才提供发挥他们才能的机会，创造充分发挥他们才能的条件，才是真正地尊重人才。因此，尊贤惜才，尊重人才，选择人才，最终要落实到使贤任能上。

首先，使贤任能要求统治者在选拔、任命官吏时以贤才为标准，做到任人唯贤。儒家强调德政人治，把执政者的素质视为治国安邦的关键，认为只有以公天下为心才能任人唯贤，若以私天下为心则必将任人唯亲。明代冯琦认为，朝廷任用官吏，"用天下才，宜以天下之心为心。其道当公平正直，而一毫私曲不与焉；其事当光明洞达，而一毫隐伏不与焉"①。这是说，要用天下才就必须公以天下心，而要公以天下，则一须任用官吏不计个人恩怨、不从一己喜恶，二须察隐知微，识人得当。历代儒家政治家和学者都把得人视为政治的根本。唐太宗李世民说："为政之要，惟在得人，用非其才，必难致治。今所任用，必须以德行、学识为本。"② 所谓得人，并非指获得人的拥护或得到个人亲信，而是得到真正的人才，而衡量真正人才的标准则是德才兼备、贤能并举。"君子之德风，小人之德草。草上之风，必偃。"这里"君子"指的是有德之人，其影响力犹如疾风，能够感召他人，使政令畅通，天下平和。孔子主张"以德选贤"，选拔有德的贤士执掌政权。

其次，儒家强调，要任人唯贤就要善于用才。贤才是国家的宝贵

---

① 丁守和等主编. 中国历代奏议大典：第 3 册［M］. 哈尔滨：哈尔滨出版社，1994：1409.

② （唐）吴兢著. 贞观政要［M］. 北京：中国友谊出版社，2021：201.

财富，但是，贤才并非全才，他们和所有人一样，既有专长，亦有所短，即使具有同类才能，不同的人也有能力大小的区别。因此，一是要善于用其才，即能够用其所长，而不责其所短。"任人之长，不强其短；任人之工，不强其拙。"有人善于理财，但以之督师则可能患得患失；有人能统帅三军，若要其断狱则可能枉断曲直。正如刘向所云："干将为利，名闻天下，匠以治木，不如斤斧。"① 善于用才即用才得当，所谓得当就是用其所长，使贤良之才与其职责相一致，为其发挥才能提供有利的条件，而不能使贤良之才与其职责相左。运筹于帷幄之中，决胜于千里之外，诸葛亮可谓千古贤才，但如果要他临阵杀敌，诚不如一名壮卒。故魏源说："用人者，取人之长，避人之短。"二是要善于量才而用。职位的责任有大小，人的能力有高低，任用贤才必须使其能力强弱与其职责大小相符合。"人之才器，各有分限，大小异宜，不可逾量。"② 譬如安民执政者，能治一州一府，不一定能治一乡一里，能安一乡一里，同样不一定能安一州一府。贤才的能力应与职位相称，差距过大既不利于发挥其才能，也不利于获得实际的效益。

再次，儒家强调，任用贤才还必须真任实用，即放心大胆地使用，充分相信他们能够出色地完成自己的工作。"不逆诈，不亿不信，抑亦先觉者，是贤乎！"③ 用人之时则要对其给予充分的信任和信心，不要轻易怀疑别人。宋代名儒司马光说："有贤不能知，与无贤同；知而不能用，与不知同；用而不能信，与不用同。"④ 可见，信任是任用贤才的关键所在。任才之难，难就难在能否信任上。统治者如果不充分信任贤才，就不会给予他们充分的职权，而是时时猜

① （汉）刘向著；钱宗武译. 白话说苑 [M]. 长沙：岳麓书社，1994：485.
② 谭斌著. 半山亭记：下 [M]. 北京：中国青年出版社，2004：433.
③ 杨伯峻译注. 论语译注 [M]. 北京：中华书局，1958：163.
④ （宋）司马光著. 司马温公集编年笺注：第5册 [M]. 成都：巴蜀书社，2009：314.

忌、处处提防，事事对他们进行牵制、限制，使得贤才无法发挥其应有的作用。因此，统治者必须做到用人不疑，疑人不用。只有充分信任贤才，才能够使他们独立自主地工作，充分发挥其自主性、创造性，从而调动其积极性。唐代陈子昂说："好贤而不能任，能任而不能信，能信而不能终，能终而不能赏，虽有贤人，终不可用矣。"[①]真正信任贤才，一是要放权、放心，二是要对他们的工作成绩给予积极的肯定和鼓励。刘向曾把有贤而不知、知而不用、用而不任称为国家的"三不祥"，认为信任贤才就必须为他们提供发挥其才能的各种条件。他在《说苑·尊贤》中借齐桓公与管仲的故事说明这一点，齐桓公使管仲治理齐国，管仲说"贱不能临贵"，桓公拜他为上卿；管仲说"贫不能使富"，桓公赐给他齐国一年的市场税收；管仲又说"疏不能制亲"，桓公又尊他为仲父。于是，管仲辅佐桓公称霸天下。刘向借孔子之口说："管仲之贤，而不得此三权者，亦不能使其君南面而霸矣。"[②] 因此，在儒家看来，尚贤举能，就须高予之爵、重予之禄，赋予他们一定的权势和地位，只有这样，才能让他们自由、充分地施展自己的聪明才智。

最后，儒家认为任用贤才还须敢于用才，即大胆提拔贤良之才，把他们放到合适的岗位，即"君子用人如器，各取所长"[③]。冯梦龙在《智囊》中讲了这样一则故事："孔子行游，马逸食稼。野人怒，縶其马。子贡往说之，卑词而不得。孔子曰：'夫以人之所不能听说人，譬以太牢享野兽，以《九韶》乐飞鸟也。'乃使马圉往，谓野人曰：'子不耕于东海，予不游西海也，吾马安得不犯子之稼？'野人

---

① 周绍良主编. 全唐文新编：第1部第4册 [M]. 长春：吉林文史出版社，2000：2428.
② （汉）刘向著；钱宗武译. 白话说苑 [M]. 长沙：岳麓书社，1994：397.
③ （北宋）司马光著. 资治通鉴 [M]. 长春：吉林大学出版社，2015：425.

大喜，解马而予之。"① 这则故事充分说明"天下无不可用之兵"的道理，是孔子人才思想在实践中成功运用的典型案例，对于任用适合的人员到恰当的岗位上具有一定的启发意义。中国古代的科举制度，可以说是儒家选贤任能观念的体现。除正常地按程序规范提拔外，儒家还要求执政者以非常的手段大胆提拔非常之才，"又既谓之才，则不宜以阶级限，不应以年齿齐"②。在任贤用才的问题上，儒家反对门第观念，认为无才者虽出身豪门也可以为皂隶，真正的贤良之才则可以拔于布衣而至卿相。同时，儒家也不赞成论资排辈，认为要真正任贤用才，则只能以德才为标准，而不能看年龄、讲辈分。只有不拘一格降人才，才能调动贤才的积极性，吸引更多的人才为国家效劳，使其发挥更大的作用。

总之，儒家从德政人治出发，把尊贤惜才视为重要的政治道德，要求统治者以天下为心，尊重人才，以德才作为选拔官吏的标准，大胆提拔人才、使用人才、信任人才，积极鼓励人才把自己的聪明才智转化为安邦定国的社会效益。儒家的这种人才观和政治道德要求，无疑是为扩大封建统治的基础、强化封建统治的职能服务的。儒家所坚持的贤才标准是以"三纲五常"为最高旨归的。在实际生活中，鉴于统治集团权力斗争的不可避免性，这种人才观和政治道德要求常常成为一种纯粹的社会的虚设和统治者假仁假义的标榜。但是我们也必须肯定，从历史主义的观点来看，古今社会毕竟有其共同性，不同性质的社会也有其通融性，在这个意义上，儒家的人才观及其相应的政治道德要求，作为一种认识，又毕竟不乏可以借鉴的合理成分。

---

① （明）冯梦龙著；柯继铭编译. 智囊全集：上册［M］. 哈尔滨：北方文艺出版社，2015：5.

② （梁）沈约撰. 宋书［M］. 北京：中华书局，1974：2100.

第五节　廉洁自律

"廉者，政之本也。"政府官员代表国家行使管理社会事务的权力，这种特殊的地位赋予了他们相应的特殊身份。官吏既可以运用手中的权力为社会民众谋福利，尽职尽责，也可以利用它谋取私利。对此，儒家从仁政德治出发，反对官吏利用职权谋取私利，倡导政府官吏廉洁奉公，提升自身的道德修养。孔子说："政者，正也。"执政者管理、督率民众，是社会的领袖、榜样和表率，他们要求民众做到的一切，自己首先应当做好。其身正，不令而行；其身不正，虽令不从。《周礼·天官》中有廉善、廉能、廉敬、廉正、廉法、廉辨的记载。所以，"廉"是为官者、执政者的道德要求。儒家以济世安民为己任，强调为官者应当公忠为国，把廉洁奉公作为为官者基本且重要的道德要求。

一、尚廉奉公

所谓奉公，即执政者必须以为社会和民众谋福利作为自己行为的出发点和目的，一切政治行为都必须为公，而不能为私，更不能以私利危害公义，"以私害公，非忠也"[1]。林逋在《省心录》中曾说："为政之要，曰公曰清。"从根本上说，执政者受政府的委托管理公众的事务，为公奉公是其本来职责，他们处理的事务，都不是自己的私事，他们不是以个人身份，而是代表社会、代表政府处理这些事

---

① 杨伯峻编著. 春秋左传注［M］. 北京：中华书局，1981：553.

情，因此，执政行为必须为公，而不能为私。朱熹说："将天下正大底道理去处置事使公，以自家私意去处之便私。"只有为公去私，不利用手中的权力谋取任何私利，才能做到政治清明，获得民众的拥戴，令行禁止。"廉于己者，必能忠乎民。"① 尚廉奉公对民众的作用也是不可忽略的。

所谓廉洁，就是不以权谋私，它不仅是儒家所重视的官吏德行，也是儒家十分强调的重要政治道德。在儒家宣扬的"孝、悌、忠、信、礼、义、廉、耻"八德中，廉是唯一的对官吏的道德要求，后来，人们更把"礼、义、廉、耻"视为"国之四维"，"四维不张，国乃灭亡"②，"礼、义、廉、耻"即维系国家生存发展的四大精神支柱。宋代名臣包拯说："廉者，民之表也；贪者，民之贼也。"③ 官吏只有廉洁奉公，才能作为民众的表率，有效地行使自己的权力为国家和民众服务；相反，若贪赃枉法，则不仅不能服务社会，反而会成为民众的盗贼。清代刘锡鸿说："且夫忠诚勇毅之才由廉耻出耳，廉则聪明不蔽以贪欲，而体事之心专；耻则位置不安于卑庸，而赴事之力奋。"④ 唯廉者大公无私，不为私利私欲所蔽，全身心报效社会，其忠至贞，其诚至真，其勇至强，其毅至坚，其聪至正，其明至察。廉洁是官吏德行的基础和根本。只有全心全意为人民服务，不谋求一毫私利，才能为民表率，公正地行使手中的权力。故曰："廉者，政之本也。"

因此，儒家以廉洁作为对官吏的首要道德规范。据《左传》记载，宋国子罕任司空时，有人送一块宝玉给他，子罕拒绝接受，送玉者以为子罕瞧不起，便告诉子罕说，这块玉已经让玉匠鉴定过，确实

① 朱成广主编. 孝贤琅琊 沂蒙古今人物［M］. 济南：山东科学技术出版社，2022：22.
② （清）黎翔凤撰；梁运华整理. 管子校注：上［M］. 北京：中华书局，2018：3.
③ 李良学著. 李良学讲包公［M］. 天津：南开大学出版社，2014：81.
④ 中国史学会主编. 洋务运动［M］. 上海：上海人民出版社，1961：273.

是一块宝玉。子罕见其不理解自己的意思，便回答说："我以不贪为宝，尔以玉为宝。若以与我，皆丧宝也，不若人有其宝。"① 在子罕看来，作为官吏，廉洁的价值远远高于宝玉的价值，接受了宝玉，将丧失廉洁这个最有价值的品德。后世儒家一直强调这一观念："廉隅贞洁者，德之令也。"② 廉洁是官吏最高的美德。宋儒吕本中说："当官之法，惟有三事，曰清，曰慎，曰勤。知此三者，可以保禄位，可以远耻辱，可以得上之知，可以得下之援。"③ 胡太初也说："莅官之要，曰廉与勤。"④ 他们都把廉洁作为官吏的第一道德要求。孔子思想中实际上也包含廉洁的思想内容。如《孔子家语·辩政》有言："治官莫若平，临财莫如廉，廉平之守，不可改也。"⑤ "廉"不仅是君子应该具有的美德，也是为官者应该具有的道德操守。

在儒家思想的影响下，不少古代的有为之君也崇尚廉洁，以廉洁作为为臣吏的主要道德准则。唐代女皇武则天作《臣轨》，特设《廉洁》章，她强调，"理官莫如平，临财莫如廉。廉平之德，吏之宝也。……故君子行廉以全其真，守清以保其身。富财不如义多，高位不如德尊"，"君子……虽贫贱，不以利毁廉"⑥。廉洁是为官的根本，德行是臣子的价值之所在。这要求臣子不要追求高官厚禄，而应坚持廉洁的操守。清帝康熙从另一个角度强调这一点："居官者，宜以清廉为尚，官皆清廉，百姓自得遂其生矣。"⑦ 贪吏横行，百姓遭巧取

① （春秋）左丘明撰. 左传［M］. 武汉：崇文书局，2017：109.

② （唐）魏征等编撰. 群书治要［M］. 天津：天津人民出版社，2015：430.

③ （明）陈继儒著；李光摩编选；廖可斌主编. 陈眉公尺牍［M］. 杭州：浙江古籍出版社，2022：431.

④ 陈生玺主编. 治国明鉴：上［M］. 杭州：浙江古籍出版社，2014：358.

⑤ （三国魏）王肃著；杨金梅译注. 孔子家语译注［M］. 南京：江苏凤凰文艺出版社，2021：130.

⑥ 刘少华著. 明代的贪腐与反贪腐［M］. 北京：北京燕山出版社，2013：180.

⑦ 白寿彝总主编；周远廉，孙文良主编. 中国通史：第10卷［M］. 2版. 上海：上海人民出版社，2015：1116.

豪夺之困苦，国家受贪污盗窃之灾难；居官清廉，则不贪国家之财，不夺百姓之利，可保国泰而民安。

廉洁奉公，就是要求为官者在从政期间为社会民众奉献自己的力量，而不允许利用手中的权力贪图国家和他人之利。"尚廉，谓甘心淡薄，绝意纷华，不纳苞苴（指馈赠的礼物），不受贿赂，门无请谒，身远嫌疑，饮食宴会稍以非义，皆谢却之。"① 廉洁作为官吏的美德，包含下述内容：第一，甘心过淡泊清贫的生活，箪食瓢饮不改其乐，不追求富贵、奢华。第二，不接收任何礼物，不收取任何贿赂。送礼行贿者均有求于人，希望收受者能够利用手中的权力于正常的程序外提供方便，是希望用钱物买得权力为"我"所用。因此，收礼受贿者不仅出卖了自己的人格，还出卖了国家的利益。第三，不参加任何不符合政策和情理的宴会。君子之交淡如水，与上司、下属交往所重在道义，而不在吃喝。无论是吃国家还是吃私人，都属于不正之风。总之，廉洁就是不以权谋私，不以社会赋予的权力作为谋求任何私利的手段。

明代名儒薛瑄曾划分了廉洁的不同类型和等级。他说："世之廉者有三：有见理明而不妄取者，有尚名节而不苟取者，有畏法律、保禄位而不敢取者。见理明而不妄取，无所为而然，上也；尚名节而不苟取，狷介之士，其次也；畏法律、保禄位而不敢取，则勉强而然，斯又为次也。"② 此处讲的廉，主要指对待物质利益特别是个人利益的正确态度。认识到个人利益与社会利益的本质关系，理解了自己所负职责的道德责任和义务的人，在获取私利方面从不犯错误。这是廉洁的第一种类型，这一类型的廉洁，由于已把道德要求化为内在自

① 夏令伟著. 宋元文体与文体学论稿［M］. 广州：中山大学出版社，2018：270.
② 郝时晋，梁光玉，萧祥剑主编. 群书治要续编：第 7 册［M］. 北京：团结出版社，2021：461.

觉，能够从心所欲不逾矩，其行为没有任何勉强，属于最高境界的廉洁。廉洁的第二种类型表现为，有的人为了追求名节声誉，在求财货的问题上相当谨慎，从不随意放纵私欲。这种人虽无高尚的道德使命感和一往无前的道德追求，却能够拘谨守分、洁身自好，这可以说是廉洁美德的第二层次。廉洁的第三种类型是为了保住俸禄和职位，害怕受到法律制裁而不敢获求非义之利。这种行为因为是强制克制私欲，因而属于廉洁之下者。这三种类型的共通之处，是不利用手中的权力去谋取一己的不义之利，由于道德素质的差异，反映了不欲、不想、不敢的不同情操。若达不到不欲无私的境界，则须追求自觉克己的品格，至少也应遵纪守法，强制克制私欲，做到最低层次的廉洁。

二、俭以守廉

廉洁自守即保持廉洁的气节、操守，它要求官吏不利用手中的特权谋求不义之利、分外之财。其实质即安于与俸禄相适应的生活，不追求奢侈，不放纵自己的欲望。为了促进官吏廉洁自守，儒家设计了两种"养廉"的方案。

一是以俭养廉。这是从个人修养方面养廉，要求官吏通过加强自身的道德修养，保持艰苦朴素、勤俭淡泊的生活作风，从而不受物欲的害累、不为奢靡所蛊惑。诸葛亮《诫子书》里面就说"俭以养德"，只有个体道德修养加强了，收敛消除了自己的欲望，这样才能使其政令清明。同时，这种道德上的自我约束和修养，实际上是儒家文化"克己"和"正身"的体现。通过"克己"以达到符合礼的状态，内化为道德就是正直、公正，外化为合乎秩序的社会政治状态，儒家因此也非常重视"正"。而这种"正"体现的对自身不合理的欲望、诉求和行为的约束，在为政的层面表现出来的就是"廉"。在儒家文化里，"廉"的品德应该从"正"开始。《论语》有曰："其身正，不令而行；其身不正，虽令不从。"又曰："苟正其身矣，于从政乎何有？"① 再有《礼记》云："政者，正也。君为正，则百姓从政矣。君之所为，百姓之所从也。"② 所以，这种为政者德行的正，不仅是个人修养的一部分，还是实施政令、从政的前提条件，是人民信服的前提，而且在当时社会，为政者还有以身施教的责任。可见，"廉"作为官德，其含义更为丰富。儒家一贯宣扬安贫乐道，认为人的价值、人生的幸福在于精神的充实与道德的完善，而不在于物质的享受。他们认为不可遏制的物欲是邪恶的，克制物欲是道德完善的必要手段，甚至把它夸大到"存天理灭人欲"的程度。当然，灭人欲是不合理的，但放纵人欲也绝非正确的人生态度。实际上，人的物欲追求是没有止境的，永远也无法彻底满足。所谓满足，本身即蕴含着道德的标准。因此，物质生活上的淡泊、知足确实在一定程度上可以促进精神的充实与道德的完善。要保持廉洁的品德，就必须克制物欲的恶性膨胀，甘居淡泊。隋儒王通说："廉者常乐无求，贪者常忧不足。"③ 所谓贪，即对物欲无止境的追求，它必然永无满足。而廉者则因为生活俭朴，知足无求，反而能体会到生活的真正幸福。宋儒欧阳修说："廉耻，士君子之大节，罕能自守者，利欲胜之耳。"④ 这就是说，廉洁以克制私利、物欲为前提，节俭是廉洁的首要前提。"欲求廉介，必先崇俭朴。"⑤ 儒家学者历来反对奢靡，从不鼓励人们追求物质的享乐，而把"孔颜乐处"看作幸福的真谛。他们认为，少一点对物欲的追求，才可能多一点对道德的追求，人欲上少一分，天

① 杨伯峻译注. 论语译注 [M]. 北京：中华书局，1958：145.
② 胡平生，张萌译注. 礼记 [M]. 北京：中华书局，2017：960.
③ 张文治编. 国学治要：集部 子部 [M]. 北京：北京理工大学出版社，2014：749.
④ （宋）欧阳修著. 欧阳修集编年笺注：第7册 [M]. 成都：巴蜀书社，2007：176.
⑤ 李翰章编辑. 曾国藩文集：第4册 [M]. 北京：九洲图书出版社，1997：353.

理上便多一分。所以，俭朴不仅是个人道德完善的条件，而且是官吏保证廉洁的重要前提。"惟俭可以助廉"①，"公以生其明，俭以养其廉，是诚为邑之要道，处事临民之龟镜也"②。居官克俭，不为物累，才能不思苟取，拒贿不纳，保持廉洁的美德。

二是俸禄养廉。生活俭朴、安于清贫并不意味着否定人的基本需要。官吏也和其他人一样有着七情六欲，基本的物质需要得到保障之后，就会有道德的需要和追求。孔子说："耕也，馁在其中矣；学也，禄在其中矣。"③ 儒家并不否认入仕是一种谋生的方式，而且认为入仕是一种比农、工更高尚的谋生方式。甘于清贫并非所有官吏都能够做到，要使他们不取分外之财，那么，分内之财就必须能够保证其合理的生活需要。因此，儒家认为，要养廉就必须给予官吏足够的俸禄。明清之际儒者陆世仪说："盖古者禄以公田，既予以爵，则随予以禄田，故筮仕者无患贫之心，而不营心于财利。今则俸禄薄，而听入仕者各以私计谋生。若守礼安分，徒资俸禄，则饔（yōng，早餐）飧（sūn，晚餐）不给，失驭富之道矣。"（《治平类》，《思辨录辑要》卷一二）如果官吏俸禄太少，不足以满足基本生活需要，那么，安分守礼者生活就会存在困难，连饭都吃不饱，怎么能要求他们廉洁呢？"今小吏皆勤事，而奉禄薄，欲其毋侵渔百姓，难矣。"④ 因此，朝廷任用官吏，要使其廉洁，必须给予他们足够的俸禄，而不能够以薄俸来减少国库的开支，听任官吏自谋生计。后一种做法，实际上是怂恿官吏贪污。

白居易曾对此有过很深的感慨，他说："臣闻为国者皆患吏之贪，而不知去贪之道也；皆欲吏之清，而不知致清之由也。臣以为去

① 张鸣，丁明编. 中华大家名门家训集成：上册［M］. 呼和浩特：内蒙古人民出版社，1999：273.
② 彭忠德，赵骞主编. 官箴要语［M］. 武汉：武汉大学出版社，2007：268.
③ 杨伯峻译注. 论语译注［M］. 北京：中华书局，1958：175-176.
④ （汉）班固撰. 汉书：上［M］. 长沙：岳麓书社，2008：84.

贪致清者，在乎厚其禄、均其俸而已。夫衣食阙（同‘缺’）于家，虽严父慈母，不能制其子，况君长能检其臣吏乎？冻馁切于身，虽巢由夷齐，不能固其节，况凡人能守其清白乎？臣伏见今之官吏，所以未尽贞廉者，由禄不均而俸不足也。不均者，由所在课料重轻不齐也；不足者，由所在官长侵刻不已也。……至使衣食不充，冻馁并至。如此则必冒白刃、蹈水火而求私利也。"[1] 物质生活是道德的基础，普遍而言，物质需要得到基本保障后才会有道德的需要。对于一个饥肠辘辘的人来说，是没有办法追求精神食粮的，食不果腹、衣不蔽体，虽亲如父母也无法制约其子女，何况君臣本以义合，又怎能要求臣吏守德呢？饥寒交迫，即使是像巢父、许由、伯夷、叔齐那样的圣贤也无法保持其节操，又怎能要求普通官吏坚守廉洁呢？要养廉，就须给予官吏足够的（厚）、合理的（均）俸禄。

因此，儒家以俭朴为廉洁的道德要求，以厚俸为廉洁的政策保证。官吏应当加强道德修养，甘心淡泊，安贫乐道，克制私欲，全心奉献社会，不以权谋私。朝廷则不仅要对官吏提出清廉的道德要求，还应关心他们的生活，满足他们的合理需要，保证他们的生活至少不低于社会的一般水平。这些观点，对于我们今天进行廉政建设也不失启迪意义，可以批判改造并加以吸收。

三、反贪拒贿

所谓贪，即利用手中的权力谋取非义之财，为了私利不惜践踏法律和道德，索贿受贿，搞钱权交易，出卖自己的人格和国家利益；贪污国家之财，利用手中的特权将社会的公共财产据为己有；鱼肉百

---

① 周绍良主编. 全唐文新编：第3部第3册 [M]. 长春：吉林文史出版社，2000：7574.

姓，巧取豪夺，横征暴敛。贪官污吏是社会的蠹虫，他们的行为，导致了社会的腐败、风教的陵夷，造成民众对政府的严重不满和与政府的对立，危害国家和民众的利益，破坏法律与道德的严肃性。因此，贪污不仅是官吏个人的败德，而且是国家、社会、民众的大敌。"贪者，民之贼也。""上有好利之臣，则下有盗窃之民。"① 班固在《汉书·匡张孔马传》中提出倡廉必须反贪。孔子也将"不贪"看作君子所应该具有的美德。如《尧曰》有"君子惠而不费，劳而不怨，欲而不贪，泰而不骄，威而不猛"②，此处的"欲而不贪"肯定人应该有合理的欲求，但应该把"不贪得"作为衡量君子美德的一个重要标准，实际上表达了反对贪欲、崇尚廉洁的思想倾向。

廉者为政以公，贪者为政以私。古人深深体会到贪是人之大敌、国之大敌，所以古人讲："廉者常乐无求，贪者常忧不足。"人为贪欲所蔽，没有满足的时候，利欲熏心，欲壑难填。因此反贪首先要立公去私，克制私心私欲。宋儒吕本中说："世之仕者，临财当事，不能自克，常自以为不必败，持不必败之意，则无不为矣。"③ 贪官污吏之所以大胆妄为，就是因为私心当头，被恶劣的私欲蒙蔽了良心和理智，总认为暮夜无人知、神技鬼不觉，既能满足自己的贪婪，又能全妻子、保禄位，甚至加官晋爵。有了这种贪污不会被发现的侥幸心理，就会逐渐丧失仅存的一点良知，越来越贪，肆无忌惮，最终身败名裂。清代张翰伯告诫说："办事切不可存私，切不可巧取。……先自存私，先自取巧，事未有不败者也，纵使侥幸无事，断非正道，切宜戒之。"（《入幕须知五种·刑幕要略》）反贪的根本在于去私，即让官员认识到贪污对国家、民众和自身所具有的危害，而不是因为担心贪污

可能会被发现。

因此，儒家强调，反贪必须奖廉，即进行正确的价值引导，使官吏明白什么是应该的、什么是不应该的，形成良好的社会风气。明清之际儒者魏象枢在一篇上皇帝疏中就提出倡议，他说："用人首在知人，惩贪必先奖廉。谨按《周官》六计弊（指以六种方法判断、按察）吏：曰廉善，曰廉能，曰廉敬，曰廉正，曰廉法，曰廉辨，咸冠以廉也。……人生大纲有四：曰忠，曰孝，曰廉，曰节，是廉吏与忠臣、孝子、节烈并重也。"[1] 要反贪，政府必须大力倡廉，树立廉洁的典型，强调廉洁的道德价值，以廉洁作为评判、审核官吏的重要标准，形成全社会尊重、颂扬、追求廉洁的良好风气，培养官吏清俭、清慎、清正、清严的廉洁品德，使贪官污吏畏惧敛手，使行贿送礼者望而却步。

当然，反腐倡廉的根本是加强官吏的道德修养，树立正确的公私义利观念。在中国传统思想看来，公生明，廉生威，廉洁与否就是要看如何对待公与私，认为"公私之交"乃是"存亡之本"[2]，主张"公正无私，一言而万民齐"[3]，提倡为公去私、先公后私、公而忘私的行为准则，反对徇私枉法、见利忘义。在公利和私利发生冲突的情况下，要以公灭私，如《新唐书》有"若公器而私用之，则公义不行而劳人解体"。为政者要"公则自廉"，必须做到"爱人，不私赏也。恶人，不私罚也"[4]。除此之外，在这方面，儒家提出的要求是临大利不易其义，要见利思义，不能见利忘义。他们认为，物质利益是人们生活的基本条件，但绝不是生活的本质。人高于动物之处，就在于能自觉地控制欲望，以道德制约物质利益的满足，以义制利，以

① 故宫博物院编. 寒松堂全集［M］. 海口：海南出版社，2000：128.
② 张亲霞校注.《商君书》译注［M］. 北京：商务印书馆，2022：112.
③ （汉）刘安著；何宁撰. 淮南子集释［M］. 北京：中华书局：2011：1335.
④ （清）黎翔凤撰；梁运华整理. 管子校注：下［M］. 北京：中华书局，2018：1004.

义导利。"可以取，可以无取，取伤廉。"① "义士不欺心，廉士不妄取。"② 在物质利益面前，取或不取，其标准并非单纯看个人的需要，而要看它是否符合道德。易言之，人的物质需要、需要的多少以及满足需要的手段，都内含道德的标准。利与义相冲突，即须舍利取义，而不允许妄取利而不顾义。这种状况的是非界限比较明显，一般人容易把握。对于那种可取可不取的利，易言之，对于即使取之也并不明显违背义的利，则须更加谨慎。儒家认为，这种利对一般人而言，取与不取都无害其德，但对于官吏来说，由于他们的特殊身份起着社会的表率作用，其行为有着导向的功能，故须严格要求，可取可不取者，坚决不取，取之则将损害其廉洁的品德。既有不可，就说明清浊难分，要保持清廉，就应坚持其不可。因此，儒家要求官吏在经济问题上必须态度鲜明、严肃谨慎，"临财毋苟得"③，逢利莫妄取。此外，儒家认为廉者需修己以清心为要，为官以洁身为要。清心寡欲，不为私欲、私利牵累，而能诚意正心；诚意正心，而能不苟取、不贪，便能洁身自好，不同流合污；洁身自好，就要"戒慎乎其所不睹，恐惧乎其所不闻。莫见乎隐，莫显乎微，故君子慎其独也"④。在别人看不见、听不到的情形下，总应十分谨慎。不要在别人看不到、听不到的地方放松对自己的要求，也不要因为细小的事情而不拘小节，所以君子要慎独，即使独处、没有人注意，也要谨言慎行。洁身慎独于己、于家、于国、于社会都大有裨益。

反贪一方面要求官吏在经济问题上公私分明，不把社会公物据为己有，既不贪污公家的财物，也不侵夺民众的利益；另一方面，当

---

① 杨伯峻，杨逢彬译注. 孟子译注 [M]. 长沙：岳麓书社，2021：162.
② （汉）刘向编纂；萧祥剑注译. 说苑：下 [M]. 北京：团结出版社，2021：563.
③ 胡平生，张萌译注. 礼记 [M]. 北京：中华书局，2017：2-3.
④ 胡平生，张萌译注. 礼记 [M]. 北京：中华书局，2017：1007.

他人主动向自己赠送财物时，官吏也应或严词拒收，或婉转谢绝，一不收礼，二不受贿。官吏管理着社会公共事务，在一定职权范围内操纵着社会生活过程，这种特殊的身份就使得某些人为了借用官吏的职权为自己谋取私利，而向官吏进行贿赂。给官吏送礼，非关个人情谊，送礼者往往是有所求而来，希望受礼者为自己提供某种方便。儒家反对官吏受贿，孟子说："无处（指相处、交往）而馈之，是货之也。焉有君子而可以货取乎？"① 没有交情而赠送钱财礼物，这是进行收买。君子不应为了收取礼物而出卖公家的权益和个人的人格。清代张伯行曾在自己的官衙张贴一篇檄文，作为自己和僚属的"金绳铁矩"："一丝一粒，我之名节；一厘一毫，民之脂膏。宽一分，民受赐不止一分；取一文，我为人不值一文。谁云交际之常，廉耻实伤；倘非不义之财，此物何来？"② 非义之财的一根丝、一粒米，取与不取，关系到官吏的名节操守；一厘一毫的财物，都是民众的血汗，应当加以珍惜。当官为民，不能横征暴敛、巧取豪夺，而应爱民惠民，对民宽惠一分，民众得到的好处不止一分；不义的钱财哪怕只拿了一分，官吏的品德就会丧失殆尽，一文不值。馈赠应酬绝非交际往来所必需，它有损官吏的清廉。如果它不是不义之财，那么它从何而来，为什么要送礼？这些思想即使在今天看来，对于我们加强廉政建设仍不乏警示意义。

儒家主张为官清廉，坚决反对贪污。中国历代政府无不倡廉惩贪。汉元帝时，贡禹上言："孝文皇帝时，贵廉洁，贱贪污，贾人赘婿，及吏坐赃者，皆禁锢不得为吏。赏善罚恶，不阿亲戚。"③ 汉代凡犯贪赃罪被劾者，或死狱中，或自杀；唐代贪赃犯法官吏都于朝堂

① 杨伯峻，杨逢彬译注. 孟子译注 [M]. 长沙：岳麓书社，2021：78.
② 庄恒恺编著. 廉吏传 [M]. 福州：福建教育出版社，2021：229.
③ （清）顾炎武著；谦德书院注译. 日知录 [M]. 北京：团结出版社，2022：1148.

决杀；宋代，"故尤严贪墨之罪"①，即使遇大赦，"官吏受赃者不
原"②；元代至元十九年 (1282)，"敕中外官吏赃罪，轻者决杖，重者
处死"③。在儒家思想影响下，历代的清明廉正之士对自己的要求都
非常严格，宋代名臣包拯在其家训中规定："后世子孙仕宦有犯赃滥
者，不得放归本家；亡殁之后，不得葬于大茔 (yíng，坟墓，此处指祖坟)
之中。不从吾志，非吾子孙。"④ 子孙若有贪污犯罪，家族不予接收，
死后不许葬于祖坟，生前死后都要开除族籍。这种惩罚，在中国古代
宗法社会中是相当严厉的。

　　儒家的上述政治道德观念，培养了许多廉洁的官吏，历史上也有
不少居官廉洁俭朴、拒贿不纳的典型。但是，从总体上说，所谓清廉
只是少数高洁之士的德行，在古代专制社会中，整个统治阶级享有极
大的特权，骄奢淫逸、腐化堕落、贪赃枉法的现象充斥于社会生活的
各个方面，他们是社会最大的蠹虫。虽然古代中国没有彻底清除贪赃
枉法，贪官污吏仍然不绝，但政府严惩贪赃，试图进行廉政建设，对
稳定时局、维护统治有着积极效用和重要价值。明清之际的黄宗羲、
唐甄曾揭露封建君主就是"天下之大害"，敲剥天下之骨髓以供一人
之淫逸，是天下最大的盗贼。因此，尽管儒家大力提倡廉洁，有的统
治者也严惩贪污，但总是愈惩愈烈。朱元璋惩贪手段可谓空前严厉，
但明王朝政治的腐败空前严重，其根源即在于社会本身不公正，而非
个人道德修养的问题。然而，在当时的历史条件下，廉洁毕竟符合民
众的利益和社会发展的要求。也正是由于这个原因，历史上的清官廉
吏们才被人们赞颂、推崇，被誉为"青天"。当今社会消灭了等级制

---

① （清）顾炎武著；谦德书院注译. 日知录 [M]. 北京：团结出版社，2022：1140.
② （清）顾炎武著；谦德书院注译. 日知录 [M]. 北京：团结出版社，2022：1140.
③ （清）顾炎武著；谦德书院注译. 日知录 [M]. 北京：团结出版社，2022：1145.
④ 孔繁敏编. 包拯年谱 [M]. 合肥：黄山书社，1986：117.

度，实现了民主，政府官员对民众负责，受民众监督，为民众服务，儒家千百年来所向往的廉政，应当有可能真正实现。

总而言之，儒家的政治道德观念产生于宗法等级专制社会，并与封建社会制度相适应，不可能不带有鲜明的时代烙印和历史局限。从他们所宣扬的各种思想中，都引申不出民主、平等的价值观念。其公忠体国，是忠于君主所代表的封建国家，所谓公只不过是统治阶级整体利益的代名词；其仁民爱物，并非强调民众是社会的主体，而是以救世主自命，恩赐给群众以雨露阳光；其秉公执法，由于法律是维护封建等级秩序的，它本身就不公正，执法的公正性就不能不受到极大的限制；其举贤惜才，一则其人才标准是以"三纲五常"为最高指归，具有极大的不合理性，二则宗法等级制度本身也使得真正的人才无法获得发挥其作用的必要条件，科举选拔成了八股取士，任命官吏主要凭君主或上司的好恶；其廉洁自守，则是以整个社会的政治黑暗和大量贪污为背景的，少数清官廉吏只是出淤泥而不染的特例，根本无法改变整个社会的政治色彩。所有这些都反映了儒家政治道德观念的局限性。但是，以上所阐述的内容，是儒家在当时历史条件下所倡导的政治道德观念中的精华，它们不仅对当时的社会健康运转有指导作用，对历史发展有积极的促进作用，而且对于当代的政治建设，也具有现实的借鉴价值。这些观念，经过理论的批判、扬弃，结合现实的需要予以改造、更新，仍然可以在今天的政治道德建设中发挥其积极作用。当然，我们今天的政治道德建设已远远超出了儒家的理想，与儒家的观念有本质的不同，但这并不与我们可以吸收儒家政治道德的精华相冲突，建设中国特色的政治道德。

第六节 天下大同

天下大同是中国传统儒家道德文化的核心理念之一，反映了古人别具特色的社会理想。"大同"的本义是有事大家商量，有饭大家吃，天下大同意味着普天之下价值共识的建立。天下大同是人们所向往的理想社会，代表着古人对未来社会发展的美好憧憬，是传统儒家思想所追求的最高政治理想，蕴含着天下一家、休戚与共、携手共进的和谐发展理念。

一、天下一家

"天下一家"是天下大同思想的核心概念。这一概念最早见于儒家典籍《礼记·礼运》："圣人耐以天下为一家，以中国为一人者，非意之也，必知其情，辟于其义，明于其利，达于其患，然后能为之。"[①] 古代的圣人能够把天下当成一家，把天下看成如同自己一人，并不是个人的贪欲，而是懂得人情、顺从大义，明白了利益所在，意识到了忧患所在，然后才能做到这一步。这一思想将个人与社会、家与天下贯通，是后来修齐治平思想的前提。

"天下一家"的大同理想与当时推崇的"天下为家"的小康社会有很大不同，根本区别在于"天下一家"的前提是"天下为公"，而小康社会中最突出的特征就是"私"。《礼记·礼运》中记载孔子对大同理想的描述为："大道之行也，与三代之英，丘未之逮也，而有

---

① 胡平生，张萌译注. 礼记［M］. 北京：中华书局，2017：431.

志焉……是故谋闭而不兴，盗窃乱贼而不作，故外户而不闭。是谓大同。"① 强调在大道实行的时候，天下是公共的，国家和社会财富非私产，而属于全体人民所共有；大同社会是一个高度自觉的社会，要求人们遵守一种人人为公的社会道德，最终每个社会成员各尽所能，各得其所。而小康社会则是："今大道既隐，天下为家，各亲其亲，各子其子，货力为己，大人世及以为礼。城郭沟池以为固，礼义以为纪；以正君臣，以笃父子，以睦兄弟，以和夫妇，以设制度，以立田里，以贤勇知。"② 人们处处都以私利为出发点从事生产劳动，社会自身则通过礼法建立起行为规范，人们之间的爱是有限度的。但是先秦儒家思想中"天下为家"的小康社会与"天下为公"的大同理想并不是相矛盾的，可以说，"天下为家"是社会走向"天下为公"的一个发展阶段。大同理想不是一蹴而就的，而要经历各个阶段。首先要从乱世中摆脱出来，然后经过小康社会的建设，才有可能进入大同社会。"天下为家"乃是时势之不得不行，但其行的是"修其道，行其义，兴天下之同利，除天下之同害，而天下归之也"③ 的圣王之道，与大同世界有共同的理想社会目标。"天下一家"的大同理想具有超现实性，现实总是会与设想存在差距，只有将大同理想建立在小康社会的基础上，才能使其由空想变为现实。在当时的社会环境下，周人提倡"皇天无亲，惟德是辅"④，君王得臣辅佐，使天下安定，一统于君王；而君王的仁德惠及天下，小家的界限被打破而成为一个大家，使得天下大同成为可能。

宋以前，儒家"天下一家"的思想主要体现在形而下的道德劝

① 胡平生，张萌译注. 礼记 [M]. 北京：中华书局，2017：419-420.
② 胡平生，张萌译注. 礼记 [M]. 北京：中华书局，2017：420.
③ 方勇，李波译注. 荀子 [M]. 北京：中华书局，2011：279.
④ 杨伯峻编著. 春秋左传注 [M]. 北京：中华书局，1981：309.

善上，缺乏一种必然的效力。宋代理学的产生为"天下一家"思想构建起了理论支撑。张载云："乾称父，坤称母；予兹藐焉，乃混然中处。故天地之塞，吾其体；天地之帅，吾其性。"[1] 他认为父母与子女的小家同时就是天下一体的"大家"，不再以血缘辨亲疏，而是以气性相关联。在这里，传统家、国的概念实际上已经被消解。朱熹也提出天下只有一理，理的世界统一性从根本上决定了"一家"之可能。而陆九渊、王阳明虽然与程朱在"心""理"关系上有分歧，但都认可"天地万物为一体""视天下犹一家"的观念。

二、休戚与共

天下大同的思想不仅是儒家的理想社会秩序，同时还包含了儒家休戚与共的共同体意识。

首先，大同社会是一个国家统一、民族团结、亲仁善邻的和谐社会。世界是一个整体，没有哪一个国家能独善其身，国家和民族的命运紧紧地联系在一起。天下大同思想产生初期，中国正处于礼崩乐坏、诸侯争霸的战国时期，国家的生存与发展很大程度上是由其与邻国的关系决定的，国与国之间的休戚与共的关系体现得非常直接。春秋时期，郑庄公主动请求与陈国讲和，大夫五父劝谏陈桓公答应讲和，但陈桓公因已答应宋国和卫国，不想被两国责难，仍拒绝讲和，结果第二年五月，郑庄公就入侵陈国，并大获全胜。"亲仁善邻，国之宝也。"[2] "亲仁善邻"并不会带来直接的物质财富，但如果秉持了这样的理念，就会为国家争取到和平的周边环境，因此也相当于国家的"珍宝"。秦朝建立后，国家统一的期望已经变为现实，尤其是汉

---

① （宋）张载著；章锡琛点校. 张载集［M］. 北京：中华书局，1978：62.
② 杨伯峻编著. 春秋左传注［M］. 北京：中华书局，1981：50.

武帝征服匈奴后，这一愿景就慢慢演变成了汉族与周边少数民族的和谐共处。

其次，大同理想不能通过战争等武力手段来达成，而要通过道德教化来实现，使民众尊德明义，避免争夺相杀，从而天下和合，共为一家。《礼记·中庸》中强调："凡为天下国家有九经，曰：修身也，尊贤也，亲亲也，敬大臣也，体群臣也，子庶民也，来百工也，柔远人也，怀诸侯也。"① 安邦治国要修炼自身，尊崇贤德，亲爱父母，敬重大臣，体恤群臣，爱民如子，招纳工匠，优待远客，安抚诸侯。"克明俊德，以亲九族。九族既睦，平章百姓。百姓昭明，协和万邦。黎民于变时雍。"选举任用德才兼备之人，使人亲密团结起来，表彰百官中能妥善处理国家事务的好官，协调各诸侯国的关系，才能使天下和平、和睦。

儒家的休戚与共思想还包含了人与自然的密切关系。从孔子"畏天命"的思想到孟子"尽性知天""万物皆备于我"的思想，再到张载"民胞物与"的思想，儒家文化一直提倡尊重自然客观规律，使人与自然界处于一种和谐的状态。

三、携手共进

天下大同思想构建了一个理想社会的蓝图，同时还为实现理想提供了现实途径。关于如何在现实社会中实现大同理想，儒家先贤们进行了多维度的思考。值得注意的是，自始至终，儒家的大同理想都不仅仅局限于小部分人，而是要惠及社会中的所有人，具有一定的超越性。因此要想实现大同理想，需要大家共同合作，携手共进。

---

① 胡平生，张萌译注. 礼记 [M]. 北京：中华书局，2017：1023.

　　首先，在自给自足的封建自然经济背景下，社会中的成员都要为全体的利益而参加劳动，不劳者不得食，君主也不能例外。儒家提倡君民共耕，《宪问》中提到"禹稷躬稼而有天下"①，大禹、后稷都曾经亲自参与耕田种地，后来也都成为天下共主。孟子继承发扬了这一思想，认为真正的贤君，必须与人民同吃同劳，然后治理国家，"贤者与民并耕而食，饔飧而治"②。《礼记·礼运》中强调："男有分，女有归。货恶其弃于地也，不必藏于己；力恶其不出于身也，不必为己。"③ 人们按照性别、年龄和社会需要进行分工，各尽其能，各得其所。虽然分工有差异，但无贵贱之分，大家自觉为社会尽心劳动。

　　其次，社会财富是靠大家共同劳动得来的，因此是大家共同享有的，不存在靠剥削他人而生活的人，人们不存在根本利益上的冲突。"天下非一人之天下，乃天下人之天下也。同天下之利者，则得天下；擅天下之利者，则失天下。"④ 天下不是一个人的天下，而是天下所有人共有的天下。能同天下所有人共同分享天下的利益，就可以取得天下；独占天下利益的，就会失掉天下。太平天国运动的核心纲领《天朝田亩制度》继承了这一思想："务使天下共享天父皇上帝大福，有田同耕，有饭同食，有衣同穿，有钱同使，无处不均匀，无人不饱暖也。"

　　最后，大同理想的终极目标是实现人人安居乐业，和睦共处，其中必不可少的环节就是要建立良好的社会保障制度，高度重视社会弱势群体。有劳动能力的人可以通过从事劳动生产获得生活物资，而失去劳动能力的人应该由集体进行供养。"故人不独亲其亲，不独子其子，使老有所终，壮有所用，幼有所长，矜寡孤独废疾者皆有

① 杨伯峻译注. 论语译注 [M]. 北京：中华书局，1958：153.
② 杨伯峻，杨逢彬译注. 孟子译注 [M]. 长沙：岳麓书社，2021：101.
③ 胡平生，张萌译注. 礼记 [M]. 北京：中华书局，2017：419.
④ 张卫国，晓明译. 鬼谷子 六韬 三略 [M]. 武汉：崇文书局，2015：123.

所养。"这句话是说，人们不只是把自己的亲人当作亲人，不只是把自己的儿子当作儿子，而应使老年人得到赡养，壮年人有用武之地，幼儿得到抚养，鳏夫、寡妇、孤儿、孤老之人、病残者等弱势群体皆得供养。孔子将其简化为"老安少怀"的思想，即"老者安之，朋友信之，少者怀之"①。老人能享受安乐，朋友能信任交往，少儿能得到关爱。孟子也提出要使"五十者可以衣帛矣""七十者可以食肉矣"。

儒家天下大同思想主张超越血缘亲疏、地域界限和文化差异，将人类命运视作休戚与共的整体。这种以仁爱为本、尚和合而求同存异的智慧，既彰显着"四海之内皆兄弟"的文明气度，也为当今构建人类命运共同体提供了深厚的思想资源，指引我们在尊重差异中寻求共识，在共同发展中实现天下为公的理想境界。

---

① 杨伯峻译注. 论语译注 [M]. 北京：中华书局，1958：56.

第七章　处世之德——儒家社会道德的基本要求

中华民族向来以礼仪之邦著称于世，突出地表现于社会生活的各个方面，如在人与人交往中尊德性、尚礼义。社会公共生活中的人际交往是人类道德生活的最经常、最普遍、最基本的领域，一个民族的道德素质、一个社会的道德风尚，便具体地反映在这个领域。儒家伦理道德思想以血缘家庭的人伦关系为出发点和中心，但是它又强调由近及远，推己及人，强调齐家、治国和平天下的一致性，因此它也特别注重社会公共生活中人际关系的调节与和谐，在社会公德方面形成了十分丰富的思想。这些思想既是儒家伦理道德思想的重要组成部分，又体现了儒家的价值原则和社会道德理想。

第一节　尊老爱幼

社会公德是维护社会公共生活正常秩序的基本道德规范，是人们在人际交往中必须遵循的起码的行为准则。任何一个社会要实现自己的正常运作，都必须要求人们遵守一定的社会公德。在道德生活中，社会公德有利于造就良好的社会风气，促进人际关系和谐，培养人们健康的道德素质。尊老爱幼是社会公德中起码的道德要求。中国儒家的伦理道德建立在家庭血缘道德基础之上，父慈子孝是其基本的道德原则，它以推己及人的思维方式，从孝敬父母推衍出敬老养老，从慈爱子女推衍出抚幼教幼。老吾老以及人之老，幼吾幼以及人之幼，在这种思想的影响下，中华民族形成了尊老爱幼的优良传统。

一、敬老养老

尊敬老人是中华民族的传统美德，早在原始社会就已形成这一社会风尚。早期的尊老行为被称为"尚齿"，儒家重要经典《礼记·祭义》载："昔者，有虞氏贵德而尚齿，夏后氏贵爵而尚齿，殷人贵富而尚齿，周人贵亲而尚齿。虞、夏、殷、周，天下之盛王也，未有遗年者。年之贵乎天下久矣，次乎事亲也。"① 有虞氏指原始社会末期的舜，夏后氏指继舜为君的禹。在夏、商、周甚至更早的时代，社会就已提倡尊敬老人。尽管不同时代对人的价值评判有不同标准，如《礼记》所云有虞氏贵德、夏后氏贵爵（爵位）、殷人贵富、周人贵亲（血统），但它们都有一个共同点，就是"未有遗年者"，"年之贵乎天下久矣"，即尊重老人。

这一传统在儒家伦理道德中得到积极弘扬。儒家伦理道德主张以情养老，形成了以礼养老的制度规范和尊老、孝老的情感德性。在儒家设计的大同社会中，既有"老有所终"的要求，孔子向往的理想社会，也把"老者安之"作为首要的道德要求。尊敬老人，具有重要的道德意义。任何人生下来时都一无所有，他生活所需要的一切，他的成长发展所需的一切物质的和精神的条件，都是由前人创造的。人们一生下来就享受着前人创造的成果，离开了这些条件，任何人都无法生存。同时，任何人也都肩负着在前人成就的基础上接力发

---

① 胡平生，张萌译注. 礼记 [M]. 北京：中华书局，2017：918.

展的历史使命。尊敬老人，是对人类劳动成果的肯定，也是为后代尊
敬自己而设立的道德榜样。尊敬老人，是对他们一生辛勤劳动的报
答，也是对他们毕生的心血成果甚至人生价值的确证。尤其在传统农
耕社会，经验在生产和生活中是十分重要的，人们接受前人的经验作
为自己生产和生活的知识，并在实践中不断丰富这一经验，再将它传
授给下一代，因此古代社会的人们崇尚传统、尊重经验。一般说来，
经验和生活的时限成正比，年纪越长，其经验就越丰富，越具有权威
性。尊敬老人，就是对人类经验与智慧的肯定。《礼记·王制》："五
十杖于家，六十杖于乡，七十杖于国，八十杖于朝，九十者，天子欲
有问焉，则就其室，以珍从。"① 五十岁老人的经验可顾问于家，六
十岁可顾问于乡里，七十岁可顾问于邦国（指诸侯国），八十岁可顾问
于朝廷。所谓杖，即手杖，其并非帮助站立、行走的工具，而是一种
权威的象征，表示社会对老人的尊敬。所以对于九十岁的老人，如果
天子有事请教，必须亲自登门拜访，并携带珍贵的礼物。老者可备顾
问，就是对老人经验与智慧的尊重。

　　儒家宣扬的尊老敬长，与宗法血缘道德有着密切的联系，实际
上，它是孝敬父母观念的直接引申。首先是家庭内部的孝亲，即孝父
母，这是一种特殊形态的孝老，是一种基于血缘亲情的特殊情感德
性。儒家讲亲亲、仁民、爱物，亲亲是仁民的基础，只有首先孝敬父
母，才能将此爱亲之情推及他人。而其所推，首先就及于父辈老人。
朱熹曾对尊老敬长作过如下解释："长长当如何？'年长以倍，则父
事之；十年以长，则兄事之；五年以长，则肩随之'，这便是长长之
道。"② 语中所引为《礼记·曲礼》的观点，尊敬老人，就是要像对

---

　　① 胡平生，张萌译注. 礼记 [M]. 北京：中华书局，2017：277.
　　② （宋）黎靖德编；杨绳其，周娴君校点. 朱子语类 [M]. 长沙：岳麓书社，1997：
2589.

待自己父亲一样地对待他们。如果说孝亲作为一种特殊的情感德性无法从家庭走向社会而普遍化，那么敬则克服了这种特殊性而使其具有普遍性。从横向的父系宗亲到纵向的祖先，都成为敬老养老的对象，直到孝老之情扩展到普遍意义上的天下所有老人，孝老才成为一种普遍化的社会情感。

儒家伦理的养老思想不仅提倡尊老孝老的情感德性，亦强调以礼养老的道德规范。"孝子之事亲也，居则致其敬，养则致其乐，病则致其忧，丧则致其哀，祭则致其严。五者备矣，然后能事其亲。"①这里将孝的德性转化为了道德实践。

儒家对尊敬老人的道德提出了许多具体的行为规范。如与老人接触要严肃诚敬，行须让老人在前，立须在老人之后。坐有老者，不命不敢坐；老者问，必答，不问，不敢语。朝廷尊老，则"五十不从力政，六十不与服戎，七十不与宾客之事……八十者一子不从政，九十者其家不从政"②。所谓从政非指出仕当官，而是应力役之征。五十岁以上便不征劳役，八十岁者一子、九十岁者其家不从政，则是为了保证其生活有人服侍，并表明社会对老人的尊重。"长者与之提携，则两手奉长者之手。"③

尊敬老人还有一个重要内容，即如何照顾他们的生活。人到老年，由于不可克服的生理原因，体质逐渐变差，生活自理能力逐渐减弱，需要并且希望得到良好的照顾。因此，儒家强调善事老人，减轻他们的负担，提供各种方便，创造各种条件，尽可能使他们生活得舒适、满意。"凡养老：有虞氏以燕礼（在正寝中举行的酒会），夏后氏以飨礼（朝廷举办的隆重酒会），殷人以食礼（以美食为主的宴会），周人修（即循）而

① 贾德水译注. 礼记孝经译注 ［M］. 上海：生活·读书·新知三联书店，2013：287.
② 胡平生，张萌译注. 礼记 ［M］. 北京：中华书局，2017：539.
③ 胡平生，张萌译注. 礼记 ［M］. 北京：中华书局，2017：15.

兼用之。"① 燕礼、飨礼、食礼分别是有虞氏、夏后氏、殷人的养老之礼，无论家庭、乡里、郡国还是朝廷，只要举行宴会，必须请耆老参加。此外，周人兼而有之，"以嘉礼亲万民"培养的主要是"亲"的情感。儒家认为，要让老人尽可能吃得好一点。"五十异粻（zhāng，精细的粮食），六十宿肉（常备有肉食），七十贰膳（每餐至少有两样好吃的菜），八十常珍（经常吃珍贵的食物），九十饮食不离寝，膳饮从于游可也。"② 对待老人要开小灶，把最好的食物给他们吃。儒家不仅以礼养老，且以乐养老。《礼记·乐记》："知乐，则几于礼矣。礼、乐皆得，谓之有德。德者，得也。"③ "凡祭祀、飨食，奏燕乐。"④ 意思是在进行祭礼、飨礼、食礼时要演奏燕乐。因此，儒家伦理的养老思想包括了物质养老和精神养老。

　　尊敬老人，就应减轻他们的负担，让他们吃得好、穿得好，使他们感受到后代与社会的关心，度过安逸、舒适的晚年。孟子认为，尊敬老人不仅是对老年人的安慰，而且关系到社会的风气、国家的昌盛。后世儒者，均把尊敬老人提到这一高度加以强调。"我老老幼幼，他亦老老幼幼，互相推及，天下岂有不治！"⑤ 这反映了儒家对尊敬老人的高度重视。"生，事之以礼；死，葬之以礼，祭之以礼。"⑥ 孔子对敬老作了有始有终的论证，不仅在生前要以礼养老，死后亦要以礼祭老。孔子和宰我讨论过三年之丧："夫三年之丧，天下之通丧也，予也有三年之爱于其父母乎！"⑦

---

① 胡平生，张萌译注. 礼记 [M]. 北京：中华书局，2017：276.
② 胡平生，张萌译注. 礼记 [M]. 北京：中华书局，2017：277.
③ 胡平生，张萌译注. 礼记 [M]. 北京：中华书局，2017：717.
④ 陈成国点校. 周礼·仪礼·礼记 [M]. 长沙：岳麓书社，2006：53.
⑤ （宋）黎靖德编；杨绳其，周娴君校点. 朱子语类 [M]. 长沙：岳麓书社，1997：2274.
⑥ 杨伯峻译注. 论语译注 [M]. 北京：中华书局，1958：14.
⑦ 杨伯峻译注. 论语译注 [M]. 北京：中华书局，1958：195.

在现代社会，由于生活水平的改善，人类的平均寿命与古代相比有了大幅度增长，社会上的老年人会越来越多。老年人问题成了社会面临或即将面临的严重问题。西方文化采取单向抚养模式（即每一代只负责抚养未成年子女，而不赡养丧失劳动能力的父母），把赡养老人的责任由家庭转交给了社会。它造成了代际亲情的淡化和社会成员对老年人的冷漠。虽然退休养老金制度、福利保健制度等满足了老年人的物质需要，但是，强烈的竞争把老年人抛离于社会，严重的个人主义观念又使老人与子女隔绝开来。美国社会学家弗·斯卡皮蒂曾表示：在美国，随着老年人数量增多，他们孤立于家庭和社区以外的情形也相应地增多。许多上了年纪的人不是被当作社会上起作用的成员，而是被当作包袱对待。为他们提供的必需品与病人和精神错乱者一样，他们的生活依靠社会福利机构而不是家庭。这种双重的失落使得老年人可能陷入孤独与绝望，没有家庭快乐，也没有令人愉快的环境。老年人晚境凄凉、价值丧失是西方社会越来越严重的问题。

中国有几千年的尊敬老人的优良道德传统，我们不能在引进西方文化时连糟粕也兼收，不能在改革传统时连精华也抛弃。养老问题既关涉秩序的维衡，又表达了对人情的观照，故儒家伦理用"礼"来对养老问题作出制度规范和培养情感德性。"故圣王修义之柄，礼之序，以治人情。"① 尊敬老人，不仅仅是社会福利所能解决的问题。老年人把自己的一生奉献给了社会，为后代创造了进一步发展的基础，全社会都应肯定老年人的价值，全面关心他们的物质、精神生活，使他们在人生的最后阶段更加深刻地体会到生活的幸福与价值，没有遗憾地走完生命的历程。在这方面，儒家伦理道德的敬老养老观念，经过梳理、综合、创造，完全可以在现代发挥其积极的作用。

---

① 胡平生，张萌译注. 礼记［M］. 北京：中华书局，2017：438.

二、抚幼教幼

尊老是与爱幼紧密联系在一起的。儒家大同理想是"老有所终""幼有所长";孔子的理想社会也是"老者安之,朋友信之,少者怀之";孟子把敬老爱幼提高为"仁政"治国学说的重要内容。他说:"老吾老,以及人之老;幼吾幼,以及人之幼。天下可运于掌"。[①] 这是强调要抚爱少幼。如果说,尊老反映了对人类劳动成果和历史经验的珍视,那么,爱幼就是对社会未来发展责任的自觉,它关系着人类种族的繁衍和文明的继兴。张载说:"尊高年,所以长其长;慈孤弱,所以幼吾幼。圣,其合德;贤,其秀也。凡天下疲癃残疾、惸独鳏寡,皆吾兄弟之颠连而无告者也。"[②] 年幼者是天然的弱者,在相当长的时期内需要他人的关爱和照料。对年幼者的养育和爱抚,是个体生命本身的要求,也是社会发展的客观要求。因此,儒家强调抚幼育幼,关心青少年一代的身心健康和成长,以培养社会合格的接班人。

在目前已知的所有动物中,人的哺育期最长。这一动物生理特性使得人自出生之后,在相当长一段时期内需要他人照顾。人类要生存,必须以生命的存在为前提,但任何生命都必定会死亡,个体要使人类不随自己的死亡而消亡,就必须把生命传递下去。抚养后代,这是生命本身的要求,也是社会的历史责任。

抚养幼小,照顾他们的生活,长辈们在生命本能的驱使下,一般都能够做到。在中国古代宗法社会,人们特别注重传宗接代,对子孙的成长,倾注了大量甚至毕生的心血。儒家认为,爱幼绝不仅仅是照

---

① 杨伯峻,杨逢彬译注. 孟子译注 [M]. 长沙:岳麓书社,2021:17.
② 李峰注说. 正蒙 [M]. 郑州:河南大学出版社,2016:262.

顾他们的生活，给幼小提供必需的、良好的生活条件，它的精髓不在于养，而在于育。青少年是国家和民族的未来，培养什么样的人，是关系到国家和民族前途的大事，也是关系到家族声誉与昌盛的大事。因此，爱幼就是全面关心青少年的成长，特别是对青少年进行思想文化教育。《韩诗外传》在论及慈爱幼小时说："抚循饮食，以全其身。及其有识也，必严居正言，以先导之。及其束发也，授明师以成其技。十九见志，请宾冠之，足以成其德。"[1] 这里提出了养身、授技、成德三个方面的要求。

在教与养的关系上，儒家承认养是教的前提，只有使"幼弱者得其养"，"然后可以服教化"[2]。相反，"衣食不足，而欲教以礼节，使之趋荣而避辱，学者皆知其难也"[3]。这是对孔子"富而后教"思想的发挥。儒家认为必须首先满足物质生活的需要，才能实施教育。但是，单纯的养并不等于爱，以养为爱是为溺爱，不仅于幼小无利，而且足以害之。"养不教，父之过。"所以，养之大者并非养以食、养以物，而是养以义。清代程瑶田说："饮食，养吾身者也；衣服，饰吾身者也；席有向，袵有趾，安吾身者也。养吾身者有节焉，学之而后无以饥渴为心害；饰吾身者有法焉，学之而后无以不衷致身灾；安吾身者，一动一静，皆非可以苟焉已也，学之而后威仪能定命而容止戒必恭也。"[4] 这说明养身必须与育义同时进行，必须在养身中贯彻育义。只有这样，才能有益于青少年的健康成长。育义并非与养对立，而是养的内在要求。

儒家认为，教育青少年的目的是培养其思想道德素质，即"成人"。"士大夫教诫子弟，是第一紧要事。子弟不成人，富贵适以益

① 魏达纯著. 韩诗外传译注 [M]. 长春：东北师范大学出版社，1993：264.
② 任继愈主编. 中华传世文选：唐文粹 [M]. 长春：吉林人民出版社，1998：494.
③ 曾枣庄，刘琳主编. 全宋文：第21册 [M]. 成都：巴蜀书社，1992：448.
④ 李国钧主编. 清代前期教育论著选：下册 [M]. 北京：人民教育出版社，1990：138.

其恶。子弟能自立，贫贱益以固其节。"① 道德是成人的根本，是人之所以为人的根基。德育是青少年成才的关键所在。儒家强调，对青少年的教育必须从小抓起。"少年血气未定，善者固易流于不善，不善者亦易反而之善。"② 幼儿的思想犹如一张白纸，具有极大的可塑性，在上面画什么图画，为善为恶，依赖于他们所受到的教育的性质。玉不琢不成器，只有及早对幼儿进行正确的教育，才能培养他们的德性。朱熹在《小学·嘉言》中引陈瓘的话说："幼学之士，先要分别人品之上下！何者是圣贤所为之事，何者是下愚所为之事，向善背恶，去彼取此，此幼学所当先也。"③ 在幼儿能够接受教育之始，就应当向他们灌输是非善恶观念，使他们知道什么是好的、什么是坏的，什么是应该做的、什么是不应该做的。"凡儿童少时，须是蒙养有方。衣冠整齐。言动端庄。识得廉耻二字，则自然有正大光明气象。"④ 从小培植起牢固的根本，才能够坚定他们向善的志愿。在儒家思想影响下，中国古代极其重视早期教育，编写了大量启蒙教材，如《三字经》《千字文》《童蒙训》《小儿语》《幼学琼林》等等，它们的广泛流行，对于传播传统文化、培养幼儿成长起了重要的作用。这些著作，是传统文化特别是传统教育文化的重要组成部分。

在教育方法上，儒家强调对幼儿应当因势利导，注重他们的心理特点，寓教于乐，重在启发其兴趣，而不能过于严肃、苛刻。王守仁说："大抵童子之情，乐嬉游而惮拘检，如草木之始萌芽，舒畅之则条达，摧挠之则衰痿。今教童子必使其趋向鼓舞，中心喜悦，则其进

① 楼含松主编. 中国历代家训集成：第6册［M］. 杭州：浙江古籍出版社，2017：3383.
② 岳立松，邵颖涛著. 张履祥教育思想解读［M］. 太原：山西人民出版社，2018：132.
③ 韩锡铎主编. 中华蒙学集成［M］. 沈阳：辽宁教育出版社，1993：175.
④ 君艺豪，焦玉华主编. 国学教育辑要：家道卷［M］. 北京：民主与建设出版社，2015：334.

自不能已。譬之时雨春风，沾被卉木，莫不萌动发越，自然日长月化。"① 教育幼儿，应以引导和鼓励为主，对于他们的成长，及时给予赞赏和肯定，激发其向善的兴趣，故要求其方法生动、形象、具体，而不能采取生硬、呆板、复杂的方法。

《朱子语类》曾经记载了朱熹对教育过程的描述，他指出："古者初年入小学，只是教之以事，如礼、乐、射、御、书、数及孝悌、忠信之事。自十六七入大学，然后教之以理，如致知、格物及所以为忠信孝弟者。"② 这里区分的小学、大学两个阶段，与现代的小学、大学具有不同的内涵，小学指童蒙教育，大学指正常教育。在童蒙阶段，主要教育儿童读书、识字、辨物，明晓做什么及如何做，侧重于名物辨析及规范灌输。到了大学阶段，才教育青少年明理，即懂得理所当然之后的所以然，理解为什么做、应当如何做的道理，树立自觉的道德价值观念。

除了思想灌输和书本教育，有些儒家学者还提倡在实践中对青少年进行教育。如颜元就十分注重习行的教育功能，认为口中说、心中想、书上过，不如手上做。还有学者说得更明白："少年子弟，断不可浮闲无业；或小或大，必要寻一件事与他做，则身心得以拘束，世务得以演习，人情得以谙练，学识得以长进，经营得以惯熟。这便是大利益处。"③ 实践出真知，书本上的知识只有在实践中加以贯彻，才能转化为自己的素质，只有在实践中运用，才能更加深刻地理解。

爱幼的实质是全面关心青少年的成长，把他们培养成合格的、有用的社会成员。儒家以教育为爱幼的核心，可谓抓住了问题的关键。

---

① （明）王阳明著；张怀承注译. 传习录［M］. 长沙：岳麓书社，2004：240.

② （宋）黄士毅编；徐时仪，杨立军整理. 朱子语类［M］. 上海：上海古籍出版社，2023：120.

③ 陈军，筱笠编. 教子箴言［M］. 北京：中国青年出版社，1993：193.

但是，其提倡的教育具有很大的局限性：第一，儒家向青少年灌输的是封建文化，其中有许多落后、蒙昧的东西；第二，儒家向青少年宣传的是"学而优则仕"，目的是当官光宗耀祖，因而受到科举考试的制约，造成了死读书、读死书以及八股作风等弊端；第三，儒家偏重德育，忽视科学知识的传授，把实用性的知识与技能视为奇技淫巧，基本上将其排斥于教育之外，造成了青少年科学观念的淡漠。

同样，儒家宣扬的尊老也带有鲜明的时代烙印，这突出地表现在强调森严的等级、愚孝和繁文缛节等方面。这些思想倾向，导致了中国传统文化的封闭性、狭隘性和保守主义作风。

但是，尊老爱幼作为传统公德，其中也有不少精华内容。如儒家提出尊老在敬、爱幼在育，深刻地把握了这一公德的精神实质，其提出的许多行为规范、方法等，对于现代社会公德的建设、良好社会风气的营造，仍有不可忽视的启迪作用。

第二节 敬业乐业

敬业乐业是对中国古代职业道德的概括。从事某一职业是一个人谋生的主要手段，也是其对社会所承担的责任。在现实生活中，职业活动是人们的主要社会活动之一，所以，职业活动就成为人们道德活动的一个重要领域。职业道德不仅促进着个人道德素质的形成，而且反映了整个社会的道德风貌。

一、忠于职守

中华民族有着艰苦奋斗、勤劳创业的优秀传统，敬业乐业就是这一传统在职业道德上的集中体现。艰苦奋斗、勤劳创业离不开人们的职业活动。"《周书》曰：'农不出则乏其食，工不出则乏其事，商不出则三宝绝，虞不出则财匮少。'财匮少而山泽不辟矣。此四者，民所衣食之原也。"① 正是人们在自己的职业岗位上勤奋工作，默默奉献，才创造了社会的物质财富和精神财富，推动了社会的发展。

"子张问政。子曰：'居之无倦，行之以忠。'"② 忠于职守是儒家敬业乐业职业道德的基本原则，它要求人们在自己的职业岗位上勤奋工作，履行自己应尽的社会义务。其精神实质就是把职业当作自己的事业，兢兢业业地为之奋斗，终生不懈。因此，忠于职守表现了人们高度的社会责任感和历史使命感，是人们在职业活动中的高尚品德。

首先，儒家认为忠于职守必须热爱本职工作。何谓"忠"？朱熹曰："尽己之谓忠。"戴震在《原善》中说："竭所能之谓忠。"冯友兰认为："尽己为人之谓忠。"③ 三者共同强调尽心竭力做好本职工作是"忠"的核心内容。分工是社会发展的必然产物，有了分工便有了不同的职业。中国古代有"百工"之说，进而有士、农、工、商"四民"的划分。在自然经济中，这种职业划分往往带有家族传递的特征。所谓士之子恒为士，农之子恒为农，工之子恒为工，商之子恒为商，如是在社会生活中，上述职业划分也就带上了等级的色彩。"万般皆下品，唯有读书高。"但也有不少明智的儒家学者，反对以等级贵贱区分职业。明代大儒王守仁就说："占者四民异业而同道，其尽心焉，一也。士以修治，农以具养，工以利器，商以通货。各就其资之所近，力之所及者而业焉，以求尽其心。其归要在于有益于生

① （清）吴楚材，（清）吴调侯著. 古文观止 [M]. 南昌：江西教育出版社，2021：69.
② 杨伯峻译注. 论语译注 [M]. 北京：中华书局，1958：136.
③ 冯友兰著. 冯友兰文集：第6卷 [M]. 长春：长春出版社，2017：135.

人之道，则一而已。士农以其尽心于修治具养者，而利器通货，犹其士与农也。工商以其尽心于利器通货者，而修治具养，犹其工与商也。……自王道熄而学术乖，人失其心，交鹜于利以相驱轶。于是始有歆士而卑农，荣宦游而耻工贾。"① 这里之所以抄录王守仁这一大段议论，是因为他的观点集中反映了儒家职业态度的思想精华。士、农、工、商只是不同职业的划分，而绝不同时意味着社会的不同等级。不同的职业承担着不同的社会责任，它们都为社会的生存和发展所必需，不同职业的人都对社会生活作出了积极的贡献。崇仕宦而轻农工商，反映了士大夫的狭隘与偏见。虽然士的修治职能为社会运作所不可缺少，但说到底，社会的一切财富都是由农、工、商创造的。因此，只要各业人等尽心于自己的职业，都是对社会的积极奉献。儒家关于职业的奉献精神在读书人那里体现得淋漓尽致，他们常以天下为己任，以践行仁道为使命，充满着"穷则独善其身，达则兼善天下"的担当意识与"先天下之忧而忧，后天下之乐而乐"的忧患意识。总之，在儒家思想影响下，体现奉献精神的"成仁"不仅被视为最高的职业理念或信仰，而且始终贯穿整个日常职业活动。

清代鸿儒纪晓岚虽然官居重臣，却谆谆告诫子弟不要轻视农夫："尔等勿谓春耕夏苗，胼手胝足，乃属贱丈夫之事，可知农居四民之首，士为四民之末，农夫披星戴月、竭全力以养天下之人，世无农夫，人皆饿死，乌可贱视之乎？"② 历来人们均以士为四民之首，纪氏却以农为首，将士居末，即着眼于职业对社会生活的重要性。它的意义不在于以士为末，而在于强调不能以农为贱。许相卿也说："农桑本业、商贾末业、书画医卜，皆可食力资身。"③ 不同的职业，都

① （明）王守仁著；王晓昕，赵平略点校. 王文成公全书［M］. 北京：中华书局，2015：928.

② 方羽编著. 中国古代家训三百篇［M］. 北京：商务印书馆，2019：307.

③ 楼含松主编. 中国历代家训集成：第5册［M］. 杭州：浙江古籍出版社，2017：2991.

能够自食其力，通过自己的辛勤劳动创造自己的幸福生活，创造社会财富，为社会作出自己的贡献。因而，每个人都应该热爱本职工作，树立自尊与自信。朱熹是儒家"敬业"思想传承的代表人物，其把"敬业"解释为"敬业者，专心致志以事其业也"，告诫人们要安心从事本职工作，要"竭尽自己之心"，在现代语境下就是要对自己的服务对象真心实意、尽心竭力，忠实地履行职业责任。

其次，儒家认为忠于职守更重要的在于尽职尽责，即尽自己的一切能力在职业岗位上为社会作贡献。从事某一职业不仅是谋生的手段，它还是人们作为特定社会成员所承担的社会责任。人们在各种不同的职业活动中共同维系着社会的运转，推动着社会的发展。每个人在现实社会中都扮演着特定的社会角色，尽职尽责就是努力实现自己的角色期待。做到了这一点，每个人就尽到了自己的社会责任，社会就会呈现出良性发展状态。因此，努力做好本职工作，是每个社会成员应尽的道德义务。

在现实生活中，人们都从事着特定的职业。儒家强调，不能把职业活动仅仅当作谋生的手段，而要把它作为事业，乃至"兼善天下"的情怀，即"君子谋道不谋食"①"忧道不忧贫"②"有事而无业，事则不经"③。一个人是否有作为不在于他做什么，而在于他是否尽心尽力地把所做的事做好。《晋书》中说："成业者系于所为，不系所籍。"因此，儒家崇尚脚踏实地的朴实作风，贬斥那种"大事不得，小事不为"的浮华习气，提倡干一行，爱一行，干好一行。正是在这种观念影响下，无数代人朴实无华、默默奉献，最终创建了中华民族的千秋大业。

---

① 杨伯峻译注. 论语译注 ［M］. 北京：中华书局，1958：175.
② 杨伯峻译注. 论语译注 ［M］. 北京：中华书局，1958：176.
③ 杨伯峻编著. 春秋左传注 ［M］. 北京：中华书局，1981：1355.

儒家认为，尽职尽责表现了勤劳的品德。忠是一种内在的道德理性的自觉，忠于职守只有靠勤去补充落实才不致落空，勤是外在道德行为的践履。"业精于勤""勤则不匮"① 便是此意。"习勤劳以尽职"②，尽职尽责，就是对工作尽心尽力，"心尽则职亦尽，自无愧怍(zuò，愧)于己"③。儒家要求所有的人，无论从事什么职业，都应当竭尽自己的全力做好本职工作。"读书者，当闭户发愤，止愧学问无成，哪管窗外闲事；务农者，当用力南亩，惟知及时耕种，切莫悬耡妄为；艺业者，当居肆成工，务以技能取利，勿生邪念旷闲；商贾者，当竭力经营，一味公平忍耐，毋以奇巧欺人。"④ 士农工商对待自己的工作都应当兢兢业业。忠于职守就是要反对做一天和尚撞一天钟的消极工作态度，坚持在职业活动中竭尽自己的全力，有一分热，发一分光，鞠躬尽瘁，死而后已。

二、诚信无欺

忠于职守是对待本职工作的态度，儒家敬业乐业的精神在处理和职业服务对象的关系时，特别注重诚信无欺的道德要求。

诚信无欺作为职业道德的一般要求，关键在于"信"。信为"五常"之一，儒家以信为连接人与人之间关系的精神纽带，是人际交往的前提，人无信不立。儒家提出诚信无欺的职业道德，主要强调了下述三个方面的内容。

第一，守信。即在职业活动中重然诺、讲信用、守合约，以诚正己，以此作为立业之本。儒家认为："以信接人，天下信之。"只有

---

① 杨伯峻编著. 春秋左传注 [M]. 北京：中华书局，1981：731.
② 唐浩明著. 曾国藩：中 [M]. 广州：广东人民出版社，2022：215.
③ （清）石成金编著. 传家宝全集：第3册 [M]. 北京：线装书局，2008：21.
④ （清）石成金编著. 传家宝全集：第2册 [M]. 北京：线装书局，2008：39.

自己对人守信，才能获得别人对自己的信任，树立和维护职业的信誉。以诚待人，能够获得他人善意的回应，提高职业活动的效率，"精诚所至，金石为开"即言此理。因此，儒家强调在职业活动中必须以诚信为宗旨，把信用视为职业的生命，"可终身而守约，不可斯须而失信"①。职业活动必须经常与服务对象打交道，而不是一次性行为，只有坚守诚信，才能赢得服务对象的信赖，使得他们乐于接受这种服务。这就要求人们在职业活动中与人相交往时，"有所许诺，纤毫必偿，有所期约，时刻不易"②。在儒家思想影响下，中国古代职业领域长期信奉"诚实守信""买卖公平"的行为准则。

第二，正直。即不欺人、不欺己、不欺心，在职业活动中不允许有欺骗行为，杜绝以次充好、以假乱真、欺行霸市。《礼记·王制》："布帛精粗不中数，幅广狭不中量，不粥（yù，同'鬻'，意为卖）于市。"③ 如果布帛的质量、粗细不符合相关标准，其宽窄不符合规定，就不能拿到市场上去卖。《孟子》曾经记载了战国许行的职业道德观点："虽使五尺之童适市，莫之或欺。布帛长短同，则贾（即价）相若；麻缕丝絮轻重同，则贾相若；五谷多寡同，则贾相若；屦大小同，则贾相若。"④ 这要求人们在职业活动中做到价格公平合理，童叟无欺。许行强调商品的价格必须与其分量相一致，孟子认为这还不够。要真正做到买卖公平，除分量与价格一致之外，还必须考虑到质量的差别，后者比前者更为重要。因为以小充大、缺斤少两就很难欺骗一般的顾客，而以次充好、假冒伪劣对顾客的危害更大。买卖公平的关键在于不欺心，有不欺人之心，才会无欺人的行为。

---

① 郝时晋，梁光玉，萧祥剑主编. 群书治要续编：第 7 册 [M]. 北京：团结出版社，2021：113.

② 李兵，彭昊选编译注. 中华传统家训选读 [M]. 长沙：岳麓书社，2022：170.

③ 胡平生，张萌译注. 礼记 [M]. 北京：中华书局，2017：274.

④ 杨伯峻，杨逢彬译注. 孟子译注 [M]. 长沙：岳麓书社，2021：108.

第三，重义。即信不仅仅是信于约，更要信于义。儒家认为，诚信不是机械的言必信、行必果，而应以义作为诚信的标准，即作为该不该守信的根据。孟子就把那种离开义的标准来讲言必践行的人斥为"然小人"，要求人们的行为"唯义是从"。这才是诚信的真精神。中国古代的儒商精神，就是以义为一切经济活动的目的和行为准则。何良俊《何氏语林·德行》记载："（公沙）穆尝养猪，有病，使人卖之于市。言：'当告买者实病，贱取其直（通'值'，即价）；不可言无病，欺人取贵价也。'其人到市即售，未尝言病，直遂过价。穆怪之，问其故。赍半直追还买猪人。言'猪实病'，买者曰：'卖买私约，辞钱不取。'穆终不受钱而去。"①卖猪不把猪有病的情况主动告诉买者，这是有意欺瞒，公沙穆发现后找寻买主，退还一半的售金，当买者不肯接受时，仍然坚持退款，其行为之高义，足称德行。清代蔡璘曾受朋友千金之寄托，不久朋友亡故，蔡召其子付之。友人之子质疑说："安有寄千金而无券者？"以父亲未留凭据不肯接受，蔡璘回答说："券在心，不在纸。而翁知我，故不语郎君。"②信不能局限于契约，而须信于义。以义为信，则无论有约无约皆当遵循。易言之，约该不该信，须用义去衡量。有利于人者，不管有约无约均须坚守信用；有损于人者，即使有约也不应信守。唐代柳宗元曾给一个卖药商宋清立传，说他不仅待人和气，经营诚恳，物美价廉，而且主动周济贫困。"虽不持钱者，皆与善药，积券如山，未尝诣取直。或不识遥与券，清不为辞。岁终，度不能报，辄焚券，终不复言。"③他对无钱买药者从不拒绝，也从不催促归还欠债。到年末，估计哪些人无能力归还，便把欠债的字据焚毁，以示不再要求归还。在儒家看

① （清）罗惇衍著. 集义轩咏史诗钞校证：第2册［M］. 西安：三秦出版社，2014：509.
② 李春强编著. 家学四书［M］. 北京：经济日报出版社，2021：310.
③ 吴永喆，乔万民选注. 唐宋八大家：柳宗元［M］. 天津：天津古籍出版社，2016：120.

来，这种在守约将会给人带来困难、窘迫的情况下，受益方主动撤销合约的行为，就属于更高的信用。因为他已经不再受合约条文的局限，而始终把义作为职业活动的准则，从而获得了更高的职业信誉。可见儒家的"信"不在合约，而在于心，在于心中之义。这是诚信无欺的最高境界，也是一切职业道德的最终归结点。

诚信无欺、讲究信誉是职业道德的重要规范。在现代经济活动中，人们提出了"质量第一，信誉至上"的口号，以期建立良好的组织形象。当然，我们不能片面提倡理想主义的"君子协定"，更不能以此取代经济合同。但是，在遵守合同的基础上自觉地取信于义，诚信无欺，仍然是现代职业道德的要求。在这方面，儒家的一些观念和做法值得我们借鉴。

三、精进求新

忠于职守的敬业乐业精神，就是要竭尽全力做好本职工作。因此，儒家要求人们在职业活动中充分发挥自己的主动性、创造性，不断提高自己的专业技能，出色地完成本职工作。精益求精是人们对职业理想和职业荣誉的执着追求，是在更高一个层次上反映出来的敬业乐业精神。

儒家认为，一个缺乏高精专业技能的人，只是一个平庸的工作者。俗语云："三十六行，行行出状元。"任何职业都能够为人们提供发挥自己聪明才智的领域，都能够使人们做出令人瞩目的成就。但要真正成就一番事业，需要付出艰苦的劳动，孜孜不倦，自强不息。"天下事无不可为，但在人自强如何耳。"① 精益求精就是自强不息的

---

① 郭齐，尹波点校. 朱熹集 [M]. 成都：四川教育出版社，1996：1788.

民族精神在职业活动中的表现。如果只是消极被动地完成自己的工作，做一天和尚撞一天钟，即使忠厚老实，也还算不上什么高尚的德行，只是安分守己而已。敬业乐业的更高境界，在于把职业作为自己理想和追求的寄托，全身心地投入，在职业活动中发展、完善自己，实现自己的价值，为社会作出更大的贡献。一个能够在职业上成就一番事业的人，对工作总是认真负责、积极主动、精益求精。

首先，儒家认为，要在工作上精益求精，必须有奋发向上的精神。《大学》曰："苟日新，日日新，又日新。"① 儒家崇尚日新之德，就是高扬一种积极进取的精神。"日新者日进也，不日新者，必日退，未有不进不退者。"② 时代在发展，社会在不断进步，人们对待生活和事业，都必须昂扬向上，紧跟时代的步伐，这样才能够把本职工作做好。如果停留在原地，消极地对待工作，则终将被时代淘汰。表现在职业活动上，就是要不断更新自己的专业技能，努力钻研业务。

其次，儒家认为，精益求精是与职业活动相始终的过程，要想获得高精的专业技能，把工作做得尽善尽美，就需要人们在职业活动中循序渐进、持之以恒。所谓日新就是坚持每日的进取，积少成多，积薄成厚。一个人要使自己的职业技能达到很高的水平，绝不能得过且过，更不能好高骛远。学习任何一门知识或技能，一曝十寒、三天打鱼两天晒网都不可能有很大的收获。"靡不有初，鲜克有终。"决心容易下，开头也比较简单，但要持之以恒，就必须有不怕挫折、敢于克服一切困难的决心和勇气。所以，儒家一再告诫，学习任何一门知识、钻研任何一门技能，推而广之，要做好每一件事情，都必须有坚

---

① 王国轩译注. 大学·中庸 [M]. 北京：中华书局，2006：9.
② （宋）程颢，（宋）程颐撰；（宋）王云五主编. 河南程氏遗书 [M]. 北京：商务印书馆，1965：357.

韧不拔的毅力和勇往直前的意志。"天行健，君子以自强不息。"① 天的运行刚健不息，君子应当努力效法，积极进取，进德修业。自强所反映的是敬业主体的精神气质，表现在外在风貌和内在品德的和谐统一上。儒家认为有必要培养"弘毅"的品德，推动主体的自强。如荀子的"锲而舍之，朽木不折；锲而不舍，金石可镂"②。此外，关于这一点朱熹讲得很形象，他说："弘乃能胜得重任，毅便是担得远去。弘而不毅，虽胜得任，却恐去前面倒了。"③ 儒家自强的思想极大地激发了敬业主体的主观能动性。"君子之用功也，如鸡伏卵不舍，而生气渐充；如燕营巢不息，而结构渐牢；如木之滋培，不见其长，有时而大；如泉之有本，不舍昼夜，盈科而进。放乎四海，但知所谓功，不知所谓效，而效亦徐徐以至也。"④ 欲速则不达，急于求成，反而事倍功半；循序渐进、持之以恒，才能垒土为山、积水成河。

再次，儒家认为要做到技能专精，必须勤研精思，广收博采。一个人要成就一番事业，获得高精尖的职业技能，需要勤奋刻苦，付出相当大的代价。"业精于勤荒于嬉"，历来被儒家奉为成就事业的箴言。曾国藩曾对勤作过较全面的论述，他说："大抵勤则难朽，逸则易坏，凡物皆然。勤之道有五：一曰身勤。险远之路，身往验之；艰苦之境，身亲尝之。二曰眼勤。遇一人，必详细察看；接一文，必反复审阅。三曰手勤。易弃之物，随手收拾；易忘之事，随笔记载。四曰口勤。待同僚，则互相规劝；待下属，则再三训导。五曰心勤。精

① （魏）王弼撰；楼宇烈校释. 周易注校释 [M]. 北京：中华书局，2012：2.
② 方勇，李波译注. 荀子 [M]. 北京：中华书局，2011：5.
③ （宋）黎靖德编；杨绳其，周娴君校点. 朱子语类 [M]. 长沙：岳麓书社，1997：831.
④ 唐浩明著. 唐浩明评点曾国藩诗文 [M]. 广州：广东人民出版社，2016：233.

诚所至，金石亦开；苦思所积，鬼神亦通。五者皆到，无不尽之职矣。"① 这里虽然侧重讲为官者如何尽好自己的职责，但对于任何职业来说，身勤、眼勤、手勤、口勤、心勤都是提高职业活动能力，做好本职工作的必要条件。付出一分汗水，就会有一分收获。

要发扬勤的精神就是要全身心地投入，真正把职业当作事业去追求、去钻研。清儒蒲松龄说："性痴则其志凝，故书痴者文必工，艺痴者技必良。"② 纪昀也说："心心在一艺，其艺必工；心心在一职，其职必举。"③ 对待工作，只有具有了锲而不舍的"痴劲"，才能克服困难，获得精湛的技艺，达到很高的水平，把本职工作完成得更好。

刻苦钻研技术，还必须广收博采，积极吸取他人的成果以为己用。"他山之石，可以攻玉。"这就需要人们养成谦虚谨慎、不骄不躁的作风。技业是没有止境的，一切技业都是人类共同劳动的成果。向他人学习是为了提高自己，只有虚怀若谷才能海纳百川。"三人行，必有我师焉。"唐代白居易作诗，为了使诗文更好地表现现实生活，每当写完一首诗后，便念给村夫老妪听，根据他们的意见进行修改，终于成为一代著名诗人。明代李时珍为撰《本草纲目》，亲尝百草，以明前人之正误。徐霞客走遍祖国的名山大川，纠正了史书上的许多地理记载的失误，撰成《徐霞客游记》。正是在求实精神的驱使下，他们广征博采，才终获成功。在中国古代，这种对工作兢兢业业、精益求精的动人事例还有很多。正是先辈们的勤奋工作，在本职工作上的默默奉献，才创造了中华民族五千多年的灿烂文明。

---

① 唐浩明编. 曾国藩诗文集［M］. 长沙：岳麓书社，2015：447.
② （清）蒲松龄著. 聊斋志异：上［M］. 长沙：湖南文艺出版社，2022：87.
③ （清）纪昀著；学谦注译. 阅微草堂笔记：第3册［M］. 北京：团结出版社，2021：925.

应该指出，古代职业带有家庭传承的特征，属于低水平的手工业劳作方式，且具有封建行（帮）会性质和职业上的不平等，而以农为本的观念又限制了职业分工的发展。这种职业活动中形成的职业道德表现出许多时代的局限性，如技术封锁、眼光狭隘、保守固执等。今天，职业不再只是谋生的手段，更是人们自由发挥其才能、完善自我、为社会作贡献的重要途径。现代职业道德，将在吸纳传统职业道德中的积极成分的基础上，发展到更高的阶段。

第三节　尊师重道

中华民族素以文明古国著称于世，尊师重道，反映了古人对人类文明和道义的推崇。儒家在历史上就是以师的面目出现的，故又称"师儒"。他们力求为民之师、帝王之师、万世之师，因而积极宣扬尊师重道，不仅将其视为处理师生关系的道德要求，而且视为重要的社会公德。

一、以教兴国

由于儒家的特殊历史身份，他们高度重视、积极发展教育事业，以提高人们的文化知识水平和思想道德素质，从而推动社会文明的进步。荀子说："不富无以养民情，不教无以理民性。故家五亩宅，百亩田，务其业而勿夺其时，所以富之也。立大学，设庠序，修六礼，明十教，所以道之也。"① 董仲舒也说："古之王者……南面而治

_____

① 方勇，李波译注. 荀子［M］. 北京：中华书局，2011：446.

天下，莫不以教化为大务。立大学以教于国，设庠序以化于邑，渐民
以仁，摩民以谊，节民以礼，故其刑罚甚轻而禁不犯者，教化行而习
俗美也。"① 这些都论证和说明了教育的重要性。在儒家思想的影响
下，重视教育成为普遍的民族心理，不少古代贤哲立志为天地立心、
为生民立命、为往圣继绝学、为万世开太平，把兴学施教看作自己的
天职，以各种形式兴教办学，强调以教兴国，即以教育提高国民素
质，促进社会发展，振兴国家。

儒家提倡以教兴国，凸显了教育重要的社会政治意义。孔孟继承
了西周以来"敬德保民"的传统，主张德治仁政，而它的实质内容，
除了统治者以仁心施政、爱民惠民，就是导之以德，谨庠序之教。
"教职，以安邦国，以宁万民，以怀宾客。"② 儒家正是在此意义上强
调教育的社会作用的。

儒家认为，教育为政治的根本、基础。汉儒董仲舒说："教，政
之本也，狱，政之末也。"③ 政治是对社会生活的管理，对社会成员
行为的调控。所谓调控，即通过必要的手段调整控制社会成员的行
为，它表现为统治者根据自己的意志（阶级的意志），通过各种社会力量
和手段，促使人们遵循社会规范和行为模式，以建立和维护社会秩
序，促进社会发展。它的主要内容一是向社会成员灌输某种价值观念
和道德思想，进行积极引导；二是对偏离、违背社会规范和行为模式
的越轨行为予以限制和惩处。前者为导向，后者为纠偏。儒家认为，
导向比纠偏更为重要、更为有效。"道之以政，齐之以刑，民免而无
耻；道之以德，齐之以礼，有耻且格。"纠偏的惩处只能使人畏惧而
不敢背离社会规范，心中并无是非善恶观念，而且往往被纠的行为已

---

① （汉）班固著；赵一生点校. 汉书 [M]. 杭州：浙江古籍出版社，2000：795.
② （西周）姬旦著；钱玄，钱兴奇，王华宝，谢秉洪注译. 周礼 [M]. 长沙：岳麓书社，
2001：22.
③ 张世亮，钟肇鹏，周桂钿译注. 春秋繁露 [M]. 北京：中华书局，2012：96.

经造成了一定的社会危害；而道德的导向则使人明白什么是善恶，什么是应该不应该，启迪人们的道德自觉，耻于背离社会规范，能够防患于未然。导向即属于教育的职能。因此，董仲舒认为治天下"以教化为大务"，他指出："夫万民之从利也，如水之走下，不以教化堤防之，不能止也。是故教化立而奸邪皆止也，其堤防完也；教化废而奸邪并出，刑罚不能胜者，其堤防坏也。"① 教化之止乃是预止，是防邪止奸的根本措施。若无教化而完全依赖刑罚的惩治，则将惩不胜惩，最后导致头痛医头、脚痛医脚，无法根治其病。

因此，儒家认为，教化为政治的第一要务，在各种调控措施中，必须坚持教化优先的原则。"教化，国家之急务也。"② 急务即最迫切的任务。"古者建国，教学为先，所以道（即导）世治性，为时养器也。"③ 教化之所以被列为政治的首务，就在于它树立某种价值观念，对社会成员进行价值引导，使人们知所趋向，从而确立行为的基本原则。

儒家之所以把教育当作治国之本，除进行价值引导之外，还注重它培育人才的功能。德治仁政偏重于人治，国家的法律和其他各种行为原则与规范要人去制定，要人去执行，人才是国家政治的核心因素。"育才造士，为国之本。"④ 宋儒范仲淹说："夫善国者，莫先育才；育才之方，莫先劝学。"⑤ 人才非自然生成。一个人的知识、能力、道德均非先天固有，而是后天教化的结果。人一生下来即置于特定的文化环境中，他只有认同这一文化，才能在此环境中生存发展。每一代人的成长，都是上一辈人辛勤教育的结果。胡瑗说："致天下

① 魏文华编著. 董仲舒传 [M]. 北京：新华出版社，2003：257.
② 陈国本辑. 通鉴史论集 [M]. 北京：北京联合出版公司，2014：90.
③ 王益庸著. 孙权文选 [M]. 北京：中国文联出版社，2007：350.
④ 唐麒主编. 中国名人名言总集 [M]. 长春：时代文艺出版社，2004：309.
⑤ 姜正成主编. 忧国忧民：范仲淹 [M]. 北京：海潮出版社，2013：58.

之治者在人才，成天下之才者在教化，教化之所本者在学校。"① 教育为治国之本，就在于它培养了社会所需的大量人才。因此，儒家历来注重教育，孔子首开私学、创立儒家学派，被视为"万世师表"，历代大儒无不同时是著名的教育家。在儒家思想影响下，中国古代各个社会层次的人都重视教育，殚精竭虑地兴学宣教，如汉文帝兴学、武训行乞办学等，都对后世有很大的影响。

二、师道尊严

注重教育，必然尊师敬傅、推崇教师。所以尊师与重教是不可分割的。重教必尊师，尊师是为了更好地发展教育，二者的关系是相统一的。中国历来有尊师的传统，儒家更是积极提倡尊敬师长。荀子说："国将兴，必贵师而重傅……国将衰，必贱师而轻傅。"② 把尊师敬傅作为国家兴盛的重要条件。教育是人类崇高的事业之一，广大教师为传授文化、培养人才、提高全民族的精神文化素质默默奉献，他们的辛勤劳动促进了社会的文明与进步。这种"蜡烛"般的奉献精神，应当受到全社会的尊重。儒家认为，教师的职责是传道、授业、解惑，没有教师，就没有人类文明的传承与发展。因此，尊师敬傅不仅是对教师所从事的崇高职业和所作出的巨大贡献的尊尚，也是对体现于教师身上的传承人类文明的一种价值肯定。换句话说，尊师敬傅的实质不在于对教师个人的恭谦有礼，而是对人类文明进步的崇尚与追求。尊师就是重道。"凡学之道，严师为难。师严然后道尊，

---

① 李树新著. 槐花黄 举子忙：科举熟语的文化镜像［M］. 北京：商务印书馆，2021：319.

② 方勇，李波译注. 荀子［M］. 北京：中华书局，2011：463.

道尊然后民知敬学。"① 《礼记》中所说的"道"，是儒家修身、齐家、治国、平天下之道，是统治阶级的治国之道。师与道、尊师与尊道，以及重道、学道、卫道是联系在一起的，尊师就是为了尊道、学道。儒家以教师为人之本，对教师的社会地位予以了高度的肯定。荀子说："礼有三本：天地者，生之本也；先祖者，类之本也；君师者，治之本也。"② 君与师并列，被视为国家的根本。后世将此演化为"天地君亲师"，列为人之"五本"，人们将此制成神位加以供奉。没有教师，就没有人类的文明，就没有社会的繁荣与进步。"师之一字，是天地古今、社稷生民、治乱安危、善恶生死之关也。"③ 这种观念表明，儒家既认识到了教师责任的重大，也充分肯定了教师职业的崇高。

教师的崇高在于传道。韩愈说："古之学者必有师。师者，所以传道受业解惑也。人非生而知之者，孰能无惑？惑而不从师，其为惑也，终不解矣。"④ 儒家认为，教师要能够传道，就要求在德行与学问方面都能为人师表，足以充当人之楷模。扬雄曾说："师者，人之模范也。"所谓师表，本身就包含着为人效法的含义。师者范也，表者仪也，都是人们效法、学习的榜样。张履祥曾说："益师也者，师其道与德也。道之高，德之至，从而师之。"⑤ 人们向教师学习，对教师的推崇，就是因为他们的道德学问高于一般人。"道之所存，师之所存"，教师没有一定的道，就不成其为教师。所以，只有德才俱优者才能够充任教师。陆世仪说："凡学校之师，不论乡学、国学、

---

① 胡平生，张萌译注. 礼记 [M]. 北京：中华书局，2017：706.
② 方勇，李波译注. 荀子 [M]. 北京：中华书局，2011：303.
③ 冯克诚主编. 隋唐儒学教育思想与论著选读：下 [M]. 北京：人民武警出版社，2011：209.
④ 迟双明著. 韩愈集全鉴：珍藏版 [M]. 北京：中国纺织出版社，2020：130.
⑤ 沈灌群，毛礼锐主编；李国钧，廖增瑞编. 中国教育家评传：第 2 卷 [M]. 上海：上海教育出版社，1989：644.

太学，决当以德行学问为主。德行学问高于一乡者，即聘之为乡学之师；德行学问高于一国者，即聘之为国学之师；德行学问高于天下者，即聘之为太学之师。"① 教师是社会中优秀的人才、国家的精英。对教师的尊重，不仅仅是对教师个人的礼敬，更是对体现在教师身上的高尚道德和优秀文化的价值肯定。

儒家认为，教师为传授文化、培养人才无私地付出了辛勤的劳动，没有教师，就没有个人的成长和完善，也就没有文明的进步和国家的昌盛。"君不得师，则不知所以为君；臣不得师，则不知所以为臣。"② 推而广之，人不得师，则不知所以为人。张履祥说："师也者，有父之亲，有君之尊。"③ 教师像父亲对子女一样，关心学生的成长，为培养学生的思想文化素质倾注了毕生的心血。"学而不厌，诲人不倦"既是孔子提出的教师的必备条件，也是他自己不辞辛劳、孜孜不倦教育学生的生动写照。因此，孔子被其弟子及后人尊为圣人，"学不厌，智也；教不倦，仁也。仁且智，夫子既圣矣"④。教师要有诲人不倦的态度，同时，亦要有无私无隐的公而忘私的精神。此外，教师和学生要相亲相爱。子贡曾赞扬孔子"教不倦，仁也"。教师只有爱学生，才能教好学生。教师应注重学生的品德、人格、能力的全面培养，并将其视为自己的责任。这也是儒家对教师的要求之一。韩愈继承了孔孟在师生关系上的民主思想，在《师说》中提出了"闻道有先后，术业有专攻""弟子不必不如师，师不必贤于弟子"的观点。同时，教师对学生的成长负有重大责任，必须严格要求，才能把道德与知识传授给学生，维护师道尊严。"师严然后道尊，道尊然后民知敬学。"只有尊敬教师，才能严肃认真地对待、接

---

① 李国钧主编. 清代前期教育论著选：上 ［M］. 北京：人民教育出版社，1990：157.

② 褚东郊选注；万婵校订. 王安石文 ［M］. 武汉：崇文书局，2014：110.

③ 岳立松，邵颖涛著. 张履祥教育思想解读 ［M］. 太原：山西人民出版社，2018：94.

④ 杨伯峻，杨逢彬译注. 孟子译注 ［M］. 长沙：岳麓书社，2021：58.

受教师所传授的知识。学生接受、认同教师所传授文化的内在要求，也是对教师辛勤劳动的报答。儒家还把尊师敬长与国家的兴衰联系在一起："国将兴，必贵师而重傅。"国家要强盛，必须以文化教育为基础，故必然要求尊敬师长。轻视教师，是对文化教育的轻视，一个不重视文化教育、不尊师敬傅的民族，注定是没有前途的。

因此，儒家强调、提倡全社会尊师，把教师称为严师、良师、恩师，不仅执礼甚恭，"一日为师，终身为父"，而且修学弘道不敢稍有懈怠，形成了中华民族尊师敬傅的优良传统。如汉明帝以帝王之尊对其师傅恭执弟子之礼，为社会尊师树立榜样；史可法坚守危城，不敢负恩师于狱中，保持了彪炳的节操。其他像孔门弟子尊夫子，杨时、游酢程门立雪等，都是中国古代尊师敬傅的典型。

三、敦俗化民

尊师即重道，它是对教师所代表的人类智慧和文化价值的肯定，是对道德和学问的崇尚。在对待教育的问题上，重道就必然尊师，而在一般社会生活中，重道，或者说对人类文化的价值肯定，则表现为全社会对文明的崇尚与追求，这也是教育的固有目的、教师的重要职责。儒家提倡正风敦俗，认为教育以德育教化为中心，特别注重敦俗化民的社会教育，即致力于敦化民俗民风以达到教化民众的目的。

尊师必须重道，重道就是对道德的崇尚与追求。儒家伦理有贵义、尚义的传统，认为道德乃人之根本，是人之所以异于禽兽的内在本质。汉儒王符说："天地之所贵者，人也；圣人之所尚者，义也；德义之所成者，智也；明智之所求者，学问也。"[1] 人之所以高于动

---

[1] 张文治编. 国学治要：集部 子部 [M]. 北京：北京理工大学出版社，2014：942.

物，贵为万物之灵，就在于人有道德、智慧和学问，质言之，在于人有文化。文者德之总名，善也、美也；化者教行也，以德感人使效之也。文化也者，就是以人类创造的一切文明感化、教育每一个社会成员，培养他们的德性。"人之有道也，饱食、暖衣、逸居而无教，则近于禽兽。"① 这就说明，人之德性并非其自然属性的发展或引申，而依赖道德教化。

一个社会的风俗习惯，反映着该社会道德的发展水平和社会成员的文化素养。《汉书》载："凡民函五常之性，而其刚柔缓急，音声不同，系水土之风气，故谓之风；好恶取舍，动静亡（无）常，随君上之情欲，故谓之俗。"② 所谓风俗，就是一定社会在长期生活中积淀、凝结而成的大众化的习惯、习俗，它表现为该社会成员的一般价值取向、生活风尚与行为模式，体现在人们生活、成长的社会环境中，对人的成长和思想素质的形成有着重要的影响。但是，人不能消极地接受风俗的影响，而应积极地改变风俗与环境。说到底，风俗不是一种纯粹客观自然的现象，而是由人类共同生活创造的。因此，儒家将正风敦俗视为社会教育的重要内容，积极提倡移风易俗，以道德礼义教化民众，创造良好的社会风气。

首先，儒家认为，要正风敦俗，社会的统治者、教育者必须以各种形式为民众提供正确的价值导向。风俗具有可变性，能够加以改造；民众的思想素质具有可塑性，必须对民众进行积极引导。"蓬生麻中，不扶而直……其质非不美也，所渐者然也。"③ 风俗对人具有极大的渗透性影响，而有力的引导则有助于人们接受其积极影响，克服不良习气的消极影响。这就需要对民众积极进行道德教化，与潜移

---

① 杨伯峻，杨逢彬译注. 孟子译注［M］. 长沙：岳麓书社，2021：104.
② （汉）班固著；赵一生点校. 汉书［M］. 杭州：浙江古籍出版社，2000：568-569.
③ 方勇，李波译注. 荀子［M］. 北京：中华书局，2011：3.

默化之间形成的不良习气相抗衡。"教则易为善，善而从正，国之所以治也；不教则易为恶，恶而得位，民之所以殃也。"① 所谓教善，就是对民众进行正面的引导，促进他们树立是非善恶观念，懂得什么是应该的、什么是不应该的。"服民以道德，渐民以教化。"② 教之以德，是为了在全社会树立正确的价值观念，积极发挥健康风俗的正面影响。"'教化者，朝廷之先务；廉耻者，士人之美节；风俗者，天下之大事。'朝廷有教化，则士人有廉耻；士人有廉耻，则天下有风俗。"③ 这里的风俗，就是指通过教化建立起来的淳风美俗。

其次，正风敦俗就是提倡崇尚文明、追求良好的社会风气。在这方面，社会的统治者和教育者负有重大的责任。所谓风俗，是人们的一种从众的心理的表现。从众并不是一般社会成员的相互效仿，而主要是一般社会成员对于具有表率作用的少数社会榜样的认同。"夫风化者，自上而行于下者也，自先而施于后者也。"④ 儒家强调，正风敦俗需要社会上层的表率与表彰，上率以正，其下自然正。统治者自身的道德修养，是形成良好社会风气的重要因素。同样，担负着传播文化、教育民众责任的教师，对于良好风俗的形成也负有重要责任。北宋大臣吕大防"尝为乡约曰：'凡同约者，德业相劝，过失相规，礼俗相交，患难相恤。有善则书于籍，有过若违约者亦书之。三犯而行罚，不悛者绝之'"⑤。乡约是正风敦俗的典型。以乡约互相规劝，能够对当地风俗进行教化和监督。"化民成俗，基于学校，兴贤育德，责在师儒。"⑥ 教师承担着对社会成员进行思想文化教育的责任。教育本身就是一个引导的过程。教育的内容就是民众学习、效法的内

① 顾明远主编. 中外教育思想概览：上 [M]. 广州：广东教育出版社，2009：219.
② （宋）欧阳修著. 欧阳修集编年笺注：第4册 [M]. 成都：巴蜀书社，2007：462.
③ 李永祜，郭成韬导读. 顾炎武集 [M]. 南京：凤凰出版社，2020：256.
④ 杨光祖著. 家训今绎 [M]. 兰州：读者出版社，2023：59.
⑤ （明）李贽编著. 藏书 [M]. 北京：商务印书馆，2020：631.
⑥ 赵尔巽等撰. 清史稿：第84卷 [M]. 长春：吉林人民出版社，1995：1806.

容。对青年学子而言，正确的教育可以帮助他们树立正确的价值观念，提高其思想道德素质，培根固本，增强他们抵御不良习气影响的能力。对社会而言，积极的教化则是提倡正确的价值导向，使民众知所趋向，以建立良好的社会风气。因此，教师作为人之师表，在正风敦俗的过程中起着至关重要的作用。"为国欲致升平，必厚风俗；欲厚风俗，必正士习；欲正士习，必重师儒。"[①] 尊师重道，关系到社会的昌盛、风俗的淳正、民众的文明。

　　总而言之，尊师重道反映的是对人类文化的价值肯定，对人类道义的崇尚与追求的德行。中国儒家以教化民众、德泽古今天下为己任，执着追求人类文化的发展与完善，为提倡良好的社会风气、提高民族的思想文化素质作出了卓越的贡献，使全社会形成了尊师重道的道德传统，并凝结为我们国家尚文明、崇道义的民族精神。当然，由于历史的局限，儒家尊师重道的思想包含着许多与现代不相适应的因素，如提倡师道尊严、教化"三纲五常"等。从根本上说，无论尊师还是重道，都是从统治阶级的长远利益出发，是为封建专制社会服务的。我们在继承儒家尊师重道的传统时，应当剔除这些与现代社会发展不相适应的内容。

第四节　交友以德

　　朋友属"五伦"，是中国古代社会重要的道德关系之一。在"五伦"中，朋友比其他"四伦"有着更多的平等因素，体现了人与人之间相互关心、相互爱护、相互帮助的精神，表露了人与人之间纯

① 秦望龙编著. 清言小品菁华［M］. 兰州：甘肃人民出版社，2013：240.

洁、高尚、深厚的情谊。人是社会性存在物，只能存在于特定的人际关系中，与他人相互依赖。人际关系的和谐，既有利于个人的生活，也有利于个人的完善，而人际关系和谐的一个重要表征就是朋友关系和谐。因此，儒家极为重视朋友关系，列之于"五伦"，阐述了大量的交友的道德。

一、同志为友

《诗经·小雅·伐木》曾说，小鸟嘤嘤地叫，寻找同伴的和声，作为人，怎能不寻找自己的友人呢？《礼记·学记》："独学而无友，则孤陋而寡闻。"① 人生在世不能没有朋友，人们在生活、学习、工作中，都离不开朋友之间的相互交流、砥砺和帮助。朋友能满足一个人对归属的需要，强化被社会认同的感受，增加其自信心。"有朋自远方来，不亦乐乎？"相反，没有朋友，形影相吊，将使人感到孤独、无助。荀子曾说："得良友而友之，则所见者忠信敬让之行也。身日进于仁义而不自知也者，靡使然也。"②

儒家认为，真正的朋友必须建立在志同道合的基础之上，子曰："无友不如己者。过，则勿惮改。"③ "无友不如己者"意思是不要跟与自己志向不同的人交朋友，有了过错就不要怕改正，只有这样才能见贤思齐，有道而正。"同志为友"，强调择友的标准。怎样交朋友、交什么样的朋友，不仅反映着一个人的人生态度和道德面貌，还关系着他的生活幸福、德性修养和事业成功。明清之际儒者魏象枢说："朋友之格八：有道德相亲而交者，有学问相成而交者，有气节相感

---

① 胡平生，张萌译注. 礼记 ［M］. 北京：中华书局，2017：703.
② 方勇，李波译注. 荀子 ［M］. 北京：中华书局，2011：389.
③ 杨伯峻译注. 论语译注 ［M］. 北京：中华书局，1958：6.

而交者，有然诺相信而交者，有政治相助而交者，有才技相合而交者，有诗文相尚而交者，有山水相娱而交者。下此者群居狎处，卑卑不足道矣。"① 魏氏此言概括了八种不同类别的朋友，而一言以蔽之，则可曰志同道合。唯志同道合，才能声气相求、长短相成、荣辱与共、患难相助，即《周易》云"君子以类族辨物"②。儒家强调，所同之志必须同于道，而不是任何别的东西。除上述八类之外，在日常生活中还可以见到大量酒肉相好、财货相恋、权势相资、声色相狎、血气相激的朋友，这些朋友也能够意气相投，与共所好。但他们所同者，无非势与利，其友谊建立在私欲基础之上，往往具有偶然性、易变性、庸俗性。"势利之交，难以经远。"③ "是故以利交易者，利尽则疏；以势交通者，势去则反。朝摩肩而暮掉臂，固矣。"④ 声色、财货、权势、气勇，都不具有永恒性，不仅多变，而且往往不能被主体自己主宰，或者说，它们都是主体的外在属性，以此为标准交友，必然浅薄、浮躁甚至虚伪。

物以类聚，人以群分。子曰："道不同，不相为谋。"⑤ 孟子曰："友也者，友其德也，不可以有挟也。"⑥ 荀子云："友者，所以相友也。道不同，何以相有也？"⑦ 人与人之间也是同声相应、同气相感、同类相依、同义相亲、同遭相成、同难相济、同艺相规。交友之同，必须是共同的志趣。陆九渊说："人之技能有优劣，德器有大小，不必齐也。至于趋向之大端，则不可以有二。……友者，所以相与切磋

---

① 中华文化通志编委会编；王春瑜撰. 中华文化通志：交谊志［M］. 上海：上海人民出版社，1998：254.

② （魏）王弼撰；楼宇烈校释. 周易注校释［M］. 北京：中华书局，2012：54.

③ 马黎丽，诸伟奇编著. 诸葛亮全集［M］. 合肥：安徽文艺出版社，2015：123.

④ （明）李贽著；陈仁仁校释. 焚书·续焚书校释［M］. 长沙：岳麓书社，2011：585.

⑤ 杨伯峻译注. 论语译注［M］. 北京：中华书局，1958：177.

⑥ 杨伯峻，杨逢彬译注. 孟子译注［M］. 长沙：岳麓书社，2021：197.

⑦ 方勇，李波译注. 荀子［M］. 北京：中华书局，2011：465.

琢磨以进乎善，而为君子之归者也。其所向苟不如是，恶可与之为友哉？"① 道不同不相为谋，朋友之间，只有志趣相投，才能够在人生的旅途上相互帮助、共同进步、共同完善。

儒家追求的是个人和社会的道德完善，人生的志向根本就在于此。同此志向者，才是良友、益友，才能够在高尚的境界中产生情感的共鸣和心理的认同。因此，志同道合的择友标准，必须是道义和德业。北宋名儒欧阳修在其《朋党论》中说："大凡君子与君子以同道为朋，小人与小人以同利为朋，此自然之理也。……小人所好者，利禄也；所贪者，货财也。当其同利之时，暂相党引以为朋者，伪也；及其见利而争先，或利尽而交疏，则反相贼害……君子则不然，所守者道义，所行者忠信，所惜者名节。以之修身，则同道而相益；以之事国，则同心而共济，始终如一。此君子之朋也。"② 远大的志向才能产生高尚的情义，光辉的人格才能滋润深厚的友谊。德业、道义的感染力、亲和力远远大于权势、财货、声色，它在人类本性层次上相互交通，是心灵与生命的共振。以此为基础建立的友谊，已经超越小我之私，能够在人类进步与完善的事业中携手共进，不因岁月、权势、财货、声色、甘苦而改易，使朋友真正成为人生道路上的良师益友。

所以，儒家强调慎交，要求人们以德交友、以友辅仁，交友要本于道义、为了道义。"友也者，友其德也。"这就是说，要以道义、德业作为择友的标准，结有德之朋，绝无义之友。梁代刘峻在其《广绝交论》中，提出要杜绝卖身投靠的"势交"、佞富却贫的"贿

① （明）大围山人等纂；萧悟了编译. 新菜根谭［M］. 广州：广东人民出版社，1995：364.
② 上海辞书出版社文学鉴赏辞典编纂中心编. 古文鉴赏辞典［M］. 上海：上海辞书出版社，2021：1135-1137.

交"、巧言善辩的"谈交"、同病相怜的"穷交"和计利而后接的
"量交"。儒家十分珍视友谊，交友的态度十分严肃，严格坚持以德
择友的标准，追求理想的高尚同志、心灵的纯真契合、情谊的坚贞和
谐。在儒家思想影响下，中国古代出现过许多展现高尚友谊的动人事
例，像"知己"的管仲和鲍叔牙，"知心"的羊角哀与左伯桃，"知
音"的俞伯牙与钟子期，都表现了纯真友谊在道义上的坚贞契合。
而管宁割席绝华歆、嵇康与山涛绝交，则反映了古人以德择友及其交
友标准的严肃性。

二、道义相规

朋友以志同道合相维系，是人生旅途中可以相互信赖、相互扶
持、相互进益的伴侣。真正深厚的友谊，能够增进人的生活幸福与德
性完善。儒家交友，就是为了"以友辅仁"。孔子曾把朋友分为"益
友"和"损友"，他说："益者三友，损者三友。友直，友谅（意为诚
信），友多闻，益矣。友便辟（不正直），友善柔（工于媚悦），友便佞（巧言
虚浮），损矣。"① 朋友的帮助，应当符合道义，有利于个人的完善，
而绝非不顾社会行为原则和价值观念，一味投其所好。前者为益友，
后者表面上对朋友很好，而实际上是害了朋友，故称为损友。因此，
儒家认为，朋友关系作为相互依赖、相互扶持的密切的人际关系，有
一个极其重要的功能，即以德业相劝勉，以道义相砥砺，共同促进德
性的完善。

首先，朋友应该相互切磋，成为共同事业中亲密的合作伙伴。孔
子曰："君子以文会友，以友辅仁。"② 荀子也有云："夫人虽有性质

---

① 杨伯峻译注. 论语译注 [M]. 北京：中华书局，1958：182.
② 杨伯峻译注. 论语译注 [M]. 北京：中华书局，1958：139.

美而心辩知，必将求贤师而事之，择良友而友之。"① 任何人都生活于特定的环境之中，不可避免地受到自己所处的人际关系的影响。入芝兰之室，久而不闻其香；入鲍鱼（一种咸臭鱼）之肆，久而不闻其臭：习惯同化使然。其中，朋友对人的影响有着极为重要的作用。交友本身就反映了一个人的人生态度和道德追求，近朱者赤，近墨者黑。"善人同处，则日闻嘉训；恶人从游，则日生邪情。"② 真正的朋友，就应该在事业上相互促进、相互帮助。这是一个人对自己的朋友在道义上所承担的责任。"友以助道，友以辅仁，行高责重，列于五伦。"③ 朋友之所以可贵，其原因就在于此。"夫士立争友，义贵切磋。"④ 一个人要有所作为，不能独自担大任，需要朋友的支持和帮助。俗语云：一个篱笆三个桩，一个好汉三个帮。"夫将有为之士，常喜其类，盖类同则志合，志合则力并，力并则事可行，功可成。"⑤ 任何人的事业成功、德性完善，离开了朋友都是极为困难的。因此，儒家强调朋友必须是德业上"讲贯切磋"的同志，而不能只是"追随游玩"的伙伴。王肯堂曾深刻指出："交友之旨无他，彼有善长于我，则我效之；我有善长于彼，则我教之。是学即教，教即学，互相资矣。向使彼善不足以效，彼不善不足以教，其与群嬉以谑，而虚糜驹隙（驹隙喻时间）者何以异哉?"⑥ 所谓切磋，就是在德业上相互学习，共同探讨，取人之长补己之短，此即交友的目的。若舍此不为，则与市井小人群居狎处、嬉笑戏谑无异。

其次，朋友之间应该勇于攻过，以道义相规劝。交友以进德，善

① 方勇，李波译注. 荀子［M］. 北京：中华书局，2011：389.
② （清）严可均辑. 全后汉文：下［M］. 北京：商务印书馆，1999：647.
③ 吾仁选注. 新编蒙学宝典［M］. 北京：中央民族大学出版社，1996：201.
④ （清）严可均辑. 全后汉文：下［M］. 北京：商务印书馆，1999：809.
⑤ 徐少锦，温克勤主编. 中国伦理文化宝库［M］. 北京：中国广播电视出版社，1995：667.
⑥ 杨清波主编. 新编菜根谭：处事卷［M］. 延吉：延边大学出版社，2001：322.

者相互学习，不善者相互监督、相互批评。儒家认为，能不能做到这一点，是衡量朋友是不是真心待人，是不是良友、益友的重要标志。朱熹指出："大凡敦厚忠信，能攻吾过者，益友也；其诒谀轻薄，傲慢亵狎，导人为恶者，损友也。"① 吕坤也说："须是德业相劝勉，过失相箴规，乃为益友。"② 在儒家的观念中，朋友绝非玩伴，而是志同道合的知己。朋友不仅应该增进相互的幸福，更有义务促进相互间的共同完善。文过饰非，阿谀奉承，绝非真正的朋友所当为，也绝非友好的表现。东晋葛洪在其体现儒家思想的《抱朴子外篇》中曾详细阐述过这一观念。他说："善交狎而不慢，和而不同，见彼有失，则正色而谏之，告我以过，则速改而不惮，不以忤彼心而不言，不以逆我耳而不纳，不以巧辩饰其非，不以华辞文其失。不形同而神乖，不匿情而口合，不面从而背憎，不疾人之胜己。护其短而引其长，隐其失而宣其得。"③ 朋友之间要做到"闻善以相告也，见善以相示也"④，"我有善长于彼，则我教之"，肯定和学习朋友身上的优点和长处，做到"一人有善，其心好之"⑤，"彼有善长于我，则我效之"。君子和而不同，小人同而无和。和实生物，同则不济。以此原则交友，则表现为朋友间的情义、团结应以道义为基础，而不能讲求无原则的一团和气或江湖义气。对于朋友的过失不能视而不见，更不能违心地饰非掩丑，而应提出恳切的批评，帮助他改正，真正的朋友不会因批评可能触犯对方而有所顾忌。同样，对于朋友对自己的批评也不能有抵触情绪，而应认识到那是朋友对自己的帮助，体现了朋友深切的情谊，有则改之，无则加勉。对朋友，不能口是心非，表里不一，

---

① 方羽编著. 中国古代家训三百篇［M］. 北京：商务印书馆，2019：216.

② 徐梓，王雪梅编. 蒙学要义［M］. 太原：山西教育出版社，1991：50.

③ 徐少锦，温克勤主编. 中国伦理文化宝库［M］. 北京：中国广播电视出版社，1995：666.

④ 胡平生，张萌译注. 礼记［M］. 北京：中华书局，2017：1156.

⑤ 张文治编. 国学治要：集部 子部［M］. 北京：北京理工大学出版社，2014：937.

更不应该嫉妒朋友，见其有过失，或有意文饰增其过，以看其速毁，或恶狠狠地到处指责尤其是在背后夸大、攻击。

因此，儒家认为，朋友之间以道义规勉，应该讲究方式方法。王守仁说："责善，朋友之道，然须忠告而善道之。悉其忠爱，致其婉曲，使彼闻之而可从，绎之而可改，有所感而无所怒，乃为善耳。若先暴白其过恶，痛毁极诋，使无所容，彼将发其愧耻愤恨之心，虽欲降以相从，而势有所不能，是激之而使为恶矣。"① 批评朋友的过失，是为了帮助他改正，而并非评价或贬低、打击对方。所以，责善，一要从善意出发；二要坦诚正直；三要言辞委婉；四要晓之以理，动之以情，而不能极尽毁诋之能事。"故凡评（攻击）人之短，攻发人之阴私以沽直（换取正直的名声）者，皆不可以言责善。"② 特别要反对那种当面只说好话，背后非议诋毁的行为，这绝非朋友所为，将严重伤害朋友间的情谊。

道义相规，就是要求朋友间以德业维系友谊、增进友谊。相互帮助、相互批评，才是真正的相互爱护、相互关心。只有以促进德性完善为目的，才可能拥有纯洁、高尚的友谊。儒家的这些思想，对于我们今天交友乃至处理一般的人际关系，仍然有着十分现实的启迪意义。

三、患难与共

朋友关系是过往密切、心意契合的人际关系。友谊是人间真情的流露，是共同志趣滋育出的纯洁、高尚的情谊，也是人类值得珍惜的

① （明）王守仁著；《文白对照王阳明全集》编委会主编. 文白对照王阳明全集：第6册[M]. 北京：团结出版社，2020：2646.
② （明）王守仁著；《文白对照王阳明全集》编委会主编. 文白对照王阳明全集：第6册[M]. 北京：团结出版社，2020：2646.

情感之一。没有情，就不能称友。朋友关系与一般的人际关系不同之处，就在于它有着心灵熔铸、贞信不渝、患难相依的深厚情谊。儒家把朋友列为"五伦"之一，足见其对友谊的重视。

同志为友，志同道合才能成为朋友。儒家认为，朋友首先要能够相互理解，心灵和情感都能深深地契合。俗语云：千金易得，一友难求。人生难得一知己，难就难在做到相互间深切地理解。任何人都是存在于社会的独立个体，都有独特的生活、观念、理想、情感、需要、追求、经历等，这种个性的差异丰富了社会生活，也带来人与人之间相互理解的困难。"音实难知，知实难逢，逢其知音，千载其一乎！"① 作为社会存在物，人有着归属的需要，希望能认同他人并得到他人的认同，但是，个性差异造成了认同的障碍，使得人与人之间的行为和心理难以高度契合。朋友就是人际交往中比一般人更能理解自己的人。无论理解还是被理解，一旦达到一定的深度，就会产生巨大的心理效应，即激发出精神的共振、情感的依恋，从而建立起纯真、牢固的友谊。真诚的友谊滋生于相互间深深的理解，而不是物质利益的交换。"人生贵相知，何必金与钱。"② 以权势、声色、财货维系的友谊都难以持久，只有相互理解，心灵深深地契合，才能使友谊牢不可破。春秋时的管鲍之交，被后儒树为朋友间相互理解的典型。管仲分财多取，鲍叔牙不以为贪而知其贫；管仲谋事不成，鲍叔牙不以为愚而知其条件不利；管仲三次做官而被撤职，鲍叔牙不以为无能而知其机遇不好；管仲曾三战三逃，鲍叔牙不以为怯而知其孝母；管仲辅公子纠失败后幽囚受辱，鲍叔牙不以为无耻而知其不羞小耻：其耻在于功名不显于天下，故极力向齐桓公推荐管仲为相。管仲之所以能够辅佐桓公称霸天下，其原因中有知己朋友鲍叔牙的无私支持与

---

① 黄侃著. 文心雕龙札记［M］. 北京：北京理工大学出版社，2020：345.
② 周青云编注. 历代诗词曲精选［M］. 长沙：湖南大学出版社，2004：92.

帮助。故管仲后来感叹说："生我者父母，知我者鲍子也。"（《史记·管晏列传》）朋友间的深深理解，能够成为人生道路上的巨大精神动力。知己、知心、知音，就是千百年来人们对于朋友间相互理解的高度概括。

相互理解促进了朋友间的相互认同，缩短了心理的距离，加深了情感的联系。儒家认为，朋友在道义上承担着相互帮助的责任，有义务维持、发展友谊，忠于友谊。《白虎通义·谏净》总结朋友之道说："近则正之，远则称之，乐则思之，患则死之。"① 这是说朋友在一起时要相互责善，远离时要扬其善名，快乐时要与其共享，患难时要生死与共。为此，儒家强调朋友之间一要诚信，忠于友情。曾参每日三省，其一即"与朋友交而不信乎"；孔子也强调"与朋友交，言而有信"。只有真诚相待，才能产生纯真的友情。友谊容不得虚伪。二要有恒，对待朋友，应始终如一，绝不能朝三暮四。《尚书》有言："人惟求旧。"② 朋友越老感情越真越深。俗话说："路遥知马力，日久见人心。"绝不能因时间的流逝而让友谊也随之消失。"夫善交者，不以出入易意，不以生死移情。"③ 同样，也不能因为空间距离而疏离朋友，"海内存知己，天涯若比邻"。真正的友谊是两颗心灵的相印，高尚的情谊能够克服时间和空间的障碍让朋友之心紧紧依偎在一起。三要坚贞，富贵不淫、贫贱不移。"一死一生，乃知交情。一贫一富，乃知交态。一贵一贱，交情乃见。"④ 在任何情况下对朋友都忠贞不渝，才能显示出友谊的高尚与纯真，才能够在德业和人生的道路上与朋友相互依赖、寄托。

在一般情况下，朋友之间分享快乐比较容易做到。同甘易为，共

---

① （清）陈立撰；吴则虞点校. 白虎通疏证：第1辑 [M]. 北京：中华书局，1994：241.
② 姜建设注说. 尚书 [M]. 开封：河南大学出版社，2008：94.
③ （北齐）刘昼撰；杨明照校注. 刘子校注 [M]. 成都：巴蜀书社，1988：227.
④ 张大可，丁德科著. 史记观止 [M]. 北京：商务印书馆，2016：476.

苦维艰。共苦，就是要求朋友分担对方的痛苦，抚慰对方的贫瘠，解除对方的忧患，成为对方患难之中的坚定伙伴、坚强的精神支柱和物质后盾。患难见真情，患难是检验友谊的试金石。因此，儒家强调朋友之间应该患难与共。"友也者，犹涉险之有助也。"① 人在困难的时候，特别需要帮助，而在困难中得到的帮助，最令人刻骨铭心。有福同享，有难同当。孔子弟子子路就曾经说过："愿车马衣轻裘与朋友共敝之而无憾。"② 与朋友共者，更可贵的在于共患难。《白虎通义·三纲六纪》曾言："朋友之交……货则通而不计，共忧患而相救。生不属（通'嘱'），死不托。"③ 朋友之间在财物上互通有无，当朋友处于患难之中时，更应该积极主动地救助，无论活着或者已经死去都用不着依附于人。只有相互间深深地理解，才能急朋友之所需、救朋友之所危。

与朋友共患难，还有一层含义，即不忘贫贱之交，不攀富厌贫。东汉宋弘曾说道："贫贱之交不可忘。"魏象枢在其《友箴》中也说道："贫贱之交不可忘也。方贫贱时，岂其无因者，患难相恤也，有无相通也。"儒家强调交友须以道义为重，富贵与道义二者并不自然统一。富贵并不意味着有道，贫贱也不等于失德。在一个物欲横流的社会中，清贫往往还反映出德性的纯洁。朋友绝交不绝交的原则是有义与否，而不是贫贱富贵。另外，交友是为了进德，而不是为了从朋友那里得到好处。友谊是一种神圣、纯洁的感情，任何人都应当珍惜、忠于友情，不能因贫富而变易友情。清儒张伯行曾对如何处理交友中的贫富关系作过详细阐述，他说："我先贫而后富贵，则旧交不可弃，而新者未必不以势力相依。我先富贵而后贫贱，则旧交不

---

① 温克勤著. 人之友 ［M］. 天津：南开大学出版社，2000：30.
② 杨伯峻译注. 论语译注 ［M］. 北京：中华书局，1958：55-56.
③ 张文治编. 国学治要：集部 子部 ［M］. 北京：北京理工大学出版社，2014：937.

恃，而新者或以道义相结合。友先贫贱而后富贵，我当察其情，恐我欲亲友，而友或疏我也。友先富贵而后贫贱，我当加其敬，恐友防我之疏，而我遂自处于疏也。"① 当"我"富贵时，绝不抛弃贫贱的旧交；当"我"贫贱时，所交结的朋友更加纯真。朋友富贵后，"我"绝不降格依附；朋友贫贱时，"我"应倍加亲敬。"我"先富贵后贫贱，友先贫贱后富贵，旧交不可信赖，这是对趋炎附势者的鞭笞。贫贱之交比富贵之交更加纯洁、高尚，更加值得珍惜。

患难与共是以道交友、道义相规的深刻体现，它充分表现了朋友之间超越贵贱、荣辱的高尚情义和志同道合的同呼吸、共命运的亲密关系，凸显了对友谊的忠贞不渝。

但是，儒家也看到朋友之交毕竟是个人之间的情谊，包含了更多的个人的特殊性和情感的成分，因此又提出了不能以私谊而害公义的主张，强调公义高于私谊，认为一旦私谊危害了公义，就应该予以节制，甚至终止朋友之间的交往。朱熹说："朋友之交，责善所以尽吾诚，取善所以益吾德，非以相为赐也，然各尽其道而无所苟焉，则丽泽之益，自有不能已（尽意）者。"② 朱熹的这段话，就包含了这个意思，可以说把儒家的交友之道的精髓概括得十分精当。

维新志士谭嗣同认为，传统"五伦"中只有朋友具有积极的意义，具有较少的封建蒙昧性。的确，儒家的交友之德包含了许多精华，形成了中华民族重友好、笃情谊的优良传统，值得我们发扬光大。当然，其中也包含不少受制于时代的落后因素，如受宗法关系影响而形成的江湖义气、士为知己者死的狭隘观念等，对于这些也必须予以批判、剔除。

---

① 李桂英编. 人生格言精华：下册［M］. 长春：吉林文史出版社，1999：335.
② 曾枣庄主编. 宋代序跋全编［M］. 济南：齐鲁书社，2015：4304.

第五节 严己宽人

道德是调整人际关系的行为规范，它要求人们在处理人际关系时使自己的行为符合特定的准则，以此约束自己的思想与言行。作为一种主体性行为，所谓道德，可以说是人们对行为的自觉选择，这种选择就意味着对未选择的行为方式的排除，因而是一种自我约束。所以，对于现实生活中的人而言，道德首先并非限制他人的行为，而是自我要求，自我完善。根据这一精神，中国儒家伦理道德在处理人际交往的问题上要求人们严己宽人，强调严于律己，宽以待人。但是它又不同于佛教不憎恶人的宽容，坚持严己与宽人都必须坚持道义的原则，在是非善恶的原则问题上，不允许无底线的宽容。

一、严于律己

儒家道德以促进人的自我完善为目的，从其整个理论倾向来看，注重道德修养的自觉性，强调自律、克己，并提出了一系列的修养方法，如去欲、灭私、改过、谨微、慎独等，教育人们对自己严格要求，不能有一丝一毫的松懈。

这种精神贯彻于人际关系处理之中，要求严己宽人，对自己应要求严格，对他人应大度宽容。"宽容"一词在先秦典籍中就已出现，《庄子·天下》载："常宽容于物，不削于人。"① 孔子提出"躬自厚

---

① 陈鼓应注译. 庄子今注今译 [M]. 最新修订版. 北京：商务印书馆，2007：1012.

而薄责于人"①，《尚书》主张"与人不求备，检身若不及"②"宽而栗""克宽克仁，彰信兆民"③。一方面，生活的幸福、道德的完善取决于自己的主观努力，而不由他人赐予。只有严格要求自己，须臾不离道义，才能实现本性的完善，达到与道的统一。为仁由己，即须克己复礼。另一方面，在与人交往的过程中，对己严对人宽，才能建立良好、和谐的人际关系。特别是当与人产生矛盾、误会时，严己宽人，有利于缓解冲突、化解矛盾。荀子说："故君子之度己则以绳，接人则用抴（通'枻'，音义，船夫接引客人登舟的短桨）。度己以绳，故足以为天下法则矣。接人用抴，故能宽容，因求以成天下之大事矣。"④度己以绳，即严格按照道德礼义等行为规范要求自己。这是从主体自己立身而言。如孔子所言："修己以安人"，"修己以安百姓"。道德的功用在于完善个人与社会，正己、正人、正天下。儒家认为，正己然后能正人、正物、正天下。故严己不仅关系到主体自身的进德，而且将对他人和社会的完善产生积极的影响。而对待他人，则不能过于严厉，应当以宽厚之心引导、鼓励。

儒家强调严格要求自己，这种精神首先是圣人人格和礼仁观念中的客观精神的体现，还是一种主观追求。孔子将这种主观追求概括为"克己""修己"。孔子说："为仁由己，而由人乎哉?"⑤这是经由自身努力可以到达的"仁"，也是对自己的严格要求。其次是追求道德上的进步与完善，以合乎君子的标准。韩愈曾对严己宽人予以极大推崇，而贬斥宽己严人的行为。他说："古之君子，其责己也重以周（严格而全面），其待人也轻以约（宽容而简略）。重以周，故不怠；轻以

① 杨伯峻译注. 论语译注［M］. 北京：中华书局，1958：172.
② 姜建设注说. 尚书［M］. 开封：河南大学出版社，2008：324.
③ 陈戍国点校. 四书五经：上［M］. 长沙：岳麓书社，2023：189.
④ 方勇，李波译注. 荀子［M］. 北京：中华书局，2011：63.
⑤ 杨伯峻译注. 论语译注［M］. 北京：中华书局，1958：130.

约，故人乐为善。……今之君子则不然，其责人也详，其待己也廉。详，故人难于为善；廉，故自取也少。"① 只有严格要求自己，才能进德不懈，若放松了对自己的要求，就无法在德业上有所收获。对待他人，应当宽容大度，这样有利于他人的进步，若过于刁难，则将妨害进德。

严于律己，就是以远大的理想鞭策自己，追求高尚的道德，以社会尊崇的道德原则和规范严格要求自己，增强践德履道的自觉性，行为有了过错、与他人发生了冲突，首先反省自己，绝不文过饰非，把责任推诿于他人。儒家提倡推己及人的行为和思想方式，强调人们以某一原则要求他人时，首先应以之要求自己。"以责人之心责己则寡过。"② 所谓严格，就是人们在现实生活中要求他人遵守的原则首先要求自己做到，并非都须有相当高的标准。这是儒家提出的一条操作性极强的行为方针。在人际交往中，自己想要的没有得到，或与他人发生冲突，也都应当反省。"同游而不见爱者，吾必不仁也；交而不见敬者，吾必不长也；临财而不见信者，吾必不信也。三者在身，曷怨人？怨人者穷，怨天者无识。失之己而反诸人，岂不亦迂哉！"③ 在日常交际中，自己怎样待人，人也就怎样待己。人待"我"不善，"我"之所欲未能满足，应当检讨自己的行为是否做得够好，是否尽了自己最大的努力。怨天尤人，不仅于事无补，反而会导致自己的消沉与刻毒，造成与他人更大的矛盾。石成金在《传家宝》中说得好："过失还当归己，是非莫去尤人。责己己能无过，尤人人不相亲。"④

严格要求自己，一从积极方面而言，如孟子提出了"反身而

---

① （清）乾隆御定；乔继堂点校. 唐宋文醇：上 [M]. 上海：上海科学技术文献出版社，2020：1-2.

② （清）王永彬撰；雷明君译评. 围炉夜话 [M]. 武汉：崇文书局，2020：10.

③ 方勇，李波译注. 荀子 [M]. 北京：中华书局，2011：493.

④ （清）石成金编；喻岳衡校订. 传家宝：第1集 [M]. 长沙：岳麓书社，2002：177.

诚"，并以"守身""修身""知性""养性""寡欲""正心"等为严格要求自己的方法和原则，所以孟子说："君子之守，修其身而天下平。"① 二则从消极方面说，人不能原谅自己的任何过失。"人不可自恕，亦不可令人恕我。"② 人们在进行道德反省时最难做到公正的就是对自己的评价。有的人总是觉得自己什么都好，有了什么过错也要千方百计地寻找理由为自己辩护，自己原谅自己、安慰自己，并进而要求别人也同样原谅自己。儒家认为，首先，人们在人际交往中严己宽人，应不原谅自己的过失，对他人的过失要宽容、谅解，但绝不能反过来要求他人原谅自己的过失。严己，应该对自己严，要求他人也对自己严。其次，严格要求自己应当坚持道德标准的严肃性，特别要反对小节无害论。"人之犯小过，愧作悔恨如犯大恶，夫然后能改过。'无伤'二字，修己之大戒也。"③ 儒家强调，过失无论大小，都是过失，均应坚决改正。任何大凶大恶都并非一朝一夕所致，而是朝朝夕夕的积累。小过不改，积聚渐多即成大恶。严于律己，在某种意义上特别表现为防微杜渐，越小的过失越不放过，才是真正地严格要求自己，才能在大的问题上保持德性的纯真。严，就严在视小过如大错，绝不以小过错无伤大节而放纵自己，否则，终将有亏大节。做到了这一点，才能够正确地对待自己，正确地对待他人。

义是个体严于律己的最高行为准则。《孟子·告子上》曰："生亦我所欲也，义亦我所欲也；二者不可得兼，舍生而取义者也。"他所说的"所欲有甚于生者，所恶有甚于死者"都是就义而言的。荀子指出："水火有气而无生，草木有生而无知，禽兽有知而无义，人有气、有生、有知，亦且有义，故最为天下贵也。"④ 这就把义作为

---

① 杨伯峻，杨逢彬译注. 孟子译注 [M]. 长沙：岳麓书社，2021：285.
② 江河主编. 世界名言大观 [M]. 哈尔滨：黑龙江人民出版社，1996：238.
③ 李桂英编. 人生格言精华：上 [M]. 长春：吉林文史出版社，1999：98.
④ 方勇，李波译注. 荀子 [M]. 北京：中华书局，2011：127.

人区别于禽兽的标志。故此，人之为人，是因为人之有义；反之，无义则非为人类，而乃禽兽草木之属，甚至被斥为"禽兽不如"。

二、宽以待人

曾参曾把孔子之道概括为"忠恕"。忠即忠诚、尽己，恕乃推己、体谅。所谓恕，即以爱己之心爱人。仁者爱人，要爱人，就必须关心人、尊重人、帮助人，而不能苛求、残贼、嫉恨人。可以说，宽以待人是儒家仁爱道德在人际交往中的重要体现，宽的精神实质就是爱。我们对他人有基本的道德义务。

人是有个性差异的存在，在人际交往中，应当承认、尊重这种个性差异，求大同存小异。因此，儒家要求人们对待他人应大度、宽容，不能强求他人与自己一致，更不能容不得不同意见，排斥异己。元代王恽说："大丈夫当容人，勿为人所容。"[①] 明代《名贤集》也说："量小非君子，德高乃丈夫。"都强调对人应宽容。一个道德高尚的人，应该有宽广的胸襟、恢宏的气量。"有杯盂之量，有池沼之量，有江海之量，有天地之量。天地之量，圣人也；江海之量，贤人也；池沼之量，中人也；杯盂之量，则小人矣。"[②] 心胸度量的大小反映一个人道德素质的高低。有容乃大，天地可容万物，江海可容百川，池沼能容塘水，杯盂仅容数滴。容百川方有江海之大，容万物方有天地之寥廓。在人际交往中，容人须有宽广的胸怀，而一个人若能够容受异己，就能专众人之美、集众人之长、聚众人之力、采众人之善，受到众人的尊重、爱戴，在德业上获得不断的发展和完善。

---

① 《汉语格言分类词典》编写组编. 汉语格言分类词典 [M]. 呼和浩特：内蒙古人民出版社，1991：278.
② 四库全书存目丛书编纂委员会编. 四库全书存目丛书 子部：第128册 [M]. 济南：齐鲁书社，1995：664.

儒家伦理的宽容的精神源泉是"厚德载物"。"地势坤，君子以厚德载物。"① 大地以其博大的胸怀承载着万物，以其巨大的内力孕育着万物。人的德性也应如大地一样宽广，力量也应如大地一样浑厚。宽以待人就要有不在意他人与自已思想相左、不计较他人过失、不记恨他人的仇怨的胸襟。

首先，宽以待人应该做到的是，评价一个人，要多看其长处，不挑剔其短处；肯定他的功劳、善行，不纠缠于他的过失、过错。"记人之功，忘人之过。"这样，才会发现他人值得尊重、值得学习、值得亲近之处。否则，就会把他人看得一无是处，使自己在社会失去可以信赖、可以交往的人。同时，一个人如果只记人之过之短，忘人之功之长，将会使他人不敢于亲近自己。故曰："君子成人之美，不成人之恶。小人反是。"② 宽以待人就是在处理人际关系和与人交往中宽容大度，注意发现他人的优点和长处，对他人不苛求、不刻薄。这也是一个人的人格修养和道德素质的体现。董仲舒说："故自称其恶，谓之情；称人之恶，谓之贼。求诸己，谓之厚；求诸人，谓之薄。自责以备，谓之明；责人以备，谓之惑。"③ 在人际交往中，如果不能做到严于律己，而一味苛求于人，就会使人不敢接近、不愿接近或难以接近。

其次，儒家主张宽以待人应当不计较他人对自己的亏欠、仇怨，做到以德报怨。孔子提出"躬自厚而薄责于人""既往不咎"等，责己严，待人宽，这在儒家看来是保持良好、和谐人际关系所不可缺少的原则。

《宪问》："或曰：'以德报怨，何如？'子曰：'何以报德？以直

---

① （魏）王弼撰；楼宇烈校释. 周易注校释 [M]. 北京：中华书局，2012：12.
② 杨伯峻译注. 论语译注 [M]. 北京：中华书局，1958：136.
③ 张世亮，钟肇鹏，周桂钿译注. 春秋繁露 [M]. 北京：中华书局，2012：321.

报怨，以德报德。'"① 所谓直，朱熹解释说："于其所怨者，爱憎取舍，一以至公而无私，所谓直也。"② 直并非指以怨报怨。孔子反对对与自己有仇怨的人以牙还牙，强调报怨不能心怀私愤，而应排除个人恩怨，按照道德要求的行为规范去对待与自己有仇怨的人。这实际上也是一种德。只是"报德之德"指恩德，报德必须比报怨更积极，故孔子提出"以直报怨，以德报德"。其精神实质是"德必报，怨不仇"。宽以待人，就要求人们不忘他人对自己的恩德，并积极予以回报；不计较他人对自己的仇怨，仍以至公至正之心待人。即使对于和自己有矛盾、有嫌隙，甚至有积怨的人，也要宽宏大度，不计前嫌。孔子说："不念旧恶，怨是用希。"③ "宁人欺，毋欺人；宁人负，毋负人。"④ "有负我者，我又加厚焉；有疑我者，我又加信焉。"⑤ 以怨报怨，只能扩大人己间的隔阂、激化人己间的矛盾。而以德报怨，则能对有怨于己者产生强烈的感染力，有利于消除隔阂，消解矛盾，甚至化敌为友。

再次，宽以待人即责人以轻，对待自己应当严格要求，对待他人则不能求全责备。"自古及今，未有能全其行者也，故君子不责备于一人。"⑥ 俗话说，金无足赤，人无完人。若苛刻求全，则世界上不存在道德完善的人。任何人都有缺点和错误，我们评价一个人应看其主流，肯定其成绩、德行，而不能抓住某些不足以否定其整个人。儒家强调对人应该宽厚，要求不能过于严格，期望不能过高，而应当与他人的实际相符合。一不能无于己而求诸人，自己做不到，却硬要求

① 杨伯峻译注. 论语译注 [M]. 北京：中华书局，1958：163.
② （南宋）朱熹集注；郭万金编校. 论语集注 [M]. 北京：商务印书馆，2015：235.
③ 杨伯峻译注. 论语译注 [M]. 北京：中华书局，1958：54.
④ 毛水清，于正宁编纂. 教子格言辞典 [M]. 南宁：广西人民出版社，1992：102.
⑤ （唐）魏征等编撰. 群书治要 [M]. 北京：北京理工大学出版社，2013：605.
⑥ 张瀛校译. 文白对照二十二子 [M]. 合肥：安徽文艺出版社，1996：237.

别人一定做到。二要"不责人所不及，不强人所不能"①。不能提出别人的能力无法完成的要求，更不能因为别人的能力不能完成某项要求而讥笑、羞辱他。"不以人之所不能者愧人"②，强人所不及、羞人所不能属于无理刁难，是人际交往的大忌，这种刻薄待人的态度，是不道德的表现。"其责己也重以周，其待人也轻以约。重以周，故不怠；轻以约，故人乐为善。"这句话就是说君子要求自己严格而全面，对待别人宽容又简约。严格而全面，所以不怠惰；宽容又简约，所以人家都乐意做好事。即宽以待人，严于律己。

所以，儒家认为，宽以待人，就是成人之美，不成人之恶，"不责人小过，不发人阴私，不念人旧恶，三者可以养德"③。成人之美不成人之恶，即宽以待人的道德要求。同时，它本身就是一种美德、善行："道人善，即是善。人知之，愈思勉。扬人恶，即是恶。"④ 这种与人为善的德行，反映了一个人对他人的尊重和关怀。

三、宽不容恶

严己宽人是为了建立和谐的人际关系，促进自己和他人的道德完善。严己是以高标准严格要求自己，求诸己而不求诸人。宽人是对他人宽容、厚道，不求全责备，而绝不是容忍他人的一切过错。唯仁者能好人、能恶人，儒家并不提倡无原则的宽容，一味做老好人，而强调在大是大非、善恶奸邪的原则问题上，绝不姑息养奸。"宽而疾恶，严而原情"⑤（《迂书·宽猛》），就是儒家提出的宽以待人的根本

---

① 李桂英编. 人生格言精华：下 [M]. 长春：吉林文史出版社，1999：346.
② 胡平生，张萌译注. 礼记 [M]. 北京：中华书局，2017：1052.
③ （明）洪应明著；思履编. 菜根谭 [M]. 南昌：江西美术出版社，2018：328.
④ 李安纲，赵晓鹏讲解. 弟子规 [M]. 北京：中央编译出版社，2010：6.
⑤ （宋）司马光著. 司马温公集编年笺注：第5册 [M]. 成都：巴蜀书社，2009：454.

原则。

儒家代表人物孔子本人就是一个善恶分明、是非观念很强的人。"唯仁者能好人，能恶人。"只有那些敢爱敢恨、爱憎分明的人，才算得上是真正的仁者。"巧言、令色、足恭，左丘明耻之，丘亦耻之。匿怨而友其人，左丘明耻之，丘亦耻之。"[1] 南宋陆九渊曾对此作过详细阐述，他说："古人未尝不言宽，宽也者，君子之德也。古之贤圣未有无是心，无是德者也。然好善而恶不善，好仁而恶不仁，乃人心之用也。遏恶扬善，举直错枉，乃宽德之行也。君子固欲人之善，而天下不能无不善者以害吾之善；固欲人之仁，而天下不能无不仁者以害吾之仁。有不仁、不善为吾之害，而不有以禁之、治之、去之，则善者不可以伸，仁者不可以遂。"[2] 宽以待人，是为了使人之仁之善，即促进他人和社会的道德完善，要达到这一目的，必须遏止恶行败德，只有去不仁、不善，才能之仁之善。宽，只是不苛求，绝非容忍恶行败德。无原则地容忍恶行败德，姑息养奸，不仅不是与人为善，反而是鼓励他人为恶，助长社会的不正之风。因此，儒家反对"不究夫宽仁之实，而徒欲为容奸廋慝之地，殆所谓以不禁奸邪为宽大，纵释有罪为不苛"[3]，认为这种无原则的宽容"伤善""长恶""悖理""伤民蠹国"。宽必须有一个界限，那就是是非善恶原则。过与不及均非儒家所许。明代吕坤说："有一种人，以姑息匼人市（买卖、交易，引申为换取）宽厚名；有一种人，以毛举细故市精明名，皆偏也。圣人之宽厚不使人有所恃，圣人之精明不使人无所容，敦大中自有分晓。"[4] 宽不能姑息养奸，使恶人恶行有恃无恐；严不能苛刻求全、细微毕究，使一般民众畏惧失措。不关是非善恶者宜宽，关系到

① 杨伯峻译注. 论语译注 ［M］. 北京：中华书局，1958：55.
② 李敖主编. 陆九渊集 陈亮集 刘伯温集 ［M］. 天津：天津古籍出版社，2016：79.
③ 李敖主编. 陆九渊集 陈亮集 刘伯温集 ［M］. 天津：天津古籍出版社，2016：79.
④ 王国轩，王秀梅译注. 呻吟语 ［M］. 北京：中华书局，2018：922.

是非善恶则须严，绝不能以牺牲原则为代价来换取宽厚的虚名。在人际交往中应当宽严互存，待人应宽，防恶须严。只有这样，才能建立真正健康、和谐的人际关系，促进整个社会的道德进步与完善。

儒家在是非善恶上的态度毫不含糊，从善如流，疾恶如仇。但是，他们同时也强调，在人际交往中攻人之过也须坚持宽以待人的立场。除了如前所述的不记小人过、不苛刻求全，对于所应攻者，也应讲究方式方法，以利于对方能够接受和改正。"攻人之恶毋太严，要思其堪受；教人以善毋过高，当使其可从。"① 吕坤也说："责人到闭口卷舌、面赤背汗时，犹刺刺不已，岂不快心？然浅隘刻薄甚矣。故君子攻人不尽其过，须含蓄以余人之愧惧，令其自新，方有趣味，是谓以善养人。"② 攻人之过，是为了帮助他人改恶从善，绝不是借以显示自己的高明和对原则的坚定。为了使他人能够接受自己的意见，就应从善意出发，不能恣逞快意，使对方无地自容。疾恶不能太严，太严使人产生反感，容易铤而走险；责善不能太高，太高使人无法企及，望而生畏。宽以待人就是尊重人、关心人、爱护人、帮助人，其目的是建立正常和谐的人际关系，促进社会的共同进步与完善。

严己宽人是儒家提倡的重要的社会公德。它注重在建立健康和谐的人际关系中主体的道德责任和道德自觉，要求以责人之心责己，爱己之心爱人。严己是宽人的前提，只有严于律己才能宽以待人；宽人是严己的体现，宽以待人正反映了对自己要求的严格。严己与宽人的统一就是儒家仁爱精神和道德自律要求在人际关系中的具体表现。儒家上述理论所包含的积极因素，对于我们处理现代的人际关系，仍然具有十分积极的借鉴意义。

---

① 李伟评译. 菜根谭［M］. 武汉：崇文书局，2023：17.
② 王国轩，王秀梅译注. 呻吟语［M］. 北京：中华书局，2018：118.

第六节　谦恭礼让

如果说，严己宽人是在道德期望、评价方面对人们提出的道德要求，那么，谦恭礼让则是儒家在人际交往过程中的处世原则。它们都反映了儒家的道德自律精神。前者侧重在行为的道德标准上严格要求自己，不苛责他人；后者则主要表现为在人际交往中对他人和道德的尊重。

一、谦逊戒盈

谦虚是尊重他人（礼让）的前提，只有看到自己的不足，承认他人的优长，才能不盲目无理地与他人相争斗。满招损，谦受益。日中则昃，月盈则缺。儒家不仅把谦虚作为人的重要美德，而且视之为万物发展、完善的重要条件。《周易·象传》云："天道亏盈而益谦，地道变盈而流谦，鬼神害盈而福谦，人道恶盈而好谦。"[①] 天地鬼神（指造化）之盈者亏缺、倾变、祸害，谦者增益、流注、福佑，人道原本于天道，故恶盈而好谦。谦卦着重谈谦，还突出了盛名不夸的"鸣谦"、居功不傲的"劳谦"和施人不张的"㧑谦"。刘向在《说苑·敬慎》中更概括出六种谦逊的美德："'德行广大而守以恭者荣，土地博裕而守以俭者安，禄位尊盛而守以卑者贵，人众兵强而守以畏者胜，聪明睿智而守以愚者益，博闻多记而守以浅者广。'此六守者，皆谦德也。"[②] 谦的实质即卑己以高人，以足为不足，永远不自

---

① （魏）王弼撰；楼宇烈校释.周易注校释［M］.北京：中华书局，2012：61.
② （汉）刘向编纂；萧祥剑注译.说苑：上［M］.北京：团结出版社，2021：336.

足，时时、事事、处处都能觉察到自己的不足之处。

儒家认为，一个人要有所成就，要处理好与他人的关系，就不能骄傲自满，更不能鄙视他人，而应该永不自满，谦虚谨慎。"谦"就是指在人际交往和处理相互关系时，都要以一种谦逊的态度对待之。满则溢，再也装不进新的东西；虚则生明，谦虚才能够不断充实自己，促进自己的完善。"人之为德，其犹虚器欤！器虚则物注，满则止焉。故君子常虚其心志，恭其容貌，不以逸群之才加乎众人之上，视彼犹贤，自视犹不肖也。"① 只有谦虚的人，才能虚怀若谷，在心中留下承认、容纳他人和他人的思想的空间，谦虚的程度越高，这个空间就越大。而越自满，就越不能承认、容纳他人和他人的思想。

因此，谦逊就是卑己高人，对自己的短处和不足有高度的自觉，永远以自己的短处和他人的长处相比较，虚心向他人学习，以不断充实和完善自己。孔子强调"不耻下问"，以能问于不能，以多问于寡。每个人都有自己的优长，因而也都有值得他人尊重和学习的地方。"今且不须择人，只于市井稠人中聚百人，而各取其所长。人必有一善，集百人之善可以为贤人；人必有一见，集百人之见可以决大计。"② 自满自足的人总是只见自己的长处和他人的短处，总觉得自己什么都好，而别人一无是处，自高自大，瞧不起别人。只有谦逊的人，才能发现他人的优点，虚心向他人学习，集众人之长以为己之长，补己之短。"圣人设教，欲人谦光。己虽有能，不自矜大，仍就不能之人求访能事。己之才艺虽多，犹以为少，仍就寡少之人更求所益。己之虽有，其状若无。己之虽实，其容若虚。"③ 谦逊作为一种美德，既表现了对自己的严格要求和积极的进取精神，又体现了在人

---

① （唐）魏征等编撰. 群书治要 [M]. 天津：天津人民出版社，2015：437.
② 王国轩，王秀梅译注. 呻吟语 [M]. 北京：中华书局，2018：256.
③ 郝时晋，梁光玉，萧祥剑主编. 群书治要续编：第 2 册 [M]. 北京：团结出版社，2021：237.

际交往中对他人的尊重；它既能促进主体自身的充实与完善，又有利于建立和谐的人际关系。

"满招损、谦受益，时乃天道。"[1] 儒家强调守身以谦逊为本，反对自满自足。骄傲是对他人的藐视。唐甄说："意念之间，自足而见其足，过人而见其过人，是即傲矣。足而不以为不足，过人而不以为不及人，是即傲矣。"[2] 骄傲自大的人，只看到自己的优点和长处，看不到自己的缺点和短处，觉得自己什么都比别人强；只看到别人的缺点和短处，看不到别人的优点和长处，任何人在他的眼中都不值一提。这种人在人际交往中神气十足，盛气凌人，不尊敬他人，盲目自大，得不到他人的尊敬和亲近，不能够真正地关心人和爱护人，无法建立和谐的人际关系。

儒家认为，骄傲自满的人无一不盲目自大、目空一切，往往名不副实，对自己的评价过高，大大超出自己的实际情况。自足恰恰是自身不足的表现，因为他根本不知道什么是真正的足，实际上是以不足为足。一个文化知识渊博、道德素质高、事业成就大、社会贡献多的人，一般不会自满、自足、自大。郑板桥曾讥讽那些"恃才傲物者"，"动谓人不如我"，"既然目空一切，自己之为文，必能远胜于人，讵知实际非特不能胜人，反不如所骂之秀才、举人、进士远甚"。自以为是者实则不知如何为是，动辄说别人不行者自己往往更不行。自满自足者为自己设定了一个已经达到的最高界限，陶醉于这个界限而停滞不前。"自己傲气既长，不肯用功深造，而眼高手低……于是潦倒终身，永无寸进。"[3] 骄傲的人容易自我满足，使自己停留在已经取得的成就上，限制了自己的积极进取精神。明代大儒

① 姜建设注说. 尚书 [M]. 开封：河南大学出版社，2008：306.
② （清）唐甄撰；黄敦兵校释. 潜书校释 [M]. 长沙：岳麓书社，2010：21.
③ （清）郑板桥书；舍之编著. 板桥家书文白对照 [M]. 大连：大连出版社，1996：201.

方孝孺说："人之不幸，莫过于自足。恒若不足，故足；自以为足，故不足。"只有永不自足的人，才会有永不衰竭的进取精神。

因此，儒家把骄傲自满视为人生的大忌，把盛气凌人视为人际交往中的败德。《尚书·大禹谟》载："侮慢自贤，反道败德。"[1]《尚书·仲虺之诰》说："志自满，九族乃离。"[2] 也就是说，如果一个人自满自大，亲戚就会远离他。《尚书·毕命》又说："骄淫矜侉，将由恶终。"[3]《左传》中有一段关于骄傲必败的告诫："骄而不亡者，未之有也。"[4] 这是对当时许多诸侯国因骄傲而亡国的历史教训的总结。著名思想家王阳明认为："千罪百恶，皆从傲上来。"[5] 王阳明又说："无我能自谦，谦者众善之基，傲者众恶之魁。"[6] 方孝孺也说："夫人之患莫过于自高，莫甚于自狭。"以自满对己，则止步不前；以自满待人，则贵己贱人，不尊重他人，无仁爱之心，将导致人际关系的紧张。自满者必自贵，自贵者必贱人，人与人之间不能相互尊重、相互平等、相互爱护，就不可能建立和谐的关系。要形成良好的人际关系，就必须放下傲气，谦谨待人。"内不敢傲于室家，外不敢慢于士大夫，见贱如贵，视少如长。"[7] 谦逊戒盈，是儒家处世之道的重要规范。

二、恭敬守身

谦逊作为一种美德，表现了人类对德业追求永不止息的进取精

① 姜建设注说. 尚书［M］. 开封：河南大学出版社，2008：305.
② 姜建设注说. 尚书［M］. 开封：河南大学出版社，2008：317.
③ 姜建设注说. 尚书［M］. 开封：河南大学出版社，2008：380.
④ 杨伯峻编著. 春秋左传注［M］. 北京：中华书局，1981：1592.
⑤ （明）王阳明著；周月亮，程琳评析. 王阳明家书［M］. 武汉：长江文艺出版社，2021：131.
⑥ （明）王阳明著；张怀承注译. 传习录［M］. 长沙：岳麓书社，2004：345.
⑦ 张觉，尤婷婷，杨晶导读注译. 潜夫论［M］. 长沙：岳麓书社，2021：295.

神，反映了主体对自身、对他人、对自己所认同的文化与道德的尊敬，谦德就是敬德。"敬"在儒家的伦理道德中是一个极其重要的德目。孟子把"恭敬之心"当作义的根苗，"恭"与"敬"是两个紧密联系着的概念，二者既是同一项道德规范的范畴，又有其各自的内容和要求。《左传》也说："敬，身之基地。""敬，礼之舆也，不敬则礼不行。""敬，德之聚也。能敬必有德。"敬是主体对自己认真、对他人尊敬、对德业严肃的一种态度，是自己立身的根本、礼让他人的前提，它是一种美德，同时它本身反映了主体优良的道德素质。"恭"主要是指言谈举止端庄严肃，为人温厚和善。孔子多次讲到"恭"，如"其行己者恭"① "居处恭"② "貌思恭"③ "与人恭而有礼"④ 等。《礼记》中也说："君子恭敬、撙节、退让以明礼。"⑤ 这些都要求人们对自己的行为有所抑制，言行适度，和善稳重。

　　儒家伦理凸显着人道精神，肯定人的价值和尊严，要求人们爱人敬人。人的价值就在于能够运用主体的能动性、积极性充分挖掘自然万物的潜力，实现它们的价值，促进人与自然的共同完善。人是值得尊重的，任何人都有被尊重的需要。儒家认为，在社会交往中，每个人都应当受到尊敬，同时也应当尊敬他人。但是，尊敬并非对任何人所有的一切无原则的肯定，而是对人的积极价值的肯定与推崇。因而，一个人要想获得他人的尊敬，首先必须使自己值得尊敬，以严肃认真的态度对待自己，积极地修身进德。张履祥说："欲人之敬己，须自敬其身始。能敬其身，则不期人之敬而自敬矣。"自敬就是要求人们在人际交往中首先必须端正自己，自珍自重。敬以待人，也以自

---

① 杨伯峻译注. 论语译注［M］. 北京：中华书局，1958：51.
② 杨伯峻译注. 论语译注［M］. 北京：中华书局，1958：147.
③ 杨伯峻译注. 论语译注［M］. 北京：中华书局，1958：184.
④ 杨伯峻译注. 论语译注［M］. 北京：中华书局，1958：132.
⑤ 胡平生，张萌译注. 礼记［M］. 北京：中华书局，2017：5.

敬为前提："接遇慎容谓之恭，反恭为媟（xiè，同'亵'）；接遇肃正谓之敬，反敬为嫚。"① 所谓敬人，就是在人际交往中表现出来的肃穆、恭敬的仪容与态度。敬以直内，义以方外。直十内，才能把恭敬之心外显于仪容与行为，敬存于内才能以敬待人。

　　儒家强调，自敬并非自大，而是对主体自身所蕴含的人类积极价值的肯定。人的价值绝不仅仅体现于任何个人，而是一种类的属性，尊重人的价值，必然要求尊重他人，对于他人身上具有而自己所欠缺、少寡的价值，尤其应自觉地尊重。"不敬他人，是自不敬也。"② 不尊敬他人，是对人类价值的不尊敬，不尊敬人类价值，也就是对自己的不尊敬。敬作为人际交往的原则，要求的是对他人的尊敬，包括尊敬他人的人格、生活、个性、意见、情感、愿望。世界是丰富多彩的，万物的存在是多样性的统一。人的存在也一样，每个人都有独特的生活、独特的个性，不同的人对同一事物往往会有不同的看法，这是事物存在多样性和人类认识多样性的双重表现。每个人的生活，都有其特定的社会作用和价值；每个人的性格，都有其特定的心理和社会基础；每个人对事物的认识，都是人类对该事物认识的一个部分。个人生活的总和构成了社会生活，个人性格的总和构成了人类的本性，个人认识的总和构成了人类的知识文化。因此，每个人的存在都有其积极价值，都有值得肯定的地方。在人际交往中尊敬他人，比严己宽人更进了一步，它不仅仅是一种宽容的处世态度，而且反映了儒家对人类生活、人类社会价值多样性的高度肯定。如果说，宽的精神实质是爱，那么，敬的精神实质则是义。

　　此外，儒家所讲的"敬"并不是对任何人、任何事的无原则、无差别的"敬"，对于不同的人，敬的具体内涵和方式有所不同：对

---

① 张文治编. 国学治要：集部 子部 ［M］. 北京：北京理工大学出版社，2014：930.

② （清）顾炎武著；谦德书院注译. 日知录 ［M］. 北京：团结出版社，2022：1797.

贤者之敬应贵而亲，对不肖者之敬应畏而疏。虽然取舍各有不同，但都应以忠信诚笃之心对待之。所以荀子说："仁者必敬人。凡人非贤则案（案为连词）不肖也。人贤而不敬，则是禽兽也；人不肖而不敬，则是狎（轻侮）虎也。……敬人有道：贤者则贵而敬之，不肖者则畏而敬之；贤者则亲而敬之，不肖者则疏而敬之。其敬一也，其情二也。若夫忠信端悫（què，诚笃、忠厚）而不害伤，则无接而不然，是仁人之质也。"[1] 敬贤是对人类积极价值的肯定，敬不肖则是对人类消极价值的戒惧。故贤者之敬贵而亲，即推崇、认同；不肖者之敬畏而疏，即警惕、远避。交际的取舍虽有不同，但都必须以忠信诚笃之心相对待。孔子说，三人行必有我师焉，无论贤与不肖，都有值得自己学习的地方。孟子强调交际以恭敬为心，敬人者，人恒敬之。南宋朱熹的弟子陈淳说："恭只是敬之见于外者，敬只是恭之存于中者。敬与恭不是二物，如形影然，未有内无敬而外能恭者，亦未有外能恭而内无敬者。"[2] 在此，他以敬为内在的诚笃、肃穆，以恭为外在的整肃、推许，敬者正己，恭者尊人。敬与恭是同一个原则对己对人的两个不同的方面。敬己并非自贵，敬人不是卑谦，所敬者不在人与己的肉体存在，而在体现人与己的积极价值。因此，敬，归根到底是敬于德。孟子说："仁者爱人，有礼者敬人。爱人者，人恒爱之；敬人者，人恒敬之。"[3] 荀子说："体恭敬而心忠信，术礼义而情爱人，横行天下，虽困四夷，人莫不贵。"[4]"君子大心则天而道，小心则畏义而节。"[5] 说到底，所谓敬，既是一项普遍的道德规范，也是一种高尚的道德品质。敬是在人际交往中对道义精神肯定的表现，要求把相

①　方勇，李波译注. 荀子 [M]. 北京：中华书局，2011：216-217.
②　邓球柏著. 论语通说：下 [M]. 长沙：湖南人民出版社，2000：146.
③　杨伯峻，杨逢彬译注. 孟子译注 [M]. 长沙：岳麓书社，2021：166.
④　方勇，李波译注. 荀子 [M]. 北京：中华书局，2011：18.
⑤　方勇，李波译注. 荀子 [M]. 北京：中华书局，2011：29.

互尊敬建立在道义原则的基础之上，促进健康、和谐的人际关系的形成。人际交往中时时处处遵循敬的要求，可以得到他人的爱戴和尊重，也有利于形成良好的人际关系。

《孟子》载："万章问曰：'敢问交际何心也？'孟子曰：'恭也。'"① 儒家认为"恭"应是发自内心的一种情感，而不应该仅仅是一种形式，否则便成为虚伪。君子不必拘泥于恭敬的虚礼，而要时刻保持恭敬的诚意。要使自己的举止言谈达到"恭"的要求，就要反对花言巧语、行为轻率。孔子说："巧言、令色、足恭，左丘明耻之，丘亦耻之。"孔子的弟子有子也说："恭近于礼，远耻辱也。"② 在孔子看来，要做到端庄和善而不巧言令色，就要以"礼"来加以规范和约束。

三、礼让为先

如果说恭敬是主体在处理人际关系时的一种道德精神状况和态度，那么礼让就是主体基于这种道德精神状况和态度而表现出来的行为方式。礼指礼貌、礼节，让指辞让、谦让。在人际交往中讲不讲文明、讲不讲礼貌，是检验一个人道德文化素养高低的试金石。儒家认为人的本性在于其道德性，贵德守礼，这是人之所以为人并高于动物的根本所在。故孔子强调"立于礼"，认为无礼不行，无礼不立。《礼记》中有"让，礼之主也""让，德之主也""卑让，德之基也"等表述，都强调了"让"对于礼义道德的重要性。

儒家讲的礼，实际上是系统规范化了的、制度化了的道德行为规范，也是人际交往中必须遵循的基本的行为规范。关于礼，前面章节

---

① 杨伯峻，杨逢彬译注. 孟子译注［M］. 长沙：岳麓书社，2021：199.
② 杨伯峻译注. 论语译注［M］. 北京：中华书局，1958：9.

已经作了介绍，这时讲的礼主要是在狭义上使用的，即礼仪之礼，也即一种行为的节文，如荀子所说："容貌、态度、进退、趋行，由礼则雅，不由礼则夷固僻违，庸众而野。故人无礼则不生，事无礼则不成，国家无礼则不宁。"① 礼能肃容貌、正态度、度进退、导趋行，符合礼的行为是正当的，不符合礼的行为则必然乖邪。就整体而言，礼规定着人们行为的规范、人际的关系、事物的位置和国家的社会秩序。故孔子强调"非礼勿视，非礼勿听，非礼勿言，非礼勿动"，使自己的一切言谈举止都符合礼的要求。礼是一种制度化了的外在规范，是儒家伦理道德精神的体现。没有可以约束和体现人们具体行为的礼仪，任何道德都将只是空谈。"道德仁义，非礼不成；教训正俗，非礼不备。分争辨讼，非礼不决；君臣上下，父子兄弟，非礼不定。"② 道德仁义只有通过礼才得以具体贯彻，在此意义上，可以说礼义是儒家伦理道德的操作原则。因而，它不仅制约着人们的行为，而且充当着一切道德原则、道德精神的度。"敬而不中礼谓之野，恭而不中礼谓之给，勇而不中礼谓之逆。"③ 敬、恭、勇虽属美德，但若不符合礼，敬将变得粗鄙，恭将成为供役、卑下，勇将导致乱逆。礼为行为之节，也是一切道德原则之节。

立于礼、行于礼，要求人们一切行为都符合礼的规范。人人都能够行礼守礼，就维护了社会的正常秩序，形成良性的人际关系。当礼内化为人的道德素质后，就反映着一个人言谈举止的文明程度、道德修养和品行的高低。在人际交往中，礼起着正容肃身的作用。"礼义之始，在于正容体，齐颜色，顺辞令。容体正，颜色齐，辞令顺，而后礼义备。"④ 儒家把礼视为人的文明修养的重要表现，礼不仅教人

① 方勇，李波译注. 荀子 [M]. 北京：中华书局，2011：14-15.
② 胡平生，张萌译注. 礼记 [M]. 北京：中华书局，2017：5.
③ 胡平生，张萌译注. 礼记 [M]. 北京：中华书局，2017：967.
④ 胡平生，张萌译注. 礼记 [M]. 北京：中华书局，2017：1177.

如何待人，更教人修身。陈淳说："礼以治躬，则庄敬不期而自肃。"所谓道德义明，就个体而言，指一个人道德素质的高低、道德修养所达到的程度，具体表现为一个人形容、言谈、举止的人化、文化、道德化程度。因此，讲文明、讲礼貌，绝不只是一种表面的形式，实际上反映着整个社会道德进步所达到的水平、社会群体道德文化素质的高低和行为者个人道德修养的程度。儒家讲立于礼、守礼，一方面强调行为合乎礼之节，另一方面要求以礼正容肃身，加强道德修养，提高自己的文明程度。"动有文体谓之礼"，因此，儒家要求人们在人际交往中讲文明、讲礼貌，对自己应注意仪容、仪表，肃身正容，克服一切不良习气，杜绝野蛮、愚昧、粗鄙，以形成良好的社会风气。我们在对待他人时，应举止得体，符合礼节，以礼待人，建立和谐的人际关系。

儒家认为，人际交往中的守礼除礼貌、礼敬之外，还有一个重要的内容，即礼让。"礼之用，和为贵。"儒家讲礼，最终是为了建立和谐的人际关系。有物斯有对，对必反其为，有反斯有仇，仇必和而解。儒家虽然承认差异、矛盾、冲突和斗争，但一贯反对激化它们，而主张以和平、缓和的方式予以消解、化解。儒家也认识到，在现实生活中，人与人之间存在各种差异，每个人都有着与他人不同的、独特的利益，在人际交往过程中，矛盾、冲突、摩擦不可避免。在一般情况下，即在非关乎是非善恶的根本原则的情况下，儒家提出的解决人际关系矛盾冲突的原则就是礼让为先。

所谓礼让，就是人际交往过程中在不违背礼的前提下，对名利、财货、声色、珍玩的谦让，概而言之，即在与他人发生冲突时对利益的主动谦让。它是一种舍己为人、以礼待人、乐群贵和的美德。

"让，德之主也。让之谓懿德。"① 对自己的严格要求、自我克制，对他人的理解、尊重、宽容、仁爱，全在一个"让"字上表现出来。让，就是利益当前多替别人着想，少为自己打算，把好处让给别人，将困难留给自己。"厚人自薄谓之让。"② 礼让待人，不仅是人际交往中的文明行为，而且是儒家主张的利他精神的具体表现，它有利于平息争斗、缓解人际关系的紧张，实现人与人之间的和睦、团结。"敬让也者，君子之所以相接也。"③ "虽能必让，然后为德。"④ "儒者兼此而有之，犹且不敢言'仁'也。其尊让有如此者。"⑤ 即使有过人之能、通达之行或诸多素质蕴含仁德，儒家君子依然不敢以仁者、能者自居，而是始终保持谦卑心态和礼让之心，是为贵也。儒家把礼让作为人际交往中的一般原则，反对争斗。孔子说，"君子无所争"，当一个人在与他人发生利益冲突时，应该主动地谦让、礼让。著名处世要典《菜根谭》说："处世让一步为高，退步即进步的张本；待人宽一分是福，利人实利己的根基。"⑥ 在利益冲突中，争斗必然导致人际关系的紧张，对冲突双方都将带来不同程度的损害。只有双方都主动礼让，才有利于缓解矛盾，促进双方利益的共同满足，"退一步海阔天空"。当然，儒家讲礼让，并非无原则地退让，而是以礼而让、据礼而让。让人必须从根本上利人，而不能促恶，对于违礼之举，不仅不能让，还要坚决与之斗争，绝不容许其泛滥。同时，让人之损己，只能是让利，而不能使自己的德业受损，在是非善恶面前要立场分明，要勇于捍卫真理，敢于同各种邪恶现象和不道德的行为作

① 杨伯峻编著. 春秋左传注 [M]. 北京：中华书局，1981：1317.
② 王心湛著. 贾子新书集解 [M]. 上海：广益书局，1936：89.
③ 胡平生，张萌译注. 礼记 [M]. 北京：中华书局，2017：1219.
④ 方勇，李波译注. 荀子 [M]. 北京：中华书局，2011：75.
⑤ 胡平生，张萌译注. 礼记 [M]. 北京：中华书局，2017：1159.
⑥ 李伟评译. 菜根谭 [M]. 武汉：崇文书局，2023：13.

斗争。这也就是孔子所说的"当仁，不让于师"[①]。人人礼让，才能促进谦和、文明的社会风气的形成，建立和谐的人际关系，真正实现人与人之间相亲相爱、人人从善如流、老者安之、朋友信之、少者怀之的社会理想。

道德作为调节人际关系的行为规范，必须落实到现实的人际关系行为，才具有实际的意义，否则都只能是空谈。儒家尊老爱幼、敬业乐群、尊师重道、以德交友、严己宽人、谦恭礼让等处世之道，就是其伦理精神和道德原则的最终落脚点。社会公德与其他社会生活领域的道德相比，较少具有阶级、等级的观念，因而它们更加合理地弘扬了儒家伦理道德的积极精神。当然，作为古代社会的道德观念，它们仍然不可避免地带有时代的烙印，如尊老爱幼源于封建孝慈观念、职业道德中的行帮狭隘性、尊师重道中的师道尊严、朋友道德中士为知己者死的依附性，以及由严己宽人和谦恭礼让中引申出来的对竞争的否定等，都属于不符合现代社会发展的落后因素，应该予以摒弃。但是，儒家处世之德所体现的"乐群贵和"的总体精神以及前述各节中的许多具体行为要求与规范，都包含着许多积极的因素，对于我们建立现代精神文明，促进健康、文明的社会风气，形成和谐的人际关系，仍然不失其借鉴的意义。

四、慎独修身

《大学》《中庸》开宗明义，提出"君子慎其独"的思想。《大学》第六章云："所谓诚其意者，毋自欺也。如恶恶臭，如好好色，此之谓自谦。故君子必慎其独也。"[②]《中庸》第一章云："是故君子

---

① 杨伯峻译注. 论语译注 [M]. 北京：中华书局，1958：177.
② 王国轩译注. 大学·中庸 [M]. 北京：中华书局，2006：19.

戒慎乎其所不睹，恐惧乎其所不闻。莫见乎隐，莫显乎微，故君子慎其独也。"① "慎独"字面意思并不难理解，即人们在闲居独处之时，最容易任情恣意，产生不合道的行为，因此，为君子之人，特别要警惕独处之时。如《礼记·礼器》曰："礼之以少为贵者，以其内心者也。德产之致也精微，观天下之物，无可以称其德者，如此，则得不以少为贵乎？是故君子慎其独也。"②

慎独既是一种道德修养方式，又是一种经道德修养后达到的道德境界。程颢是北宋时期著名的理学家，他将慎独与"理"（天理）紧密联系起来。他曾说："洒扫应对，便是形而上者，理无大小故也。故君子只在慎独。"③ 又说："纯亦不已，此乃天德也。有天德，便可语王道，其要只在慎独。"④ 程颢学说的最高范畴是"天理"，天理是自然界的最高原则，也是社会的最高原则，它具有精神性的本体意义。人要体认天理，必须具有慎独的功夫，慎独即在于克制私欲，省察涵养，丝毫不懈怠于微小者，最终达到"仁者与万物同体"的境界。这样慎独就作为一种道德修养方式被纳入了博大精深的理学体系。朱子则认为，"戒慎""不睹""恐惧""不闻"指即使在静养时，自己对周边环境（无论是否有人）无所见闻知晓、不起思虑意念，而仍能保持警觉，情虽未发而心犹在焉，以此涵养身心。在此，"慎独"仍是作为一种道德修养方式而谈。"慎独"指在应事接物时，对于哪怕唯独自己知道的意念，也保持高度警惕，时刻省察其是非善恶，加以对治。

慎独是内向自觉与外向推致在实践活动中的统一。明中叶，王阳

---

① 王国轩译注. 大学·中庸 [M]. 北京：中华书局，2006：46.

② 胡平生，张萌译注. 礼记 [M]. 北京：中华书局，2017：453.

③ （宋）程颢，（宋）程颐撰；王云五主编. 河南程氏遗书 [M]. 北京：商务印书馆，1965：154.

④ （宋）程颢，（宋）程颐撰；王云五主编. 河南程氏遗书 [M]. 北京：商务印书馆，1965：156.

明心学兴起。工阳明以"致良知"说独树一帜，良知是心之本体，不假外求。王阳明有时将良知解释为"独知"，如他曾说："工夫到诚意，始有着落处。然诚意之本，又在于致知也。所谓'人虽不知而己所独知'者，此正是吾心良知处。"① 独知即人心之灵明，即良知。至于慎独，他说："格物即慎独，即戒惧。"② 显然，慎独与格物同谓。格物是阳明教法的基本工夫，是就正心、正意、为善、去恶的实践层面来讲的。联系独知，则慎独可释为戒慎乎不睹不闻而己所独知这一知之明觉，是内向自觉与外向推致在实践活动中的统一。通过这种统一，其实也就达到了上文所说的"慎独"的道德境界。

从根本上讲，儒家思想的要义在于试图通过形塑君子、圣贤人格来建构自我和谐身心、和谐人际、和谐社会与和谐天下的理想世界，而实现这一目标的起点与路径正是"慎独"。通过"慎独"，士人养成君子，君臣成为圣贤，如此天下方能同心同德，大同社会方可期，即可实现修齐治平。

"慎独"被视为君子所以成为君子的核心标识，是成就理想人格的关键。慎独是一种内省而非外在的强制的修身，通过挺立个体的道德人格，强化个体的道德践履，以道德实践中个体的自律来维系和强化社会的精神文明建设。它把培养内在道德意识的自我觉悟作为主要目的，以实现自己的人性为首要任务，主张返回到自身，确证自身的存在和价值，并从自身出发来寻求普遍意义。

儒家强调以"慎独"履践"修身"的内向传播诉求。个人教化重点不是教化别人，而是自我教化，概括而言，就是"慎独"。《大学》中明言："所谓诚其意者，毋自欺也。如恶恶臭，如好好色，此之谓自谦。故君子必慎其独也。"诚意本质上就是做好自己，如同厌

---

① （明）王阳明著；张怀承注译. 传习录 [M]. 长沙：岳麓书社，2004：328.

② （明）王阳明著；张怀承注译. 传习录 [M]. 长沙：岳麓书社，2004：335.

恶恶臭、喜欢美色一样自然而然，所以君子修身必然谨慎对待自身独处的表现。以反面小人为参照，小人闲居时就会"为不善"，而在人前时则"掩其不善"，这样做是掩耳盗铃，自欺而已。因为"诚于中，形于外"，即有什么内在，就必然表现于外在。因此，思孟学派再次强调"君子必慎其独也"。同样，《中庸》也紧接着呼吁："是故君子戒慎乎其所不睹，恐惧乎其所不闻。莫见乎隐，莫显乎微，故君子慎其独也。"这里强调人当于"不睹""不闻"之际保有"戒慎""恐惧"的情感态势，有了这样的态势，自然有好的心态去"格物致知"。

儒家强调以"平天下"为目标彰显内向传播的社会性指向。《史记·太史公自序》强调诸子百家，殊途同归，百虑一致，皆"务为治者也"。儒家何以讲究"慎独"？其实与其治世追求是一致的：慎独是制止当时社会混乱的釜底抽薪之法，因为人君如能明辨善恶，并加以坚守，即慎独，纷争自然易于停止，大同社会自然可期。我们认为儒家"慎独"学说是外在的事功与内在的心性修养的统一，彼此是能够相互召唤的。儒家注重心性修持，不是冥顽枯禅，而是以教化苍生为念。当将这种"慎独"用于政治领域中，便是一种圣王的道德政治模式，将社会政治寄希望于"聪明圣知达天德"的至圣者，通过"君子动而世为天下道，行而世为天下法，言而世为天下则"的道德感化实现社会的治理，在"小德川流，大德敦化"中实现"一正君而国定"的大清明。

慎独既是一种道德修养方式，又是一种经道德修养后达到的道德境界，也是内向自觉与外向推致在实践活动中的统一，更是个体性理想人格和公共性平天下性质的结合。可以说，儒家伦理的"慎独"是一种优良的德性，很好地处理了成人与成己的矛盾，既内化为先成己后成人，又外化为因成人终成己。因此，我们认为，"慎独"论体现了严格要求自己的道德自律的精神，这对我们当代培养健全人格和建设和谐社会有着重大借鉴意义。

第七节　扶危济困

扶危济困是中华民族"重义"传统精神的一种具体体现，是处理群己关系的一种传统美德。先秦时期，墨子就提出了"兼爱"的主张，认为人们应当"视人之国若视其国，视人之家若视其家，视人之身若视其身"①。扶危济困可以说就是这种精神在一个方面的体现，它与见利思义相比，表现为对"义"的一种更主动、更自觉的态度，即能够率义而行，牺牲一己之利，急人之所急。人生在世，不可能一帆风顺，难免有危难之事、穷厄之时。对此幸灾乐祸，甚而趁机自肥、落井下石，向来为人们所不齿。而解囊相救、雪中送炭、助人为乐，才是人类历来所称颂的美德。邻里间的守望相助，社会上的好善乐施，都从不同方面显示了这种美德之可贵。由此观之，继承和弘扬扶危济困的传统美德是十分重要的，并在当今社会仍具有不可替代的现实意义。

一、乐于助人

"乐于助人"作为社会公德的重要信条，就是"助人为乐"，把帮助他人作为自己的快乐。"乐于助人"也是中华民族优秀道德传统的重要方面。儒家所倡导的仁爱精神成为"乐于助人"理念的道德

---

① 李小龙译注. 墨子 [M]. 北京：中华书局，2007：64-65.

基础。孔子用"爱人"来阐释"仁"的内涵，并强调"泛爱众，而亲仁"；孟子据孔子之意，直接提出"仁者爱人"的命题。概言之，乐于助人其实是一种利他精神的体现，彰显了主体自觉自主的道德精神境界。乐于助人既是同情心的发动，又是人的道德实践活动，因此它离不开知行合一的道德实践观。作为人与人之间互助交往的原则，乐于助人也有利于建立和谐的人际关系和良好的社会秩序。

在"乐"于助人的行为实践中，助人主体自觉自主的道德精神境界得以彰显。主体对助人之"乐"的坚持和向往，在行为中表现出"乐"于助人的品格，其背后更深刻的道德动机恰恰是基于对"他人的生活和他自己的生活交织在一起"的"整体情境"的自觉认识，并由此形成对社会、对他人高度的道德责任感。"乐"在中国文化中有着特别的内涵，它是指一种人生愉悦的情感，也是指人们追求的一种人生至高境界。《论语》中就有多处对这种人生境界的相关阐述。首先，"乐"因"仁"而有。只有内心怀有仁德，在行为中实践仁德，爱人、助人，才能体会到真正的快乐，也才能保持这份真正快乐的感受。相反，"不仁者不可以久处约，不可以长处乐"[①]。一个不能坚守仁德的人，就会失去这份快乐感受。因此，"乐"是德性赋予的快乐感受，对"乐"的积极体验是道德自觉精神的体现。儒家的"仁爱"精神，其本质在于强调"利他"，这也是一种推己及人的仁爱境界。孔子讲"己欲立而立人，己欲达而达人"，"己所不欲，勿施于人"；孟子强调"老吾老，以及人之老；幼吾幼，以及人之幼"；等等。这些思想都表达了"博爱大众"的情怀。这种情怀，在本质上同"乐于助人"相融相通。它要求人们在履行道德义务时，发扬利他精神，提倡对他人给予关爱。宋代著名思想家范仲淹提出："先

---

① 杨伯峻译注. 论语译注［M］. 北京：中华书局，1958：37.

天下之忧而忧，后天下之乐而乐。"这种道德追求，把我国古代"乐于助人"的精神推到了最高境界。这些都说明，我国古代先哲一贯重视以"仁爱"为特色的"乐于助人"的道德追求。

贯彻乐于助人的原则，要推行知行合一的道德实践观。乐于助人出于人和人之间的基本需要和公民间的义务，儒家伦理的乐于助人并非口号，而是体现在社会生活中的方方面面，包括舍己为人、不计得失的奉献精神，见义勇为的担当精神，等等。刘义庆《世说新语》中就记录了受儒家思想影响的裴令公的故事。"裴令公岁请二国租钱数百万，以恤中表之贫者。"① "中表"即内外，父之姊妹之子为外兄弟，母之兄弟姊妹之子为内兄弟，统称中表。历史上有裴令公对中表之亲的帮助与扶持，也有韩综悬赏救灾民，扩之对社会上的他人施以援手："水大至，综出令，能活一人者予千钱。民争操舟筏尽救之，已而丘冢溃。"② 还有东汉名臣朱晖挺身救妇女："道遇群贼，白刃劫诸妇女，略夺衣物。昆弟宾客皆惶迫，伏地莫敢动。晖拔剑前曰：'财务皆可取耳，诸母衣不可得。今日朱晖死日也！'"③

乐于助人是人与人之间互助交往的原则，也是建立和谐人际关系和建构良好社会秩序所不可或缺的。乐于助人是传统美德的继承，是集体主义精神的体现，是社会主义道德的基本要求，是建立和谐人际关系的道德准则。它是现代社会的必然要求，是公民个人的为人处世之道。儒家伦理注重人与人之间的伦常关系，"仁爱"是儒家人际关系理论的核心，它主张人与人之间相亲相爱、互相关心、互相爱护、互相帮助，提倡的是一种人与人之间互助交往的原则。孔子认为："克己复礼为仁。一日克己复礼，天下归仁焉。"同时强调："礼

① （南北朝）刘义庆撰；钱振民点校. 世说新语 [M]. 长沙：岳麓书社，2015：4.
② 吴玉贵，华飞主编. 四库全书精品文存：第 4 册 [M]. 北京：团结出版社，1997：521.
③ （南朝宋）范晔撰. 后汉书：上 [M]. 长沙：岳麓书社，2008：527.

之用，和为贵。"儒家认为，若实施了"仁"，践履了"礼"，就可达"和"之目的。可见，儒家传统道德文化中的仁爱、贵和思想为今天倡导乐于助人的精神提供了基础。

今时今日，我们坚持"以人为本"，构建社会主义和谐社会，特别需要大力弘扬"乐于助人"的道德情操。提倡"乐于助人"，这既是社会文明进步的需要，也是个体道德升华的外在表现。我们生活在社会主义社会的大家庭中，人与人的关系是平等互利、互相关爱的。这种关系需要大力提倡"我为人人，人人为我"。"人人为我"是以"我为人人"为条件的，如果一个人老是计较个人利益，不愿对他人作出奉献，那么，他也就无权接受他人对自己的奉献。同时，社会主义的人道主义还要求我们对社会上的老、幼、病、残、孤、寡之人给予扶持与帮助。因此，作为社会主义国家的公民，我们尤其需要继承和发扬中华民族"博爱大众""助人为乐""同舟共济"的道德情操，让社会主义精神文明大放异彩。

二、守望相助

守望相助是中华民族优秀的历史文化传统，是各族人民团结奋斗的历史主线。"守望相助"一词出自《孟子·滕文公上》："乡田同井，出入相友，守望相助，疾病相扶持，则百姓亲睦。"[①] 守望相助蕴含了相互帮扶、互助互爱的传统美德。

守望相助是对中华优秀传统文化的传承与发展，作为邻里之间交往的道德准则和行为规范，既具有个人的道德属性，又体现了社会的伦理价值，是社会文明程度的重要体现。孟子最先提出"出入相

---

① 杨伯峻，杨逢彬译注. 孟子译注［M］. 长沙：岳麓书社，2021：99.

友，守望相助"。其后历代名人家训中也不乏守望互助的相关表述，如明代东林党领袖高攀龙在《忠宪公家训》中说："临事让人一步，自有余地；临财放宽一分，自有余味。"①

首先，守望相助的初始动机在于"帮扶弱者，患难相恤"。传统邻里之间守望相助的目的就在于帮助和扶持身边的弱者。孟子说："恻隐之心，人皆有之……或相倍蓰而无算者，不能尽其才者也。"②人人都拥有"恻隐之心"，帮扶弱者是人的道德本性，它在生活实践中不断得到提升和扩充，从而成为守望相助的初始动机。其次，守望相助的核心要义在于"亲仁善邻、置而不较"。邻里是守望相助的主体，守望相助就是要在邻里之间帮助他人排忧解难，并互相理解，使得邻里之间的相处更加和谐融洽，实现"相邻和睦"的邻里关系。最后，守望相助所追求的目标是乡邻和睦与个体德性的提升。我们应通过对邻里群体的帮助和对社会的奉献与给予来实现个人价值与社会价值的统一，将对他人、对社会的奉献作为义务和责任，并以此来满足自身的道德需要，使道德规范逐渐从他律走向自律。

儒家"仁爱大同"思想就是守望相助传统美德的重要思想来源。"仁爱"是儒家思想体系的核心，在《论语·雍也》中，孔子对"仁"下了这样的定义："夫仁者，己欲立而立人，己欲达而达人。"由此可见，"仁"基本的含义就是处理好自己与他人的关系，由己及人，推己及人。守望相助也不仅仅是一种关爱亲人、邻里、朋友的责任和义务，更是一种关爱他人、乐于奉献的道德风尚。"恻隐之心，仁之端也。""恻隐之心"就是人们共同的同情心、怜悯心和关爱心，是人性固有的内在情感，正是基于此，人们才有了相互关爱、尊老爱幼，为他人和社会服务的动机，这也是"邻里守望"的思想根源。

① 石孝义编. 中华历代家训集成［M］. 南京：河海大学出版社，2021：35.
② 杨伯峻，杨逢彬译注. 孟子译注［M］. 长沙：岳麓书社，2021：216.

398

人与人之间出于恻隐之心的道德情感，转化为社会层面的道德价值，血缘亲情之间的相互扶助转化为邻里之间的守望相助和个体之间的仁爱之心。

除了"仁"的思想，孔孟思想中的"大同思想"及"义利观"也是儒家守望相助思想的重要组成部分。孔子认为在安定和谐的理想社会里，人们无贫富差别，"老者安之，朋友信之，少者怀之"。在此基础上，他以大同思想号召"人不独亲其亲，不独子其子，使老有所终，壮有所用，幼有所长，矜寡孤独废疾者皆有所养"。孟子则主张社会个体要"出入相友，守望相助，疾病相扶持"。这与孔子的"大同"之说前后呼应，共同构成了儒家大同思想的精华。在义与利的选择上，受儒家伦理思想深刻影响的守望相助的传统美德，也必然要求取义而舍利。孔子认为"君子喻于义，小人喻于利"，又说"君子义以为上。君子有勇而无义为乱，小人有勇而无义为盗"。只有君子才能超越眼前的利益而成为道德的典范。孔子甚至将道德与利益的关系进一步提升到对人的生命终极关怀的高度。"志士仁人，无求生以害仁，有杀身以成仁"，为追求仁义而不惜付出生命。这也使得后来者在义和利之间抉择时，无不敦诚信义，舍利而取义。孟子对于义的重视程度比孔子更甚："生亦我所欲也，义亦我所欲也；二者不可得兼，舍生而取义者也。""不义而富且贵，于我如浮云"，正是受了儒家义利观的熏陶。古代众多儒者大都重义轻利，不慕虚名，这就给了守望相助的传统美德以良好的价值导向。

守望相助在古代作为一种社会道德规范、生活方式，蕴含了诚实守信、患难相恤、与邻为善等中华民族优秀传统美德，传承了儒家、墨家、道家等中国古代哲学思想的精髓，逐渐被作为处理邻里关系的价值取向，有着深厚的农耕文化背景、独特的宗族文化意蕴、鲜明的伦理道德属性，体现了个人价值与社会价值的统一。当前坚定文化自信，应当积极汲取中华优秀传统文化和智慧，大力弘扬守望相助传统文化。这对激发个体道德自觉、培育志愿文化、构建新型邻里关系等有着重要的现实意义。

三、乐善好施

乐善好施按现在的说法可指慈善，是当今社会慈善事业的前身。当今社会慈善有广义、狭义之分。广义的慈善文化涉及慈善的方方面面，而狭义的慈善文化仅指与慈善有关的价值观、行为规范及风俗习惯，就很接近儒家伦理中"乐善好施"的社会公德了。乐善好施与慈善相比较，突出表现一为"乐"、二为"好"，既是主体的自觉道德意识的体现，也是一种将道德思想付诸实践的甘于奉献不求回报的道德实践。

儒家传统文化中的乐善好施思想以"仁爱"为中心，构筑起包括民本思想、大同思想、义利观在内的乐善好施思想体系。"己欲立而立人，己欲达而达人"，此谓之"忠"，意思是自己要先有实力。如果自己都站不稳，看到别人摔倒，你又怎么扶他呢？这是从主观积极的方面，说明做人要善于主动为他人着想，帮助别人。"己所不欲，勿施于人"，就是将心比心，自己不想要的，也不要施加给别人，要能够常常设身处地地为他人考虑，即谓之"恕"。这是从客观被动方面，要求做人始终能够体谅和理解别人，做任何事的时候，都要先替别人着想。孔子的忠恕之道，表明仁爱他人特别是帮助社会弱者是一种责任、一种义务，更是一种推己及人的利他风尚和助人为乐的精神。

一个仁爱的人，是一个以"博施济众"为己任的人，是一个乐善好施的人。儒家肯定博施济众的"大同"理想社会。"不独亲其亲，不独子其子……矜寡孤独废疾者皆有所养"，"四海之内，皆兄弟也"，等等，集中表达的正是博施济众的基本理念。《论语》记载了孔子与子贡的一段对话："子贡曰：'如有博施于民而能济众，何如？可谓仁乎？'子曰：'何事于仁！必也圣乎！尧舜其犹病诸！夫仁者，己欲立而立人，己欲达而达人。能近取譬，可谓仁之方也已。'"① 在这里，孔子区分了君子行仁的两种层次。"博施于民而能济众"，这是有德有位的君子应有的作为，也是有德有位的君子才能实现的作为。"己欲立而立人，己欲达而达人"，这是有德无位的君子应有的作为，而且有德无位的君子所能做到的也只能是尽心尽力而已。

不仅要"博施济众"，乐善好施的思想体系还包括对社会生活中弱势群体的关注，集中表现于赈贫恤患。在中国传统社会中，灾害的自然性，就间接肯定了"赈灾"的正义性，而"赈灾"正是古代"慈善"事业重要的表现形式，也是儒家"乐善好施"意识得以形成的重要外在途径。

在儒家传统思想的影响下，南北朝时期，南朝梁武帝诏告天下，"孤老鳏寡不能自存者，咸加赈恤"②；北齐则设立以备赈济的义仓。到隋唐时期，乐善好施在官方的着力推广下兴盛起来。乐善好施不仅体现在个人身上，还体现在国家层面，即以民为本的慈善关怀，主要体现在国家的恤老、慈幼、施药等多方面的举措上。如《唐户令》载："诸鳏寡、孤独、贫困、老疾不能自存者，令近亲收养。若无近亲，付乡里安恤。"③ 许多帝王还亲撰了蕴含仁爱思想的官箴，如武则天的《臣轨》、五代后蜀主孟昶的《令箴》等。孟昶的《令箴》

---

① 杨伯峻译注. 论语译注［M］. 北京：中华书局，1958：69.
② （唐）姚思廉撰；陈苏镇等校点. 梁书［M］. 长春：吉林人民出版社，2005：36.
③ 刘峰，吴金良主编. 中华慈善大典［M］. 杭州：浙江工商大学出版社，2017：24.

流传很广，其曰："尔俸尔禄，民膏民脂；下民易虐，上天难欺。"①
宋太宗取此十六字箴言，颁行州县，敕令刻石立于衙署大堂前，故又
称之为"戒石铭"或"戒石箴"，以警示各级官吏秉公办事，勤政为
民，慈爱百姓。

"宋之为治，一本于仁厚，凡赈贫恤患之意视前代尤为切至。"②
宋代遍布全国各地的居养院，对鳏寡孤独者予以抚育赡养。同时，国
家还建立了社会医疗救济机构安济坊，对鳏寡孤独贫病不能自存者
予以收养并给以医疗救治。由于执政者的重视，宋代慈善事业制度严
密、机构完备、设施齐全、救助范围空前广泛，其中的诸多慈善救助
措施对后世产生了重要影响。到了元明清时期，官办的养济院、安乐
堂、栖流所、惠民药局等慈善救助机构，对"老弱群体"的体恤关
怀更为完备。元朝官方将恤孤养老当作为政的应有之责，《元史》
云："命经略使问民疾苦……常令有司存恤鳏寡孤独。"③《大明律》
是明朝重要的法律。《大明律·户律》规定："凡鳏寡孤独及笃废之
人，贫穷无亲属依倚，不能自存，所在官司应收养而不收养者，杖六
十。若应给衣粮而官吏克减者，以监守自盗论。"（《大明律附律》卷四）
明亡清兴，清朝官方基本上继承了明代的慈善政策，重视对鳏寡孤
独、残疾人、贫民的慈善救济。如顺治五年（1648），清廷即诏告各府
州县设立养济院，"收养鳏寡孤独及残疾无告之人"。其后，康熙、
雍正、乾隆曾多次谕令重申，使养济院的诸项慈善措施更加具体严
格，并使养济院扩展到了我国西部的边陲地区。

儒家伦理思想中"乐善好施"的社会公德为现代公益慈善活动

---

① （清）吕安世著；张宏儒主编. 白话二十四史：中 ［M］. 北京：团结出版社，2021：
734.

② 周膺，吴昌著. 宋韵：极致与高度 ［M］. 杭州：浙江教育出版社，2023：446.

③ （明）宋濂等撰；阎崇东等校点. 元史：中 ［M］. 长沙：岳麓书社，1998：1340.

提供了有价值的思想渊源。也正是这种以仁爱为基础的儒家乐善好施的伦理思想衍生出了孝慈为怀、邻里相帮、守望相助、济人危难、助人为乐等中华民族优秀的道德品质，进而在整个民族中形成一种个人乐于向社会奉献的精神，在一定历史时期也形成了一定规模的"慈善家群体"和连绵不绝的乐善好施活动。儒家传统伦理思想的乐善好施有着重要的现实意义，对当今社会道德文明建设以及社会福利思想和实践都有很大影响。

第八章　儒家伦理道德和中华民族精神

一个民族的精神，是该民族文化精华的凝聚。中华民族精神孕育于中国文化。数千年的文化，经历代贤哲的承传、弘扬，积淀成深厚的文化传统，深入民族心理、民族性格，形成了中华民族精神。中华民族精神是中华民族全部文化精华的凝聚，在中华民族精神形成的历史进程中，儒家文化作为封建社会文化的主轴，对此作出了重要的贡献。而伦理思想始终是儒家文化的核心内容，它的积极因素和优良传统，对于培育中华民族精神起到了重要作用。这种民族精神的根本特质，突出地表现在自强不息的民族性格和厚德载物的宽广胸怀两个方面。

第一节　中华民族精神的特质

民族精神，是指一个民族的思想素质、价值取向、心理态势等的总和，它反映了民族的根本风貌，是构成一个民族自我意识的灵魂。中华民族精神的特质，凝聚了儒家伦理道德的精华。

一、崇道尚德

中华民族精神中缺乏浓厚的宗教因素，不刻意追求外在超越，走的是内在超越之路，即追求人的自我完善、道德境界的升华。因此，宗教并未成为中华民族的精神依托。

在殷商时代，中国历史上曾出现过早期的政教合一状况。那时，人们崇拜天帝，以天为自然界和人类社会的最高主宰，人的行动事无巨细均须通过巫卜请示天的意见，遵循天意而为，君主则被视为天的长子，是天在人间的代理。文武革命，周公提出"以德配天"，认为天只辅佐有德之人。在承认天的权威的情况下，周人注意到人的主观努力特别是品德对自身命运的重要作用。相形之下，天反而退居于次要位置，只表示对人的道德的一种权威性肯定。周初这种既非以力又非以智，而以德与天相配的思想倾向，被后来的儒家加以继承和发展。一方面，儒家继续把天道德化，使之成为道德的本体；另一方面，又不断提升人在宇宙中的地位和作用，不仅以人配天地而建构"三才"之说，而且强调自然者天地、主持者人，以人为宇宙间的主导。同时，儒学以德性规定人的本性，不以宗教的皈依为人的完善，而追求道德本性的复归与完善。

儒家的上述理论特点渗透在传统文化中，就形成了中华民族崇道尚德的精神特质，并在下述几个方面突出地表现出来。

首先，中国人历来把道德作为人的重要本质属性，对人的存在给予了积极的评价。自孟子倡导性善论以来，尽管历史上曾经出现过性恶论、性三品论、性善恶混论等主张，但性善论一直居于人性论的主导地位。它认为道德作为人的本质属性，是人与动物相区别的根本标志。正因为人有道德，才使其高于其他事物，成为宇宙间最完善的存在。因此，道德并非外在的强制，而是人的本质需要，是人的本性的自我发展、自我完善。仁义礼智非外铄于人，而是人固有的。道心就是人的本心，义理之性就是气质之本性。这就为人的道德完善设定了一个内在的根据，凸显了道德理性，强调了道德在人类生活中的重要意义，促进了人的道德自觉。

以道德为人的重要本质属性，不仅表明对道德的尊崇，还是对人的存在的积极肯定。这种思想特质，与西方文明凸显的精神有着鲜明的区别。西方基督教文化对人的存在和现实生活给予了否定的评价。它的"原罪说"渗透到人们的思想深处，认为人一生下来就有罪，这种罪是由人类始祖遗传下来的"原罪"，在现实生活中任何人都无法摆脱它的困扰，人活着的目的就是赎罪，只有上帝才是善的源泉，人只有与上帝同在，回到彼岸世界才可能实现自己的完善。因而，从根本上说，道德与人的本性相对立，是对人的一种外在强制。尽管西方文化也强调道德的重要性，但它把人的道德完善引向外在超越之路，而中华民族在儒家学说的影响下，走的是道德完善的内在超越之路。中国人崇尚的是道德，而不是上帝。

其次，中国人每时每刻都在追求道德理想。理想是人的精神境界的反映，同样，一个民族的理想也反映着该民族的精神境界。人们对于自己的未来总是充满着希望，怀抱着某种期待，并根据自己的生活实际和特定的价值观念把希望和期待设定为一种理想，它既是生活的目的，也是精神上的追求与寄托。中国人受儒家思想的影响，无论在个人生活还是在社会生活中，都不仅仅把幸福作为理想，而是把道德完善作为最高理想。换句话说，中华民族不单纯追求物质生活的幸福，而认为精神生活的幸福才是最高、最强烈、最持久的幸福，道德完善才是幸福的本质内容。

在个人生活中，中国人以道德完善作为人生的最高理想，而且把对道德的追求与拥有视为幸福，认为君子食无求饱、居无求安，而以求道为满足。孔子安仁、利仁、乐仁；颜回居陋巷，一瓢饮，一箪食，人不堪其忧，而他却不改其乐。后来，"孔颜乐处"便成为高尚幸福的代名词，并逐渐衍生出"安贫乐道"的观念。长期以来，人们以"安贫乐道"为满足于贫困，在贫困中寻找乐处的理想。这是一种片面的理解。"安贫乐道"的核心在于"乐道"，而非"安贫"，它强调的是：人们即使处于贫贱穷厄之时也不能忘记道义，而应在贫困中磨炼追求道义的坚定意志，即孟子所说的"贫贱不能移"。儒家从来不宣扬满足于贫困，他们的主张是济世利民，富而后教。但是，儒家认为，贫贱与富贵并不能决定生活的本质，更不能用以评价人的品德与价值。人的本质需要不仅有物质需要，也有道德的需要，并且后者的满足才是幸福和生活的本质内容。而物质利益的满足只有当它符合道德时，才构成幸福的内容，对生活具有积极的价值。因此，贫而乐道、富而好礼才是应有的生活态度。贫与贱是人之所恶，去之不能以道则安之；富与贵是人之所欲，不以其道得之则不取。这里并非要人满足于贫困，而是要人满足于道德的完善。故孔子说："不义而富且贵，于我如浮云。"[①] 他反对的是"为富不仁"，并不反对"义而富且贵"。相反，儒家鼓励人们以符合道义的手段去追求富贵。"义然后取，人不厌其取"，"虽执鞭之士，吾亦为之"，即最好的说明。正是出于这种对生活与幸福本质的理解，儒家把道德完善作为人生的理想境界，并积淀为中华民族重要的思想素质。

在社会生活方面，中华民族同样以道德完善的社会为理想社会，而不单纯追求物质财富的富足，始终把合理性原则放在首位。这种精神与现代西方文化以物质利益为第一原则的思想形成鲜明的对比。它也不同于基督教精神，后者把理想建立在天堂，否定世俗社会生活的积极意义，而前者要在现实社会中实现人的世俗的理想和完善。如果说，中华民族精神的崇道尚德是对现实存在完善之可能性的肯定

---

① 杨伯峻译注. 论语译注 ［M］. 北京：中华书局，1958：76.

与追求，那么，基督教精神重德则不过是为了获得在末日审判时进入大堂的门票的手段。

中华民族崇道尚德的思想素质，是中国传统文化精义的凝结，就其精神实质而言，则主要是儒家伦理精神的反映。在中国传统文化的三大家儒释道的学说中，佛教追求的是对世俗社会的超越，对现实生活持否定态度，而以彼岸世界为完善的境界。道家追求的是个人的精神自由和人格独立，对现实生活采取逃避的态度。释道或主张出世，或主张避世，都否定现实的社会生活。儒家则主张积极入世，把个人完善与社会完善统一在一起，因而，它以道德为安身立命之本，崇道尚德，追求现实生活和现实社会中的道德完善。儒家伦理的这一基本倾向虽然本质上是空想，但其所包含的积极的思想因素，孕育了中华民族崇道尚德的思想素质。

二、明义重公

崇道尚德的思想素质，反映在行为选择上，就表现为明义重公的行为价值取向，即以道德作为判断行为价值的最高尺度，这正是儒家道义论伦理学说在民族精神中的积淀。

首先，中华民族在处理人的道德需要和物质利益需要的关系时，以道德需要为人的首要的和本质的需要，认为道德的完善对于人生的价值高于物质利益需要的满足。儒家指导人们进行行为选择的价值方针是"见利思义""重义轻利""以义制利""以义导利"等。这些方针要求人们正确对待个人利益，追求、获取利益时要深明大义，以义为行为取舍的标准，只有符合义的利才是正当利益，才可以追求、获取，否则，就应当舍弃。中华民族反对见利忘义，反对不顾道德原则、不择手段地追求个人利益。"为富不仁"在中华民族的精神中一直是受到否定的行为取向。其次，在义与利即道德与利益发生冲突时，要把道德置于首要的位置，必要时应当以利益服从道德，甚至牺牲个人的利益，以维护道德的尊严和纯洁。在个人生活中，应以道德为根本原则和终极追求，把道德的完善视为幸福的本质内容，而不能以物质利益的满足作为生活的主要内容和根本目的。再次，以义限制、遏制利。义与利并不会自然地统一，相反，在许多情况下二者是相互冲突的，追求利将对义的实现与完善产生消极作用。因而，人们应当自觉地用道德去限制、遏制个人的利益和需要，消灭那些与道德直接冲突、不可调和的个人利益和需要。最后，重义轻利的价值取向并非否定利的价值，并非无原则地消灭利，而是认为义利相衡，义具有更高的价值。这种观点归结于一点，就是行为以道德原则为标准，以道德引导、指导利益的追求与满足。

义利之辨作为一种价值方针归根到底是对利益的价值思考，义并非纯粹的道德价值，而是对社会公利的道德肯定。因此，义利之辨落实到现实生活层面就是公私之分，即社会整体利益与个人利益的关系。在处理二者的关系时，主要有如下一些原则，即大公无私、先公后私、公私并举、先私后公、唯私无公等。中华民族在价值取向上重义轻利，否定后面两个原则，而以前三个原则作为处理公私关系不同层次的要求。大公无私历来是中国人崇尚的最高道德境界，大禹治水三过家门而不入，诸葛亮鞠躬尽瘁死而后已，千百年来被人颂扬、景仰。这一原则要求人们以社会整体利益为行为准则，把小我融合于大我之中。儒家天人合德的学说，实质上就是这样一种观点。它把人分为小我和大我，认为前者是感性的自然存在，后者则是与万物一体的存在。小我是渺小的、暂时的，大我才是崇高的、永恒的；小我是私，大我是公，天人合德即消除小我之私而与天德合而为一。天德、天埋的实质就是社会整体利益的道德理论概括。先公后私则是说，在个人利益与社会整体利益发生冲突时，应该以个人利益服从社会整体利益，在行为方针上，即以社会整体利益为首要的、最高的原则。范仲淹"先天下之忧而忧，后天下之乐而乐"的千古名句，就是这一原则的典型表述。梁启超在《论中国国民之品格》中说："团体之公益，与个人之私利，时相枘凿而不可得兼也，则不可不牺牲个人之私利，以保持团体之公益。"[①] 这种思想在中国历史上源远流长，《诗经》中即有先雨公田、爰及我私的说法，孟子也主张"公事毕，然后敢治私事"[②]。如果说大公无私是一种理想的道德境界，先公后私是有德之士的行为方针，那么，公私并举、公私兼顾则是对一般社会成员起码的道德要求。它把个人的现实利益和社会整体利益作为行为选择共同的价值标准，不主张以其中任何一个否定另一个。但在现实生活中，主要是反对以个人利益损害社会整体利益，坚持正当的个人利益不得违背社会整体利益，因而也就构成了明义重公价值取向最低层次的要求。这种思想在古代儒家功利主义学派中反映得最为明显，它与道家杨朱学派追求个人功利有别，而以社会功利为行为的价值原则，这种社会功利就是不与社会整体利益相矛盾的、所有社会成员现实的个人利益。作为最低层次的道德要求，这是中国古代社会人们现实生活中一般的行为准则。

应当指出，义利公私的理论具有鲜明的时代性，在不同历史时期具有不同的历史内容。在中国古代，所谓公，指以封建国家为代表的社会整体利益；所谓义，则是对此利益的道德价值肯定，是直接为维

---

① 吴其昌著. 梁启超传 [M]. 北京：团结出版社，2004：164.
② 杨伯峻，杨逢彬译注. 孟子译注 [M]. 长沙：岳麓书社，2021：99.

护封建专制统治和社会安定服务的。对于这些具体的时代内容，我们今天必须予以否定。但见利思义、以义导利、大公无私、先公后私等观念，作为人们以道德的方式把握世界的一般思维形式，其中所包含的合理性因素，在现代仍然具有其现实的生命活力，仍然是中华民族精神中的积极成分。

明义重公的价值取向在自我反求时即表现为存理遏欲。人的行为的道德选择除了面临公与私即社会整体利益与个人利益的冲突，还必须对理性与感性即灵与肉的冲突作出抉择。中国传统伦理把它概括为理欲关系，即道德理性与自然感性欲望的关系。儒家认为，理即理义，属于公义，欲则为一己之私。在此思想影响下，中国传统文化把理欲之别看作义利之辨、公私之分在个人身上的体现，并形成了理欲统一的思想观念和以理导欲、存理遏欲的行为价值方针。

人类自从开始认识自身之后，便遇到了理与欲的矛盾。儒家肯定二者均是人的固有属性，以自然感性需要为人类生存的基础，而以理性道德需要作为人区别于动物的根本标志，性善论者进一步把它规定为人的本质。宋儒的理欲之辨即对前人思想的总结。他们认为，理与欲是构成人性内容的两个重要方面。由于感性欲望根源于人的肉体组织，所以具有自然性、特殊性、个别性；而道德理性根源于天道本体，故具有超越性、一般性、共同性。二者相依相存，不可截然分开，处于一种对立统一的状态。程朱渲染理欲的对立，以理善欲恶、理公欲私，对人的感性欲望采取了过分克制的态度，甚至提出"存天理灭人欲"的口号。明清之际的王夫之、戴震等人则强调理欲的统一，认为天理人欲同行异情，理在欲中，人欲之恰好处即天理，离开人欲便无所谓天理。欲是理的自然生理基础，理是欲的价值尺度。他们的思想肯定了人欲的合理性及其道德价值，反对存理灭欲的价值方针，而提出了以理导欲、以理遏欲的行为准则。

一方面，人欲是一个经验事实，而不是罪恶。作为人类生存的自然生理机制，它还是人类一切行为的基本动因，因而，人欲的满足不仅不与道德相冲突，恰恰相反，它应当是道德所追求的目的。戴震即把"达情遂欲"作为理想的道德境界。但是，自然欲望的必要性、合理性并不能证明它在任何时候、任何情况下的任何形式都是必要的、合理的。它的必要性、合理性的根据就是其对人的存在的积极作用，这就是一个价值标准。因而，道德理性乃评判自然欲望合理性的尺度，欲只有合乎理，才是正当的，才对人的生命存在具有积极意义。另一方面，古人认为人之所以为人除了具有自然欲望，更本质地在于有道德理性，后者是人区别于动物的根本标志。自然欲望只有符合道德理性时才摆脱了其动物性而成为人的属性，才与人的本性相一致。以理导欲，就是以道德理性引导、规范对自然欲望的追求、满足手段和程度。

欲是非本质的。也就是说，自然感性欲望并不总是符合人的本性，也并不总是对人的存在具有积极意义。在某些情况下，人欲可能与人的本性发生冲突，会给人的存在带来危害。这时，纵欲就是错误的、反人道的，而应当自觉地以道德理性遏制甚至消灭妨生害人的人欲的发生与泛滥。更进一步说，在自然的意义上，人欲与动物的欲望没有根本区别，它就是人的动物性。顺应人欲不仅无益于人的完善，而且与人的本性背道而驰。要使人欲从自然属性化为人的属性，就必须以道德进行改造、遏制，即消灭其中纯粹动物性的因素。这种思想，反映了中国人对待自然感性欲望所持的理性态度，它决定了中国人对生活的理解、对幸福的向往和对人的完善的追求都是非功利主义的，而始终以道德理性的发展、充实与完善为其根本之所在。

412

明义重公的价值取向，是中华民族对道德的弘扬，也是民族精神的体现。在中国思想史上，尽管有着道义论与功利论、存理灭欲与达情遂欲等的论辩，但它们的价值取向，本质上都具有明义重公的倾向。道义论之理义与功利论之功利的现实内容都是社会整体利益，它们只是从不同方面对公利的合理性作出了论证，都是为维护和促进社会整体利益的发展服务的，都反对不顾社会公利而追求私利。存理灭欲与达情遂欲两种观点在形式上的对立多于实质内容的对立。灭欲者灭的是一己之私欲，是与人的道德理性相违背的邪恶的欲望；遂欲者所遂的是合理的欲望，即与人的道德本性相一致的情欲。灭欲者所灭之欲，遂欲者并不求其遂，而同样予以否定；遂欲者所遂之欲，灭欲者并不绝灭之，而同样予以肯定。尽管这两种学说具有不同的理论价值，却同样体现了明义重公的精神。所以，在儒家思想的熏陶下，中国人历来崇道尚德，把社会整体利益置于个人利益之上，追求人的道德的自我完善。

三、乐群贵和

崇道尚德、明义重公表现了对道德高度重视的民族精神。中国传统伦理学说尤其是儒家的主流学派，把道德视为人的本质属性。崇道尚德、明义重公即对社会发展、整体利益的维护，是对人的社会性高度肯定的观念。人是个体存在和社会存在的统一，社会属性是人的本质属性。任何人都只能在社会中即与他人的关系中生存，对他人和社会有着必然的依赖。正是出于此种体认，形成了中华民族乐群贵和的心理定式。

在儒家看来，人并不是一个单纯的孤立的个体，人和动物的区别在于"人能群"，人是群体中的一分子，具有维护群体生存和发展的需要，具有道德理性，因而倡导"群居和一"。"乐群"便是这种思想在人们心理上的积淀。乐群是 种强烈的归属心态的表现。它反对离群索居、独往独来、自我封闭，而主张与他人建立友好和谐的关系，在特定的群体中寻找自己的位置、实现自己的价值，也就是说，它把与群体的和谐作为自己安身立命的根本。因此，中国人历来对群体有着浓郁的依赖感、信任感。贵义、重公、崇德，表现在中华民族的心态中就是乐群贵和，并体现为对家庭、团体、国家等具有一种强烈的责任感。俗语"一个好汉三个帮""家和万事兴""众人拾柴火焰高"等，就反映了这种心态及对其社会功能的把握。

中华民族对群体的责任感已经把个人对家庭、团体和国家的义务内化为道德良心，并将此良心升华为至善的道德理念。如前所述，这种道德认知即基于对人的社会性的理解。荀子说："人生不能无群。"作为社会性动物，离开了社会群体，任何人都无法生存。"力不若牛，走不若马，而牛马为用，何也？曰：人能群，彼不能群也。"这就是说，人在自己的类存在中，才能充分发挥自己的能力、实现自己的价值、完善自己的本质。因而，传统儒学要求个人认同于社会群体，把维护群体的和谐、促进群体的幸福作为自觉的道德责任。家庭至上、团体至上、国家至上是人们基本的道德信念。不同层次的群体间具有递进性，欲平天下者先须治其国，欲治国者先须齐其家。群体的大小、层次不同，个人对它们所负的道德责任的重要性也随之不同，总的原则是小群体服从大群体，低层次服从高层次。故当对家庭责任的孝与对国家责任的忠发生冲突时，不仅要移孝为忠，而且要舍家为国。这种强烈的社会责任感，构成中华民族精神的深层内涵，使得中华民族具有强大的凝聚力、亲和力，成为激励人们积极进取、勇于牺牲和奉献的心理机制。

在道德情感上，一方面，中华民族从社会责任感、历史使命感与牺牲奉献精神中体验到荣誉与崇高、充实与幸福。儒家认为，幸福的本质并非物质生活的富足，而是精神的充实与崇高。与群体和社会相比较，个人是渺小的、微不足道的，但群体和社会又由个人组成，因此，只有把个人融入社会，才能充分显示生命的光辉与伟大价值，只有奉献社会，才能超越个体生命的有限而实现永恒。古人追求的立德、立功、立言之"三不朽"，就是一种崇高的道德情感体验。

另一方面，乐群的心理态势还使得中华民族特别注重人际的亲情与和谐，以情为联系人与人之间关系的重要纽带。孟子说的"亲亲，仁也；敬长，义也"①，就是以血缘亲情诠释仁义的基本道德原则的。可以说，在某种意义上，整个儒家的道德学说都建立在血缘亲情的基础之上，是血缘亲情的扩展与推衍。君臣、父子、夫妇、兄弟、朋友"五伦"是古人概括的五种基本的道德关系，父子、夫妇、兄弟均由自然亲情联系，规范这些关系的各种道德原则无不被给予情感的解释，均归之于天性自然。而君臣比如父子，朋友类同兄弟，"五伦"均渗透着情感的原则。老吾老以及人之老，幼吾幼以及人之幼，就是血缘亲情对外的扩张。正是出于这种心态，中国人把群体、社会都视为大家庭。北宋张载甚至把这种心态推衍于整个宇宙，力图以血缘亲情的模式解释人与万物的关系。所谓贵和，就是以亲情作为其心理情感的依据。

由此，中华民族处理群己关系的行为倾向，向外表现为求同存异，对己表现为反省内求。孔子说，"礼之用，和为贵"，以追求群体的和谐为行为的目的，避免矛盾冲突。当然，在现实生活中，人与人之间的矛盾是不可避免的，儒家并不否定这一点。但他们主张的原

---

① 杨伯峻，杨逢彬译注. 孟子译注［M］. 长沙：岳麓书社，2021：255.

则不是激化矛盾，通过斗争达到新的统一，而是以调和的方式消解矛盾。所谓凡物必有对，对必反其仇，仇必和而解，这就是儒家对待矛盾的基本态度。但是，也应当指出，儒家讲的"和"并非完全不讲原则随波逐流的"和稀泥"，而必须符合道义。这就是"君子和而不同"，即在无损于道义的情况下，以一种"平易和理而无争"的态度，"求大同存小异"，以达到有利于群体和谐的目的。这自然就要求人们不苛责于人，而反省内求。

所谓反省内求，即孔子所说的"见贤思齐焉，见不贤而内自省"①，是以他人为借鉴迁善改过的自我认识、自我修养的方法。在处理群己关系时，就是严格要求自己，当与他人发生冲突、受到他人拒斥、不为他人理解时，不能责怪、抱怨或拒斥他人，而首先必须进行自我反省，检查自己的行为是否尽力做好了。曾子曰："吾日三省吾身——为人谋而不忠乎？与朋友交而不信乎？传不习乎？"② 对自己的行为每天进行反省，有过则改。孟子曰："爱人不亲，反其仁；治人不治，反其智；礼人不答，反其敬——行有不得者皆反求诸己，其身正而天下归之。"任何行为，如果没有达到目的，取得预期的效果，就必须深刻反省自己：是否做得够好，是否做得尽力。爱人、礼人没有得到相应回报时应当反省，当自己遇到蛮横无理的对待时更要进行反省，看看自己是否做到仁至义尽了，考察自己的行为是否完全符合道义。这样，在处理群己关系时就能够最大限度地消解矛盾，取得他人的理解并使其得到感化，从而建立和谐的人际关系。

---

① 杨伯峻译注. 论语译注 [M]. 北京：中华书局，1958：42.
② 杨伯峻译注. 论语译注 [M]. 北京：中华书局，1958：3.

416

第二节　自强不息的民族性格

崇道尚德、明义重公、贵和乐群的精神特质，反映了中华民族对德性完善的推崇与追求，以及对人生价值的透悟。它把个人生命的意义熔铸于人类的生命之中，在社会的发展与完善中实现人的崇高与永恒。儒家伦理以德性为人的安身立命之本，凸显人的主体性，强调自然者天地、主持者人，坚信只有充分发挥人的主观能动性，才可以改造、决定自身乃至外部自然界的命运，才能够在现实生活中实现自身和社会的完善。正是这种积极进取、刚健有为的思想，造就了中华民族自强不息的性格。

一、仁为己任

儒家伦理学说反对把个人同社会割裂开来、对立起来，认为离开了社会，任何个人都无法实现真正的完善。因而，它要求人们把个人的生命、人生的价值同国家、社会的利益联系在一起，追求个人与社会的共同完善。在这种思想的激励下，中国人崇道尚志，把立定远大的志向、坚守以仁为己任的怀抱，作为成人之本。

所谓志，指某种坚定的信念，是对某种价值目标的追求的宏愿和决心。它体现着人们对自己行为和人生道路选择的明确的目的性、高度的自觉性和一往无前的坚定性，是激励人们勇往直前，克服一切艰难险阻，达到人生理想、创造人生幸福、实现人生价值的精神动力。中华民族在儒家伦理学说的影响下，立志高远，把道德的完善作为人生奋斗的目的，反映了中国人对道义追求的坚定与执着。

古人以立志为成人成事之本。立志是人生价值目标的确立、人生道路的选择。远大、坚定的志向，是人的行为的内在精神动力。王守仁曾说："夫志，气之帅也，人之命也，本之根也，水之源也。源不浚则流息，根不植则木枯，命不续则人死，志不立则气昏。是以君子之学，无时无处而不以立志为事。"① 志是生命的统帅，是人生道路上的定向器和航标。有了志，人的行为就表现出连续性、稳定性和一往无前的坚定性；没有志，人的行为就失去了明确的方向，人就会缺乏克服困难的勇气和信心。正如王守仁所说："志不立，天下无可成之事。虽百工技艺，未有不本于志者。今学者旷废隳惰，玩岁愒时，而百无所成，皆由于志之未立耳。……志不立，如无舵之舟，无衔之马，漂荡奔逸，终亦何所底乎？"② 一个人没有志，终将一事无成。就像大海中的船只，没有舵，没有定向器，没有航标，自己不知道要驶向何方，只能在风雨中随波逐流。这种生活让人失去了自我的主宰，完全把自己的命运交给偶然性去安排。

"有志者，事竟成"，这是中华民族共同的信念。有了志，就会有战胜一切艰难险阻的信心和勇气，最终达到自己的目的。"人惟患无志，有志无有不成者。"③ "把志气奋发得起，何事不可做？"④ 志作为对人生价值目标的选择，必须坚韧不拔、坚定不移。乘兴而立，遇阻即改，并非真正的人生志向，无法保持行为的稳定性、一贯性。梁启超说："人之大患，莫甚无恒。一念之明，浩然与圣贤同位，不移时而堕于流俗、堕于禽兽。惟持志以帅之，然后能贞之以常。"⑤

① （明）王阳明著；周月亮，程琳评析. 王阳明家书［M］. 武汉：长江文艺出版社，2021：52.

② 欧阳祯人主编. 王阳明经典篇章导读［M］. 武汉：武汉大学出版社，2021：26.

③ （宋）陆九渊著；钟哲点校. 陆九渊集［M］. 北京：中华书局，1980：439.

④ 王国轩，王秀梅译注. 呻吟语［M］. 北京：中华书局，2018：37.

⑤ 湖南省委宣传部编. 读有所得：第17册［M］. 长沙：湖南文艺出版社，2012：13.

其实，在人生道路上，每个人都有其或大或小、或远或近的志向。但欲成事成人，其志须坚定不移，愈坚定，它对人的激励作用就愈大。若志仅随兴而发，时过志迁，经常改变，则无法激励人们奋发向上，从而使人的行为也失去一贯性。因此，中国古人不仅以立志为人生之本，还强调"持志"，即坚持志的一贯性、稳定性和坚定性。北宋著名学者苏轼说："古之立大事者，不惟有超世之才，亦必有坚忍不拔之志。"① 所谓坚忍不拔，首先就要求立志须有一贯性、稳定性。"此志一立，三十、四十、五十、六十、七十，直至不逾矩，皆是此志。变化贯通……只是一事。"② 孔子曾说："吾十有五而志于学，三十而立，四十而不惑，五十而知天命，六十而耳顺，七十而从心所欲，不逾矩。"立志就须如此，一旦立定了志向，在人的整个生命历程中，就须独立而不改，周行而不殆。

因此，志向作为对既定价值目标的宏愿和决心，要实现它必须具有一往无前的坚定性，不畏任何艰难险阻，屡踣屡起，愈挫愈坚。"丈夫为志，穷当益坚，老当益壮。"③ 唐代王勃解释说："老当益壮，宁移白首之心；穷且益坚，不坠青云之志。酌贪泉而觉爽，处涸辙以犹欢。北海虽赊，扶摇可接；东隅已逝，桑榆非晚。"④ 坚定的志向，不因年老而消沉，不因穷困而坠失。虽喝贪泉，本心不失清纯；身处涸辙之危，情绪依然乐观。北海虽远，乘风必然可达；尽管青春已经消逝，但只要持志奋发，暮年也必定能有所成就。立志就须坚定，不能因为困难和逆境而轻易改变。

坚定的志向源于对自己选定的价值目标的坚定信念。志有大小、

---

① 林景雄，陈丽云主编. 悦山读本［M］. 长春：东北师范大学出版社，2020：101.

② 丁为祥著；郭齐勇编. 中国哲学通史：明代卷［M］. 南京：江苏人民出版社，2022：248.

③ 张祥斌编著. 古文名句分类解析［M］. 长沙：岳麓书社，2014：17.

④（清）吴楚材，（清）吴调侯编选. 古文观止［M］. 沈阳：万卷出版公司，2023：192.

远近、高下的区别，而要志存高远，就必须"仁以为己任"。

孔子强调"志于道，据于德，依于仁"，要求人们把道义的实现作为志向的目标。其弟子曾参将此概括为"仁以为己任"，他说："士不可以不弘毅，任重而道远。仁以为己任，不亦重乎？死而后已，不亦远乎？"志作为对人生价值目标的选择，体现着一个人的理想，制约着他所能成就的事业和所能具备的人格。在此意义上，我们可以说，人生的意义和价值取决于主体对人生价值目标的选择以及这一目标的道义内涵。"故立志而圣，则圣矣，立志而贤，则贤矣。"① 志是自己给自己划定的人生境界，它限制着自己人生的道路、生活的内容和成就的规模。由于"立志之规模不同"，现实的人生亦有不同，"志不大，则所成者小"②，"志小则易足，易足则无由进"③。小近之志容易实现，使人轻易地处于满足状态，不思进取。只有以仁自任的远大之志，才会不断激励人向上，奋发图强。所以，中华民族强调志存高远，生命不息，奋斗不止。

正是这种坚定、高远的志向，铸成了中华民族坚韧不拔、积极进取的民族性格。仁为己任、死而后已的志向本身，也是自强不息的民族性格的突出表现。

二、自尊自强

坚定、高远的志向，源于对自己、对社会、对人类未来坚定的信心，但它绝不仅仅是一种信念，还包含着在执着追求的行为过程中所

---

① （明）王阳明著. 传习录 [M]. 广州：广东人民出版社，2021：249.
② （宋）张载撰；（清）王夫之注；邵逝夫导读. 正蒙 [M]. 合肥：黄山书社，2021：188.
③ 张文治编. 国学治要：集部 子部 [M]. 北京：北京理工大学出版社，2014：1041.

表现出来的一贯性、稳定性、自觉性、目的性。其中就体现了弘毅坚韧、自尊自强的内涵，这也是我们民族性格的重要特质。

任重而道远，能磨炼出弘毅的性格。所谓弘，即扩充光大，毅即忍耐持守，二者相辅相成。朱熹说："非弘不能胜其重，非毅无以致其远。"[①]"弘乃能胜得重任，毅便是能担得远去。弘而不毅，虽胜得任，却恐去前面倒了。"这是说，弘乃强劲，毅为耐性，不强劲不足以担重任，无耐性不能任久远。弘而无毅，无法维持强劲的坚定性、一贯性；毅而不弘，则只是忍耐过人、苟且免难。历史上凡成大事者，不仅有过人之智勇、高远之志向，还有强毅之性格。孟子说："故天将降大任于是人也，必先苦其心志，劳其筋骨，饿其体肤，空乏其身行，拂乱其所为，所以动心忍性，曾益其所不能。"担大任、成大业，必须有坚强的意志、坚定的信心、坚毅的性格，不畏任何艰难险阻，经得起一切磨难，为了实现自己崇高的理想，执着追求，一往无前，不达目的决不罢休。

中华民族在改造自然、改造社会的斗争过程中，认识到要成就宏伟的事业绝不会一帆风顺，但只要有恒心、有毅力，勇往直前，就能实现自己的宏愿。锲而不舍，金石可镂。"泰山之霤穿石，单极之统断干。水非石之钻，索非木之锯，渐靡使之然也。"[②]霤为水滴，单极之统即单股的绳索。水滴石穿，绳锯木断，就是因为它们有日积月累、锲而不舍的功夫。只要功夫深，铁杵磨成针。中华民族为了自己的生存和发展，与天斗、与地斗、与人斗，凸显了弘毅坚韧的性格。这种性格，就是千百年来为人所赞颂的"精卫填海""愚公移山"的精神。

---

① （南宋）朱熹集注；郭万金编校. 论语集注［M］. 北京：商务印书馆，2015：161.
② （清）姚萧纂集；胡士明，李祚唐标校. 古文辞类纂［M］. 上海：上海古籍出版社，2016：347.

　　弘毅坚韧的性格，源于对人类美好未来的坚定信念，也出自人的自尊、自信、自强。所谓自尊，是人对自身价值的肯定，对自己人格的尊重。只有自尊，才能自信，并激发自强精神，奋发向上，积极进取。中华民族有着高度的自尊心，古人认为，人为万物之灵，是天地间最宝贵的存在，是宇宙万物的主宰。就单个人而言，每个人都由天地气化而生，具有与天地万物共同的本质，因而每个人都具有共同的本质：人皆可以为尧舜。因此，古人强调自尊，反对自我轻贱、自甘下流。"人必其自爱也，而后人爱诸；人必其自敬也，而后人敬诸。……未有不自爱敬而人爱敬之者也。"① 要别人承认自己的价值，首先得自己肯定自己的价值。爱人敬人者，人固亦爱敬之，但若不自敬自爱，则也无法获得他人的尊重。明清之际陈确说："故学者直须自尊自贵，时时以圣贤之道自责，既不甘自卑，必不敢自是。"② 自尊并非盲目自大、狂妄骄傲，而是对人的生命所具有的道德价值的肯定，是对人的本质力量的崇敬。故泰州学派的王艮把"尊身"与"尊道"看作一回事。

　　中华民族的自尊，除自爱自敬，还突出地表现在维护个人人格的独立与尊严上。孔子说，三军可以夺帅，匹夫不可以夺志。这种捍卫人格独立与尊严的强毅性格，就表现为"富贵不能淫，贫贱不能移，威武不能屈"。身可危、生可舍而志不可辱。路之饿人耻受嗟来之食，就是这种民族性格的表现。它反映在整个民族行为上，则凸显为民族自尊心。为了维护民族的独立与尊严，千百年来，无数中华儿女在反抗外族入侵的斗争中不屈不挠、前仆后继，书写下无数彪炳史册的英雄事迹。

① 张文治编. 国学治要：集部 子部 [M]. 北京：北京理工大学出版社，2014：748.
② 罗宏曾编著. 治家史鉴 [M]. 天津：天津人民出版社，1996：170.

正因为中华民族有着高度的自尊自信，所以在改造自然与改造社会的过程中形成了自强不息的性格。《易传》所云"天行健，君子以自强不息"就是其最好的表达。自强就是充分发挥自己的主观能动性，奋发向上。儒家伦理学说强调自强不息的精神，据《论语》记载，孔子为了宣传自己的学说，一生奔走列国，畏于匡、困于陈、厄于蔡，知其不可而为之，"发愤忘食，乐以忘忧，不知老之将至云尔"①。

这种自强不息的精神，即源自对人类的高度自尊和对未来的坚定自信，有了这种精神，才不会被任何艰难险阻吓倒，反而愈挫愈坚。"盖文王拘而演《周易》；仲尼厄而作《春秋》；屈原放逐，乃赋《离骚》；左丘失明，厥有《国语》；孙子膑脚，《兵法》修列；不韦迁蜀，世传《吕览》；韩非囚秦，《说难》《孤愤》；《诗》三百篇，大抵贤圣发愤之所为作也。"② 中华民族在世界历史上创造出了光辉灿烂的文化，古人所取得的巨大成就，无一不是历尽艰难、奋发努力的结果。只有坚毅自强，才不会被困难吓倒，才能够在逆境中承受住考验，坚韧不拔，取得更大的成功。一个人在逆境中的奋斗、进取，比在顺境中更能显示出其刚强的性格。知其不可而为之，并非逆历史潮流而动或违背客观规律的主观性，所谓不可指时不可、暂不可，而非必不可、永不可。这种知其不可而为之的自强精神，正是出自对必然规律的深刻理解和坚定信念。

中华民族的自强不仅是一种刚健性格，而且需要坚定的恒心和毅力；不仅要敢于战胜一切困难，而且要有着完全的献身精神，闪烁着生命的光辉，生命不息，奋斗不已。"老骥伏枥，志在千里，烈士

---

① 杨伯峻译注. 论语译注［M］. 北京：中华书局，1958：76.
② 丛烟著. 问古［M］. 长沙：湖南文艺出版社，2020：178.

暮年，壮心不已"，"不知老之将至"，就是这种精神的凸显。强烈的历史使命感升华为宏伟的奋斗目标，任重道远，死而后已。这就是中华民族顽强、蓬勃的生命力的表现，只要这种精神不死，中华民族的理想，无数代人为之奋斗的目标就一定能够实现。这种民族精神的形成，在一定意义上讲，得益于儒家伦理文化的长期熏陶。

三、与天争胜

自强不息就是充分发挥自己的主观能动性，敢于克服一切困难，百折不回，朝着自己的理想奋斗，永不休止。这种性格反映了顽强刚健、积极进取的精神。它反对天命观和命定论，主张自我主宰，与天争胜，坚信只有人才是宇宙间最高的存在和真正的主人。

西周以前，人们认识能力低下，思想和行为还受着盲目必然性的统治，认为天是决定着宇宙间一切事物的最高主宰，人事无分巨细，均须通过卜筮请示上天，根据天意行动。殷周革命后，人们开始认识到天命的不可靠性，也初步看到了人的能动性，从而提出"以德配天"的思想。随着认识的进一步发展，自然界的奥秘不断被揭示，人类行为获得越来越多的自由，传统的天命观进一步动摇，人的主体性愈益得到彰显。后来被确定为儒家经典的《易经》，明确提出了"自强不息"的观念，确立了人的自我主宰的性质。

春秋时期，人们就开始怀疑甚至否定天命。"子罕言利与命与仁。"孔子重人事轻鬼神，重自强而轻天命。墨子明确地提出了"强力"的观点，认为"赖其力者生，不赖其力者不生"[1]，"天命论"乃是"暴王"用来欺骗、奴役百姓的工具。他指出世上根本无所谓

---

[1] 李小龙译注. 墨子 [M]. 北京：中华书局，2007：144.

"命"，人可以依靠的只有自己的主观努力。强必治，不强必乱；强必贵，不强必贱；强必富，不强必贫；强必饱，不强必饥。一言以蔽之，只有依靠自己的努力奋斗，才能实现自己的理想。

儒家著名代表人物之一的荀子，在中国历史上首先提出与天争胜的思想。他指出，天乃客观的自然，人可以利用自己的主观能动性认识自然规律，并运用它为人类自身服务。他说："大天而思之，孰与物畜而制之？从天而颂之，孰与制天命而用之？"认为人的命运不决定于天，而决定于自身的努力。人具有主观能动性，能够认识自然、改造自然、战胜自然。"错人而思天，则失万物之情"，只有充分发挥人的主观能动性，才能促进万物本性的充分发挥。他指出，"强本而节用，则天不能贫；养备而动时，则天不能病；修道而不贰，则天不能祸"，相反，"本荒而用侈，则天不能使之富；养略而动罕，则天不能使之全；倍道而妄行，则天不能使之吉"。① 天不能决定人的祸福寿夭，只有人才是自己的主宰。

唐代刘禹锡进一步发挥了荀子的思想，提出天人交相胜的观点。他说："大凡入形器者，皆有能有不能。天，有形之大者也；人，动物之尤者也。天之能，人固不能也；人之能，天亦有所不能也。故余曰：天与人交相胜耳。"② 天与人各具不同的属性和功能，天代表自然界的客观规律，决定着万物的生长、发育、壮大、死亡的必然进程，不以人的意志为转移，"天定"可以胜人；而人具有主观能动性，不能盲从自然界，而应认识和掌握自然规律，利用它为人类自身服务，"人定"可以胜天。天之能是人之能的客观条件，不能代替人之能；人之能是天之能的充分发挥，不能违背天之能。天与人相互作

①　方勇，李波译注. 荀子［M］. 北京：中华书局，2011：265.
②　张文治编. 国学治要：集部 子部［M］. 北京：北京理工大学出版社，2014：990.

用，交互为胜。

清末魏源指出，只要人充分发挥主观能动性，就能战胜自然，主宰自己的命运："人定胜天，既可转贵富寿为贫贱夭，则贫贱夭亦可转为贵富寿……祈天永命，造化自我，此造命之君子，岂天所拘者乎？"[①] 无论由福转祸还是由祸转福，都取决于人自己的主观努力。人定胜天，人能够自己主宰自己的命运，其积极价值并非可以毁灭自己，而在可以创造自己的美好未来，克服、超越自然界对人的限制，实现自己的理想。

明清之际的王夫之，高扬人的主观能动性，对天人之间的辩证关系作出了深刻的论述。他指出，天与人形异质离，二者的根本区别在于人具有能动性、创造性，天则只是客观的自然存在。因此，人不能盲目听从天的摆布，依赖自然的赐予，而应当发挥主观能动性，"与天争胜"。他说："天无为也，无为而缺，则终缺矣。故吉凶常变，万理悉备，而后自然之德全，以听人之择执。人有为也，有为而求盈，盈而与天争胜。"[②] 人的主观能动性，是相对于天的客观必然性而言的，是人在自然界的运动变化过程中认识和改造自然，进行自觉选择的能力。自然过程不带任何目的性，只按其固有的规律运动变化。人的行为则是有意识、有目的的，能够在自然界提供的环境与条件中进行符合自身需要的主动选择。王夫之把它概括为"乘权制命"，认为人有意识，可自觉意识到自身的需要，并根据这一需要控制自己的行为，改变自己的命运。人的这种功能，实质上也是人的自然禀赋。"人者，天之绪也。天之绪显垂于人，待人以行，故人之为，天之化也。"[③] 一方面，人的能动作用本身属于天之能，是自然

① （清）魏源著；中华书局编辑部编. 魏源集［M］. 3 版. 北京：中华书局，2009：21.
② （明）王夫之著. 船山全书［M］. 长沙：岳麓书社，2011：341.
③ （明）王夫之著. 船山全书［M］. 长沙：岳麓书社，2011：313.

在人身上的表现，或曰人之自然；另一方面，天之能的完善，只能是人之能的完善，即人之自然的完善。一般说来，自然界提供给人的东西并非完美无缺，人为了满足自身的需要，必须发挥主观能动性，调整自然，治理万物，使自然界更加符合人的需要和理想。"故缉裘以代毛，铸兵以代角，固有之体则已处乎其缺，合而有得，而后用乃不诎。"① 由此，王夫之发挥了《易传》"裁成、辅相天地"的观点，认为人在自然界面前并非盲目被动、束手无策，而具有能动创造性。"语相天之大业，则必举而归之于圣人。乃其弗能相天与，则任天而已矣。鱼之泳游，禽之翔集，皆其任天者也。人弗敢以圣自尸，抑岂曰同禽鱼之化哉？……故天之所死，犹将生之；天之所愚，犹将哲之；天之所无，犹将有之；天之所乱，犹将治之。"② 这就是说，人可以相天，禽鱼则任其自然。人定胜天，就是发挥自己的主观能动性，辅佐自然，治理万物，补其所缺，丰其不足。去其所余，作其无有，使自然界更加符合人类的需要。人不是自然界的奴仆，而是自然界的主宰，能够与天"争权""争胜"，做到官天府地，裁成万物，掌握自己的命运。此即"作对于天而有功"。正是在此基础之上，王夫之进而提出了"造命论"，认为人不只是消极地任命、顺命、俟命，而能够知命、造命。"修身以俟命，慎动以永命，一介之士，莫不有造焉。祸福之大小，则视乎权藉之重轻而已矣。"③ 造命不仅是掌握主宰自己的命运，而且强调人可以创造自己的命运。

儒家学说的这种理论，一方面是中华民族在认识和改造自然的实践过程中斗争经验的总结，另一方面又积淀、孕育了中华民族自强

①　（明）王夫之撰. 尚书稗疏 尚书引义［M］. 长沙：岳麓书社，2011：341.

②　（明）王夫之著. 船山全书［M］. 长沙：岳麓书社，2011：617.

③　（清）王夫之著；郭孟良译. 读通鉴论新译：第6册［M］. 北京：大有书局，2023：2432.

不息的性格。伟大的中国文化创造发展的艰难历程，光耀世界的巨大成就，就是这一民族性格的最好证明。

第三节　厚德载物的宽广胸怀

中华民族千百年来孜孜不倦、努力求索的不是个人的利益，而是全民的福祉和社会的完善。这种崇高的志向和坚定的性格，造就了中华民族深厚宽广的胸怀。《易传》说："地势坤，君子以厚德载物。"就是说，君子的胸怀像大地一样广厚，能够承载、长养万物。儒家强调以天地为宇宙万物的本原，天生之，地成之，地能够容受万物，并滋润其生长。人法天效地，亦应有宽广的胸怀。

一、与人为善

《易传》云："坤厚载物，德合无疆，舍弘光大，品物咸亨。"[①]大地之德，深厚宽广，容受万物，并促进万物和谐地生长。儒家学者把《易传》这一思想概括为宽厚的美德，并将其作为君子应该具备的道德品质。明代薛瑄说："惟宽可以容人，惟厚可以载物。"所谓宽厚，指人心胸广阔、器量宏大、宽容厚道，不苛责于人，乐于成人之美。

这种宽广的胸怀在处理人际关系时，首先就表现为对他人的理解、体谅和宽容。《论语》说"宽则得众""躬自厚而薄责于人，则远怨矣"。孔子设计的"仁人"人格，就具有极为宽容的气度。这一

---

① （魏）王弼撰；楼宇烈校释．周易注校释［M］．北京：中华书局，2012：12.

思想对后世产生了深远的影响。儒家学者在处理人际关系时历来强调求诸己，认为遇到人己矛盾或受到他人非礼的待遇时，首先不要抱怨、指责别人，而应反躬内省，检讨自己是否做得尽善尽美、仁至义尽。孟子说："有人于此，其待我以横逆，则君子必自反也：我必不仁也，必无礼也，此物奚宜至哉？"① 意思是说，别人待"我"蛮横无礼，君子须反躬自省，一定是自己做得不仁、无礼，不然怎么会发生这种事呢？为什么他人横逆待"我"，"我"却不能横逆视之呢？这里隐含着一个理论前提，即他人与我一样具有善良的本性。因此，对他人的道德品质予以潜在的肯定，并积极通过内省改过的方式就能与之沟通，促进他人改变态度，逐渐向善。这样作为君子，面对他人的蛮横无理时，自然不但不能心生不满和怨恨，相反要反求于内，自我反省，严格要求自己，更加诚心诚意地、加倍地去敬爱他人。所以孟子又说："爱人者，人恒爱之；敬人者，人恒敬之。"只要我们善待他人，就必然能得到他人善待的回报。

唐代韩愈对上述思想作了进一步论述，他说："古之君子，其责己也重以周，其待人也轻以约。重以周，故不怠；轻以约，故人乐为善。""重以周"即重而周，对自己要求须严格、全面，"仁以为己任，不亦重乎"。正由于身负重任，故须严格要求自己。"轻以约"即轻而约，对人应宽容。这里贯穿着这样一种处理人际关系的意识：宽则得众，和则同心，与人为善，人亦与己为善。

与人为善的第二层意蕴即"所欲与之施之，所恶勿与之耳"。"厚者恕也，仁也；己欲立而立人，己欲达而达人；己所不欲，勿施于人。"② 所谓厚，重在指此第二层意蕴。宽人严己是宽厚胸怀的消

---

① 杨伯峻，杨逢彬译注. 孟子译注［M］. 长沙：岳麓书社，2021：166.
② 昆山市顾炎武研究会总会主编；项旋校注. 顾炎武研究文献集成：清代卷［M］. 苏州：苏州古吴轩出版社，2021：569.

极意义的规定，即不能对自己委曲求全，而对他人则求全责备，应责己"重以周"、责人"轻以约"；与人为善则是宽厚胸怀的积极意义的规定，即要求人们成人之美，自己想要的首先应以同样的心态理解他人，帮助他人得到，自己不想要的则应帮助他人去掉。以好善之心待人，人必以好善之心待"我"。

宽厚的胸怀像大地一样能够接纳、容受万物，有此胸怀，才能给予人积极评价，突出其肯定价值，忽略其否定价值，不念旧恶，不记人过。孔子说："不念旧恶，怨是用希。"不要对别人有负于自己的事情耿耿于怀，而应宽宏大量。易言之，不要让别人觉得有负于你，这样，才不会彼此心生怨恨。古人曾说："德必报，怨不仇"，"成人美，掩人过"。在处理人与己的关系时，应牢记他人对自己的好处、恩惠，而不必在意别人对自己的仇怨。在评价他人的问题上，应看到别人的长处、善行，并给予积极的肯定，而不应苛责别人的过错。记人之功，忘人之过。"君子之于人，以大善掩小恶，不以大恶掩小善。"①

必须指出，宽厚的胸怀并非不讲任何原则，纵容败德恶行，而应以仁义为标准，在大是大非问题上绝不含糊。促进人际关系的健康与和谐，与人为善，而非与人为恶，时刻都须把定善的原则，宽而嫉恶。南宋陆九渊对此曾作过详细论述。他说："宽也者，君子之德也。古之贤圣未有无是心，无是德者也。然好善而恶不善，好仁而恶不仁，乃人心之用也。遏恶扬善，举直错枉，乃宽德之行也。君子固欲人之善，而天下不能无不善者以害吾之善；固欲人之仁，而天下不能无不仁者以害吾之仁。有不仁、不善为吾之害，而不有以禁之、治之、去之，则善者不可以伸，仁者不可以遂。是其去不仁乃所以为

① 张锡勤，柴文华编著. 中国道德名言选粹［M］. 哈尔滨：黑龙江人民出版社，1990：80.

仁，去不善乃所以为善也。……近时之言宽仁者则异于是。盖不究夫宽仁之实，而徒欲为容奸庾慝之地，殆所谓以不禁奸邪为宽大，纵释有罪为不苛者也。……于其所不可失而失之，于其所不可宥而宥之，则为伤善，为长恶，为悖理，为不顺天，殆非先王之政也。"① 这一大段议论表明，第一，宽厚以促进人之仁与善为目的，是一种博大的胸怀。第二，宽厚是对善的积极肯定，而不是对恶的容受与纵容。善与恶不可调和、不可并存，此消彼长，对恶的容忍，就是对善的戕害。因此，不念旧恶、不记人过，必须以不违背仁义为前提，是为了促进人与己之间的道德完善与健康和谐。善恶的大是大非，一分不可退让，扬善遏恶，才是宽厚的精义之所在。

在儒家伦理上述思想的长期浸润下，中华民族形成了宽厚、博大的胸怀，注重人际关系的和谐，强调人与人之间在道义基础上的相互同情、体谅和理解，促进人与己共同的道德完善。

二、民胞物与

厚德载物的宽广胸怀是一种高尚的道德情操。一方面，只有厚德才能载物，德薄者量浅，寡善者器小，无法容受万物、理解同情他人；另一方面，载物本身也是一种厚德，载物即能容，有容乃大，它体现了仁爱的精神。

仁爱是儒家伦理的核心。韩愈说："博爱之谓仁。"② 所谓爱，是一种亲和、依恋、奉献的情感。但儒家讲的泛爱，既不同于西方基督教宣扬的爱仇敌之爱，也不同于墨家所强调的兼爱，而是立于血缘基

---

① 李敖主编. 陆九渊集 陈亮集 刘伯温集［M］. 天津：天津古籍出版社，2016：79.
② 文学鉴赏辞典编纂中心编. 韩愈诗文鉴赏辞典［M］. 上海：上海辞书出版社，2020：3.

础、对宇宙万物本体本性深刻理解的博爱（或者说泛爱），是人的本性的自然发挥。

众所周知，儒家的仁爱由血缘亲情衍生、抽绎，孝悌即为仁之本，其泛爱思想也是这种血缘亲情的扩张与舒展。孟子说："君子之于物也，爱之而弗仁；于民也，仁之而弗亲。亲亲而仁民，仁民而爱物。"① 由亲亲推至于仁民，老吾老以及人之老，幼吾幼以及人之幼；由仁民而进于爱物，天地之大德曰生，故应禀天地生生之德而利万物之生。

北宋张载总结了以往仁爱的学说，对民胞物与、泛爱万物的理论作过经典的阐述。他说："乾称父，坤称母；予兹藐焉，乃混然中处。故天地之塞，吾其体；天地之帅，吾其性；民，吾同胞；物，吾与也。大君者，吾父母宗子；其大臣，宗子之家相也。尊高年，所以长其长；慈孤弱，所以幼吾幼。圣，其合德；贤，其秀也。凡天下疲癃残疾、惸独鳏寡，皆吾兄弟之颠连而无告者也。'于时保之'，子之翼也；乐且不忧，纯乎孝也。违曰悖德，害仁曰贼；济恶者不才，其践形，惟肖者也。知化，则善述其事；穷神，则善继其志。不愧屋漏为无忝，存心养性为匪懈。"② 这一段论述，便摘自历史上著名的《西铭》，极受儒家学者的推崇。它主要表述了下述思想：第一，天地是人的父母、万物的本原。乾为天，坤为地。人生于天地之间，与天地万物共处宇宙之中，只是其中渺小的一物，而并非宇宙中至高无上的存在。第二，万物都由天地之气化生而成，人与万物禀天地之气而得其生，受天地之德以成其性，因而人与万物具有共同的本性。宋儒认为，天地之生，以一气成形，一理赋性，人与万物有着共同的本

---

① 杨伯峻，杨逢彬译注. 孟子译注［M］. 长沙：岳麓书社，2021：269.
② 李峰注说. 正蒙［M］. 郑州：河南大学出版社，2016：262.

质，即同本于天。王夫之解释说，塞指气的流行充周，帅指所以主持而行乎秩叙者，即所谓天地之心。"天地之心，性所自出也。父母载乾坤之德以生成，则天地运行之气、生物之心在是，而吾之形色天性，与父母无二，即与天地无二也。"① 第三，人与万物均生于天地，是天地之子女，属于同类的存在。因此，人不仅要爱人，而且应泛爱万物，视人为自己的兄弟，视物为自己的同伴，仁民爱物。这种泛爱的思想不同于传统儒学的仁爱。早期儒家主张爱有差等，认为爱有亲疏之别、贵贱之分，张载的泛爱思想则类似于墨子的兼爱。所以他又说："性者万物之一源，非有我之得私也。惟大人为能尽其道，是故立必俱立，知必周知，爱必兼爱，成不独成。"② 但是，张载的思想又毕竟不同于墨子的兼爱。他注重本体、本性意义上的平等、同一，而不承认社会生活中的平等；他讲的爱基于血缘宗法道德，以孝为核心向外辐射，不是墨子主张的那样"视人之家若视其家"，而是天下一家，整个社会都按照宗法原则构建。从本原、亲情上说，应该爱一切人、一切物；从行为要求上说，由亲亲而仁民，由仁民而爱物，维护了社会的固有等级秩序。

民胞物与、泛爱万物，就是禀天地之理、肖天地之德。天地之大德曰生，创生是最高的德行，生命是最高的价值。人作为主体性存在，与天地并称"三才"，上天下地而唯人一以贯之，能够掌握天地之运化（知化），理解天地之神妙（穷神）。知化即述天地生生之事，穷神即继天地好生之德。人肖天地生生之德，对同类视如同胞兄弟，爱如手足，抚孤济贫，扶疾助寡；对与"我"并生、共生之万物则视如伴侣，厚生利用，养成助长。

---

① （明）王夫之著. 船山全书［M］. 长沙：岳麓书社，2011：354.
② 张文治编. 国学治要：集部 子部［M］. 北京：北京理工大学出版社，2014：1037.

这些思想，经过儒家学者的大力宣传，凝结于中华民族的精神中，就形成厚德载物的宽广胸怀。由父母生养之恩溯源天地化育之德，报父母之恩即孝，赞天地之德即应长养万物；亲亲而仁民，仁民而爱物。

三、天人和谐

泛爱万物的胸怀，本自对人与万物共同本性的体认。成人之美、仁民爱物均以主体的德性为基础，即以主体为原点，将自己的德性层层向外扩展，由父母、同胞、他人及于万物。而在中华民族的精神中，厚德载物的最高境界，则是极高明而道中庸，天人合一，超越小我的局限，在精神上使自身融合于大道，实现主体与本体的统一。

这种天人合一的思想，在儒家中以思孟学派发其端。《中庸》曰："天命之谓性，率性之谓道，修道之谓教。"人类的本性、道义、教化均本诸天，人与天有着本质上的同一。"诚者，天之道也；诚之者，人之道也。"天道无妄只是客观的运化，人道敬穆则是主体的自觉，故孟子改之为"思诚者，人之道"，通过诚而天人相通。此即孟子所云："尽其心者，知其性也。知其性，则知天矣。存其心，养其性，所以事天也。"① 所谓尽心，就是"反身而诚"，思诚可以明性，性本于天，故知性即能知天。达到这种境界，才能体验"万物皆备于我"，去掉小我之私，与天合一。

思孟学派认为，人可以通过尽己之性而尽人之性、尽物之性，进而尽天地之性，即通过自我本性的觉证来体认万物、天地的本性，使之贯通为一。一旦达于这种境界，自我的存在便不再具有特殊的意

---

① 杨伯峻，杨逢彬译注. 孟子译注［M］. 长沙：岳麓书社，2021：250.

义，人与他人、万物、天地的差别都已消逝，本性的觉悟和呈露，都与天道自然合契，未发之中、已发之中都是天道的自然流露，"从容中道"。

宋儒对思孟学派的上述思想作了本体论的提升与论证。他们认为，人与万物同生于天，天地间只一气充周，而理寓于其中。天地生人生物，一气赋其形，一理定其性。物物禀气有异，各有一理，而总天地万物又只有一个理。因此，人与天地万物既有共同的本质，具有本体上的同一性，又有着现实的差异，此即"理一分殊"。理一指本体上的共同性、贯通性，分殊指流行上的差异性、个别性。差异是次要的，共同才是本质的。性与天道不见乎小大之别，每个人、每个事物都完整地体现了本体之理。故曰："人皆有气质之性，善反之，则天地之性存焉"。就是说，人有着各自的气禀差异，要善于反身内求，才能够体悟天地的本性。气质之性乃人的物质自然存在被规定为非本质的，而只有在贯通天地万物的本体之中，才能把握自己的本质规定。人以天地之性为自己的本性，体认了这一点，也就获得了人性即对天地之性的觉解。在此，人的一切小我之私都被摒除、消解，人与人、人与物的差别及隔阂都被打破，自我已和天地万物连成一个整体，不容分割。张载民胞物与、泛爱万物的思想，正是以上述学说为理论基础的。

天人合一的学说在宋明陆王心学中得到了充分的阐述。他们以心为宇宙万物的本体，吾心即宇宙，宇宙即吾心，直接把主体精神规定为本体。程朱以本体理为客观的绝对存在，人被理所规定，通过穷理尽性复返于理，实现主体与本体的同一。陆王则以理为心的呈露，天地之心（道心）即人的本心，直觉本心即与天合一，主体规定客体，无有任何隔阂。王守仁说："大人者，以天地万物为一体者也。其视天下犹一家，中国犹一人焉。若夫间形骸而分尔我者，小人矣。大人之能以天地万物为一体也，非意之也，其心之仁本若是，其与天地万物而为一也，岂惟大人，虽小人之心亦莫不然，彼顾自小之耳。是故见孺子之入井，而必有怵惕恻隐之心焉，是其仁之与孺子而为一体也。孺子犹同类者也，见鸟兽之哀鸣觳觫，而必有不忍之心焉，是其仁之与鸟兽而为一体也。鸟兽犹有知觉者也，见草木之摧折而必有悯恤之心焉，是其仁之与草木而为一体也。草木犹有生意者也，见瓦石之毁坏而必有顾惜之心焉，是其仁之与瓦石而为一体也。是其一体之仁也，虽小人之心亦必有之。是乃根于天命之性，而自然灵昭不昧者也，是故谓之'明德'。"[1] 这一大段议论，把天人合一、万物一体的思想阐述得极为清晰。至善的圣人或大人，有着最为宽广的胸怀，已经把自己同一于本体之道，视自己与他人和一切事物为一体，不存在人己、物己的界限，凡宇宙间事即吾分内之事。而小人则受个体存在的局限，拘泥于一己之私，无法破除人己、物己的界限，心胸狭隘、偏执。但是，王守仁强调，小人的有我之私并不能说明人与天地万物之间存有无法贯通的障碍。从本质上说，人与天地万物本为一体，小人只是固执于个体的特殊性，自我阻隔于物。因为仁爱之心是所有人包括大人和小人的本心，并且都会自然呈露，如怵惕孺子之入井，不忍鸟兽之哀鸣，悯恤草木之摧折，顾惜瓦石之毁坏，都是爱心之明证。此爱心即与孺子、鸟兽、草木、瓦石一体之本心。但小人无恒心，不能牢牢把握本心而推广之，圣人、大人则体悟了本心，能够扩充本心，随时随地致其良知、本心于事事物物，超越小我之私而自觉到人我、物我，实现天人一体。

　　儒家的无我论熔炼出中华民族厚德载物的宽广胸怀，它与道家、

---

①　（明）王阳明著. 传习录［M］. 广州：广东人民出版社，2021：260.

佛教的无我论有着本质区别。道家的无我论是消解主体，否定人的主体性。佛教的无我论则从根本上否定主体存在的真实性。而儒家的无我论，不是对主体我的否定，而是对"我"的升华，它是讲人与天地万物一体，本质上属于无私论。儒家把"我"分为小我和大我，小我指个体存在的特殊性，主要是自然感性存在，为一己之私；大我则指人的本质的共同性，主要是与天地万物共具的本性，为大道之公。小我导致人己、人物的隔阂与对立，大我则贯通天地万物，与天地万物为一体。小我是有限的，有生灭的；大我才是无限的，能够实现永恒与不朽。

因此，儒家天人合一的无我论不是取消主体，而是人的主体性的极大扩展与高度弘扬，是主体的道德觉悟和精神境界的提升。达到了这种境界，满心而发均是一团仁爱，人将具有宽广、深厚的胸怀，能够与他人、与万物处于和谐的关系中，构造宇宙永恒和谐的秩序。中华民族这种厚德载物的宽广胸怀，与西方文化强调人与他人、与自然对立，一味征服、攫取的精神形成鲜明的对照。

当然，中华民族的精神是中国文化整体面貌的集中反映，除了儒家文化的孕育，还有其他文化因素的滋养。但不可否定的是，由于儒家文化在中国传统文化中处于主导地位，它对于中华民族精神、优良传统的形成，无疑起着最为重要的作用。

余论　儒家伦理道德的现代价值

　　我国社会主义市场经济的建立，离不开中国传统文化这一历史背景。不管我们是否自觉意识到，传统文化作为积淀在中国人文化心理和行为习惯中的恒常因素，都将对我国社会主义市场经济的发展起着积极或消极的作用。因此，正确认识传统文化与现代市场经济的关系，汲取传统文化中的积极因素，使之融会于社会主义市场经济体系中，同时遏制和消除其消极因素对经济发展的负面影响，是我们面临的一个重大的理论任务和现实任务。中国传统文化的主干是儒家文化，因此，从一定意义上说，对传统文化与现代市场经济关系的研究主要就是探讨儒家文化，特别是作为儒家文化主体的伦理思想与现代市场经济的关系。

一

　　虽然直接对"儒家伦理与现代市场经济"的关系问题进行专题探讨的论著尚不多见，但在关于儒学与现代化的讨论中，人们已在实际中从不同方面论及了这一问题。因为儒学的主体是伦理，而作为现代化基础的经济运行方式主要就是市场经济，因而谈到儒学与现代化的关系，其中非常重要的部分就是儒家伦理与现代市场经济的关系问题。对于这个问题，人们见仁见智，有着种种不同的看法。概括起来，大致有三种基本观点：一种观点认为儒家伦理与现代市场经济是根本对立、难以相容的，完全否认儒家伦理在现代市场经济中的积极作用；另一种观点则认为儒家伦理完全可以与现代市场经济结合起来，在市场运行中发挥积极作用，甚至认为只有儒家伦理才是拯救当代世界的良药；还有一种观点则对儒家伦理与市场经济的关系持辩证态度，认为儒家伦理从总体上已不可能适应现代市场经济的要求，其封建性的糟粕将对市场经济的发展起阻碍作用，同时又认为儒家伦理中的一些积极因素可以融合于市场经济中，并对市场经济的发展起到积极作用。

第一种观点是长期以来有着普遍影响的传统观点，反映了西方中心主义思想，其代表人物首推20世纪初德国著名的社会学家马克斯·韦伯。他在《中国的宗教——儒教和道教》《新教伦理与资本主义精神》两部著作中，详尽地考察和比较了儒家伦理与欧洲新教伦理对资本主义经济发展的影响，认为新教伦理是孕育近代资本主义精神、促进市场经济发展的文化动因，而儒家伦理则是阻碍现代化和市场经济发展的文化制约因素。韦伯指出，儒家伦理追求"内在和谐"和对外部世界的适应，缺乏一种像新教伦理那样的"内在紧张"意识和"外在超越"信仰，以及由此而形成的"天职"观念，具体地说，就是缺乏一种向外征服、追求世俗财富的强烈个人主义欲望，因而不能催生出理性地去追求财富最大化的资本主义精神，以促进现代市场经济的形成。韦伯的观点长期以来被西方学者奉为圭臬。20世纪60年代，美国著名学者、加州大学伯克利分校教授约瑟夫·列文森出版了《儒教中国及其现代命运》一书，认为儒家强调整体本位、和谐稳定，注重等级名分，是一种保守的人文主义，与现代社会强调个人价值、社会竞争、变化发展、科学主义是格格不入的，儒学在现代将不可避免地走向衰灭。韩国学者黄秉泰也认为儒学是一种趋向保守封闭的思想意识，不利于发展中国家走现代化之路，只有在现代化建成以后，儒学对社会秩序的建立和稳定才具有一定的意义。受西方文化的影响，在我国自"五四"时期 些人提出"打倒孔家店"的口号以来，把儒学作为一种阻碍中国走向现代社会的封建意识的观点长期影响着人们的思想。至今仍有不少人认为儒学与现代市场经济是不相容的。他们指出，儒学重义轻利，重群体轻个人，重人情轻法制，重和谐轻竞争，而市场经济是一种以个人利益为基础的自由竞争经济和法治经济，因此，二者是背道而驰的，要发展市场经济就必须清除儒家陈旧传统观念的影响。

第二种观点与此相反，认为儒学不仅不是现代社会经济发展的障碍，而且对市场经济的发展和社会进步、对解决当代世界面临的种种问题有很大的促进作用。现代新儒家的一些代表人物指出，儒家的"内圣之学"完全可以和现代民主与科学相协调，开出现代新"外王"之花，能够适应与促进现代经济和社会的发展。随着世界经济的多元发展，除现代新儒学力挺儒家伦理与市场经济的适应性之外，许多外国学者也表达了同样的观点。美国学者康因在考察日本、韩国等国家和地区时认为，这些国家或地区经济的超速发展，主要得益于儒家伦理。他指出儒家重视教育，提倡勤劳与责任，注重合作协调，有事业抱负和进取意识，因而比任何文化更适合于经济发展。美国威顿伯格大学教授宾·尤也说，日本经济在世界独占鳌头，韩国、新加坡及其他东亚国家的欣欣向荣，就足以证明孔子思想可以作为重建世界的原动力。① 东亚一些学者也认为儒学在东亚经济起飞和走向现代市场经济的过程中起了重要作用。如韩国釜山大学教授全日坤说，东亚依靠儒教集体主义文化驱动资本主义体系，成功地实现了经济发展。与儒教伦理相结合的家族集体主义成为"儒教文化圈"国家

---

① 游唤民著. 孔子思想及其现代意义 [M]. 长沙：岳麓书社，1994：34.

（地区）经济发展的特征。①

第三种观点主张以辩证的态度看待儒家伦理与现代市场经济的关系，既不一概肯定，也不全盘否认，而是认为儒家伦理对现代市场经济的发展既有积极作用，也有消极影响。至于积极作用与消极作用的程度如何，哪些是积极的，哪些是消极的，以及这些作用是如何发挥的，持这派观点的学者又见仁见智，说法不一，莫衷一是。

我们基本上赞同上述第三种观点，认为应该辩证地、历史地、具体地来分析儒家伦理与现代市场经济，特别是其与我国社会主义市场经济的关系。儒家伦理本身是多层次、多方面的，它与社会主义市场经济的关系也是多重的、复杂的。同时，二者发生相互联系和相互作用还要受到诸多条件和因素的制约。因此必须进行具体的、全面的考察和研究。

要正确地把握儒家伦理与现代市场经济的关系，不能不首先对儒家伦理的基本特性作一个大致的考察和规定。千百年来，对儒家伦理的研究可谓汗牛充栋，这里我们只从与市场经济关系的角度对儒家伦理的一些基本特性作一些具体分析，主要探讨儒家伦理的层次性、多面性和流变性，从而为认识儒家伦理的现代意义及其价值提供一个方法论前提。

应该强调的是，我们之所以认为儒家伦理在今天仍然具有某种现实价值，并不是就儒学的整体而言的，更不是像新儒学代表人物那样试图复兴儒学来作为国家甚至世界的指导思想，而是基于儒家伦理本身就客观地包含着中华民族的优良传统和对客观世界的某些真理性认识这一事实。不能否认，就总体而言，儒学是在封建时代形成和发展起来的一种封建的意识形态，作为一个完整的思想体系，儒学已变得陈旧过时，不可能适应现代社会的需要了。但是，儒学作为中

---

① 游唤民著. 孔子思想及其现代意义 [M]. 长沙：岳麓书社，1994：243.

国传统文化的主干，又在一定程度上积淀了千百年来中华民族在社会生活、道德生活实践中特有的智慧与历史经验，包含不少真理性的成分，这些作为我们民族的优良传统，至今仍然闪耀着积极的价值光彩。因此，对待儒家伦理，我们必须进行具体分析。

首先，儒家伦理是一个多层次的复杂体系，不同层次在现代社会和现代市场经济中的作用和意义是不一样的。有人认为儒学可分为载于历史典籍中的经典儒学和存于世俗生活中的世俗儒学；也有人认为儒学是由三个价值层面构成的，即士林儒学、官方儒学和世俗儒学。我们认为，就儒家伦理的内容而言，儒学大致可分为三个层次：一是其核心精神即"仁"学，这是儒家伦理深层次的本质和灵魂，是儒家关于人以及人与人之间关系的最一般的价值精神；二是其特定的社会伦理价值观层次，如"三纲五常"、家族本位、忠孝等；三是日常生活中为人处世的一般的行为准则，如义、智、恭、宽、信、敏、中庸等。在这三个层次中，第二个层次是与封建社会形态联系最为密切的，是封建的意识形态，因而其具体内容是陈腐消极的，与现代社会和现代市场经济是根本对立的，但这一层次中的某些东西就其抽象的形式而言，也是可以通过扬弃和转换在一定程度上为现代社会所容纳的，如忠与孝的形式等。而第一个层次的"仁"，是儒家关于人类本性及人与人之间关系最一般的认识，其虽有历史局限性，但也包含着某种超历史的恒常的价值成分，通过扬弃，仍可以作为人类优良文化的积极成果保留在现代社会生活之中。第三个层次作为日常生活中为人处世的一般准则，当然不能不受历史条件的制约，但人类行为是个性与共性的统一，任何时代的人都遵守着一些为人处世的共同要求和准则，儒家伦理中所包含的这些行为准则，在一定程度上体现了千百年来中华民族生活实践和处理人际关系的优良传统，其中所包含的积极意义在今天的市场经济条件下，仍可为我们处理日常事务和人际关系所汲取运用，如自强不息、诚信为本、宽容和谐等。事实上，这些行为准则至今仍然广泛地被人们所认同，并在生活实践中发挥着积极的作用。

儒家伦理不仅在内容上是多层次的，其性质也是具有多方面性的。概括地说，儒家伦理包含着正面与反面、积极与消极、超越性与局限性等方面的性质。这种两重性既是其受历史的、阶级的局限不可避免产生的内在矛盾性，也是儒家中庸之道的思想方式的一种必然结果。儒家的思维方式是"折两用中"，往往是融合两个极端而居中立论。这使儒家思想减轻了片面性和绝对化，带有辩证的性质，但也常常使其包含着不彻底性和局限性。例如：儒家一方面强调礼义规范，主张尊卑有序，要求人们视、听、言、动都必须做到非礼不为；另一方面又注重人格独立，强调人在道德上的主观能动性。一方面强调精神的价值和理想的追求；另一方面又提倡经世致用，注重人伦日用。一方面主张因循持敬，和谐平衡；另一方面又讲"天地之大德曰生"①，"苟日新，日日新，又日新"，注重变易更新。一方面重义轻利；另一方面又主张"以义取利""因义成利"，义似乎成了取利的手段。儒家伦理的这种两重性，一是要求我们全面地去把握儒家思想，不能以偏概全，抓住一点，不及其余；二是也为我们从不同方面去汲取其思想提供了可能。在考察儒家伦理与现代市场经济关系时，我们可以看到二者既在一方面可能相互冲突，又在另一方面可以相互融通的复杂关系。

在考察儒家伦理的现代意义时，我们还必须有一个动态的观点。儒家文化并不是凝固不变的，而是在保持其基本特质的同时，又随着社会历史的变化而在内容和形式上不断地变化与转换。先秦儒学虽

---

① （魏）王弼撰；楼宇烈校释.周易注校释［M］.北京：中华书局，2012：246.

为显学，但只是百家争鸣中的一家。汉代以后，为适应大一统封建帝国的需要，董仲舒汲取阴阳家的天人感应说和法家的一些政治管理思想，建立了一个系统化、规范化的儒学体系，使其成为封建社会正统的意识形态。隋唐时期，佛学盛行，儒、道衰微，儒学卫道士奋起抗争。到了宋代，二程、张载，特别是朱熹，又汲取佛、道的宇宙观和认识论，建立了以儒为核心，融会佛、道的理性化、思辨化的宋明理学。明清之际，为适应资本主义的萌芽，西方科技逐步传入中国，黄宗羲、颜元等发展了儒家经世致用的思想，开始容纳各种"实测之学"而使儒学演变为实学。现代新儒学则主张汲取西方民主科学意识与哲学思潮，促成儒学的现代转型。综观以上儒学演变的历史，儒学是一个具有较大包容性和开放性的思想体系，它能够较好地适应不同时代的社会实践和理论思潮的挑战而进行一定程度的自我调整、更新。这就不难看出，儒学是一个确定性与变化性相统一的思想体系。在对儒家伦理进行考察时，我们既要把握其确定性和基本特质，不能仅以儒学在一定阶段的个别变化特性来立论，同时又要看到其变化性与包容性，认识到儒学可以在一定程度上随着当代社会的发展进行某种调整与转换，来适应今天的需要。这就是说，我们在现代化建设过程中可以对儒家文化中一些有积极意义的因素进行改造，使之适应我们发展社会主义市场经济的需要。

总之，从以上对儒学的层次、性质和演变的考察中我们可以看到，一方面儒学是在封建时代形成和发展起来的封建意识形态，儒学作为一个整体已不可能适应现代社会的需要，试图靠复兴儒学来拯救世界是不可能的；另一方面儒学作为中国几千年传统文化的主干，具有多层次、多面性和变通性，这又使得儒学中的一些积极因素通过改造，仍然可以融会于现代社会中，在中国特色社会主义市场经济中发挥应有的作用。

二

在考察了儒家伦理的一些基本特征以后，我们还必须对市场经济进行一些理性的思考。市场经济可以从广义和狭义两个方面理解。广义的市场经济包括一切通过市场交换来实现的经济活动，在这个意义上，它相当于商品经济，因此市场经济现象可以说是自古以来就存在的。狭义的市场经济或作为一种社会经济体制的市场经济，是指现代市场经济，即以市场为中心来组织整个国民经济活动，来进行资源配置的一种经济体制。它是随着资本主义经济的发展而确立起来的，是在现代世界经济中占主导地位的经济运行模式。现代市场经济是商品经济发展的一种最高形式，它的基本特点是，以市场来配置社会资源，调节经济运行。对于现代市场经济的这些一般特性，人们是没有多少疑义的。然而，现代市场经济作为一种社会经济的运行方式是否在不同国家和地区，以及不同时期应该有其特殊性，对此人们却还缺乏深入探讨。有人认为，现代市场经济就是以市场为调节手段的经济，既没有姓"社"、姓"资"的区别，也没有东方和西方之分，要搞市场经济就只能按照西方市场经济的模式来运作。显然，这是十分片面的。事实上，现代市场经济既有其共同的、一般的规律，如价值规律、竞争机制、效益原则等，这些是任何市场经济都必须遵循的，但在不同社会环境和历史条件下，现代市场经济又必然有其特殊性或特殊要求。像任何事物一样，现代市场经济也是一般性与特殊性的统一。

历史证明，现代市场经济作为商品经济发展的一种最高形式，它绝不是一种单纯的、孤立的经济现象，而是一种文化现象。市场活动的主体是人，虽然它形式上表现为商品的生产和交换、资本的流通和运转、资源的配置和利用，但这些都不过是人的活动的一种物化的形态，它必然蕴含着一种属人的东西，即蕴含着一种相应的人文精神和价值理性。如果没有这种相应的人文精神和价值理性作为其精神动因、规范因素和定向定位的机制，商品经济是不可能得到长足的发展的，更不可能形成现代的市场经济。关于这个问题，中外不少学者都作过广泛而深入的研究。马克斯·韦伯曾经指出，在历史上的文明古国，如中国、印度、巴比伦、埃及等，都曾经存在过商业资本、金融资本、掠夺资本和投机资本，且有一定程度的发展，但由于缺乏从事经济活动所应有的理性精神和文化价值体系，最终这几种资本都未能长足地发展起来，它们留下的不过是衰亡崩溃的悲剧性的结局。在人类历史中，发达的商品生产、市场经济最初是在西欧并且是在资本主义形式中得以产生的。因此，韦伯在《新教伦理与资本主义精神》一书中提出了这样一种著名的假设：新教伦理在形成资本主义文化精神和伦理价值体系方面起了决定性作用，正是它促进了资本主义商品生产和市场经济的蓬勃发展。韦伯把新教特别是加尔文教伦理的核心归结为"以天职思想为基础的合理行为"，认为这种"天职思想"产生于基督教的禁欲主义，它的世俗化过程为人们从事经济活动提供了精神动因和价值规范。这具体表现在："天职思想"把创造财富和积累财富视为一种精神性的光荣，是获得禁欲的最高手段；它提供了敬业精神的伦理基础，因为在它看来，既然只有用劳动创造才能增加上帝的荣耀，那么每一个上帝的选民就应该兢兢业业地在某一领域里从事劳动；它还为从事经济活动提供了一种正当原则和节俭的自律精神，宣传任何人只要以正当手段获取财富，不贪图享受，不挥霍纵欲，那么任何经济活动就不会损害正义原则，只有那些为了享乐而囤积、挥霍财富的行为才是罪恶的。韦伯的这些看法尽管受到部分西方学者的反驳，他关于新教伦理的精神实质及其世俗化的过程的解说，也确实包含着不少主观臆断的成分，但是他的研究所得出的一般性结论得到了西方社会的广泛认同。这就是文化价值对于经济发展具有的重要作用，这种作用不但表现为文化价值为经济发展提供精神动因，而且表现为文化价值仍是经济活动的定向定位机制。任何一种经济活动，如果不灌注一种理性精神、文化价值，或者说任何一种经济活动如果缺乏精神动因和文化价值规范，那么它就容易变成一种单纯的物质利益的冲动和对财富的挥霍，就无法摆脱前面所说的那种悲剧性的历史宿命。

韦伯提出的在新教伦理基础上所孕育出来的资本主义精神，集中地表现为"以个人为本位"的文化精神和价值体系。确实，这种文化精神和价值体系曾经推动了资本主义的商品生产和市场经济的高速发展，这是毋庸讳言的。但是韦伯又认为，在缺乏这种文化精神和价值体系的亚洲，资本主义的商品生产、市场经济的发展是不可能的。这就是前述韦伯所认为的儒家伦理与现代市场经济是根本对立、难以相容的观点所得出来的结论。然而事实却证明韦伯的这种臆测是大错特错了。20 世纪 60 年代以来，日本、韩国、新加坡等国家和地区经济起飞的事实给予了有力的反驳。西方学者在震惊于这一基本事实的同时，都清楚地看到支撑和推动着日本、韩国、新加坡等国家和地区经济起飞的并不是什么新教伦理和以个人为本位的文化价值体系，而是一种与西方资本主义迥然不同的文化精神和价值体系，有人将其称为"亚洲资本主义精神"。对于这种精神的内涵是什么，人们作出了各种各样的研究和解说，如"非常强的成就取向的工作伦理""高度的集体团结感""对教育赋予相当高的声誉""对子女教育有很强的动机"等。其中，日本本国和欧美的大多数学者认为，日本资本主义精神的核心乃是"集团的利益优于个人利益的集团中心主义"。对于这种"集团中心主义"得以产生和存在的原因，他们所作的阐释虽然各不相同，但不管怎样，这种"集团中心主义"精神对日本经济发展起了至关重要的作用却是事实。伦敦经济学杂志编辑的《惊人的日本》一书就指出：日本以"对集团忠诚"为中心的原则和劳资关系，"成为提高日本企业生产率的源泉"。①

如前所述，这些学者的研究和看法是否正确，还是一个有待进一步探讨的问题。但是中外商品生产和市场经济的发展的历史事实至少给我们提供了如下两个重要启示：第一，商品生产和市场经济的迅速发展必须具有一种能够成为其动力因素和规范因素的文化精神和价值体系；第二，这种文化精神和价值体系并不是唯一的，不同的国家和地区，由于文化历史背景的差异、国情的不同，特别是发展商品生产和市场经济的形式与性质的区别，需要有不同的文化精神和价值体系作为动力源泉、规范因素和定向定位的机制。事实上，日本、韩国、新加坡等国家和地区的经济起飞所依凭的就不是什么宗教文化精神，而是一种有别于西方近代文化的非个人本位主义类型的文化精神，因此，它也没有新教伦理的那种世俗化过程。

同时，还应该指出的是，我们要建立的是中国特色社会主义市场经济，它作为现代市场经济必须遵循市场经济的一般法则，但可以肯定地说，完善的中国现代市场经济必然和必须是具有中国特色的，如果完全模仿或照抄欧美或日本、韩国、新加坡等国家和地区的市场经济模式将可能导致失败。事情很清楚，中国的市场经济必须培植既有中国特色又是社会主义的文化精神和价值体系才能作为其动力源泉、规范因素和定向定位的机制，这是一个艰巨的历史任务。这种文化精神和价值体系的培植和形成至少受到两个基本因素的制约：一是它是在中国这块有着深厚而独特的文化传统的土地上形成的，人们的

---

① 日本经济新闻社编；王革凡等译. 东洋奇迹：日本经济奥秘剖析 [M]. 北京：经济日报出版社，1993：557.

价值观念、文化心理、传统习俗都不同于欧美，也不能将其和日本、韩国、新加坡等国家和地区等同起来，而必将具有中国的特色。二是它是在社会主义制度条件下形成的，它的根本目的、运作方式都将与欧美或日本、韩国、新加坡等国家和地区的资本主义市场经济有着不少区别。中国特色社会主义市场经济的这些特殊规定，必须是我们在考察儒家伦理与现代市场经济关系时，所要注意的重要因素。

三

以上是我们对儒家伦理与市场经济进行的一些基本考察和反思。这些考察和反思的目的在于为我们探讨儒家伦理与现代市场经济关系提供一个明确前提。只有在这个前提下展开我们对儒家伦理与市场经济关系的探讨，才有可能是实事求是的、科学的。

总体而言，我们认为儒家伦理与现代市场经济的关系是双重的：一方面，二者是异质的，存在着冲突；另一方面，二者又有着一定的同构因素，可以达成某种契合与互补。

所谓儒家伦理与现代市场经济是异质的，就是说儒家伦理并不是基于商品经济或市场经济而形成的，而是在自然经济和宗法等级政治制度的基础上形成和发展起来的。儒家伦理首先是宗法等级关系的伦理反映，它要解决的主要问题是宗法社会的伦常秩序和在这种制度下为人处世的原则和态度。而市场经济现象或商品经济虽然在中国封建社会始终存在，并且在有些时期有些地方还比较发达，但在封建社会中只是封建小农经济体系的组成部分，市场也是因封建社会集权政治和小农经济的需要而存在的。市场经济本质上是属于现代社会的，现代市场经济是以工业生产力和科学技术的发展以及高度发达的商品经济为基础的。显然，作为中国封建社会正统思想的儒家伦理同被封建经济政治关系所排斥的、本质上属于现代社会的市场经济是不同质的，这就决定了二者在总休上必然存在着冲突。这种冲突主要表现在如下几个方面。

首先，二者在价值取向上相背离。儒家的社会理想是和谐的宗法等级关系，人格理想是"内圣外王"的君子、仁人、圣人。这种理想追求表现在价值取向上就是重义轻利。孔子"罕言利"；孟子更强调"王何必曰利，亦有仁义而已矣"；董仲舒进一步归纳为"正其谊不谋其利，明其道不计其功"；宋明理学的"存天理灭人欲"更把重义轻利思想推向了极端。当然，儒家也在一些方面谈到了利，并不一般性地排斥、否定利，特别是先秦儒家有时甚至较注重利。但儒家思想的立足点不在利上，它所关注的是君子人格与和谐的宗法等级秩序，而"君子喻于义"、宗法等级制度的和谐在于伦理，因此，价值取向上的重义轻利也就是必然的了。市场经济的直接目的就是通过商品交换来追求利益的最大化，而且市场经济中的"利"首先是承认和提倡个人的利，并以此为基础构筑市场运行的机制。显然，儒家重义原则与市场经济的求利目的是相互冲突的。儒家轻利思想使它没能像新教伦理那样为市场经济条件下商人的赚钱谋利提供合理性的理论论证和促动机制，而是表现出一种对商业谋利的排斥倾向。在这种思想影响下，中国传统社会对以谋利为目的的经济活动、对商人阶层产生了一种普遍的鄙薄倾向，商人被列为"四民之末"。中国传统商人对自己的经商活动也总不是那么理直气壮，对于赚钱发财更是讳莫如深。甚至到了近代，我国现代工商业的先驱张謇还一面主张"铁棉主义"，以状元之身投身实业，另一面却又认为自己办工商是"以嶻然自待之身，涸秽浊不伦之俗"[①]。可见，儒家重义轻利的价值

---

① 李明勋，尤世玮主编. 张謇全集：第 3 册 ［M］. 上海：上海辞书出版社，2012：1388.

取向压抑了人们从事商品经济的积极性，是不利于市场经济的发展的。

其次，儒家伦理中表现出的一些精神倾向与现代市场经济在精神要求上不一致。这种不一致突出地表现在儒家的"内敛"与"贵和"倾向上。在处理人与外部世界的关系上，儒家注重的是自我的内在精神和"向内用功"，认为人只要去发掘、完善自我的内心世界就可以达成与外部世界的统一，即所谓只要"内圣"就能达到"外王"了。孟子认为，人只要"求其放心"，努力"尽心、知性"，就能够"知天"。《大学》认为"修身"乃"治国平天下"之本。宋儒更是强调内在的"居敬穷理"的涵养功夫，认为有了这种涵养功夫就能实现"与理为一""天人合一"的境界。因此，儒家片面强调自我修炼，提倡向内心去发掘求取，而不重视外在的事功，表现出一种强烈的"内敛"的保守倾向和心态。现代市场经济却是一种外向经济，它要求人们具有一种不断地向外扩散、开拓和追求的意识，否则将一事无成，显然，儒家的"内敛"倾向与此是格格不入的。同时，儒家提倡"和为贵"，主张"君子无所争"，要求人们"温良恭俭让"。"贵和"不能说没有意义，但片面地强调"和而不争"，则与现代市场经济的竞争法则相背离。我们知道，竞争是市场经济运行的一种内在机制，是促成市场优化与发展必不可少的条件。在现代市场经济条件下，儒家"温良恭俭让"的精神心态，将限制人们去积极参与市场竞争，限制人们去追求产品的最优化和利润的最大化，从而有碍于现代市场经济的发展。

再次，儒家的理性方式与市场经济的理性要求有很大差异。马克斯·韦伯认为，支持现代资本主义发展的是一种"形式理性"，即一种规范精确、具体确定的理性形式，而儒家伦理是一种"实质理性"，即注重内在精神和主体意识而缺乏形式化，因而不利于现代市场经济的发展。从一定意义上说，韦伯的观点是有道理的。儒家文化本质上是一种伦理文化，它主要探求的是人的心性及主体伦理精神和行为规范，重实质而轻形式是其必然趋向。这具体表现在：一是重形而上之"道"，即重本体精神，而轻形而下之"器"（指具体物质及其经验），甚至认为只有对形而上之"道"的探求才是有意义的，把对形而下之"器"的认识和掌握看成"壮夫不为"的"雕虫小技"。孔子就强调"君子不器"，否认君子有必要去确定自己处于某种专门职能中，轻视具体的实用技术。樊迟想学种庄稼的技术，竟被孔子斥为小人。在儒家这种"重道轻器"倾向的影响下，传统的儒士只热衷于背诵经典，空谈性命，却"四体不勤，五谷不分"，不懂实用技术和方法。而对形而下之"器"的认识和追求恰恰是工业技术和市场经济发展所必需的工具理性。二是在思维方法上，儒家重整体综合，轻局部分析；重质的判断，轻量的考察；重经验感悟，轻逻辑演绎。这种思维方法的结果就是人们对数量关系的轻视和精确分析能力不足，缺乏商业经营所必需的对数量关系的敏感和精确的计算意识。

最后，儒家的"德治"思想与现代市场经济的"法治"要求也存在着冲突。在管理层面上，儒家提倡以仁义治天下，注重人治，提倡情感化的伦理规范，而不重视形式化的法律制度。封建时代"半部论语治天下"的说法就充分体现了这种重德轻法的倾向。而市场经济作为一种交换经济，它客观上"需要一个可靠的法律制度和按照形式办事的行政机关"① 来加以规范和保护，显然，儒家重德轻法思想是不能适应现代市场经济发展的这种要求的。

总之，儒家伦理与现代市场经济的异质性，决定了二者必然存在着冲突性。这种冲突性表明，从整体上看，儒家伦理是不适应和不利

① 韦伯著；于晓，陈维纲等译. 新教伦理与资本主义精神［M］. 北京：生活·读书·新知三联书店，1987：4.

于现代市场经济的发展的。对此我们应该有清醒的认识。我们在社会主义市场经济发展过程中所遇到的种种阻力和问题，其中不少就与儒家伦理传统的消极影响有着直接或间接的关系，如人情大于法律，关系经济，忽视经济效益，规范意识不强，地方封闭和保护主义，竞争意识淡薄，等等。我们在建构社会主义市场经济过程中，必须注意去遏制和克服儒家伦理传统的负面影响，以保障现代市场经济的顺利发展。

然而，儒家伦理文化与现代市场经济的冲突性只是二者关系的一个方面。尽管这一方面是主要的，但我们又应该看到，儒家伦理与现代市场经济还存在着同构的方面，是可以相互融通、达成一种相互结合和优化互补的效应的。如前所述，儒家伦理是一个包含着多层次、多方面、变通性的复杂体系。儒家伦理作为几千年来中国传统文化的重要内容，既有其历史的局限性，包含着不少封建糟粕，同时又在其中积淀着千百年来中华民族的群体智慧和对人生的关怀，它作为一种文明成果具有现代共时性，包含着不少真理性的成分。这些智慧和真理性成分在现代市场经济的完善过程中，特别是在中国特色社会主义市场经济的完善过程中，经过认真的清理和改造，是能够闪耀着积极价值的光彩的。

就一般意义而言，儒家伦理是关于人的行为及人与人之间关系的意识，而如前所述，市场经济说到底也是人的一种行为，在市场物与物交换的背后，隐藏着的是人与人之间的关系。因此，在人的行为及人与人之间关系这一层面上，儒家伦理与市场经济有着某种共同的东西，这些共时性因素使得二者存在着某些同构和契合的方面。

首先，儒家提倡的互助交往精神与市场经济的互利交换原则是可以相互融通的。我们知道，儒家伦理注重人与人之间的伦常关系，如果我们弃其注重等级名分的糟粕，那么，儒家以"仁"为核心的人际关系原则可以说就是提倡一种人与人之间互助交往的原则。儒家认为，人不是孤立自存的，而是处于各种人际关系之中，人只有在相互交往中才能生存和发展。因此，儒家提倡人与人之间要相互交往，"礼尚往来"。而人与人之间相互交往的基本原则就是"仁"，也就是孔子所说的要"推己及人""己欲立而立人，己欲达而达人""己所不欲，勿施于人"。简单说来，就是要爱己爱人，利己利人，不能不说这中间蕴含着某种人与人之间互助的内涵。儒家这种人与人之间相互依存、互利交往的思想与现代市场经济所要求的互利交换原则是可以相互融通的。市场经济是一种交换经济，各种生产要素只有在交换中才能获得，商品的价值只有在交换中才能实现，各种利益只有在交换中才能变为现实。在这种交换经济中，生产者与生产者、生产者与消费者都处于一种相互依存的关系中，离开对方，自己的利益和价值就很难实现。这种相互依存性客观上要求交换双方必须是互利的。生产者进行劳动生产既是为自己，同时又要为别人；要取得自己的利益，也要满足别人的需要。这种互利性也是商品经济的根本规律——价值规律中的等价交换原则的必然要求。显然，市场经济的互利交换原则与儒家伦理的互助交往思想有着某种内在的同构，儒家互助交往精神可以融通于市场经济的互利交换原则之中。在市场经济条件下，一方面儒家"礼尚往来"的交往思想可以促进人们交换意识的形成，促成交换行为的发生；另一方面，儒家推己及人、爱己达人的互助原则，有利于培养和形成人们遵循商品交换的互利原则和等价交换原则的自觉性，规范人们的交换行为，保障市场交换的正常进行。

其次，儒家伦理注重规范、秩序的意识，与现代市场经济对规范、秩序的客观要求也是有其一致性的方面的。儒家注重人与人之间的交往关系，强调这种交往都必须在严格的规范下，即"礼"的规范下进行；要求人们的视听言动都要合于"礼"，即通过"礼"的规范来实现人与人之间关系以及整个社会秩序的和谐。而市场经济作为一种社会化的交换经济，交换关系复杂多样，交换主体千差万别，因而只有在一定的统一的规范制约和调节下才可能正常进行。人们常说市场经济是法治经济，是合同经济，强调的都是规范对市场经济的不可或缺性。而规范的实行又依赖于稳定正常的社会秩序，没有良好的社会秩序就没有市场机制的正常运行。因此，市场经济既要求人们有自主自由的主体意识，又必须有自觉的规范和秩序意识。可见，对规范与秩序的强调是儒家伦理与现代市场经济所共有的因素。当然，就其具体内容而言，儒家的"礼"的规范与秩序同市场经济所要求的规范与秩序是完全不同的，但其中注重规范与秩序的意识是相通的。因此，继承发扬儒家注重规范与秩序的传统，有助于人们在现代市场经济活动中形成规范意识和遵守市场秩序。

再次，儒家提倡的某些伦理精神还可以成为促进现代市场经济发展的精神动力。这主要表现在儒家"自强不息"的进取精神、"宁俭勿奢"的自律精神和"重群克己"的合作精神上。儒学是一种积极入世的人生哲学，它反对消极无为，提倡自强不息、刚健有为。孔子力行"知其不可为而为之"的奋斗精神，《易传》提倡"天行健，君子以自强不息"的进取意识，《大学》高扬"治国平天下"的功名理想，等等，都表现出一种积极进取的人生态度。同时，在消费上儒家提倡"宁俭勿奢""克勤克俭"，主张节俭自律，宋明理学更提倡"存理灭欲"的禁欲主义。儒家提倡的这种自强不息的进取意识和"宁俭勿奢"的自律精神，与现代市场经济主体，特别是与企业家所需要的精神品质是可以融通的。马克斯·韦伯在谈到新教伦理对资本主义市场经济发展的动力作用时，就强调建立在"天职"观念基础上的勤奋精神和禁欲主义精神对资本主义经济发展所起的巨大的推动作用。商品经济与自然经济不同，它主要依靠的不是客观的自然条件，而是人们在一定条件下主体能动性的发挥。同时，它又是充满风险的经济，因此，它特别要求经营主体必须有一种勤奋进取的精神和坚韧不拔的毅力。儒家自强不息的进取精神对于激发和培养经营主体的勤奋坚韧精神有着重要的意义。海外的一些著名华人企业家就经常以儒家"君子以自强不息"的警句来自励，去克服种种艰难困苦，鼓舞自己不断去创造经营的奇迹。同时，商品经济又是一种资本经济，只有在较充分的资本积累的条件下，商品生产才可能发生、维持和发展。而儒家节俭自律精神的发扬，一方面可以促成经营者节约开支，把更多的资本投入再生产中，从而促进生产规模的扩大；另一方面可以使一般民众养成节俭风气，增加社会储蓄，为社会扩大再生产提供丰富的资金来源。深受儒家伦理影响的部分亚洲国家和地区，在经济起飞时的一个共同特点是居民的储蓄率非常高，正是这种节俭的风气，为这些国家和地区积累了经济起飞所需的大量资金。

儒家伦理精神对现代市场经济的促进作用，还突出表现在儒家的群体合作精神对于培养和形成市场经济条件下的企业精神、增强企业内部的凝聚力、提高企业的生产效率和经济效益有着重大意义。与西方强调个人价值和自由竞争的个人主义伦理原则不同，儒家伦理重视群体价值，强调人们对自己所属的群体要有归属感和责任心，要把为群体尽力当成自己的职责和荣耀，提倡群体中人们之间忍让协调，合作互助。儒家的这种群体合作精神对企业内在的发展起着突出的积极作用。一些学者在研究日本企业与欧美企业的不同特点时，发现日本企业效率高的根本原因在于日本员工对企业有着强烈的归属感和责任心，企业所有员工有一种欧美企业所少见的团结合作精神，企业成为所有员工的"命运共同体"，大家都为这一共同体尽心尽力，因而极大地提高了企业的生产效率，促进了企业的发展。这些学者还认为日本企业这种团结合作精神，正是儒家群体主义伦理传统影响的结果。

最后，儒家的某些伦理规范更是可能直接与市场经济的某些伦理要求相通。这突出地表现在儒家诚信为本的伦理规范与市场交易中信誉至上原则的一致性上。诚信是儒家为人处世的一个根本准则。《中庸》说："诚者，天之道也；诚之者，人之道也。""诚"就是"真实无妄之谓"；而"信"是"诚"的具体表现，是儒家伦理所强调的"五常"之一。孔子强调"人无信不立"，他说"人而无信，不知其可也"，提倡"言而有信"。儒家这种诚信为本的道德准则与市场经济条件下企业信誉至上的伦理要求是一致的。讲求信用、注重信誉，是市场经济对企业行为的一个基本要求，也是企业获得成功的一个基本条件。美国早期政治家、思想家本杰明·富兰克林在《给一个年轻商人的忠告》中，论述了信用对于商业经营的重要性。他指出，"切记，信用就是金钱"。印度尼西亚华裔、杰出银行家李文正也强调信用对于一个企业具有头等重要的意义。他说："银行家要出售的不是金钱，而是信用。"① 显然，对儒家诚信为本的道德准则的提倡与弘扬，将有利于培养和形成人们在市场交易中的信用意识。同时，这也将有利于基于功利目的的信誉意识得到升华，成为一种更加自觉的主体伦理精神，从而使企业的信用更加稳定和持久，更有效地促进企业的发展和现代市场经济的完善。

从以上考察中我们可以看到，儒家伦理与现代市场经济确实存在不少同构与契合的因素，它们可以在一定条件下融通于现代市场经济，并对其发展产生积极的促进作用。不仅如此，我们还应该看到，儒家伦理对现代市场经济的意义并不仅限于其同构的一面，就是

---

① 郭伟锋著. 当代港台南洋经济强人列传［M］. 北京：经济日报出版社，1986：197.

它们的一些异质的方面，也可以在一定条件下与市场经济形成一种互补优化的效用，从而规范和促进现代市场经济更加高效、更加健康地发展。

如前所述，儒家伦理存在着与现代市场经济异质的一面。这些异质性的因素对于市场经济的作用是双重的：一些异质因素对于市场经济起着消极阻碍的作用；另一些异质因素却可以在一定条件下与市场经济相辅相成，形成互补优化的效用。具体地说，就是儒家伦理中与现代市场经济相异质但具有积极意义的某些因素将可以遏制市场经济的消极方面，补益其不足之处，从而促使市场经济的发展更加合理、更加完善。我们知道，市场经济作为一种社会经济运行模式，能有效地促进社会资源的合理配置和社会生产的优化，激发企业的活力，从而促进生产力的发展和社会进步。然而，这并不是说市场经济是完美无缺的，它同时也存在不可避免的自发性、盲目性和滞后性等弱点和弊端，因而会造成诸如经济发展上的不稳定、收入分配上的过分差别，以及产生拜金主义、唯利是图的思想和行为，导致人的精神异化和人格失落等伦理道德问题。因此，为了促进市场经济及整个社会的良性运行和健康发展，不仅要充分发挥其积极功能，还必须对其消极方面加以遏制，对其不完善的地方加以补益。在对市场经济进行调控和优化方面，儒家伦理也可以发挥其积极作用。把儒家伦理中一些与市场经济异质而又具有积极意义的因素整合到市场运行的机制中去，将在一定程度上遏制市场的消极影响，补益其不足之处，实现二者的互补优化，促进市场经济以至整个社会生活的完善。儒家伦理与现代市场经济的互补优化是多方面的，其主要表现有以下几个方面。

第一，义与利的互补优化。市场经济以追求利润最大化为生产者和经营者的直接出发点和目的，这是支配整个市场运行的根本机制。

一般说来，求利是无可厚非的，是推动市场经济发展的基本动力。但这种求利的取向，也可能助长一些人唯利是图、见利忘义、损人利己、为富不仁的思想和行为，不仅会败坏社会风气，也会破坏市场经济乃至整个社会运行的正常秩序。因此，市场经济中对人们的求利趋向应该加以引导和规范。而这种引导和规范最主要的就是依靠"义"，即提倡和弘扬适宜、正当、高尚的观念和行为。我们知道，儒家重义轻利，其轻利的观点固不足取，其反对"不义而利"，强调"以义驭利"的思想却是有积极意义的。孔子说"富与贵，是人之所欲也，不以其道得之，不处也"，"不义而富且贵，于我如浮云"，要求人们"见利思义"，"义然后取"。同时，儒家还进一步提出"义以生利""因义成利"的思想。儒家"以义驭利"的思想就是强调人们应该在道义原则的指导下，采取适宜合理的方式去取利。显然，儒家"以义驭利""因义成利"的观点，对于引导人们在市场经济中正确地去求利有着重要意义。这些观点有利于促进人们在市场活动中把利和义结合起来，谋利而不失义，循义以生利，以保证市场经济健康有序地发展。

第二，和与争的互补优化。市场经济的另一个根本机制就是竞争。市场竞争是实现资源有效配置和促进生产要素优化配置的条件。但竞争是一把双刃剑，它既是市场发展的动力，也可能对经济运行乃至整个社会发展带来某种消极的作用，如一定社会资源的无效损耗、一定程度经济秩序的失常，以及因为人的心理过分紧张而导致的精神危机和人格异化等。竞争的消极作用，从一定意义上说是由竞争参与者之间缺少必要的协调与合作引起的，而儒家"贵和"思想在这方面可以给竞争以补益。孔子说"礼之用，和为贵"；《中庸》提出"和也者，天下之达道也"，认为"和则相生"，"致中和"就可以"天地位焉，万物育焉"。追求和谐、注重合作、提倡谦和是儒家的基本精神之一。如果把儒家"贵和"思想引入市场竞争机制，以和的生成性来补益争的损耗性，以和的规范性来调节争的失序性，以和谐的心态来淡化争的紧张与异化，达到以和济争，和争互补，则可以使市场争而不乱、争而无伤，既充满活力又健康有序地发展。

第三，情与理的互补优化。现代市场经济是一种理性经济。韦伯认为，理性化是现代资本主义一切经济行为根本的特征。追求最大的合理化和最大效益是现代市场经济的内在要求。因此在市场机制中，非理性因素受到排斥，人的情感遭到抑制。应该说，理性化是现代经济高效发展的一个根本条件，然而，单纯的理性化并不能实现效益的最大化，更不能实现整个市场经济的最优化。因为市场经济的主体是人，市场效益的最大化，归根到底是靠人的能动性的最大限度地发挥。而主体能动性的发挥并非光靠理性就能做到，非理性的情感、意志等因素也在其中起着重要作用。过分强调理性化而不顾及人的情感等非理性因素，很难充分发挥出主体的能动性。同时，这种片面的对理性的强调与追求，对人的情感等非理性因素的排斥与忽视，将造成人格的片面化，成为马尔库塞所指出的"单向度的人"。而儒家不仅重理，也重情，认为"感人心情，莫先乎情"，提倡"发乎情，止于礼义"。儒家强调"礼乐并重"，礼是理性的规范，乐是情感的陶冶。因此，如果把儒家情理并重的观念引入市场经济纯理性的王国，使市场运行既合理又合情，从而实现情理互补、情理互动，则可以更好地发挥市场主体的能动性和较充分地满足主体的需要，实现市场效益的最大化和社会效果的最优化。

第四，人与物的互补优化。在市场机制之中，社会关系被商品化、物化，人和人的关系表现出物与物交换的形式。这种物化在一定意义上可以说是促进社会物质文明发展所必经的阶段，也是推动现代市场经济发展的机制之一，但它也必然造成人的主体地位的失落和精神价值的淡化，造成人的一定程度的异化。而市场经济说到底既是人的活动，也是为了人的活动。只有人的主体精神得到充分弘扬，市场经济才会实现最大化发展，只有在有利于人的发展时，市场的物质发展才是有价值的。与市场经济见物不见人的倾向相反，儒家伦理强调以人为本，认为人是宇宙的中心，是万物之灵。荀子提出人在万物中"最为天下贵"。《礼记·礼运》说："故人者，其天地之德，阴阳之交，鬼神之会，五行之秀气也。"又说："故人者，天地之心也，五行之端也，食味、别声、被色而生者也。"① 因此，儒家重视人的价值，提倡"仁者爱人"。如果把儒家重视人、关心人，以人为本的精神引入市场经济，可能在一定程度上遏制市场中把人物化、过分注重物质利益的倾向，使人的主体地位与物的基础地位有机结合起来，既促进物质生产力的发展，又保障人的主体精神的弘扬。

第五，群与己的互补优化。市场经济是以个体利益的区别为前提的，市场行为的直接目的是追求个体利益的最大化。对个体利益的肯定与强调，是市场运行的基本驱动机制。在市场经济中，人们对个体利益的追求，既是驱动个体能动性发挥的机制，也在总体上激发了市场的活力，推动了整个市场经济的发展。一些西方思想家认为，在市场经济条件下"私恶即公德"，即人们追求自己利益的行为最终将促进整个社会福利的最大化。然而，市场运行的事实并不像亚当·斯密等人所想象的那么美好，对个人利益的追求，既有激发市场的活力、促进社会经济发展的作用，也可能甚至必然导致损人利己、唯利是图利己主义倾向的产生，因而会引发一系列矛盾冲突和消极行为，如欺行霸市、假冒伪劣、钱权交易，以及经济学中的"求租""搭便车""机会主义行为"等，这无不是个人利益被过分强化的结果和表现。

① 胡平生，张萌译注. 礼记［M］. 北京：中华书局，2017：433.

因此，市场经济的发展不能没有个人利益的驱动机制，但仅有个人利益驱动是不够的。要实现市场经济的良性运行和协调发展，就必须注重对社会群体利益的保护，或者说只有把个人利益的追求和对社会群体利益的关心、负责结合起来，才可能实现市场运行的优化，在这方面，儒家的群体本位伦理思想是可以发挥积极作用的。我们知道，在儒家伦理中，群体（包括国家、家族、家庭等）的和谐是其重要的基础和价值目标。儒家伦理强调个体只有在群体中才有其存在的价值和意义，个体行为必须服从和服务于群体。重群克己乃儒家伦理的基本要求。儒家要求人们以"公义胜私欲"，提倡"国尔亡家，公尔亡私""至公无私"。儒家的两大伦理规范"忠"和"孝"，也就是要求人们忠于国家、家族及其代表人物君和父。儒家重群克己的伦理精神，存在着漠视个人利益、压抑个体能动性的一面，也包含着正确处理个人与群体关系的一面。因为人毕竟是社会性的群体的存在物，"只有在共同体中，个人才能获得全面发展其才能的手段"①。离开了群体，个人的利益和价值不可能得到真正的实现。同时，社会和市场经济的正常运行，更需要人们把个人利益与社会群体利益结合起来。在市场经济条件下，如果把儒家重群克己思想的积极因素融会于市场个人意识，群己互补、公私结合，可以促成人们在发挥个人能动性的同时，又抑制利己主义的泛滥，维护市场和社会秩序；在追求个人利益的同时，又注重群体价值、社会利益，以促进企业内部团结合作的企业精神的形成以及整个社会经济的良性运行和协调发展。同时，这还可能促进社会主义市场经济的最终目标，即国家的强盛和人民的共同富裕的实现。

第六，现实性与超越性的互补优化。在市场经济条件下，利益机

---

① 中共中央马克思恩格斯列宁斯大林著作编译局编译. 马克思恩格斯选集：第 1 卷 ［G］. 北京：人民出版社，2012：199.

制驱动着人们忙碌于现实的功利追求，重实际、讲实效，进而，人们认为只有金钱才是可靠的、只有现实的才是合理的。这样，人们就可能既对未来不存奢想，又对精神与理想漠然视之。这种实用主义的现实观可能使人变得浅薄和物化，以至精神堕落，心态失常。一些人存在及时行乐的倾向，这是庸俗的现实观的典型表现。这种庸俗的现实观，既滋生大量的消极腐败的社会行为，腐蚀市场经济的持续、良性发展的基础，也将导致人的主体价值和安身立命的精神家园的失落，不利于人的全面发展。与市场机制驱动着人们迷恋现实性不同，儒家伦理提倡一种对现实的超越的追求和理想精神。儒家提出"内圣外王"的人生理想，倡导"立德、立功、立言"三不朽的人生价值，追求"天人合一"的生命境界。孔子认为对"仁"的精神追求高于人的现实利益乃至生命，提倡"志士仁人，无求生以害仁，有杀身以成仁"。孟子提出人为了追求理想人格应该不为任何现实的利害所动摇，"富贵不能淫，贫贱不能移，威武不能屈"。董仲舒提出"明其道不计其功"，认为只有对"道"的追求才是有价值的。宋儒更是把对"天理"的追求看得高于一切，而否定现实的"人欲"必要性。儒家这种重精神理想轻现实功利的倾向，当然有其片面性和消极方面，但其对理想的高扬体现了"人之异于禽兽"的根本特征，是人类发展与完善不可须臾有缺的内在动力。如果把儒家这种追求超越和理想的精神引入市场运行过程，将有利于促成人们从市场利欲的魔圈中解脱出来，使人们摆脱心灵的空虚与精神的惶惑，提高市场行为的价值与品位，从而既使市场主体能够以更长远的眼光、更宏大的气概、更从容的态度去获得更大的经营方面的成功，又可以促进人的全面发展和社会文明的更大进步。

　　总之，儒家伦理与现代市场经济既在一些方面存在着同构，可以相互融通；又在一些方面可以互补，能够相互整合。因此从这种意义上讲，儒家伦理是可以在一定程度上与市场经济相契合，并对市场经济的发展起积极作用的。

实际上，儒家伦理与商品生产、市场经济的结合，不仅在理论上是可能的，而且已是一种客观存在的事实。这种事实比较突出地表现在以下方面：一是中国传统儒商的存在；二是海外华人企业家把儒家伦理结合到现代企业经营中所取得的辉煌成就；三是东亚国家在儒家文化背景下所创造的经济奇迹。

儒商，一般是指以儒入商的商人。在中国历史上，儒商不乏其人，孔子的学生子贡可以说是中国儒商第一人。从汉唐到宋代，具有儒雅风采的著名商人多有涌现。特别是在明末清初，随着商品经济的发展，经商之风盛行，一大批儒士也纷纷"下海"经商。时人论道："三原之士半为商。"（《温恭毅公雅约序》）"士大夫之家，皆以蓄贾游子四方。"（归有光：《震川集》卷十三）当时的儒士在经商以后，"以儒术饰贾事"，"用儒意以通积贮之理"，讲求诚信，买卖公平，注重"择时任人"，勤奋节俭。很多人因此生意兴隆，发财致富，同时也大大地促进了当时商品经济的发展。及至现代，华人企业近几十年来可以说是异军突起，在世界经济舞台上涌现了一批在各自领域足可称王的巨商豪富。他们的巨额财富和独特的经营方式，令人惊叹不已。而他们经营的一个共同特点是，把中国传统文化精神（主要是儒家伦理精神）与现代市场经济法则结合起来，如家族企业组织制度的制定、人情关系的利用、讲究诚信、注重群体合作等。正是这种传统伦理精神与现代市场经济法则的结合，他们在激烈的世界市场竞争中脱颖而出，生意兴隆，事业发达。日本以及亚洲其他一些处于儒家文化圈的国家，在经济发展过程中都注重把儒家伦理文化传统与现代市场经济法则结合起来。特别是日本的许多企业家，像号称"日本企业之父"的涩泽荣一、"经营之神"松下幸之助、"财界总理"土光敏夫等，都对儒家伦理文化情有独钟，始终自觉地用儒家伦理文化中的一些信条来指导自己的经营。涩泽荣一一生创办企业 500 多家，他总结自己一生的经营之道，把它归结为"《论语》加算盘"。日本学者伊藤肇说："日本企业家只要稍有水准的，无不熟读《论语》，孔子的教训给他们的激励、影响至巨，此种实例多得不胜枚举。"① 他在《东方人的经营智慧》一书中，就搜集了近百个日本企业家运用儒家思想进行经营管理的实例。另一个日本学者森岛通夫说："日本资本主义在起步时就有一个按儒家思想经营的现代化工厂为其核心，日本注定要沿着一条与英国资本主义完全不同的道路发展。"② 又说："在经济'起飞'的过程中，儒教的世俗化和日本的骑士气质起到了最重要的作用。"③ 这些实例充分说明，儒家伦理文化确实与市场经济有着某种相互融合、相互契合的实际可能，它可以对现代市场经济的发展起到某种促进作用。

四

以上是我们从不同方面对儒家伦理与市场经济的关系进行的探讨。理论和事实都表明：虽然儒家伦理与现代市场经济存在着异质冲突的一面，但同时也与现代市场经济有着多方面的异质同构的内涵，可以达成某种契合与互补。我们的任务就是既要尽可能去遏制和克服儒家伦理的消极作用，又要汲取和弘扬其积极因素来促进我国社会主义市场经济的发展与完善。应该说，要实现这一目标是一个复杂

---

① 伊藤肇著；琪辉编译. 东方人的经营智慧 [M]. 北京：光明日报出版社，1986：107.

② 森岛通夫著；有非，陈星，高晶译. 日本成功之路：日本精神和西方技术 [M]. 北京：经济时报出版社，1986：87.

③ 森岛通夫著；有非，陈星，高晶译. 日本成功之路：日本精神和西方技术 [M]. 北京：经济日报出版社，1986：8.

的历史过程，需要多方面的条件或因素共同发挥作用。其中有两个根本性的条件或因素是不可忽视的：一是必须对儒家伦理进行一番扬弃；二是必须有其存在的合理的制度保障。

如前所述，儒家伦理可以对现代市场经济的发展起积极作用，但这并不是就儒家伦理的整体来说的，而是指其中所包含的积极因素和精华成分。但这些因素和成分并不是孤立地、纯粹地存在着，而是与糟粕混杂在一起。儒家伦理产生于自然经济条件下，是在封建社会形成和发展起来的。自然经济和封建制度的一些特性不可避免地反映和渗透到其伦理思想中，即使其中的精华成分也不可能不被打上深刻的时代烙印。因此，要使儒家伦理实现与现代市场经济的契合与互补，首先必须对其进行一番扬弃。通过科学的分析，区分其精华与糟粕，然后，取其精华，去其糟粕。在这个基础上再对精华部分根据现代社会和市场经济的需要进行一番加工改造，使之具有新的内涵和时代的特色。例如：对儒家"仁"的思想，首先要区别其既有推己及人的爱人、助人的积极成分，又与封建等级制联系在一起，有其主张爱有差等、尊卑有序的糟粕。同时，还应该对其推己及人的爱人、助人的思想精华进行一番加工改造，具体说来，就是要将其"爱人"真正置于人格平等、尊重个性的基础上，并把"仁爱"之心与对"恶"的憎恨之心结合起来。只有经过创造性转化和创新性发展，儒家的"仁"学才能与现代市场经济，特别是中国特色社会主义市场经济的要求有机地结合起来。

要实现儒家伦理与现代市场经济的契合互补，另一个重要的环节和条件是要确立一定的适当的制度。需要说明的是，这里讲的"制度"是就其广义而言的，是指人们行为方式的固定化，在考察儒家伦理与现代市场经济关系时，我们不能不反思这样一些事实：为什么儒家伦理文化在唐末就传入日本，却只是在近现代才成为日本经济发展的精神动力？为什么儒家伦理与早期资本主义市场经济格格不入，却对当代市场经济产生了积极作用？对于这些问题的思考使我们认识到：文化并不是经济发展的决定性因素，一定的文化对经济发展的作用取决于一定的制度条件。文化是一种"软件"，只有在一定制度的"硬件"中才能发挥其应有的作用。制度是文化作用于经济的一个根本环节和条件。在不同制度条件下，同一文化的性质、功能及发挥作用的方式都是不一样的。儒家伦理文化到了近现代才对亚洲的经济发展发挥较为显著的促进功能，从根本上说是因为只有在这个时候，这些国家和地区才建立起了适合于儒家伦理文化对市场经济发挥作用的制度，特别是其现代企业制度和法律制度等。

一般说来，制度在文化功能的发挥中所起的作用主要体现在以下几个方面：一是一些文化的积极功能只有在一定的制度条件下才能发挥出来，如儒家以人为本的思想，在专制制度下是不可能实现的，只有在民主制度下才可能变为现实。二是一些文化因素只有与一定的制度条件相结合才成为积极因素，如儒家群体本位主义，在封建制度下往往成为压抑个体能动性、扼杀个性的思想工具，在现代市场经济制度下却可以成为团结合作的精神导向。三是文化的消极因素只有在特定制度条件下才可以被抑制，如等级特权观念在开放的市场制度条件下就必然被抑制。

那么，具体说来，在什么样的制度条件下儒家伦理可以对现代市场经济发挥积极的作用呢？应该说，这不是一个有待深入研究的问题。根据对儒家伦理和现代市场经济特性的反思，以及对海外华商等事实的考察分析，我们大致可以作出这样的判断：在规范和开放的制度条件下，儒家伦理可以对市场经济的发展发挥积极作用。这就是说，规范的制度条件可以扬儒家伦理对经济发展起积极作用之长，开放的制度则可以抑其对经济发展起消极作用之短。具体说来，规范的制度条件与儒家伦理重视规范的意识是有其一致性的一面的，儒家提倡的一些基本的伦理精神也只有在规范的制度条件下才可能实现。如儒家以义取利、诚信为本、群体至上和互助合作等精神，在缺乏规范、放任自流的制度条件下是不会产生什么作用的。在这种制度下，一方面儒家伦理精神缺乏认同的社会氛围，推行不了；另一方面即使信奉这些精神也不会在现实中取得相应的效果。如在资本主义市场经济发展的初始阶段，那时经济的发展是与野蛮的掠夺和放任自流联系在一起的，儒家的伦理精神显然没有立足之地。这也许是韦伯等较早期的西方学者都认为儒家伦理与资本主义经济相背离的重要原因之一。而在当下规范的制度条件下，儒家所提倡的那些伦理精神不仅可以融会于现行制度，而且这种精神的发扬可以激发主体能动作用，大大降低交易成本，提高经济效益。又如儒家重视人情关系，但这种人情关系只有被理性制度所规范时才会发挥其积极功能，并抑制其消极作用。一些本土企业的成功事实表明了这一点。人情关系被广泛地运用于企业的内部管理和外部交易中，对企业的发展起到了很大的积极作用。而这些企业在注重人情关系的同时，也重视企业内部的制度规范，把人情关系纳入规范的制度框架。其在业绩的考核、职务的升迁等方面都有一套严格的制度规程，同时又尽可能对企业每一个员工表达一种亲情关怀，注重物质利益之外的情感投入，从而既增强了企业内部的凝聚力，又避免了拉关系、走后门等消极腐败行为的发生。

同时，在开放的制度条件下，儒家一些不利于市场经济发展的因素也将被抑制，如儒家的保守倾向、等级观念、不注重个体能动性等就是如此。事实上，在开放的制度条件下，广泛的交往必将打破保守的倾向，开放的机会可以破除等级观念，自由竞争可克服对个体能动性的压抑。相应地，开放的制度条件也会有利于儒家以人为本、自强不息等精神的弘扬，使之成为促进经济发展的动力。

总之，规范和开放的制度条件，既可以促进儒家伦理对市场经济积极功能的发挥，又能够抑制其消极的作用，从而促进儒家伦理与现代市场经济的同构契合和互补优化。应该说，规范和开放的制度设置是现代社会的必然要求，也是中国特色社会主义市场经济的基本要求。因此，通过创造性转化和创新性发展，儒家伦理中的精华部分是可以和社会主义市场经济相融通，成为构建高水平社会主义市场经济体制的文化精神力量。

当前，我国社会主义市场经济体系正处在完善的过程中，这是一项极其伟大也极其复杂的社会系统工程。要建立完善的社会主义市场经济体系，不仅需要建立起比较完善的市场运行体制，而且必须培植出中国特色社会主义的市场理性和伦理文化精神。在社会主义市场理性和伦理文化精神的建构过程中，作为中国传统文化主干的儒家伦理文化是我们不能不加以重视的精神资源。千百年来，儒家文化及其伦理精神已经深深地渗透到中国人民的精神血液中，积淀为中华民族的传统心理和行为习惯，中国特色社会主义市场经济体制只有与中华民族文化精神中的优良传统结合起来，才有可能获得完善。而儒家文化及其伦理精神中积淀着的中华民族的优良精神品性和卓越智慧，是可以为我们完善社会主义市场经济提供丰富的精神资源的。因此，我们应该充分地去研究、发掘儒家伦理文化中有积极意义的因素，通过创造性转化和创新性发展，将其融会到社会主义市场理性及其体制的建构中，以促进中国特色社会主义市场经济健康、有序地发展。

中国式现代化的成功，再次彰显了传统文化的现代价值。在人类文明新形态的建构中，要承续中华民族的精神命脉，就必须把握传统文化的精髓，对中华优秀传统文化进行创造性转化和创新性发展，这就需要我们对传统文化的精粹进行挖掘、提升。习近平总书记在2023年召开的文化传承发展座谈会上指出，中华优秀传统文化的主要元素"天下为公、天下大同的社会理想，民为邦本、为政以德的治理思想，九州共贯、多元一体的大一统传统，修齐治平、兴亡有责的家国情怀，厚德载物、明德弘道的精神追求，富民厚生、义利兼顾的经济伦理，天人合一、万物并育的生态理念，实事求是、知行合一的哲学思想，执两用中、守中致和的思维方法，讲信修睦、亲仁善邻的交往之道等，共同塑造出中华文明的突出特性"。所有这些，都是儒家伦理道德的精粹。

参考文献

［1］姬旦. 周礼［M］. 钱玄，钱兴奇，王华宝，等注译. 长沙：岳麓书社，2001.

［2］左丘明. 国语［M］. 鲍思陶，点校. 济南：齐鲁书社，2005.

［3］晏婴. 晏子春秋［M］. 哈尔滨：北方文艺出版社，2018.

［4］老子. 道德经［M］. 焦亮，评译. 北京：北京联合出版公司，2013.

［5］李小龙. 墨子［M］. 北京：中华书局，2007.

［6］方勇，李波. 荀子［M］. 北京：中华书局，2011.

［7］桓谭. 新辑本桓谭新论［M］. 朱谦之，校辑. 北京：中华书局，2009.

［8］司马迁. 史记［M］. 简体字本. 北京：中华书局，1999.

［9］刘向. 说苑校证［M］. 向宗鲁，校证. 北京：中华书局，1987.

［10］许慎. 说文解字［M］. 蔡梦麒，校释. 长沙：岳麓书社，2021.

［11］班固. 汉书［M］. 北京：中华书局，1962.

［12］陈蒲清. 论衡［M］. 长沙：岳麓书社，2006.

［13］沈约. 宋书［M］. 北京：中华书局，1974.

［14］刘禹锡. 刘宾客文集［M］. 上海：上海古籍出版社，1993.

［15］司马光. 资治通鉴［M］. 长春：吉林大学出版社，2015.

［16］张载. 张载集［M］. 章锡琛，点校. 北京：中华书局，1978.

［17］陆九渊. 陆九渊集［M］. 钟哲，点校. 北京：中华书局，1980.

［18］程颢，程颐. 二程集［M］. 北京：中华书局，1981.

［19］陈淳，王隽. 北溪字义［M］. 北京：中华书局，1985.

［20］朱熹. 四书章句集注［M］. 杭州：浙江古籍出版社，2014.

［21］黎靖德. 朱子语类［M］. 杨绳其，周娴君，校点. 长沙：岳麓书社，1997.

［22］陈亮. 陈亮集［M］. 邓广铭，点校. 增订本. 北京：中华书局，1987.

［23］朱熹. 四书集注［M］. 长沙：岳麓书社，1985.

［24］程颢，程颐. 河南程氏遗书［M］. 北京：商务印书馆，1965.

［25］王阳明. 传习录［M］. 张怀承，注译. 长沙：岳麓书社，2004.

［26］李伟. 菜根谭［M］. 武汉：崇义书局，2023.

［27］王夫之. 船山全书［M］. 长沙：岳麓书社，2011.

［28］王国轩，王秀梅. 呻吟语［M］. 北京：中华书局，2018.

［29］李贽. 藏书［M］. 北京：商务印书馆，2020.

［30］王先慎. 韩非子集解［M］. 钟哲，点校. 2版. 北京：中华书局，2013.

［31］顾炎武. 日知录［M］. 谦德书院，注译. 北京：团结出版社，2022.

［32］魏源. 魏源全集［M］. 长沙：岳麓书社，2011.

［33］戴震. 孟子字义疏证［M］. 何文光，整理. 北京：中华书局，1982.

［34］王夫之. 尚书引义［M］. 北京：中华书局，1962.

［35］唐甄. 潜书校释［M］. 黄敦兵，校释. 长沙：岳麓书社，2010.

［36］颜元. 颜元集［M］. 王星贤，张芥尘，郭征，点校. 北京：中华书局，1987.

［37］陈立. 白虎通疏证［M］. 吴则虞，点校. 北京：中华书局，1994.

［38］严可均. 全后汉文：下［M］. 北京：商务印书馆，1999.

［39］姚鼐. 古文辞类纂［M］. 胡士明，李祚唐，标校. 上海：上海古籍出版社，2016.

［40］杨伯峻，杨逢彬. 孟子译注［M］. 长沙：岳麓书社，2021.

［41］宫永刚. 鉴古录［M］. 北京：线装书局，2022.

［42］陈戌国. 四书五经校注本［M］. 长沙：岳麓书社，2006.

［43］杨坚. 吕氏春秋·淮南子［M］. 长沙：岳麓书社，2006.

［44］姜建设. 尚书［M］. 开封：河南大学出版社，2008.

［45］杨伯峻. 春秋左传注［M］. 北京：中华书局，1981.

［46］陈鼓应. 庄子今注今译［M］. 最新修订版. 北京：商务印书馆，2007.

［47］陈淑玲，陈晓清. 诗经［M］. 广州：广州出版社，2001.

［48］杨伯峻. 论语译注［M］. 北京：中华书局，1958.

［49］蔡元培. 中国伦理学史［M］. 上海：上海科学技术文献出版社，2015.

［50］柴文华. 中国人伦学说研究［M］. 上海：上海古籍出版社，2004.

［51］陈谷嘉. 儒家伦理哲学［M］. 北京：人民出版社，1996.

［52］陈鼓应，白奚. 老子评传［M］. 南京：南京大学出版社，2001.

［53］陈广忠. 中国道家新论［M］. 合肥：黄山书社，2001.

［54］陈来. 古代思想文化的世界［M］. 北京：北京大学出版社，2017.

［55］陈来. 古代宗教与伦理［M］. 北京：北京大学出版社，2017.

［56］陈来. 仁学本体论［M］. 北京：生活·读书·新知三联书店，2014.

［57］陈瑛. 中国伦理思想史［M］. 长沙：湖南教育出版社，2004.

［58］崔宜明. 道德哲学引论［M］. 上海：上海人民出版社，2006.

［59］杜维明. 现代精神与儒家传统［M］. 北京：生活·读书·新知三联书店，1997.

［60］樊浩. 中国伦理精神的历史建构［M］. 南京：江苏人民出版社，1992.

［61］樊浩. 中国伦理精神的现代建构［M］. 南京：江苏人民出版社，1997.

［62］费孝通. 乡土中国［M］. 长沙：湖南人民出版社，2022.

［63］冯达文，郭齐勇. 新编中国哲学史［M］. 北京：人民出版社，2004.

［64］冯天瑜. 中华元典精神［M］. 武汉：武汉大学出版社，2023.

［65］冯友兰. 三松堂全集［M］. 郑州：河南人民出版社，2000.

［66］高亨. 周易大传今注［M］. 济南：齐鲁书社，2009.

［67］高兆明. 伦理学理论与方法［M］. 北京：人民出版社，2005.

［68］郭齐勇. 中国哲学智慧的探索［M］. 北京：中华书局，2008.

［69］韩星. 儒家人文精神［M］. 西安：陕西人民出版社，2012.

［70］侯外庐，赵纪彬，杜国庠，等. 中国思想通史［M］. 北京：人民出版社，1957.

［71］胡适. 中国哲学史大纲［M］. 北京：商务印书馆，2011.

［72］黄慧英. 儒家伦理：体与用［M］. 上海：上海三联书店，2005.

［73］姜国柱. 中国思想通史［M］. 武汉：武汉大学出版社，2011.

［74］蒋伯潜. 诸子通考［M］. 长沙：岳麓书社，2010.

［75］孔繁. 荀子评传［M］. 南京：南京大学出版社，1997.

［76］李明辉. 儒家视野下的政治思想［M］. 北京：北京大学出版社，2005.

［77］李书有. 中国儒家伦理思想发展史［M］. 南京：江苏古籍出版社，1992.

［78］李泽厚. 中国古代思想史论［M］. 北京：生活·读书·新知三联书店，2008.

［79］刘大钧. 周易概论［M］. 成都：巴蜀书社，2010.

［80］刘师培. 清儒得失论［M］. 北京：中国人民大学出版社，2004.

［81］刘述先. 儒家思想开拓的尝试［M］. 北京：中国社会科学出版社，2001.

［82］刘小枫. 儒家革命精神源流考［M］. 上海：上海三联书店，2000.

［83］刘笑敢. 庄子哲学及其演变［M］. 北京：中国人民大学出版社，2020.

［84］刘周堂. 前期儒家文化研究［M］. 桂林：广西师范大学出版社，1998.

［85］陆建华. 先秦诸子礼学研究［M］. 北京：人民出版社，2008.

［86］罗国杰，宋希仁. 西方伦理思想史［M］. 北京：中国人民大学出版社，1985.

［87］罗国杰. 中国传统道德［M］. 简编本. 北京：中国人民大学出版社，1995.

［88］牟复礼. 中国思想之渊源［M］. 王立刚，译. 北京：北京大学出版社，2009.

［89］牟宗三. 圆善论［M］. 长春：吉林出版集团有限责任公司，2010.

［90］牟宗三. 政道与治道［M］. 桂林：广西师范大学出版社，2006.

［91］牟宗三. 中国哲学的特质［M］. 上海：上海古籍出版社，1997.

［92］钱穆. 国学概论［M］. 北京：商务印书馆，2015.

［93］钱穆. 孔子传［M］. 北京：生活·读书·新知三联书店，2012.

［94］钱穆. 先秦诸子系年［M］. 北京：商务印书馆，2015.

［95］余英时. 现代儒学论［M］. 上海：上海人民出版社，1998.

［96］钱穆. 中国儒学与中国文化传统［M］. 台北：学生书局，1975.

［97］任继愈. 中国哲学发展史：先秦［M］. 北京：人民出版社，1983.

［98］任强. 知识、信仰与超越：儒家礼法思想解读［M］. 北京：北京大学出版社，2007.

［99］上海古籍出版社. 二十二子［M］. 上海：上海古籍出版社，1986.

［100］沈善洪，王凤贤. 中国伦理思想史［M］. 北京：人民出版社，2005.

［101］沈顺福. 儒家道德哲学研究：德性伦理学视野中的儒学［M］. 济南：山东大学出版社，2005.

[102] 孙中原. 中国逻辑研究 [M]. 北京：商务印书馆，2006.

[103] 汤一介. 新轴心时代与中国文化的建构 [M]. 南昌：江西人民出版社，2007.

[104] 唐代兴. 伦理学原理 [M]. 上海：上海三联书店，2018.

[105] 唐凯麟，张怀承. 六经责我开生面：王船山伦理思想研究 [M]. 长沙：湖南出版社，1992.

[106] 唐凯麟. 走向近代的先声 [M]. 长沙：湖南教育出版社，1993.

[107] 王博. 庄子哲学 [M]. 北京：北京大学出版社，2004.

[108] 王锷.《礼记》成书考 [M]. 北京：中华书局，2007.

[109] 王曰美. 儒家政治思想研究 [M]. 北京：中华书局，2010.

[110] 吴乃恭. 儒家思想研究 [M]. 长春：东北师范大学出版社，1988.

[111] 龚杰. 张载评传 [M]. 南京：南京大学出版社，1996.

[112] 萧功秦. 儒家文化的困境：近代士大夫与中西文化碰撞 [M]. 桂林：广西师范大学出版社，2006.

[113] 萧萐父. 中国哲学史史料源流举要 [M]. 武汉：武汉大学出版社，1998.

[114] 徐复观. 儒家政治思想与民主自由人权 [M]. 台北：学生书局，1988.

[115] 徐向东. 道德哲学与实践理性 [M]. 北京：商务印书馆，2006.

[116] 徐扬杰. 中国家族制度史 [M]. 北京：人民出版社，1992.

[117] 许凌云. 儒家伦理与中国史学 [M]. 济南：齐鲁书社，2004.

[118] 杨国荣. 善的历程：儒家价值体系研究 [M]. 上海：上海人民出版社，2021.

[119] 杨荣国. 中国古代思想史 [M]. 北京：人民出版社，1973.

[120] 杨阳. 中国政治制度史纲要 [M]. 北京：中国政法大学出版社，2007.

[121] 余英时. 士与中国文化 [M]. 上海：上海人民出版社，1987.

[122] 俞荣根. 儒家法思想通论 [M]. 南宁：广西人民出版社，1992.

[123] 张大可，丁德科. 史记观止 [M]. 北京：商务印书馆，2016.

[124] 张岱年. 中国古典哲学概念范畴要论 [M]. 北京：外文出版社，2005.

[125] 张岱年. 中国伦理思想研究 [M]. 南京：江苏教育出版社，2009.

[126] 深圳大学国学研究所. 中国文化与中国哲学 [M]. 北京：东方出版社，1986.

[127] 张立文. 中国哲学范畴发展史：天道篇 [M]. 北京：中国人民大学出版

社，1988.

[128] 张立文. 中国哲学逻辑结构论［M］. 北京：中国社会科学出版社，2002.

[129] 傅永聚. 中华伦理范畴丛书［M］. 北京：中国社会科学出版社，2006.

[130] 张岂之，陈国庆. 近代伦理思想的变迁［M］. 北京：中华书局，1999

[131] 张岂之. 中国儒学思想史［M］. 北京：中华书局，2023.

[132] 张荣明. 中国的国教［M］. 北京：中国社会科学出版社，2001.

[133] 张世英. 天人之际［M］. 北京：人民出版社，2007.

[134] 张锡勤，饶良伦，张忠文. 中国近现代伦理思想史［M］. 哈尔滨：黑龙江人民出版社，1984.

[135] 张锡勤，柴文华. 中国伦理道德变迁史稿［M］. 北京：人民出版社，2008.

[136] 张锡勤，孙实明，饶良伦. 中国伦理思想通史［M］. 哈尔滨：黑龙江教育出版社，1992.

[137] 张学智. 中国儒学史［M］. 北京：北京大学出版社，2011.

[138] 章海山，张建如. 伦理学引论［M］. 北京：高等教育出版社，1999.

[139] 章海山. 西方伦理思想史［M］. 沈阳：辽宁人民出版社，1984.

[140] 赵吉惠，郭厚安，赵馥洁，等. 中国儒学史［M］. 郑州：中州古籍出版社，1991.

[141] 周桂钿. 中国儒学讲稿［M］. 北京：中华书局，2008.

[142] 朱贻庭. 中国传统伦理思想史［M］. 增订本. 上海：华东师范大学出版社，2003.

[143] 朱义禄. 儒家理想人格与中国文化［M］. 沈阳：辽宁教育出版社，1991.

[144] 希尔斯. 论传统［M］. 傅铿，吕乐，译. 上海：上海人民出版社，2009.

[145] 葛瑞汉. 论道者：中国古代哲学论辩［M］. 张海晏，译. 北京：中国社会科学出版社，2003.

[146] 斯密. 原富［M］. 严复，译. 北京：商务印书馆，1981.

后 记

初版后记是我恩师唐凯麟先生所撰，这次修订版后记只能由我自己撰写了，心中悲戚莫名。

这本书从出版到现在已经二十五年了。我 1993 年晋升教授，1994 年拜在唐凯麟先生门下攻读博士学位。在我毕业之前，先生有感于当时有关中国伦理思想史的著作（包括先生自己参与编写的一本）都是从思想发展的源流来梳理中国伦理思想，于是想出版一套有别于当时通行的思想通史类的梳理传统伦理道德精粹的著作，侧重从总体上阐述传统伦理道德的精华，这个想法得到了湖南大学出版社领导的大力支持。先生就组织我和王泽应兄撰写了《中国传统伦理道德文化丛书》，共有《成人与成圣——儒家伦理道德精粹》《自然与道德——道家伦理道德精粹》《无我与涅槃——佛家伦理道德精粹》三本著作。泽应兄撰写了《自然与道德——道家伦理道德精粹》，我负责另外两本。这套书出版之后受到读者的广泛好评，也得到学术界的认可。2020 年，湖南大学出版社领导约请我们将这套书修订出版，于是就有了摆在读者面前的这个修订版本。

《成人与成圣——儒家伦理道德精粹》是先生和我共同完成的，我拟出提纲，先生审定提纲之后我们开始撰写。先生除审定提纲外，还撰写了总论、第一章第三节的第三目和余论。这次修订时先生驾鹤登仙，所有任务由我完成。先生已逝，睹文潸然，其所著文字留存经典，以供后学景仰，故此仍依故旧。其他部分从结构到内容都进行了调整和修改，比原书新增十余万字，吸收了学术界新的研究成果。儒家伦理道德精粹是儒家伦理思想中具有积极时代价值的内容，这次修订主要着力于从思想中挖掘精粹，前后梳理了三次，仍觉意犹未尽。至于本书的意义和价值，先生在总论和余论中已经有深刻的阐述，毋庸后学多言。

感谢湖南大学出版社领导和编辑的鼎力支持和辛劳付出。

谨以此修订版致敬恩师唐凯麟先生。

张怀承

2024 年 10 月 31 日

于岳麓山下景德楼